AF559396

CHARLOTTE FOX WEBER

Weißt du, was du wirklich willst?

Eine Therapeutin nimmt uns mit in zwölf Sitzungen über unsere wahren Wünsche

Aus dem Englischen
von Elisabeth Liebl

Die englische Originalausgabe erschien 2022 unter dem Titel *What We Want*
bei Wildfire, einem Imprint der Headline Publishing Group, London.

Besuchen Sie uns im Internet:
www.knaur.de

Aus Verantwortung für die Umwelt hat sich die Verlagsgruppe
Droemer Knaur zu einer nachhaltigen Buchproduktion verpflichtet.
Der bewusste Umgang mit unseren Ressourcen, der Schutz unseres Klimas
und der Natur gehören zu unseren obersten Unternehmenszielen.
Gemeinsam mit unseren Partnern und Lieferanten setzen wir uns für
eine klimaneutrale Buchproduktion ein, die den Erwerb von Klimazertifikaten
zur Kompensation des CO_2-Ausstoßes einschließt.
Weitere Informationen finden Sie unter:
www.klimaneutralerverlag.de

Deutsche Erstausgabe November 2022
Knaur Verlag

Ein Imprint der Verlagsgruppe Droemer Knaur GmbH & Co. KG, München

Redaktion: Alexandra Eckl
Covergestaltung: Kristin Pang
Coverabbildung: jayk74 / Getty Images
Satz: Adobe InDesign im Verlag
Druck und Bindung: GGP Media GmbH, Pößneck
ISBN 978-3-426-28614-2

2 4 5 3 1

Für meine Familie

Sich verstecken macht Spaß,
nicht gefunden werden ist schrecklich.
Donald W. Winnicott, englischer Psychoanalytiker

Vorbemerkung der Autorin

Die Geschichten in diesem Buch beruhen auf meiner Arbeit mit real existierenden Personen. Um ihre Identität zu schützen und meine Schweigepflicht nicht zu verletzen, habe ich sämtliche Angaben, die eine Identifizierung erlauben würden, geändert. Ich habe viel von meinen Klientinnen und Klienten gelernt und lerne weiterhin von ihnen. Ich verdanke den Personen, mit denen ich gearbeitet habe, so unendlich viele Entdeckungen über das Leben und unser menschliches Dasein.

Die Sprache, die ich in diesem Buch verwende, ist manchmal etwas eigentümlich, aber hoffentlich immer feinfühlig. Ich habe mich bemüht, bei meiner Begriffswahl den Fachjargon so weit als möglich zu vermeiden, habe aber mitunter auch eigene Begriffe geprägt. All diese Formulierungen erscheinen im Text in **fett gedruckter Schrift** und werden im Glossar am Buchende genauer erklärt.

Inhaltsverzeichnis

Einleitung

Ich war selbst jahrelang in Therapie und habe eigentlich immer darauf gewartet, dass meine Therapeutinnen oder Therapeuten mich nach meinen großen Wünschen[1] fragen. Was aber keiner von ihnen je tat. Stattdessen lenkte ich mich also mit kleineren **Verlangen**[2] und großen Hindernissen ab. Somit ging ich einigem von dem, was mir wichtig war, nach, bremste mich aber gleichzeitig auf tausenderlei Art und Weise aus. Immer wieder stand ich mir selbst im Weg. Ich konzentrierte mich ständig mehr auf alle möglichen Schwierigkeiten als auf das, was sich tatsächlich als möglich anbot.

Frag mich doch endlich, was ich wirklich will! Was lässt mich wirklich lebendig werden?

Ich suchte jemanden, der mir sein Plazet gab. Und gleichzeitig hielten Scham und Stolz entlang meiner Grenzen strengstens Wache. Sosehr ich mich nach Weite sehnte, die Enge hielt mich davon ab, voll und ganz an meinem Leben teilzuhaben.

Schließlich hatte ich das Warten satt, ebenso das Gefühl, festzustecken, und so fing ich endlich selbst an, diese Fragen zu stellen – mittlerweile war ich ja selbst Psychotherapeutin. Ich arbeitete mit Tausenden von Patientinnen und Patienten, welche die unterschiedlichsten sozialen und biografischen Hintergründe hatten. Und ich war wie elektrisiert von der Energie, die frei wird, sobald wir anfangen, unsere tiefinnersten Wünsche zu erforschen. Wie düster uns unsere Situation im Einzelfall auch vorkommen mag: Wenn wir herauskristallisieren, was wir wirklich wollen, gibt uns das einen ordentlichen Schub nach vorne. Gleichzeitig stellt sich das Gefühl ein, dass das, was wir wollen, auch möglich ist. Unser Verlangen zu verstehen lässt uns in uns selbst zurückkehren. Es ist ein Sprungbrett für unser weiteres Wachstum.

Wir alle haben Wünsche und Bedürfnisse, und wir alle haben damit Konflikte. Einige unserer Wünsche zeigen wir, während wir andere verstecken, sogar vor unserem eigenen Bewusstsein. Unser tiefstes

Verlangen ängstigt uns und versetzt uns zugleich in freudige Erregung. Wir haben Angst, zu versagen, und fürchten uns davor, erfolgreich zu sein. Wenn wir erkennen und verstehen, was wir uns wirklich wünschen, so hilft uns das, uns selbst ohne Zaudern zu begegnen. Gleichzeitig ist es ein starkes Stimulans, endlich ein erfüllteres, freudvolleres Leben zu führen.

Wir sind so sozialisiert worden, dass wir manche Wünsche offen zeigen, andere eher verbergen. Wir geben vor, wir würden nur das wollen, was sich gehört, und zwar so, wie es sich gehört. Jedes ungehörige Verlangen wird mit einem Tabu belegt. Und so landen unsere geheimsten Wünsche – unser **ungelebtes Leben** – in einer Art psychischer Lagerhalle.

Wir haben nicht nur vor anderen Geheimnisse, sondern auch vor uns selbst. Es ist ein echter Durchbruch, wenn wir es schaffen, unsere tabuisierten Sehnsüchte aufzudecken und über diese zu sprechen. Sich seinen geheimen Wünschen zu stellen ist ein wichtiger Teil jeder Psychotherapie. Wir bearbeiten schmerzliche Gefühle der Reue oder unerlöste Fantasien. Wir sehen uns alles an, was auch immer aus der Vergangenheit noch herumgeistert und uns das Leben schwer macht. Manchmal sind die Geheimnisse, die wir offenbaren, Dinge, von denen wir längst wissen, dass wir sie unter den Teppich gekehrt haben – Affären, Süchte, zwanghaftes Verhalten. Mitunter aber handelt es sich bei unseren Geheimnissen um Geschichten, die wir noch niemandem, nicht einmal uns selbst, erzählt haben.

Unsere geheimen Wünsche liegen im Dauerclinch mit dem »Sollen« – mit dem, was wir uns wünschen sollten oder was wir tun sollten, um es zu bekommen. Und weil wir Angst haben, dabei zu versagen, geraten wir in einen tiefen Zwiespalt, was unsere Wünsche angeht. Perfektionismus und das Bemühen, es allen recht zu machen, halten uns davon ab, auch einmal ein Wagnis einzugehen und neue Erfahrungen zu machen. Wir verschwenden unsere Zeit mit Vermeidungsstrategien. Wir betäuben uns mit Alkohol oder Drogen. Wir ziehen eine Show ab, um jene inneren Anteile zu verbergen. Wir wollen dasjenige, von dem wir glauben, dass wir es nicht wollen sollten. Und wollen aber nicht die Dinge, von welchen wir meinen, dass wir sie wollen sollten. Wir geraten häufig in Konflikt mit unseren wahren Gefühlen, und sind dann wild entschlossen, unser Leben gemäß Drehbuch zu führen. Mit diesem Buch möchte ich Sie ermutigen, Ihre wahren Wünsche aufzuspüren und zu akzeptieren. Es zeigt Ihnen Alternativen auf zu dem üblichen Schamgefühl, welches unsere geheimsten Sehnsüchte kontrolliert und mundtot macht. Das beste Gegenmittel gegen das Gefühl, in einer Sackgasse zu stecken, ist, unsere Wünsche und Verlangen zu verstehen, zu erkennen, was sie bedeuten, und unsere Prioritäten zu klären.

In der Fantasie malen wir uns aus, wie unser Leben sein könnte. ***Eines Tages,*** ja, da machen wir dann, was wir wirklich tun möchten. Ja, ***wenn doch nur*** damals dies und jenes nicht gewesen wäre … Oder wenn wir uns seinerzeit doch nur anders entschieden hätten, dann, ja dann wäre unser Leben so, wie wir uns das wünschen. Aber *»eines Tages«* und *»wenn doch nur«* schicken uns auf einen Schlingerkurs, lassen quälende Bilder der Vergangenheit aufblitzen oder einer eingebildeten Zukunft, während sie gleichzeitig unsere Fähigkeit unterminieren, aus der Fülle der Möglichkeiten, die das Leben uns in diesem Moment bietet, das Beste zu machen. Die Geschichten in diesem Buch erzählen von Menschen unterschiedlichsten Alters in den unterschiedlichsten Lebensphasen, die sich im Kampf mit ihren tiefer liegenden Sehnsüchten befinden. Indem sie sich ihrem Verlangen und ihrer inneren Wahrheit gestellt haben, konnten sie damit beginnen, auf eine allmähliche Lösung hinzuarbeiten.

Weißt du, was du wirklich willst? – dieses Buch hilft Ihnen, Kontakt zu den Tiefen Ihres Selbst aufzunehmen und das, was Sie bislang vor Ihren Mitmenschen und sich selbst verborgen haben, anzunehmen. Kommen Sie durch Bewusstwerdung Ihrem wahren Weg näher, nach dem Ihr Innerstes sich sehnt, indem Sie Ihr kostbarstes Leben leben.

Kapitel 1

Lieben und geliebt werden

Wir wollen lieben und geliebt werden. Das kann leicht und einfach sein. Es kann aber auch endlos kompliziert sein und einen in den Wahnsinn treiben. Wir suchen nach Liebe, ringen mit unseren Fantasien, halten Liebe für unmöglich, fordern sie ein, fürchten sie, sabotieren sie, stoßen sie von uns, verzehren uns nach ihr. Wir brechen Herzen, unsere eigenen eingeschlossen. Das Leben kann herzzerreißend sein. Doch die Liebe macht das Leben schön.

Wir alle haben unsere Liebesgeschichten. Damit meine ich die Geschichten über die Liebe, die Sie glauben und für wahr halten. Sie haben diese Geschichten vielleicht nie direkt in Worte gefasst, und doch sind dies Ihre inneren, häufig unvollendeten Drehbücher der Liebe. Und sie prägen die Liebe, die Sie sich wünschen, die Liebe, die Sie sich ausmalen, die Liebe, die Sie geben. Was Sie über die Liebe wissen, haben Sie gelernt durch persönliche Erfahrung, durch Ihre Kultur, durch die Menschen, von denen Sie geliebt, enttäuscht, abgelehnt, erzogen und geschätzt wurden. Und Sie lernen immer noch. Solange Sie leben, so lange können Sie dazulernen. Sie lernen etwas über die Liebe von Fremden, von Rückschlägen, Büchern, Filmen, den Geschichten anderer Menschen und von der Natur. Manchmal ist die Liebe zu einem anderen Menschen die Hölle, und dann wieder fühlt sie sich an wie die Erlösung von allem Übel. Sie können ein und denselben Menschen – auch sich selbst – lieben und zugleich hassen.

Es empfiehlt sich, unsere Liebesgeschichten regelmäßig upzudaten. Denn in der Liebe stecken Zufall, Charakter und Mysterium. Die Welt verändert sich, ebenso wie wir, und eine offene Geisteshaltung in puncto Liebe schenkt uns Flexibilität im Umgang mit den konkreten Begebenheiten. Denn das Festhalten an der in Beton gegossenen Vorstellung, wie wahre Liebe zu sein hat, ist eines der größten Hindernisse, um zu dieser Liebe zu finden.

Die Geschichten, die wir uns selbst über die Liebe erzählen, betreffen unseren innersten Kern. Sie prägen unsere Vorstellungen von Menschen, anderen Leuten, von uns selbst, vom Leben. Unsere Geschichten sind meist leidvoll und lustvoll zugleich. Was wir über die Liebe glauben, kann unser Leben verbessern oder es verschlimmern. Therapie wiederum kann den Menschen helfen, ihre Geschichten zur Sprache zu bringen, sie umzuschreiben und die, die wichtig sind, zu verstehen. Denken Sie an Ihre Erfahrungen mit der Liebe. Können Sie sich an Situationen erinnern, in denen Sie sich ungeliebt fühlten? Wie haben Sie die Liebe kennen-, wie sie fühlen gelernt?

Lieben und Geliebtwerden kann unzählige Formen annehmen. Die Liebe kann Verheißung oder Enttäuschung sein, wir können Vertrauen in sie haben oder an ihr zweifeln. Wir können Menschen, die wir lieben, sehr schlecht behandeln, und Menschen, die uns lieben, können uns auch verletzen. Liebe kann sich sicher anfühlen, aber auch erschreckend. Wir können uns die Liebe vom Leib halten oder ganz damit abschließen. Es gibt tausend Mittel und Wege, wie wir die Liebe sabotieren können. Sie zu verleugnen ist eine Methode, die Affektverschiebung eine andere.

Wir haben häufig Angst davor, uns wirklich selbst zu lieben. Wir fürchten, das würde uns zu hemmungslosen Ich-Menschen machen. Oder erkennen zu müssen, dass wir mit unserer guten Meinung von uns falschliegen, woraufhin wir uns dumm vorkommen. Wir glauben, wir bräuchten erst von anderen den Beweis dafür, dass wir liebenswert sind, ehe wir uns selbst voll und ganz lieben dürfen. Mit das Beste, was ich als Psychotherapeutin tun kann, ist, Raum zu lassen für die vielen unterschiedlichen Formen fehlender Selbstliebe. Es ist ein Problem, wenn wir glauben, dass wir zu jeder Zeit liebenswert sein müssten. Und möglicherweise stellen wir sogar fest, dass wir bestimmte Menschen immer noch lieben, obwohl sie uns im Stich gelassen, betrogen, verletzt haben.

»Liebe« ist bei meinen Patientinnen und Patienten ein Dauerthema.

Sie begeben sich in Therapie, weil sie sich Hilfe in Sachen Liebe wünschen. Die Art und Weise, wie sie geliebt bzw. nicht geliebt, abgeschreckt, missverstanden oder im Stich gelassen werden, sorgt für Frustration. Doch meist äußert sich der Wunsch nach Liebe weniger direkt. Dennoch spielt das Thema, egal wie, in jede Therapie hinein. Unsere Sorgen und Ängste, unsere Verlusterfahrungen, unsere Leidenschaften – diese grundlegenden Gefühle haben samt und sonders mit Liebe in all ihren Variationen zu tun. Die Liebe ist Handlung und Ziel der meisten Geschichten. In meiner Arbeit geht es um die Auseinandersetzung mit komplexen Beziehungsmustern – unseren Beziehungen zu anderen Menschen, zu uns selbst und zur Welt. Selbstliebe ist eines dieser Konzepte, das wir theoretisch gut finden, das aber in der Praxis eine Herausforderung für uns darstellt. Manche Menschen tun sich damit leicht, aber für die meisten von uns ist die Selbstliebe einer der Hauptkampfplätze.

In der Therapie gibt es bei manchen Patientinnen oder Patienten Widerstände dagegen, ihren Wunsch nach Liebe auszudrücken, weil sie es für wenig wahrscheinlich halten, tatsächlich Liebe zu erleben. Bei diesen Personen besteht ein Teil der Therapie darin, ihnen Methoden zu zeigen, um ihre Vorstellungen über die Liebe zu verlernen. Wir haben oft panische Angst davor, etwas falsch zu machen, und die Tyrannei des Perfektionismus lässt uns in einen Zustand von Angst und Erstarrung verfallen, der bei jedem Streben nach Beziehungen und Erfahrungen draußen in der Welt hinderlich ist. Wir wünschen uns Liebe und fürchten uns zugleich davor. Der **Schleier der Ablehnung** – unsere Angst vor Ablehnung – hält uns zurück. Sobald wir unsere grundlegenden Wünsche erkannt haben, können wir Fantasie und Fakten trennen, und die Liebe nimmt zuerst mögliche, dann konkrete Formen an. Das kann zum einen bedeuten, dass wir bei unserer Ungewissheit verweilen müssen, zum anderen, dass wir erkennen, was wir bereits haben.

Oder um George Bernard Shaw zu zitieren (dessen Schriften ich inspirierender finde als so manches Lehrbuch der Psychologie): »Die Leute sind manchmal mehr an ihre Lasten gebunden als ihre Lasten an sie.«[1] Sobald es um wirklich wichtige Anliegen geht, drücken wir uns mit irgendwelchen erfundenen Argumenten vor einer klaren Auseinandersetzung mit unseren wahren Wünschen und Bedürfnissen. Wir spinnen uns ein Netz aus Hinderungsgründen. Die Liebe macht da keine Ausnahme. Wir beschreiben lang und breit die Gründe, warum wir dies oder jenes nicht tun können, und die Probleme, die uns angeblich davon abhalten. Bisweilen fällt es uns leichter, zu sagen, was wir nicht wollen, als zu sagen, was wir wollen. Lassen wir unseren Wunsch nach Liebe zu, dann setzen wir uns unserer Verletzlichkeit aus, riskieren Ablehnung und Demütigung, wie wir sie entweder schon erfahren haben oder wie wir sie uns vorstellen. Es erfordert sehr viel Mut, unserem Wunsch nach Liebe Ausdruck zu verleihen.

Der Wunsch, zu lieben und geliebt zu werden, ist ein ebenso einfaches wie ursprüngliches Bedürfnis. Und er kann sich höllisch hart anfühlen. Tessas Abschied vom Leben war zugleich ihre Begegnung mit der Liebe. Sie erzählte mir ihre Geschichten vom Lieben und Leben.

Was Tessa wusste

Meine erste Stelle als Psychotherapeutin hatte ich in einer recht hektischen Londoner Klinik. Ich gehörte zu einem Team, das Schwerkranken und ihren Angehörigen eine Kurzzeittherapie anbot. Privatsphäre war mehr oder weniger inexistent, unsere »Praxis« ein Notbehelf. Wir arbeiteten am Bettrand sitzend, in Abstellkammern oder auf dem Flur. Ich war unerschütterlich optimistisch. Ich glaubte, dass die Psychotherapie den Menschen etwas zu bieten hatte, gleichgültig wie die äußeren Umstände und Bedingungen aussehen mochten. Das glaube ich übrigens heute noch. Es gibt unendlich viele Möglichkeiten, wie wir unser Leben verbessern können.

Der erste »Überweisungsschein« für unser Team kam von einer der Stationsschwestern. In altmodischer Handschrift – welche ich nur mit Mühe entziffern konnte – hatte ein Mann geschrieben, dass seine Frau, die in den Sechzigern war und Bauchspeicheldrüsenkrebs im Endstadium hatte, gerne mit jemandem reden würde. Wofür so bald als möglich ein Termin vereinbart werden sollte.

Ich ging auf die offene Station, wo die Frau lag, und kam mir sehr erwachsen vor mit meinem Namensschild, das an einem Band um meinem Hals hing und mich als Fachpersonal auswies. Ich war so unglaublich stolz auf mein Namensschild – zum ersten Mal las ich hinter meinem Namen die Bezeichnung »Psychotherapeutin« –, dass ich es manchmal sogar schon vor meinem Dienst bzw. danach noch trug. Die Schwester führte mich in einen Raum voller Patientinnen und Patienten, dort an das Bett einer auffallend eleganten Frau. Obwohl Tessa krank war, verbreitete sie eine Aura sanfter Vitalität und Weiblichkeit. Ihr Haar sah aus, als käme sie frisch vom Friseur, und sie trug Lippenstift. Sie saß aufrecht im Bett, von mehreren Kissen gestützt. Auf ihrem Bett lag die *Financial Times,* auf dem Tischchen neben ihr ein Stapel Bücher und Karten. Während auf der Station eine Atmosphäre von Krankheit und Chaos herrschte, umgab Tessa ein kleines Areal wohlbedachter Ordnung. Neben ihrem Bett saß ein vornehmer Herr, der sich, sobald er mich erblickte, sofort erhob und sich mir als ihr Mann David vorstellte. Er entschuldigte sich höflich und ohne jede Befangenheit und meinte, er würde in einer Stunde wiederkommen.

Tessa sah mir in die Augen. »Kommen Sie doch näher«, forderte sie mich auf.

Ich setzte mich auf den Stuhl neben ihr, der sich noch warm anfühlte, da ihr Mann dort gesessen hatte. Irgendetwas wurde in mir lebendig. Ich zog den Vorhang um uns herum zu, um wenigstens eine Andeutung von Privatsphäre zu schaffen, ein zumindest symbolisches therapeutisches Umfeld. Ich erklärte ihr, dass wir fünfzig Minuten hätten. Ich wollte so eine Art professioneller Autorität vermitteln. Aus der Nähe konnte man sehen, dass Tessas Hände blauviolett von Blutergüssen waren, was mir zeigte, wie gebrechlich sie war, obwohl sie das, so gut sie konnte, zu verbergen versuchte.

»Ich habe keine Zeit zu verschwenden. Kann ich mit Ihnen wirklich reden?«, fragte sie und sprach mit einer Deutlichkeit und Klarheit, an der ich mich aufrichtete. Ich antwortete mit Ja, natürlich, deswegen wäre ich ja da.

»Ich meine wirklich reden. Offen und ehrlich. Keiner lässt mich das. Ich nehme an, Sie sind auf so etwas vorbereitet. Die Schwestern, die Ärzte, meine Familie, alle versuchen, mich abzulenken und es mir so angenehm wie möglich zu machen. Immer wenn ich wage, anzusprechen, was passieren wird, werden sie nervös und wechseln das Thema. Ich will das Thema aber nicht wechseln. Ich will dem Ganzen ins Gesicht sehen.«

»Welche Dinge sind es denn genau, denen Sie ins Gesicht schauen möchten?«, fragte ich.

»Mein Tod. Mein Leben. Ich möchte mir all das ansehen. Mein Leben lang habe ich die Augen verschlossen, und dies ist für mich die letzte Gelegenheit, richtig hinzuschauen.«

Ich horchte aufmerksam auf jedes Wort, das sie sagte, und darauf, wie sie es sagte.

Die Art und Weise, wie Menschen beim Erstgespräch Dinge beschreiben, kann sehr aufschlussreich sein für die Jahre, die dann folgen. Mit Feuereifer hielt ich einige ihre Äußerungen fest, schrieb einzelne Fragmente auf, wobei ich strikt darauf achtete, dass wir so viel Augenkontakt wie möglich hielten, damit diese Sitzung zu einer gemeinsamen Erfahrung von uns beiden wurde. Ihr dort zu begegnen, wo sie war, war alles, was ich ihr anbieten konnte. Also hielt ich mich immer wieder dazu an, einfach mit ihr da zu sein.

»Ich spüre, wie ich jeden Tag weniger werde. Ich möchte meine Angelegenheiten in Ordnung bringen. Aber dazu muss ich über zwei Dinge unbedingt mit jemandem sprechen. Genauigkeit war immer eine meiner Stärken. Ich habe noch nie zuvor eine Therapie gemacht. Im Prinzip ist das ja ein Gespräch, bei dem ich frei reden kann, bei dem ich die Wahrheit über ein paar Sachen herausfinden, vielleicht auch so etwas wie Sinn erkennen und sehen kann, was möglich ist. Sehe ich das richtig?«

»Ja, auf jeden Fall«, sagte ich und nickte zustimmend. Das traf es sogar sehr genau.

»Aber als Erstes würde ich gerne eine Abmachung mit Ihnen treffen. Ich folge dem ersten Eindruck, den ich von Ihnen habe. Er beruht nicht auf eben viel, aber ich habe das Gefühl, dass ich mit Ihnen reden kann. Also lassen Sie uns genau das tun. Ich möchte nicht, dass das hier eine einmalige Angelegenheit bleibt. Ich bin keine Frau für einen One-Night-Stand. Also verständigen wir uns doch darauf, dass Sie wiederkommen und mich so lange besuchen, bis ich nicht mehr in der Lage bin, mit Ihnen zu sprechen.«

»Wir können gerne mehrere Sitzungen vereinbaren«, sagte ich.

»Um es noch einmal ganz klar zu formulieren: Sie kommen so lange, bis es bei mir nicht mehr geht. Wenn ich Ihnen erzähle, was wirklich in mir vorgeht, dann muss ich die Gewissheit haben, dass bei all dem, was sonst noch passiert, ich mich auf das hier, auf Sie, verlassen kann, und zwar für die ganze Zeit, die mir noch bleibt. In Ordnung?«

»Ja, in Ordnung.« Mein Vertrag sah zwar eine strikte Obergrenze von zwölf Therapiestunden pro Patientin vor, und ich hatte keine Ahnung, wie viel Zeit Tessa noch haben würde, aber wie hätte ich in diesem Fall nicht zustimmen können? Sie hatte das Kommando übernommen, und in Anbetracht ihrer Situation schien mir das gut und richtig. Wir hatten eine therapeutische Allianz geschlossen, die auf Sicherheit, gegenseitigem Einvernehmen und Vertrauen beruhte.

»Gut.« Sie hob den Kopf und schaute mir ins Gesicht, während sie sich ein wenig nach vorn beugte, als hätte sie endlich ihren eigenen Raum gefunden.

»Als Nächstes muss ich mir gleich selbst widersprechen. Halten Sie mich nicht davon ab. Ich habe vorhin zwar gesagt, dass es zu meinen Stärken gehört, mich kurz und bündig auszudrücken, aber wir haben noch ein wenig Zeit, und darum möchte ich jetzt einfach alles aussprechen, was ich loswerden will.« Ihre Stimme klang ganz bestimmt, aber auch ein wenig spitzbübisch.

»Nur zu.« Hätte sie Führung von mir benötigt, hätte ich ihr gezielt Fragen stellen und die Gesprächsrichtung vorgeben können, wie das bei Erstsitzungen üblich ist. Aber das war etwas, was Tessa weder wollte noch brauchte.

»Mein erstes ›Thema‹, wie Leute sagen, die eine Therapie machen – zu meiner Zeit hatten ›Themen‹ noch mit Texten zu tun und nicht mit Gefühlen –, hat mit Reue zu tun. Ich möchte Ihnen von diesem Gefühl der Reue erzählen, und bitte, Charlotte, versuchen Sie nicht, mir das auszureden. Ich muss einfach darüber sprechen.« Ich versprach es ihr.

»Ich wünsche mir, ich hätte mehr mit meinen Jungs gekuschelt. Ich habe zwei Söhne, mittlerweile sind beide erwachsen. Das ist es, wonach ich mich am meisten sehne, während ich an dieses Bett gefesselt bin. Ich vermisse nicht sonderlich viel von meinem Leben – die abendlichen Dinnerpartys, die Reisen, die Kleider, die Schuhe, den Schmuck. Das alles kann ich loslassen. Ich trage gerne Lippenstift, und ich besitze gerne schöne Dinge, aber all das scheint mir jetzt nicht mehr wichtig. Doch es gibt mir jedes Mal einen Stich, wenn ich daran denke, dass ich die zwei viel öfter gedrückt haben könnte. Ich habe beide aufs Internat geschickt. Jung. Bevor sie dafür bereit waren. Gerade unser älterer Sohn. Er wollte absolut nicht ins Internat. Er hat mich angefleht, ihm das nicht aufzuzwingen. Doch damals schien mir ein Internat aus allen möglichen Gründen das Richtige zu sein. David und ich mussten alle paar Jahre in ein anderes Land gehen. Ich will Sie jetzt nicht mit Rechtfertigungen langweilen. Der Punkt ist: Hätte ich wirklich zugehört, dann hätten wir uns wenigstens in die Arme nehmen und einander näher sein können. Uns umarmen, kuscheln – ich kann an fast nichts anderes denken … Ich wünsche mir einfach nur, meine Söhne in die Arme zu nehmen und dass wir miteinander in unserem alten Haus sind, warm und nahe. Sie scheinen noch recht jung zu sein, zu jung, um schon Kinder zu haben. Haben Sie welche?«

»Nein, noch nicht«, platzte ich heraus, obwohl ich wusste, dass mein damaliger Supervisor meine unbedachte Selbstoffenbarung missbilligen würde.

»Nun, irgendwann werden Sie das wahrscheinlich, und wenn Sie welche haben, dann kuscheln Sie mit ihnen. Tun Sie auch alles andere, aber Kuscheln ist sehr wichtig. Das war für mich eine echte Überraschung … ich habe mein ganzes Leben zugebracht, ohne zu sehen, wie wichtig das ist. ›Kuscheln‹ – schon das Wort klingt albern. Aber es wichtig. Das ist es, worauf es ankommt. Ich erkenne das erst jetzt.«

Unsere Blicke begegneten sich. In Tessas Augen lag der Ausdruck eines Menschen, der einem unbedingt etwas vermitteln will, und ich verspürte das Bedürfnis, ihr zu zeigen, dass ich ihre Lektionen aufnahm. Dann begann sie wortgewandt von einigen schönen Momenten ihres Lebens zu erzählen. Ich hörte ihr so aufmerksam zu, wie ich das immer tat und tue. Ich wollte unbedingt alles in mich aufnehmen, ihre Stimme, ihre Botschaften und ihre Geschichte.

Ihr Mann David stand im diplomatischen Dienst und war nach Asien und Afrika entsandt worden. So hatten die beiden in sechs verschiedenen Ländern gelebt.

»Wie Sie sich vorstellen können, wurden wir überallhin eingeladen. In vornehme Villen. Zu den glamourösesten Partys und Events. Wir schlossen Bekanntschaft mit außergewöhnlichen Menschen, mit faszinierenden Persönlichkeiten. Und auch mit ein paar sterbenslangweiligen Leuten.« Sie beschrieb ihre Dinnerpartys, die schicken Etuikleider, die sie dabei getragen hatte, und ihre Gerichte, die sie für Treffen im vertrauten Kreis zubereitete, die »wenig außergewöhnlich, aber anheimelnd waren und immer zu stark gepfeffert. *Zu viel Pfeffer, Tessa!* Das sagten alle, aber ich mag Pfeffer nun mal, und ich sehe mich selbst als jemanden, der Pfeffer hat. Also weigerte ich mich, weniger zu nehmen. Was ich kein bisschen bedauere. Und, meine Güte, mir fehlen diese liebevollen Frotzeleien meiner Familie. Seit ich krank bin, macht niemand mehr einen Scherz über mich.«

Dann erzählte sie mir, dass sie immer gerne viele Kerzen aufgestellt hätte. »David hat mich immer ausgelacht wegen der vielen Kerzen. Er meinte, ich solle doch nicht ein solches Tamtam veranstalten. Er drückte es aber sehr süß aus. *Mach dir doch nicht so viel Mühe, Tessa. Es fällt doch sowieso keinem auf.* Aber es war mir diese viele Mühe wert, und, wissen Sie, *mir* ist es aufgefallen. Manche Dinge lohnen die Mühe doch, weil wir uns selbst verzaubern wollen. Ja, das ist es, jetzt, da ich es ausspreche – ich habe mich durch diese kleinen, hübschen Gesten selbst verzaubert. Ich habe das sehr gerne gemacht. Charlotte, machen Sie es sich zur Angewohnheit, sich selbst zu verzaubern. Das gehört zur Selbstliebe einfach dazu. Und zur Liebe zum Leben.«

Sie wäre gerne Lektorin geworden. »Es macht mir Spaß, da und dort kleine Fehler aufzuspüren und zu sehen, wie man einen Text verbessern kann. Ich wäre ziemlich gut geworden. Und ich weiß immer, was jemand sagen will, selbst wenn es noch so verdreht formuliert ist. Außer vielleicht in meinem eigenen Fall.« Aber sie war damit im Reinen, dass sie keinen Beruf ausgeübt hatte. Sie war so oft umgezogen, hatte anderweitig viel geleistet und viel Spaß gehabt. Dann wollte sie, dass ich mir vorstellte, wie sie früher ausgesehen hatte. »Sie sehen mich jetzt in diesem Zustand, aber versuchen Sie einmal, sich mich mit toupierter Mähne vorzustellen. Toupiertes Haar fand ich immer super, ganz egal was die Mode gerade vorschrieb. Sie wissen schon, was ich meine: die Sechzigerjahre, Haare wie Jackie O.« Sie vermisste den Körper, den sie gehabt hatte, die Wahlmöglichkeiten und den Selbstausdruck der gesunden Tessa.

Als sie sich an ihr Sozialleben erinnerte, die unzähligen, mit Freunden verbrachten Stunden, fragte sie sich, womit sie eigentlich ihre Zeit verbracht, was sie in diesen Momenten getan hatten. Sie vermutete, dass sie wohl etwas getrunken hatten, über Bücher geredet, über Menschen, Theater, Filme, Reisen, Kunst, Politik und all das, jedoch konnte sie sich an keine Einzelheiten mehr erinnern. Aber es war für sie in Ordnung, dass sie an diesen Teil ihres Lebens nur noch schwache Erinnerungen hatte, denn sie wusste, dass dies ihre »gute alte Zeit« gewesen war. Völlig grundlos hatte sie sich ständig Sorgen gemacht, was die Leute wohl von ihr denken mochten. »Wenn ich jetzt so überlege, dann weiß ich von den Freunden, die mich mochten, dass sie mich mochten und dass ich sie gernhatte. Diese Beziehungen waren eine Bereicherung für mein Leben. Aber ich habe mich das auch bei Leuten gefragt, an denen mir überhaupt nichts lag. Einfach Zeitverschwendung«, sagte sie. »Ein bisschen Zeitverschwendung ist ja okay, aber nichts anderes war das.«

Tessa hatte das Bedürfnis, noch einmal zu sagen, wie sehr sie sich doch wünschte, mit ihren Kindern mehr gekuschelt zu haben. Ans Bett gefesselt, hatten diese Gedanken und Gefühle sie nun eingeholt, und sie konnte ihnen nicht mehr entkommen. Schließlich musste sie akzeptieren, dass das, was sie empfand, schlicht ein tiefes Gefühl der Reue war. »Meine Jungs beteuern immer wieder, dass sie absolut zufrieden sind damit, wie die Dinge gelaufen sind. Sie haben sich nie wirklich beschwert. Im Moment sind sie auf dem Weg hierher nach London – ich werde sie morgen sehen.«

»Oh, wie schön!«, sagte ich. Dieser prosaische Einwurf war so ziemlich alles, was ich herausbrachte, neben ein wenig ermutigendem Gemurmel und anderen Geräuschen, die ich machte, um ihr zu signalisieren, dass ich jedem einzelnen ihrer Worte aufmerksam folgte. Ich war ganz und gar bei der Sache, und es bestand für mich keine Notwendigkeit, zu reden. Ich war für Tessa da. Und sie wollte, dass ich ihr zuhörte.

»Ich habe kein sehr inniges Verhältnis zu meinen Jungs. Ich liebe sie beide, sogar sehr. Sie lieben mich wahrscheinlich einfach deswegen, weil ich ihre Mutter bin. Aber ich wünschte, ich hätte mir erlaubt, diese Liebe *stärker* zu fühlen und zu zeigen. Wissen Sie, beide sind verheiratet und in den Dreißigern. Eigene Kinder haben sie noch nicht. Vielleicht später mal. Schon komisch, dass ich sie immer noch ›meine Jungs‹ nenne.« Sie ließ ein leichtes, bezauberndes Lachen hören. »Ich habe nicht das Gefühl, die beiden wirklich zu kennen. Da ist immer so ein Gefühl der Distanz. Vielleicht gäbe es das nicht, wenn ich sie nicht ins Internat geschickt hätte. Wenn ich mehr mit ihnen gekuschelt und ihnen öfter gesagt hätte, dass ich sie liebe.« Ihr Lachen verstummte, und auf ihrem Gesicht zeigte sich ein tiefer Kummer. Diese Veränderung geschah blitzschnell. Plötzlich waren ihre – weit aufgerissenen – Augen die eines zutiefst verängstigten Kindes.

»Können Sie den beiden nicht irgendetwas von dem sagen, was Sie mir gerade erzählt haben, wenn Sie sich morgen sehen?«, hakte ich nach. Ich konnte nicht anders. Meine Frage versetzte Tessa wieder in den Gesprächsmodus. Schon damals entging mir nicht, dass meine Frage nichts anderes war als eine Form von Vermeidungsverhalten, auch wenn ich eigentlich meinte, aufrichtig zu sein und nicht zu kneifen. Ich hielt es schlicht nicht aus, einfach nur dazusitzen, die Trauer eines anderen Menschen zu ertragen, ohne zu versuchen, unterstützend einzugreifen. Es ist schwer, zu sehen, dass jemand leidet, und nichts zu tun.

»Vielleicht, aber irgendwie habe ich meine Zweifel. Möglich. Wir werden sehen. Aber das bringt mich zu dem zweiten Thema, das ich mit Ihnen besprechen muss.«

»Bitte fahren Sie fort.«

»Ich weiß, dass mein Mann in Brasilien ein heimliches Kind hat, von einer Frau, mit der er vor Jahren eine Affäre hatte. Eine Tochter. Sie muss jetzt so um die zwanzig sein. David glaubt, ich wisse nicht Bescheid, aber das tue ich. In all diesen Jahren hatte er solche Schuldgefühle und schämte sich so sehr. Ich weiß das. Er hat dieser Frau mehrfach Geld überwiesen, von einem Konto, von dem ich seiner Meinung nach keine Ahnung hatte, aber so habe ich alles herausgefunden. Wahrscheinlich hat David panische Angst vor einem Skandal, weil er doch im diplomatischen Dienst ist, und er weiß recht gut, wie man geschickt und hinter den Kulissen agiert, doch ich bin auch nicht gerade auf den Kopf gefallen.«

Ich fragte sie, wie es ihr denn damit gehe.

»Es fällt Ihnen vielleicht schwer, das zu glauben, aber die Wahrheit ist: Ich weiß es nicht. Ich habe mich nie gefragt, wie es mir damit geht …«

Ich glaubte ihr.

»Wissen Sie, wahrscheinlich hat er sich mir gegenüber besser verhalten, gerade weil er getan hat, was er getan hat. Und vielleicht habe ich ihn nie zur Rede gestellt, weil mir das zupasskam … In all diesen Jahren hat er sich mir gegenüber immer von seiner besten Seite gezeigt …«

Sie sagte, David wäre zutiefst erschüttert, würde er erfahren, dass er sie und die Jungs verletzt hatte. »Das wäre zu viel für ihn.« Ich spürte, dass die Einzelheiten, die sich mit diesem Geheimnis verbanden, all die Hebel, die sie aus Sorge um das innerfamiliäre Gleichgewicht in Bewegung gesetzt hatte, sowie ihr Wunsch, allen Beteiligten Schmerz zu ersparen, ihre ganze Aufmerksamkeit beansprucht hatten. Eine Strategie, die sie zu sehr auf Trab hielt, um ihren eigenen Gefühlen zu seinem geheimen Kind nachgehen zu können. Ich fragte sie, wie sie sich damit fühle, dass sie mir diese Dinge anvertraute.

»Ich musste jemandem davon erzählen. Irgendwie ist das sehr wichtig. Ehrlich zu sein, wenigstens sich selbst gegenüber, das ist es doch, worauf es ankommt. Ich wollte nicht sterben, ohne diese Dinge laut ausgesprochen zu haben. Dass Sie das jetzt wissen, dass ich Ihnen das erzählt habe, hat in mir etwas gelöst. Noch besser wäre, wenn wir jetzt draußen in der Natur sein könnten. Ich hasse es, hier zu sein, an diesem Ort. Ich vermisse die Empfindung von feuchter Erde und nassem Gras. Stellen wir uns vor, dass wir jetzt an eben so einem Ort sind, auf einem grasbewachsenen, lehmigen Hügel, dass unsere Hintern nass werden, wenn wir uns setzen, und wir die frische, kühle Luft einatmen. Das ist meine einzige Flucht, das Einzige, was ich mir immer vorgaukle. Allem anderen blicke ich ehrlich ins Gesicht.«

Auch ihre Sehnsucht, von hier wegzukommen und in der Natur zu sein, fühlte sich aufrichtig an.

Als ich an jenem Tag die Station verließ, kam ich am Schwesternzimmer vorbei und dort an Tessas Mann. Er versuchte gerade, ein Einzelzimmer für Tessa zu organisieren. Ich konnte hören, wie er höflich auf die diensthabende Schwester einredete. Als er mich hinausgehen sah, unterbrach er das Gespräch und hielt mich an. Er schien nervös.

»Bevor Sie gehen, wollte ich Sie noch etwas fragen. Ich will Sie nicht aushorchen. Ich respektiere, dass solche Gespräche privat sind. Aber sagen Sie mir bitte eines: Hat Tessa mit Ihnen gesprochen? Sie musste mit jemandem reden. Ich bin dankbar, wenn sie das konnte.«

»Ja«, sagte ich, wobei mir die unklaren Abgrenzungen schwer zu schaffen machten. Ich wollte ihn nicht vor den Kopf stoßen, wollte mich aber auch auf keinen näheren Kontakt mit ihm einlassen. Ich spürte das Gewicht des Geheimnisses, das Tessa mir zu tragen anvertraut hatte. Und vor diesem Hintergrund empfand ich schon mein »Ja« als zu viel preisgegeben.

In der darauffolgenden Woche erschien ich also zur vereinbarten Zeit. Ich hielt nach ihr Ausschau, so wie ich ein Restaurant mit Blicken absuchen würde, hätte ich eine Verabredung mit einer beeindruckenden Persönlichkeit. Irgendwie brachte sie mich dazu, die beste Version meiner selbst sein zu wollen, was immer das heißen mochte. Von einer der Schwestern erfuhr ich, dass Tessa einen Stock höher in ein Einzelzimmer verlegt worden war. Hurra! Neben einigen anderen Dingen einer Therapie sehr förderlich. Also nach oben. David war da, aber er ging sofort und gab uns den nötigen Freiraum. Aufgefächert auf ihrem Nachttischchen lagen eine Reihe Zeitschriften sowie einige Kosmetikartikel, und mein Blick fiel auf ihre bestickten Samtpantoffeln. Alles um sie herum war eine sehr persönliche und geschmackvolle Auswahl von Annehmlichkeiten, die dem leiblichen Wohl förderlich sind.

»Ich spüre so ein starkes Bedauern, Charlotte«, sagte sie und ließ ihren Blick auf mir ruhen. In den Tagen seit unserem ersten Zusammentreffen war sie enorm gelb im Gesicht geworden. Ihre eingesunkenen Augen von durchdringendem Blau stachen intensiv daraus hervor.

»Erzählen Sie mir von diesem Gefühl des Bedauerns«, ermutigte ich sie.

»Es geht um das, was ich Ihnen schon erzählt habe. Mit meinen Söhnen kuscheln. Mehr liebevolle Nähe. Das ist alles, was ich möchte.«

Es fiel mir sehr schwer, sie so über ihre Reuegefühle, über ihre ungestillte Sehnsucht reden zu hören. Was sie sagte, war so aufrichtig und anrührend. Ich wusste einfach nicht, was ich tun sollte. Ich spürte eine Art verzweifelten Wunsch, die Dinge für sie in Ordnung zu bringen, ihr Linderung zu verschaffen, zumal ich wusste, dass sie unheilbar krank war. Obwohl sie ausdrücklich gesagt hatte, ich solle nicht versuchen, ihr ihre Gefühle auszureden, missachtete ich ihre Anweisung. Tessa hatte anderen Menschen schließlich auch ihre Fehler verziehen. Konnte sie denn sich selbst nicht vergeben? Ich fragte sie noch einmal, ob sie irgendetwas von dem, was sie bewegte, ihren Söhnen gegenüber zeigen könne. Aus der Rückschau erkenne ich, wie viel Selbstüberschätzung darin lag, zu glauben, ich könnte ihr geben, was sie sich so schmerzhaft wünschte.

»Ja, ich denke schon. Doch Sie müssen eines begreifen. Ich bedauere es nicht, dieses Bedauern zu fühlen. Es gibt mir vielmehr Hoffnung auf ein erfüllteres Leben. Möglicherweise ist das nicht mein Leben, aber es zeigt, was möglich ist. Ich hatte so viel Liebe in mir. Ich habe sie noch. Es ist nicht so, dass ich nicht genug Liebe in mir hätte. So ist es wirklich nicht. Alle haben mich immer für kalt gehalten. Meine Söhne. Sogar meine Freunde. Freundlich und gesellig, aber kalt. Doch so bin ich nicht. Ich gab mich kühl, um die Wärme zu verbergen. Eine flambierte Eistorte, so hat David mich mal genannt. Sehen Sie, er hat mich geliebt und hat mich, was das angeht, gut verstanden. Er kannte meine geheime Wärme. Ich konnte nur die Tiefe meiner Gefühle einfach nicht ertragen.«

Ihre Worte prägten sich mir ein, auch wenn ich Schwierigkeiten hatte, ihre ganze Bedeutung zu erfassen. Vielleicht hat sie mir mehr gegeben als ich ihr. In der restlichen Zeit, die von unserer Sitzung noch übrig war, sagte sie phasenweise einige sehr sinnvolle Dinge, hatte aufflackernde Momente totaler Präsenz, auch wenn sie dann wieder in verdrehte Satzfragmente und Wortsalat verfiel.

Wir trafen uns jede Woche zur gleichen Zeit, und in unserer Beziehung sowie in Bezug auf die Klärung bestimmter Themen war durchaus ein Fortschritt zu merken. Eine tragende Säule unserer Verbindung war die Tatsache, dass ich die Schwierigkeit ihrer Lage anerkannte, was sie als hilfreich und, wie sie es ausdrückte, »beruhigend realistisch« empfand.

Während sich unsere therapeutische Beziehung also weiterentwickelte, ging es mit ihrer körperlichen Verfassung stetig weiter bergab. Als ich zu unserer fünften Sitzung kam, musste ich zu meinem Entsetzen und meiner tiefen Enttäuschung feststellen, dass sie auf ein Organversagen zusteuerte. Kaum fähig, zu sprechen, brachte sie mit Mühe die folgenden zwei Worte heraus: »Mehr Zeit.« Diese ergreifenden Worte hallen in mir noch immer nach.

Als ich in der Woche darauf zu ihr ging, erfüllte ein fürchterlicher Gestank ihr Krankenzimmer. Tessa war zutiefst verzweifelt und läutete dauernd nach einer Schwester. Sie hatte die Kontrolle über ihren Darm verloren, ich konnte sehen, was passiert war, und sie wusste, dass ich es sah. Gutes Benehmen und Selbstkontrolle waren sozusagen die Grundausstattung ihrer Persönlichkeit. Sie musste das Versagen ihrer körperlichen Grenzen wie einen Verrat an ihrer Privatsphäre, ihrer Fähigkeit zur Selbstkontrolle und ihrer Würde empfinden. Sie konnte nur in ihrem Kot liegen, und mir wäre es unerträglich und lächerlich vorgekommen, einfach dazusitzen und nichts zu tun. Ich bot ihr an, Hilfe zu holen, und kam bald darauf mit einer Schwester zurück. Tessa behandelte sie ein wenig von oben herab. »Das ist wirklich inakzeptabel«, warf sie ihr vor. Wie wahr, und das in mehrfacher Hinsicht.

Von alldem stand nichts auf meinem Ausbildungsplan. Das hier deckte sich so gar nicht mit meinen Vorstellungen, wie eine Psychotherapie ablief, »Gesprächstherapie«, »das Heilen mit Worten« – dafür gab es keine Heilung.

Ich entschuldigte mich für ein paar Minuten. Als ich zurück in Tessas Zimmer kam, war sie wieder sauber, lag in einem frisch bezogenen Bett und war erneut in Stimmung, um mit mir zu reden. Wirklich zu reden. An diesem Nachmittag war sie völlig klar. Sie erzählte mir, dass sie ihre Söhne umarmt habe und dass es sich nicht gut angefühlt habe, weil es nicht gut war. »Es liegt nicht nur daran, dass ich körperlich so schwach bin«, sagte sie. »Es hat sich seltsam angefühlt, weil es für uns einfach nicht natürlich war, und wir alle wussten das. ›Natürlich‹ … ein sehr merkwürdiges Wort. Alles, was angeblich natürlich ist, ist mir nie leichtgefallen … stillen … umarmen … alles Natürliche fühlt sich für mich unnatürlich an …«

Ich fragte sie, welche Erfahrungen sie in ihrer Kindheit und Jugend mit Zuwendung gemacht hätte. Ihre Eltern waren distanziert und auch nicht eben aufs Kuscheln aus. Sie erinnerte sich, dass ihre Mutter ihr hie und da mal einen Klaps gegeben hatte, doch konnte sie sich beim besten Willen nicht daran erinnern, einmal liebkost worden zu sein. Ihr Vater war »ziemlich bärbeißig und allen gegenüber sehr förmlich, sogar zu sich selbst. Er ist bestimmt schon mit Anzug und Krawatte zur Welt gekommen.« Hin und wieder seien eher peinliche und oberflächliche Umarmungen ausgetauscht worden. Ihre Eltern waren scharfe Denker, mit Emotionen dagegen hatten sie so ihre Schwierigkeiten. Sie hätten schon Liebe empfunden, vermutet Tessa, aber diese zu zeigen fiel ihnen schwer.

»Meine Eltern, auch David, wir alle sind ein wenig seltsam, was das ›L-Wort‹ angeht. Manchmal haben wir am Ende eines Telefonats gesagt: ›Alles Liebe.‹ Und vor allem haben wir es auf Postkarten geschrieben. Manchmal sogar ›All meine Liebe‹. David unterschreibt seine Briefe damit. Was für ein Unsinn. Wann entspricht es denn jemals der Wahrheit, dass man ›all seine Liebe‹ gibt? Doch entspricht es ebenso wenig der Wahrheit, dass keine Liebe da ist, wenn man diese Worte nicht sagt … In gewisser Weise ist der Umgang mit Hunden einfacher. Hunde geben uns die Erlaubnis, ihnen unsere Zuneigung uneingeschränkt zu zeigen, und sie fordern keine Worte.«

Dann meinte Tessa, sie könne ihr Leben akzeptieren, sie könne das heimliche Kind ihres Mannes akzeptieren, sie könne all das akzeptieren. »Der Druck und die Belastung durch meine Krankheit haben einiges vereinfacht und geklärt. Der größte Teil meines Lebens ist schon vorüber, und das macht mir nichts aus. Ich kann loslassen. Ich muss nur noch diese wenigen losen Enden verknüpfen … Ich habe über die Frage nachgedacht, die Sie mir neulich gestellt haben, wie es mir mit Davids heimlichem Kind geht. Komischerweise komme ich damit klar. Wie ich gerade von meinen Eltern gesagt habe, haben einige von uns mit Nähe ein großes Problem. Selbst bei den Menschen, die wir lieben und von allen am besten kennen – tatsächlich ist es mit denen noch schwerer. Ich weiß, dass er mich liebt. Vielleicht hat er die andere Frau auch geliebt, doch er liebt mich von Herzen. Das hat er immer. Daran gibt es für mich keinen Zweifel. Ich wünsche mir wirklich, er hätte eine Möglichkeit gefunden, mir von dem Schlamassel zu erzählen, in den er sich gebracht hat, denn emotional muss er dafür einen hohen Preis gezahlt haben. Wie auch ich. Ich hätte für ihn da sein können. Er wollte sich der Verletzung, die das für mich bedeutet hätte, nicht stellen, aber wenn er es gekonnt hätte, dann wären wir einander vielleicht näher gewesen. Außerdem hat er mich so um die Möglichkeit gebracht, mich im Umgang mit der ganzen Sache als großmütig zu erweisen. Und mir tut auch das Mädchen leid. Wie ich Ihnen schon gesagt habe, Charlotte, hätte ich eine gute Lektorin abgegeben – wenn ich diese Geschichte überarbeiten könnte, dann würde ich sie in Ordnung bringen, das ganze raue, verwickelte Durcheinander, das David angerichtet hat, fein polieren, die Tochter willkommen heißen, David eine wütende Szene machen, ihm verzeihen und das Ganze in eine geschmackvolle Geschichte verwandeln. Doch diesen Triumph hat er mir versagt.«

»Aber jetzt gibt es doch einen Triumph in Ihrer Geschichte«, meinte ich.

Sie reagierte nicht auf meinen Einwurf. Vielleicht machte er sie verlegen, vielleicht war er nicht überzeugend genug. Und schließlich stand auch mein Wunsch nach einem triumphalen Abschluss dahinter. Sie kam wieder auf ihre Gefühle der Reue zu sprechen. »Wenn ich Ihnen von den Dingen erzähle, die ich bereue, dann hilft mir das sehr, und es hat auch meine emotionale Einstellung dazu verändert. Ich bedauere es immer noch, dass ich mit meinen Jungs nicht mehr gekuschelt habe. Dass ich ihnen nicht deutlicher gezeigt habe, dass ich sie liebe. Doch ich verstehe jetzt, warum. Das hat mit der Art zu tun, wie ich erzogen wurde, in gewisser Weise auch mit der Welt, aus der ich komme. Aber auch damit, dass ich nicht wirklich den Wunsch verspürte, sie zu berühren und im Arm zu halten. Mir schien das nicht wichtig zu sein. Ihnen ausdrücklich zu sagen, dass ich sie liebte – ich hatte immer das Gefühl, dass sich das von selbst versteht, aber vielleicht werden die Dinge, die sich von selbst verstehen, doch besser verstanden, wenn sie ausgesprochen werden … Mein Leben lang habe ich immer gedacht, dass irgendwann das Leben so sein würde, wie wir uns das vorstellten. David und ich hatten große Pläne für die Zeit nach seiner Pensionierung, wenn wir endlich einen Teil des Geldes, das wir zur Seite gelegt hatten, ausgeben könnten. Ich war mir so sicher, dass eines Tages alles wunderbar sein würde. Wie sich jetzt herausstellt, war dieser ›eine Tag‹ an jedem einzelnen Tag meines Lebens schon da.«

Ich fand ihren Scharfblick erstaunlich. Und er passte so gar nicht zu dem chaotischen Verfall ihres Körpers.

»Ich kann akzeptieren, dass mein Leben so gewesen ist, wie es war. Ich habe jetzt auch gar keine andere Möglichkeit mehr, als es zu akzeptieren. Doch ich halte immer noch an diesem Gefühl der Reue fest. Das heißt, ich kann darauf hoffen, dass Sie es einmal wertschätzen werden, zu kuscheln. Dass Sie sich erlauben werden, jemanden rückhaltlos zu lieben und sich ganz auf diese Person einzulassen. Dass Sie sich hingeben. Sie werden immer noch darüber nachdenken, was als Nächstes ansteht, ob es Ihre Pläne für den heutigen Tag sind oder was immer Ihnen durch den Kopf geht. Das ist unvermeidlich. Unsere Zufriedenheit hält nicht lange vor. Aber bitte denken Sie immer daran: Glauben Sie nur ja nicht, dass sich eines Tages, irgendwann später im Leben, der Sinn zeigen wird. Natürlich wird sich das auch später so anfühlen, aber der Sinn, das passiert jetzt. Er geschieht an jedem einzelnen Tag Ihres Lebens, wenn Sie nur aufmerksam sind.«

Ihr entfuhr ein leises Wimmern, und ich sah, wie sich ihr Körper unter Schmerzen krümmte. Über ihre körperlichen Beschwerden sprach sie kaum. Mein Herz fing wie wild an zu klopfen, als ich so dasaß und mit ansah, wie sie litt. Sie war ein Wrack.

»Sich hingeben«, sagte sie noch einmal. »Ich hätte mehr Liebe zu geben gehabt, aber die meiste Zeit meines Lebens habe ich mir nicht erlaubt, sie zu fühlen. Ich meine, sie *wirklich* zu fühlen. Das ist mittlerweile klar und offensichtlich, auch wenn ich noch dabei bin, die Wolken zu verscheuchen. Das, worauf es ankommt, und wie ich mich auf alle möglichen Arten zurückgehalten habe. Meine Liebe war nie total. Ich hatte immer Vorbehalte. Jetzt halte ich mich nicht mehr zurück und erlaube mir, mir mein Bedauern einzugestehen. Ich bin endlich aufrichtig, indem ich Ihnen all das erzähle.«

»Ihre Aufrichtigkeit ist bewundernswert«, sagte ich. »Doch ich glaube nicht, dass Liebe jemals total sein kann. Es gibt immer irgendwelche Komplikationen.«

»Komplikationen, ja, vielleicht. Doch die Liebe kann auch einfach sein. Ich könnte meinen Söhnen sagen, dass ich mir wünsche, ich hätte sie öfter in die Arme genommen. Doch bevor Sie jetzt auf die Idee kommen, ich könnte das doch machen, glauben Sie mir, wenn ich Ihnen sage, dass uns das nicht schlagartig einander näherbringen wird. Vielleicht gäbe es ihnen eine Vorstellung von der Liebe, die ich nicht zeigen konnte. Ich weiß es nicht. Finden Sie heraus, wie Sie jetzt ein erfülltes Leben führen können. Warten Sie damit nicht. Wenn Sie darauf warten, irgendwann die Reichtümer des Lebens zu entdecken, stehen Sie am Schluss mit einem Haufen Asche da.«

Alles, was sie sagte, hatte für mich Hand und Fuß. Insgeheim hoffte ich immer noch, sie würde ihren Söhnen sagen, was sie wirklich empfand. Wir waren am Ende unserer Sitzung angelangt.

»Charlotte?«, rief sie mir nach. Ich machte kehrt. »Ich möchte, dass Sie wissen, dass ich David verzeihe, dass er ein anderes Kind hat. Und ich hoffe, meine Jungs können mir auch meine Unzulänglichkeiten vergeben. Wir alle wollen lieben und geliebt werden. Das ist alles, worum es geht, und das ist so verdammt schwer.«

Als ich in der folgenden Woche vor ihrem Zimmer stand, sagte mir eine Schwester, man habe Tessa ins Leberzentrum verlegt. Ich ging in das entsprechende Stockwerk, wo mir ein schlimmer, durchdringender Gestank entgegenschlug. Aber ich konnte Tessa nirgends finden. Eine der Schwestern deutete auf ein Bett, und ich sah mich um, sah sie aber nicht. Langsam verlor ich die Geduld mit der Schwester; sie schien mich nicht zu verstehen. Von oben herab wiederholte ich deutlich Tessas Namen und buchstabierte ihr laut den Familiennamen vor.

»Ja doch, Miss, sie liegt da«, sagte sie und deutete auf das Bett, an dem ich eben vorbeigegangen war. Also ging ich noch einmal hin. Das war nicht Tessa. Das war jemand anderer. Wo war Tessa? Ich konnte auch ihren Mann nirgends ausmachen. Also ging ich wieder zur Schwester.

»Das ist nicht meine Patientin«, sagte ich und deutete auf das Bett. Ich legte einen gebieterischen Ton in das Wort »Patientin«.

»Aber ja doch, Tessa liegt dort drüben«, widersprach sie.

Ich wanderte zurück zu dem bezeichneten Bett und studierte das

Krankenblatt an dessen Fußende. Es war Tessa. Extrem angeschwollen und bis zur Unkenntlichkeit entstellt. Ich konnte nicht fassen, dass das dieselbe Frau sein sollte wie eine Woche zuvor. Es war eine extrem verwirrende und schockierende Verwandlung. Das alles ergab überhaupt keinen Sinn. Sie sah mich an, ihr Gesicht war aufgedunsen und verzerrt, die Lippen einen Spaltbreit geöffnet. Und ich sah ihre blauen Augen, die jetzt glasig und verblichen wirkten. Nichts davon passte oder fühlte sich vertraut an. Ich hoffte nur, dass sie nicht mitbekommen hatte, dass ich sie nicht erkannt hatte.

»Hallo.«

Ich holte mir einen Stuhl ans Bett, zog die Vorhänge um uns herum zu und bereitete mich darauf vor, die folgenden fünfzig Minuten mit ihr zu verbringen. Dies war so ganz anders als unsere früheren Begegnungen. Sie sprach schwach und undeutlich flüsternd. Es kostete sie sehr viel Kraft, überhaupt etwas zu sagen. Ihr Atem ging schwer, ein stoßweises, flaches Keuchen. »Danke, meine Liebe«, sagte sie auf einmal, nachdem sie mehrere Minuten lang geschwiegen hatte, und »liebe dich«.

Kein »ich«. Ich weiß nicht, ob sie das ernst meinte, ob sie fantasierte und zu wem sie das genau sagte. Ich erwiderte nichts. Es hätte sich nicht richtig angefühlt, »Ich liebe dich« zu ihr zu sagen. Oder selbst nur »liebe dich«. Weder damals noch in all den Jahren, die diesem Moment folgten, habe ich diese Worte je zu jemandem gesagt, der bei mir in Therapie war. Ich habe starke Gefühle von Liebe verspürt, über Liebe gesprochen, Liebe im therapeutischen Rahmen zugelassen, doch habe ich nie in einer Therapie die Worte »Ich liebe dich« gesagt. Es fühlt sich zu offen, zu vertraut an. Zu bombastisch vielleicht.

Die Schwestern unterbrachen uns, weil sie irgendwas mit einer Sonde machen mussten, irgendwas entfernen und austauschen. Ich war außer mir, dass sie in unseren privaten Raum eingedrungen waren. Ich wollte ihr unbedingt das Gefühl der Verbundenheit geben, das Gefühl, dass sie geborgen und nicht allein war. Ich konnte mir kein Bild davon machen, wer sie war, wie es zu dem hier gekommen war, und ich wollte unbedingt an unseren geplanten Sitzungen festhalten.

Wir hatten doch eine Vereinbarung getroffen! Wir arbeiteten doch immer noch ihre Geschichte heraus. Das war meine Vorstellung von Triumph, ihr helfen zu können, auf gute, schöne Weise von diesem Leben Abschied zu nehmen. Sie dämmerte immer wieder weg, war dann wieder kurz da, und ich weiß nicht, ob und wie viel sie von meiner Anwesenheit überhaupt mitbekommen hat, aber ich blieb die ganzen fünfzig Minuten an ihrem Bett und versuchte, die Verbindung zu ihr zu halten, wo immer sie war. Als ich aufstand, um zu gehen, schaute ich ihr in die Augen und sagte ihr, wie sehr ich unsere Gespräche geschätzt hätte und dass ich nie vergessen würde, was sie mir erzählt hatte. Sie kräuselte leicht die Lippen, und ich weiß nicht, ob sie meinen Worten folgen konnte. Dann sagte ich noch, ich würde mich schon auf unsere nächste Sitzung freuen. »Ich sehe Sie dann nächste Woche wieder«, waren meine letzten Worte zu ihr.

»Leben Sie wohl«, antwortete sie klar und deutlich.

Als ich Tessas Fall unter Tränen in meiner Supervisionssitzung vortrug, meinte die Supervisorin, ich hätte sagen sollen, dass dies für uns der Schlusspunkt gewesen sei – ich hätte die Augen vor der Wirklichkeit verschlossen und so getan, als würden Tessa und ich uns wiedersehen. Aber, wandte ich ein, selbst wenn sie offensichtlich bald sterben würde, wie sollte ich ihr das laut ins Gesicht sagen?

»Unsere Aufgabe ist es, schwierige Wahrheiten anzusprechen«, beharrte meine Supervisorin. Hätte ich Tessa gegenüber ehrlich gesagt, dass sie im Sterben lag, hätte ich mich von ihr verabschieden können (immerhin hatte sie mir ja Lebewohl gesagt), und wir hätten gemeinsam einen Abschluss finden können. So hätte ich mich wie die anderen Menschen in ihrem Leben verhalten, hätte ihr etwas vorgespielt und wäre zum realen Geschehen auf Abstand gegangen.

Aber vielleicht ist sie ja nächste Woche noch da, und dann werde ich mich von ihr verabschieden, dachte ich insgeheim. Doch Tessa starb vor unserer nächsten Sitzung. Als ich es erfuhr, ging ich nach draußen, schaute hinauf zu den Wolken und überließ mich meinem Schluchzen. Ich rief meine Mutter an und sagte ihr, wie gern ich sie hätte. Ich ließ all diese Gefühle zu, so irrational sie in mancher Hinsicht auch waren – ich kannte Tessa weder besonders gut noch besonders lange, warum also war ich so untröstlich? Eine Kollegin aus meiner Abteilung sah mich weinen. »Mein Beileid zu deinem Verlust«, sagte sie. Es war ein Verlust. Dennoch hatte ich das Gefühl, dass es nicht gerechtfertigt war, diesen Verlust als meinen zu reklamieren. Hatte ich irgendwo eine Linie überschritten, dass ich emotional so stark einstieg?

Das Ende von Tessas Leben markierte den Beginn meiner Arbeit als Psychotherapeutin. Ich war beruflich noch so grün hinter den Ohren und unerfahren, und die Kürze und die besonderen Umstände unserer Beziehung schützten den romantischen Schein, der diese umgab. Ich unterließ es, sie mit schwierigen Themen zu konfrontieren und Dinge zu sagen, die ich, hätte sie noch mehr Leben vor sich gehabt, vielleicht gesagt hätte. In dem bisschen Zeit, das wir miteinander hatten, konnten wir nicht gerade viel tun, aber wir haben etwas getan. Mir bedeutet dieses Gefühl der Möglichkeit sehr viel.

Sie hat mir mehr gegeben, als ich ihr geben konnte. In all den Jahren, die seit damals vergangen sind, hat mich das Gefühl der Freude, das in der Großzügigkeit wurzelt, immer zutiefst berührt. Obwohl von einer geradezu schreienden Augenfälligkeit, übersehen wir immer noch allzu leicht, wie sehr Geben unser Leben bereichert. Dabei geht es nicht um Selbstausbeutung oder darum, mehr zu geben, als wir haben – vielmehr darum, dass »Geben« ein Teil von »Haben« ist. Ich habe einmal ein Gespräch mit der Autorin Natasha Lunn[2] geführt, bei dem sie mir erzählte, wie viel Freude darin liege, Liebe zu geben und nicht nur zu haben. »Wir bekommen so viel, wenn wir uns selbst lieben und verstehen. Doch Liebe zu geben ist ebenso lohnend«, sagte sie zu mir.

Tessa war jemand, der Geschenke mit Freude entgegennahm. Sie ließ mich ihr etwas geben. Und sie wusste Lebewohl zu sagen, auch wenn ich es damals nicht konnte. Sie lehrte mich etwas über den Mut, sich der Wahrheit zu stellen, über die Wichtigkeit, unsere Geschichten zu erzählen und sie zu korrigieren, über das Bewahren von Geheimnissen, das Loslassen, das Akzeptieren von Gefühlen der Reue und des Bedauerns sowie über das Privileg, Augenzeuge sein zu dürfen. Und darüber, wie schwer all das für uns sein kann.

Dabei fällt mir wieder der Psychotherapeut und Dichter Irvin Yalom[3] ein und sein Bild der sich kräuselnden Wellen, wie eine Reihe kleiner Begegnungen auf überraschende Weise einen nachhaltigen Einfluss entfalten können.

Wir alle wollen lieben und geliebt werden, und das ist so verdammt schwer – dieser Satz fällt mir immer wieder ein, wenn ich von Beziehungskrisen höre, von schwierigen Familienverhältnissen, von Problemen am Arbeitsplatz und von inneren Konflikten. Und natürlich denke ich dann an Tessa und wie sehr sie sich danach sehnte, mit ihren Kindern zu kuscheln.

Wir schätzen das, was wir haben, erst dann, wenn wir wissen, dass wir es verlieren werden. Angesichts der sich abzeichnenden Bruchkanten ihres Daseins wusste Tessa, was sie wollte und was noch möglich war, und sie erkannte bestimmte Dinge, bevor es zu spät war. Jedes Ende kann sich abrupt und chaotisch anfühlen, auch wenn wir wissen, dass es kommt. Wir machen Fehler im Umgang mit den Menschen, die wir lieben. Es gibt immer neue Lektionen zu lernen. Warten Sie nicht auf die Reichtümer des Lebens.

Dass Tessa ihre erste Therapie auf dem Sterbebett machte, zeugte von ihrer Fähigkeit, zu lernen und sich ein ganzes Leben lang neuen Erfahrungen zu öffnen. Sie hieß die Frische der gelebten Erfahrung willkommen. Wie schnell von Begriff und lebendig sie in ihrer Offenheit war, als sie bereits im Sterben lag, machte mir Mut. Unsere Geschichte zu erzählen kann immer etwas verändern, solange wir unseren letzten Atemzug noch nicht getan haben.

Wir lieben, und wir verlieren. Möglicherweise lassen wir nicht zu, dass unsere Liebe zu nah, zu intensiv wird, weil immer das schmerzliche Damoklesschwert von Verlust und Ablehnung über uns schwebt. Vielleicht klammern wir uns auch an die Liebe, greifen nach ihr, wo immer es geht. So oder so, in Herzensangelegenheiten machen wir alles falsch und alles richtig. Oder in den Worten des Dramatikers Arthur Miller: »Vielleicht können wir nichts anderes tun, als zu hoffen, dass wir am Ende die richtigen Dinge bedauern.«[4]

Was tun mit unseren Gefühlen der Reue und des Bedauerns? Wir sagen uns: Was geschehen ist, ist geschehen. Aber Gefühle von Reue und Bedauern gehören nun einmal zu unserem menschlichen Dasein dazu, so unangenehm sie auch sein mögen. Das größte Problem an solchen Reuegefühlen ist, dass wir nicht gelernt haben, mit ihnen umzugehen. Und so werden daraus Selbstvorwürfe, Scham, Abwehr, Rechtfertigung, Wut, Schuldzuweisungen und – vielleicht am häufigsten – riesige Fantasiegebilde. Reuegefühle, mit welchen wir uns nicht auseinandersetzen, sind Nahrung für Fantasien, die uns durchspielen lassen, welches Leben, welche Liebe wir hätten haben können, all die Versionen von uns selbst, die uns nun versagt sind. Nicht aufgearbeitete Gefühle von Reue und Bedauern können sich als katastrophale Unruhestifter erweisen. Sich einzugestehen, dass man Dinge bedauert, ist ein ebenso mutiger wie liebevoller Schritt. Zuzugeben, dass man etwas gern anders gemacht hätte, ist ein Akt reiner Selbstliebe.

Lieben und Geliebtwerden äußern sich in Gestalt von Verlangen, Fürsorge, Verantwortlichkeit, Respekt, Nähe, Abgrenzung, Ideen und Großzügigkeit. Diese Dinge können sehr abstrakt sein und auch ganz konkret. Ein Kuscheln. Ein ausgesprochenes »Ich liebe dich«. Ein nicht ausgesprochenes »Ich liebe dich« und das Wissen, dass dieses Gefühl empfunden wird. Da zu sein. Zu trösten. Zu helfen. Sich helfen zu lassen. Zu akzeptieren. Liebe ist für jeden das universellste und zugleich das persönlichste Gefühl, und es scheint so, dass hier die großen Dinge (die Art von Liebe, die wir schätzen und als wesentlich empfinden) genauso viel zählen wie die kleinen (die kleinen, charmanten Eigenheiten wie die Kerzen, die Tessa so gerne anzündete). Lassen Sie den Zauber und die Zärtlichkeit zu. Was klein und nebensächlich scheint, kann trotzdem wichtig sein.

Wir alle wollen Liebe, doch selbst wenn wir liebevolle Beziehungen haben, können wir das Empfinden dafür im Alltagstrott verlieren. Alles wird uns zur Gewohnheit, und wir vergessen darüber, uns vor Augen zu führen, was wir haben. Das Auge kann die eigenen Wimpern nicht sehen. Mit ein bisschen Abstand aber vermag die Liebe sich selbst besser zu erkennen. Manchmal ergibt sich dieser Abstand aus der Empfindung, die kurz aufblitzt, wenn wir uns von jemandem verabschieden – ein flüchtiges Memento der Unvermeidlichkeit endgültiger Trennung, ein Hauch von **Verfremdung** –, die uns wieder mit unserer grundsätzlichen Wertschätzung verbindet.

Kapitel 2

Verlangen

Die Konflikte rund um das Verlangen spielen in Beziehungen eine wesentliche Rolle. Sie bringen Menschen zusammen oder auseinander. In Kapitel 11 geht es speziell um Wünsche, die sich auf etwas richten, was wir nicht wollen sollten. Wir wollen aber auch Dinge, die wir wollen sollen. So verhandeln wir ständig über die Regeln des Verlangens. Wir richten uns nach den Regeln, wir beugen die Regeln. Hinter jedem Verlangen, das sich akzeptabel anfühlt, steht eines, das uns in eine ganz andere Richtung ziehen könnte. Unser Leben lang sieben wir verschiedenste Wünsche aus und treffen dazu in jedem Moment unseres Lebens Entscheidungen, häufig sogar, ohne dies zu bemerken. Das Verlangen ist mehr als nur ein Urinstinkt, es ist eine Dynamik aus gegensätzlichen Polen. Das Verlangen kann uns motivieren und ablenken, uns antreiben oder lähmen, es ist neu und vertraut, sozial und natürlich, angenehm und schmerzlich, förderlich und herabsetzend, gesund und schädlich. Besonders verunsichernd ist, dass Verlangen und Angst eng miteinander verknüpft sind. Denken wir nur mal an Adam und Eva und den Sündenfall. Sie wurden aus dem Paradies verbannt, weil sie der Versuchung erlagen. Unser Verlangen definiert uns und bringt uns gleichzeitig in die Bredouille. Die Geschichte des Verlangens ist die Geschichte unseres Überlebens als Menschen – der Fortpflanzungstrieb und der Wunsch, unseren Abdruck auf der Welt zu hinterlassen. Aber es ist auch die Geschichte all unserer Fehltritte. Vier der sieben Todsünden haben mit Verlangen zu tun (Neid, Völlerei, Gier und Wollust). Das Spannungsverhältnis zwischen Versuchung und Angst kann uns aufreiben, vor allem wo es um Aggressivität oder Sexualität geht. Scham und Stolz sind die Wächter, die zum Verstummen bringen, was sich tabuisiert anfühlt.

Wir werden auf Konsum und Haben hin sozialisiert. Aber das Haben ist nicht genug. (Denn wir kämpfen oft damit, auch zu wollen, was wir haben. Und wir wollen mehr von dem, was wir nicht unbedingt wertschätzen. Unsere Befriedigung ist also eine flüchtige Erfahrung.) Auch die Verdrängung ist nicht ausreichend. (Wir werden weiter von den starken Wünschen umgetrieben, die wir unter den Teppich kehren. Wir leben das entweder aus, oder wir verschließen uns.) Wir **mussturbieren** darüber, wie das Leben sein sollte, und erwarten, dass unsere Beziehungen einfachen Drehbüchern folgen. Das funktioniert wirklich nie, daher lassen uns unsere Wünsche zutiefst entnervt zurück und entfremden uns anderen Menschen. Wir verstehen erst, was »genug« heißt, wenn wir unsere Wünsche verstehen.

Wenn wir unsere Wünsche zu gering achten oder sie mit Stumpf und Stiel ausrotten, kann es passieren, dass wir uns in manchen Bereichen unseres Lebens zu Schlafwandlern entwickeln. Was wir einst aufregend fanden, befeuert uns nicht mehr. Unsere Wünsche gehen gegen null. Wir haben aufgehört, Sex zu wollen. Übermäßiger Konsum frisst uns auf und nimmt uns gänzlich in Beschlag, gleichzeitig fühlen wir uns dabei leer und unerfüllt. Extreme Langeweile kann sich auf diese Art ausdrücken, sie kann passiv und tödlich erscheinen. Lew Tolstoi schreibt, dass Langeweile »der Wunsch nach Wünschen«[1] ist. Selbst wenn uns das Verlangen Probleme bereitet, so wollen wir es doch haben. Das Verlangen rüttelt uns wach. Ein Blick auf das Objekt unserer Begierde kann unsere Neugier wecken und den Hunger nach Leben neu entflammen. Kürzlich sagte ein Mann bei einer Therapiesitzung zu mir: »Ich möchte endlich etwas begehren. Ich möchte das Verlangen fühlen. Damit ich weiß, dass ich lebe.«

Unsere erotischen Bedürfnisse sind häufig vielschichtig und nebulös. Unsere Libido kann im Konflikt mit unseren Werten stehen. Die Eindrücke, die wir als Kind von Verlangen und Sexualität gesammelt haben, können sich später im Leben auf erstaunliche Weise zurückmelden. Unser tiefstes Verlangen erschreckt uns häufig. Was wir voller Leidenschaft begehren, jagt uns Angst ein: weil wir es vielleicht nicht bekommen können, es nicht haben sollten oder, wenn wir es haben, vielleicht wieder verlieren könnten. Um es mit den Worten des

Dramatikers Tennessee Williams zu sagen: »Ich wünsche mir, wovor ich Angst habe, und ich habe Angst vor dem, was ich mir wünsche. Ich bin wie ein innerer Sturm, der nicht losbrechen kann.«[2] Wenn unser Verlangen uns nicht akzeptabel erscheint, verbergen wir es, wir verschieben es auf etwas anderes und agieren ständig mit gemischten Gefühlen. Selbst in einer gesunden Beziehung können wir für denselben Menschen Gefühle von Liebe und Hass empfinden. Und von Missbrauch und Trauma geprägte Beziehungen können uns innerlich mit einer ungelösten Ambivalenz zurücklassen und mit konfliktreichen Wünschen. Angst und Verlangen sind manchmal schwer zu unterscheiden. Wir können uns auf etwas fixieren, es ablehnen, wiederholen, verteidigen – alles nur, weil wir uns davor schützen wollen, das zugrunde liegende Verlangen zu erkennen. Ein Gefühl der Entbehrung und der Enttäuschung weist häufig auf einen tief sitzenden Wunsch hin.

Wir gestehen uns manche Wünsche auch deshalb nicht ein, weil es uns ganz schön durcheinanderwirbelt, wenn wir uns etwas zu sehr wünschen. Jede Frau, die sich ein Kind wünscht und gesagt bekommt, sie solle nicht mehr daran denken, kennt das Leiden am Verlangen. Die daraus resultierende Verzweiflung scheint uns unerträglich, und wir hören immer wieder, dass das hässlich ist und uns schaden wird. Etwas zu sehr zu begehren ist demütigend. So gesehen kann sexuelles Verlangen ebenso erschreckend wie aufregend sein. Wenn wir uns auf diese Weise nackt machen, werden wir zutiefst verwundbar durch die mögliche Zurückweisung und Scham. Außerdem verfallen wir so leicht in Aberglauben: Wir denken, wenn wir unseren Wunsch eingestehen, und sei es nur uns selbst gegenüber, dann werden wir nicht bekommen, was wir wollen.

Wenn wir frustriert sind, kompensieren wir das häufig mit Kaufen und Geldausgeben. Wir befriedigen die leichter realisierbaren Wünsche, statt uns das dunkelste Verlangen bewusst zu machen. So hoch entwickelt wir als Spezies auch sein mögen, wir kämpfen immer noch damit, aus unserem sexuellen Verlangen schlau zu werden. Sexuelle Fantasien sind ganz normal und weit verbreitet. Justin Lehmillers umfassende Untersuchungen hierzu zeigen, wie sehr: 97 Prozent der Befragten gaben an, dass sie regelmäßig sexuelle Fantasien hätten.[3] Aber unsere unausgesprochenen Sehnsüchte sind uns eben schnell peinlich und lösen in uns Scham aus. Du kannst mich nicht feuern, ich kündige! Wenn wir ständig unseren Impulsen nachgeben, geraten wir in schweres Fahrwasser und sind letztlich doch nie zufrieden. Ignorieren wir sie jedoch, dann wenden wir einem Teil unseres Innenlebens den Rücken zu. Lieber verheimlichen wir unsere Wünsche oder verlegen uns stattdessen darauf, etwas zu hassen.

Als Therapeutin achte ich immer besonders auf Klagen und Fantasievorstellungen, weil sich dahinter häufig verborgene Wünsche verstecken. Das erste Indiz für einen verborgenen Wunsch ist für mich häufig eine Geschichte, die von Protest oder Ablehnung handelt. Oder von Hindernissen. Hindernisse sind für uns der Sicherheitsanker, wenn das, was wir uns wünschen, unerreichbar ist.

Es ist einfach, an dem herumzukritteln, was in unserer Reichweite ist. Damit verlagern wir unseren inneren Konflikt nach außen und projizieren unser Problem auf andere Menschen. Das trifft im Generellen zu, vor allem auf unser Sexualleben. Das, was für uns immer bequem verfügbar ist, langweilt uns vielleicht irgendwann. Und tatsächlich ist an dem Klischee, dass Vertrautheit Geringschätzung erzeugt, etwas Wahres dran. Wenn wir uns einen Sexualpartner wünschen, an dem uns alles neu ist, verlagern wir ebenfalls einen inneren Konflikt nach außen, denn wir sehnen uns nach einem neuen Aspekt in unserem Selbstverständnis. Wir haben es vielleicht satt, mit unserem bekannten, abgetragenen Selbst zu schlafen.

Rolle und Zielsetzung unseres Verlangens müssen uns nicht unbedingt klar sein. Wir verspüren Verlangen nach etwas oder jemandem, aber das Objekt unserer Begierde steht scheinbar für etwas anderes, das in unserem Leben fehlt. Denn das Verlangen entsteht manchmal aus solch einem Gefühl des Mangels. Wir bilden Wünsche aus, um das Gefühl der Entbehrung, des Verlustes oder des emotionalen Schmerzes zu kompensieren. Und mitunter kommen Wünsche auch in anderem Gewand daher. Eine zentrale Aufgabe der Therapie ist es, solche verborgenen Sehnsüchte aufzudecken, die Nacht-und-Nebel-Gefühle, die Geschichten des Verlangens, die wir für unser ungelebtes Leben ersinnen.

Dieser Ansatz war für meine Arbeit mit Jack wesentlich. Jack war Ende fünfzig und kam in Therapie, um herauszufinden, ob er seine über vierzigjährige Ehe weiterführen sollte oder nicht.

Jacks Entscheidungen

»Ich sehe Helens blonden Oberlippenbart im Sonnenlicht, und es stößt mich einfach ab«, sagt Jack zu mir, während er die Fäuste ballt und wieder öffnet.

Er hat eine nette Art, ein scharfes Auge und wählt seine Worte präzise und mit Gewicht.

»Das hört sich an, als wäre das schwierig für Sie«, antworte ich.

»Das hilft mir jetzt wirklich weiter.«

Ich weiß bei ihm nie so recht, ob er einen Witz macht oder nicht. Als würde er meine Verunsicherung erkennen, erklärt er seine Bemerkung.

»Nein, es hilft mir wirklich. Zumindest akzeptieren Sie mich. Und Sie verstehen mich.«

»Sie sprechen über Ihren Ekel, und ich frage mich, worum es dabei tatsächlich geht«, sage ich, weil ich irgendwie das Gefühl habe, ich müsste ihm in diesem Augenblick einen kleinen Anstoß geben.

»Ich kann einfach nicht glauben, dass es das gewesen sein soll, mit der Ehe. Ich will mehr«, entgegnet er.

»Mehr wovon? Was ist es denn, was Sie sich wünschen?«, hake ich nach.

»Ich möchte, dass Helen sexy ist. Ich möchte, dass sie mich so begehrt wie damals, als wir uns kennengelernt haben und wir drei Mal am Tag Sex hatten. Ich bin wütend, dass sie mich nicht mehr haben will. Wir haben im Stehen gevögelt, auf der Treppe, weil wir es nicht bis ins

Schlafzimmer geschafft haben. Draußen. Im Club auf der Toilette. Und jetzt, jetzt ist da gar nichts mehr. Was, verfickt noch mal, zum Henker soll das? Wie oft kann ich verfickt sagen? Ich bin verfickt sauer.«

»Das höre ich.« Ich sehe es auch. Seine Augen verengen sich zu Schlitzen, er rümpft die Nase, als habe er einen üblen Gestank gewittert.

»Wo stehen Sie denn im Augenblick?«, will ich wissen. Ich habe das Gefühl, dass er sich in eine Wolke der Verachtung geflüchtet hat, aber ich möchte keine Vermutungen anstellen. Es ist wichtig, klar zu sehen, wo er sich sieht.

»Sie hat mich über den Tisch gezogen«, antwortet er. Er meint, man hätte ihm eine blödsinnige Geschichte über Liebe und Ehe verkauft. Die Unzufriedenheit wurde für ihn unerträglich, kurz nachdem ihr Sohn, das einzige Kind, auszog, um an die Uni zu gehen – genauer ans College, wie er sagt, da er Amerikaner ist. Jack hatte nicht erwartet, dass das leere Nest ihm etwas ausmachen würde, aber sein Sohn war in gewisser Weise auch sein bester Freund. Der Verlust und die Trennung setzten Jack zu. Er fühlt sich von seiner Frau entfremdet und zurückgewiesen.

Er will sie ja begehren.

Er möchte, dass sie ihn begehrt.

Er möchte überhaupt wieder mal Begehren fühlen.

Wir lachen darüber, wie oft wir dieses Wort verwenden. Wir werfen uns flüchtige Blicke zu. Die Energie zwischen Jack und mir ist nicht unbedingt erotisch. Da ist eine Beziehung, eine Projektion, eine Fantasie, aber für mich fühlt es sich nicht sexuell an. Ich bin für ihn mehr so eine Art idealisierter Mutter, obwohl er Jahrzehnte älter ist als ich. Wir haben eine therapeutische Fernbeziehung, und im virtuellen Raum haben wir eine echte Bindung, obwohl wir eben nicht wirklich in einem Raum sitzen. Daher drohen hier auch keine Übergriffigkeiten. Jack lebt in Kalifornien und arbeitet im Lebensmitteleinzelhandel. Ich lebe in London. Wir arbeiten also von entfernten Orten aus gemeinsam an dieser tiefen Bindung, was zu jemandem passt, der sich Nähe wünscht, ihr aber gleichzeitig Widerstand entgegensetzt.

Jack idealisiert seine eigene Mutter, obwohl diese ihn vernachlässigte. Als er von ihr erzählte, offenbarte er ebenso viel, wie er schützend verbarg. Aber seine arme Frau hatte gegen sie überhaupt keine Chance. Mittlerweile fühlt sich Jacks Reaktion auf mich in gewisser Weise an wie eine Neuauflage der Liebe zu seiner Mutter. Selbst wenn ich es versuche, ich kann eigentlich nichts falsch machen. Ich spüre, wie er an mich glaubt, daran, dass ich ihn verstehe, dass ich begreife, was in ihm vorgeht. Selbst wenn ich etwas falsch oder nicht verstehe, übersieht er meine Fehlleistung großzügig. Seine emotional sparsame Haltung gegenüber seiner Frau steht in scharfem Kontrast zu seiner Großzügigkeit im Umgang mit mir. Eine ziemlich dunkle Sonnenbrille für seine schnurrbärtige Frau, und ein heller Lichtstrahl für mich. Die klar definierten Grenzen unserer Beziehung tragen weiter zur Idealisierung bei.

»Unsere Gespräche helfen mir, aber das reicht mir nicht«, sagt er und droht mir spielerisch mit dem Finger. »Ich brauche Sex. Das ist nicht verhandelbar. Darum schlafe ich mit den Sirenen, wissen Sie.« Er besteht darauf, die bezahlten Escortdamen »Sirenen« zu nennen.

»Ich weiß. Das haben Sie mir ja oft gesagt.«

»Nun, was verfickt noch mal erwartet sie denn? Ich kann doch nicht den Rest meines Lebens ohne zu ficken zubringen. Die Frauen genießen es auch. Es geht ihnen nicht nur ums Geld.«

Daran hege ich gewisse Zweifel, aber ich lasse es für dieses Mal unkommentiert. Ich halte es für extrem unwahrscheinlich, dass bezahlte Escortdamen den Sex mit ihm so genießen, wie er das behauptet. Er sieht mich oft an, als würde er auf eine Reaktion warten. Und als würde er den Zweifel erkennen, der über mein Gesicht flackert, führt er das Ganze weiter aus.

»Das letzte Mädel, die hatte einen brutalen Orgasmus, das sage ich Ihnen.« Hatte sie? Warum hat er das Bedürfnis, das zu glauben? Sein Bedürfnis, begehrt zu werden, erstaunt mich.

»Jack, kommen wir doch einfach auf das zurück, was Ihnen das gibt. Diese körperlichen Begegnungen sind Ihnen doch so wichtig. Sie versüßen Ihnen das Leben, wie Sie selbst sagen. Und sie halten Ihre

Ehe aufrecht, wie Sie ebenfalls sagen. Glauben Sie, dass es Ihnen ein Gefühl der Freiheit schenkt, wenn Sie die Regeln brechen? Fühlen Sie sich wieder als Steuermann Ihres Lebens, weil Ihre Frau diesen Teil nicht bestimmt?«

»Das war eine Suggestivfrage«, meint er mit spitzbübischem Grinsen. »Das denken Sie vielleicht, aber es ist nicht das Verbotene, das dem Ganzen seine Bedeutung verleiht. Schließlich ist es mir auch wichtig, hierherzukommen, und dabei geht es nicht darum, die Regeln zu brechen. Und meine Frau weiß, dass ich Sie konsultiere«, antwortet er.

Ich nicke. Mein Eindruck ist, dass die Augenblicke der Stille uns einander näherbringen, selbst im virtuellen Therapieraum. Wie Miles Davis einmal sagte: »Es ist nicht die Note, die du spielst, sondern die, die du nicht spielst«, die letztlich zählt. In diesem Moment der Stille wird mir bewusst, dass schon etwas dran ist an Jacks Gefühl, dass eine Beziehung sinnhaft und persönlich sein kann, auch wenn er dafür bezahlt, sei es nun die Sexarbeiterin oder die Psychotherapeutin – auch wenn ich bei diesem Vergleich zusammenzucke.

»Ich habe auch das Gefühl, dass Sie gerne mit mir arbeiten, meistens jedenfalls«, sagt Jack.

»Das tue ich auch.«

»Ich zahle ja auch für die Zeit mit Ihnen.«

»Ja, das ist richtig.«

»Wenn Sie sich wegen der Sirenen Gedanken machen und wie Sie dabei ins Spiel kommen, dann erkennen Sie ja, worauf ich hinauswill.«

»Ja, aber mit den Sirenen leben Sie bestimmte Fantasien aus, während die Therapie ein Raum ist, in dem Sie überlegen können, worum sich diese drehen.« Ich sage bei Jack zu oft: »Ja, aber …«

»Gut gesagt.«

Nach einigen Monaten als Jacks Therapeutin stelle ich fest, dass ich immer wieder in diese zirkulären Diskussionen gerate. Wir machen Fortschritte, arbeiten starke Erkenntnisse heraus. Wir stellen Verbindungen her, und das Verständnis wächst, aber das Verhalten ändert sich nicht. Ich nenne dies **Einsicht als Abwehr.** Ich kenne es aus meinem persönlichen Leben und wünschte, einer meiner Therapeuten hätte mich damit mal konfrontiert. Wir erlangen tiefe, entscheidende Einsichten über uns selbst, stellen alle möglichen Verbindungen her, aber außerhalb der Therapie passiert rein gar nichts. In Jacks Fall liegt das daran, dass er der Ansicht ist, sein Verhalten sei nicht problematisch. Die einzige Intervention, mit der ich ihn dazu bringen kann, tiefer zu gehen, ist, ihn zu fragen, was er will – was er *wirklich* will.

»Ich will gemocht werden«, sagt er schließlich in der folgenden Sitzung, als wir uns wieder dieser Frage zuwenden. Helen mit ihrem Schnurrbart und all den anderen Dingen liebt Jack wirklich. Das hat keine sexuelle Komponente, aber das Gefühl ist zärtlich und echt. Und sie bringt ihn zum Lachen. Wie er sie. Mit den bezahlten Escorts gibt es wenig zu lachen, wenig Fröhlichkeit. Aber der Verlust des sexuellen Begehrens in der Beziehung zu Helen setzt Jack zu. Und vielleicht ist es mehr als das – von Helen geliebt zu werden reicht ihm vielleicht nicht, ganz egal wie viel Liebe sie für ihn hat, weil sie seine Frau ist.

Und was ist mit mir? Ja, er stellt mich stundenweise an. Aber wie mein Supervisor so richtig meint, bezahlt er für alles, aber nicht für meine Zuneigung. Und er liegt mir am Herzen. Ich habe liebevolle Gefühle ihm gegenüber, in dem Sinne, wie es gegenüber einem Klienten angemessen ist. Die Zuneigung innerhalb der therapeutischen Beziehung anzuerkennen vermittelt Jack eine neue Selbsterkenntnis.

Freud schrieb bekanntlich über einige seiner Patientinnen und Patienten: »Wo sie lieben, begehren sie nicht, und wo sie begehren, können sie nicht lieben.«[4] Ich frage mich, ob dies auch auf Jack und Helen zutrifft. Vielleicht bin ich ja die mütterliche Wiedergutmachung, die er idealisieren kann, ohne sexuell mit ihr intim zu werden. Während die Escortdamen für den Sex ohne emotionale Nähe da sind.

»Aber eigentlich möchte ich nur begehrt werden«, führt er aus. »Ich möchte mich reizvoll fühlen.« Helens Liebe vermittelt ihm nicht das Gefühl, begehrenswert zu sein. Er beharrt darauf, dass der Sex mit den bezahlten Escorts ihm das Gefühl gibt, reizvoll zu sein und begehrt zu werden. Wenn wir also hinter die Scham gucken, hinter den Stolz und die Erklärung und die Einsicht, dann ist es das, was er braucht: Er will begehrt werden, zutiefst begehrt.

In unserer nächsten Sitzung hake ich nach, was seine Sehnsucht nach dem Begehrtwerden angeht. Das ist ganz klar ein Resultat des Liebesentzugs, der Vernachlässigung in seiner Kindheit. Wir spüren Jacks Gefühl von Zurückweisung nach. Das rührt ihn zutiefst, er vergießt sogar ein paar Tränen. Sobald er anfängt zu weinen, bricht sich eine wahre Sintflut Bahn. Er nimmt die Brille ab und lässt die Tränen fließen. Das ist schon ein paarmal vorgekommen, seit wir zusammenarbeiten. Es fühlt sich jedes Mal so an, als hätten wir einen Durchbruch erzielt. Seine Tränen wirken authentisch, als kämen sie aus ganzem Herzen, als überließe er sich ganz dem inneren Geschehen. Und ich fühle mich seinem Leid und seinem Schmerz nahe. Die Tränen gelten dem kleinen Jungen, der von seiner Mutter vernachlässigt und schlecht behandelt wurde, auch wenn er sie heute geistig auf ein Podest stellt. Und für den kleinen Jungen, dessen Vater ihn und seine Mutter ohne jede Erklärung verlassen hat und sie durch eine neue Familie ersetzte. Die Tränen sind für den pickligen Jugendlichen, der sich in der Schule eingenässt hat und sich dafür zutiefst schämte. Und für den Mann, der seinen Sohn vermisst, der nun kein Kind mehr ist. Und für seine eigene verpasste Jugend und seine Großmutter, die vor dreißig Jahren starb. Jack weint voller Dankbarkeit, weil er diese schmerzlichen Geschichten, die er mit sich herumschleppt, hier in Sicherheit klären kann. Er dankt mir, dass ich mich so sehr für seine Lebensgeschichte interessiere.

»Ja, das ist mir wichtig«, bestätige ich. Als ich die Worte ausgesprochen habe, wird mir klar, wie häufig ich meine Zuwendung für ihn unterstreiche. Ich höre mich, wie ich ihn immer wieder tröste und ihm auf die verschiedenste Weise sage, dass ich gerne mit ihm arbeite.

»Ich finde es toll, dass Sie sich für mich interessieren. Ich weiß, dass Sie das tun. Dabei haben Sie ja viel zu tun. Sie könnten auch absagen, aber Sie haben immer Zeit für mich.« Er fühlt sich bevorzugt. Bei seiner Mutter hatte er nie das Gefühl. »Ich war ein Unfall. Mama war jung, Papa trank zu viel. Nichts an mir entsprang einer freien Entscheidung. Und als ich kam, hat sie mich kaum je angeguckt.« Im Blick behalten – er möchte das Objekt der Begierde sein, nicht nur das begehrende Subjekt.

Er erinnert sich an die ersten Tage in der Beziehung zu seiner Frau: »Ich meine, sie hatte diesen ›Komm näher‹-Blick, der sagte: ›Komm und fang mich, wenn du kannst.‹ Und ich wollte davon immer mehr. Aber das Beste war, wie sie mich ansah. Die Zärtlichkeit. Ich könnte weinen, wenn ich nur daran denke.«

Jack vermisst die **Limerenz,** den unglaublichen Rausch des Verliebtseins. Der nur leider in längeren Beziehungen nicht anhält. Ich bin ein wenig überrascht, dass er über fünfzig ist und trotzdem solche Erwartungen hegt. Ist er absichtlich naiv, oder ist ihm einfach nicht klar, dass er sich an eine Fantasie klammert?

»Im ersten Jahr oder so haben wir ständig neu entdeckt, was das Leben für uns bereithielt. Wir erlebten ein Abenteuer nach dem anderen. Wir sind zusammen losgezogen und haben alles Mögliche entdeckt. Wir konnten exakt so sein, wie wir waren, und es hat sich alles … irgendwie entfaltet. Und das Beste würde noch kommen, würde mit mir alt werden … Aber Helen sieht mich nicht mehr so an …«

»Sehen Sie sie denn so an?«, will ich wissen.

»Nicht wirklich. Ich sehe Helen nicht mehr als sexuelles Wesen, und ich finde sie auch nicht mehr attraktiv. Sie ist ziemlich maskulin geworden, auf eine Weise, die mich stört. Aber ich liebe sie«, sagt Jack. »Und sie liebt mich auch. Sie ist eine echte Nervensäge, aber sie bringt mich zum Lachen, und wir haben Spaß, wenn wir miteinander ein Brathuhn verzehren und dazu Rotwein trinken.« Jack vergießt noch eine Träne, diesmal für Helen, die ihm das Gefühl gab, begehrt zu werden, als er zwanzig war. »Ich glaube, im Grunde nehme ich ihr übel, dass sie die ganze Zeit über bei mir geblieben ist. Was stimmt denn nicht mit ihr, dass sie mich ausgewählt hat?« Wir wollen begehrt werden und schrecken vor Menschen zurück, die für uns verfügbar sind und uns wirklich mögen.

Wir sehen uns Jacks Groucho-Marx-Kampf an, die Mitgliedschaft in einem Club zu genießen, der ihn bereitwillig aufnimmt. Wir gehen den verschiedenen Formen des Selbsthasses nach, die er über die Jahre entwickelt hat. Der Wert seiner Frau sinkt in seinen Augen, weil sie eine Verliererin ist, erklärt er mir, und zwar weil sie mit ihm verheiratet ist. Dann wieder glaubt er, er hätte mehr haben können vom Leben und Helen sei seiner nicht würdig. Wenn er doch nur wieder jung wäre und alles noch einmal machen könnte, besser natürlich. Er hätte sich selbst so gerne mehr gemocht und nicht so viel gelitten, für eine so lange Zeit. Er würde einen Großteil seines Lebens anders angehen. Natürlich ist dies für keinen Menschen je wirklich möglich. Die sinnvollste therapeutische Maßnahme aus dieser Sicht ist es, Jack dazu zu bringen, anzuerkennen, dass es ihm wehtut, nicht in seine Jugend zurückkehren zu können. Und an den Dingen zu arbeiten, die möglich sind, mit dem, was gegeben ist – sowohl seine besonderen Umstände als auch das Dilemma des Menschseins im Allgemeinen. Jack kann sein Leben nur von der Gegenwart aus nach vorne führen. Was kann er ändern? Was kann er nicht umkrempeln? Was kann er akzeptieren? Was kann er sogar feiern?

In der nächsten Sitzung sagt Jack etwas äußerst Bemerkenswertes.

»Ich schätze es, dass ich mit Helen verheiratet bin, aber im nächsten Leben würde ich mich gerne erst später auf etwas Festes einlassen und mit einem völlig anderen Menschen. Ich wäre auch gerne Künstler und würde mir mehr Kinder wünschen. Aber nicht in diesem Leben.« Er sagt das in scherzhaftem Ton. Jack glaubt nicht an ein Leben nach dem Tod. Er ist ein überzeugter Atheist mit einer pragmatischen Einstellung zum Tod und zur Sterblichkeit. Und doch – vielen seiner Verhaltens- und Glaubensmuster liegt die fehlgeleitete und ein wenig verwirrende Annahme zugrunde, dass er mehrere Leben führen kann. Wir arbeiten dies in aller Deutlichkeit heraus, und er ist über die Erkenntnis sehr erstaunt.

»Ich dachte, ich wüsste, dass das hier alles ist. Offen und aufrichtig. Aber ich glaube, ich habe es nie ganz akzeptiert – bis jetzt. So verrückt sich das anhört. Ich bin ziemlich sicher, ich habe geglaubt, dass ich

Unmengen an Chancen haben würde, viele Leben zu führen, und das dies hier nur eines von vielen ist. Ich habe diesen Lebensweg nicht wirklich akzeptiert. Dieses wilde und kostbare Leben, das ich habe. Helen ist sozusagen die Mautstelle, die ich jeden Tag passieren muss. Eine schmerzliche Erinnerung daran, was es heißt, nur ein Leben zu leben. Ergibt das irgendeinen Sinn?«, fragt Jack mich. Für mich hört es sich überaus sinnvoll an. Ich schätze diese Aha-Momente in der Therapie, wenn wir uns die Wirklichkeit eingestehen können und den Blick darauf richten, was möglich ist und was nicht. Klarheit ist ein Liebesdienst.

Mir ist klar, dass ich mich zurückgehalten und nicht nachgehakt habe, was sein sexuelles Begehren nach bezahlten Abenteuern angeht. Was findet er daran begehrenswert, und wie fühlt er sich, wenn er mit den Frauen zusammen ist? Wie sieht sein Selbstverständnis bei diesen Begegnungen aus? Schließlich frage ich doch nach und merke, wie viel von meinem Bild auf meinen Annahmen beruhte, hinter denen kein wirkliches Verständnis stand.

»Nun …«, er rutscht auf seinem Stuhl hin und her. »Ich ziehe mich als Frau an, wenn ich bei ihnen bin«, erzählt er mir.

Diese Wendung hatte ich nicht vorhergesehen. Er hat nie darüber gesprochen, dass er sich gerne wie eine Frau anzieht oder überhaupt mit den Geschlechterrollen spielen möchte. Er findet es erregend, wenn er sich selbst als Frau sieht oder denkt. Das Begehren, erklärt er mir, richte sich auf diese Version seiner selbst. Und er hat das Gefühl, diese Seite seiner selbst nur mit bezahlten Escorts leben zu können. Ich frage ihn, warum er das bislang nicht erwähnt hat.

»Sie haben ja nie gefragt«, meint er. Und was ist mit Helen? Weiß sie von seinen Fantasien?

»Nein, auf keinen Fall. Es fiel mir schon schwer genug, es Ihnen zu erzählen. Ich habe gewartet, bis Sie mich danach fragen. Vielleicht mache ich es ja mit Helen genauso, und sie hat mich noch nie gefragt. Irgendwie bezweifle ich aber, dass sie das je tun wird. Wir sind zwar liberal, aber in gewisser Weise doch recht voreingenommen streng. Dieser Teil meiner selbst … ist einfach nur peinlich.«

Ich frage ihn, zu wem er in seiner Fantasie wird. »Wenn ich mich als Frau anziehe, habe ich nicht das Gefühl, dass dies mein wahres Selbst ist«, antwortet er. »Es ist ja nicht so, dass ich tatsächlich eine Frau sein möchte. Das hat bei mir nicht mit Transsexualität zu tun. Ich möchte mich nur gelegentlich als schöne Frau sehen.« Er hatte diese geheime Seite schon als Junge, als er sich immer die Kleider seiner Mutter überzog. Schon immer liebte er es, sich zu kostümieren.

»Halloween«, sagt Jack. »Der beste Tag überhaupt. Ich fand jedes Jahr einen Weg, um mich als Frau zu verkleiden, und die meisten Frauen verkleideten sich ohnehin als Prostituierte. Vielleicht nicht explizit, aber in meinen Augen sahen die meisten Kostüme danach aus, als ich noch ein Teenager war. Das ist dieser ›beängstigende‹ Tag, an dem wir so tun, als ob, an dem wir haufenweise Süßigkeiten essen und Sachen anziehen, die uns zum Objekt der Begierde machen. Sehnen wir uns nicht *alle* danach, uns in irgendeiner Form zu begehren? Das ist meine Art, das zu tun.«

Wir sehen uns an, was Verlangen für ihn bedeutet: »Dabei fühle ich mich lebendig«, meint er. »Ich glaube, ich trauere um die Lebendigkeit, die Helen und ich zusammen erlebt haben. Die ist einfach weg.« Wir überlegen kurz, warum Helen aufgehört hat, Sex zu wollen, aber Jack weiß es nicht, und ich will nicht spekulieren. Die beiden haben über Helens Wechseljahre gesprochen. Sie hatten kurze, vorsichtige Unterhaltungen über ihre Hormone, aber der sexfreie Zustand ihrer Beziehung wurde nie wirklich zum Thema.

»Gibt es einen Begriff dafür?«, will Jack wissen. »Für den Verlust des sexuellen Verlangens?«

»Aphanisis«, antworte ich. »Ich weiß nicht, ob das hilft, aber so nennt man das in der Psychoanalyse. Der Begriff wurde von der astronomischen Bezeichnung für das Verschwinden eines Sterns abgeleitet.«

»Das gefällt mir. Ein guter Begriff. Ich schreibe mir das auf. Denn genauso fühlt es sich für mich an. Als wäre ein Stern verschwunden. Das Licht ist wie ausgeknipst. Jetzt tue ich so, als ob. Das passiert überhaupt ziemlich oft. Ich sehe ja Ihr Gesicht, wenn ich Ihnen von den Sirenen und ihren Orgasmen erzähle. Möglicherweise tun sie nur so, als ob. Und ich tue, als wäre ich eine Frau. Und Sie tun so, als würden Sie nicht bezweifeln, dass die Sirenen einen Orgasmus haben. Das funktioniert. Auch wenn es nicht ganz real ist.«

Damit hat er nun recht. Ich habe da so meine Vorbehalte. Ich kenne die Statistiken über bezahlte Escortdamen, und mir tut Jacks Frau leid. Außerdem möchte ich, dass er echte Nähe erlebt. Aber das scheine ich mir mehr zu wünschen als er selbst.

»Wenn man so darüber nachdenkt, ist mir schon klar, dass meine Entscheidung, Helen zu heiraten und bei ihr zu bleiben, nicht die schlechteste war«, sagt Jack. Es stellt sich heraus, dass es das ist, was er braucht – seine Entscheidungen zu akzeptieren. Und ich muss das ebenfalls tun.

Ich denke darüber nach, dass Jack sich gelegentlich als Frau verkleidet und was diese Fantasie für ihn bedeutet. »Haben Sie sich je vorgestellt, wie Ihr Leben verlaufen wäre, wären Sie ein Mädchen gewesen? Welche Beziehung Ihr Vater dann zu Ihnen gehabt hätte?«

»In seiner neuen Familie hatte er Töchter«, antwortet Jack und richtet den Blick versonnen in die Ferne. »Wenn ich so darüber nachdenke, dann geht es dabei auch um meine beiden Elternteile. Meine Mutter meinte immer, einen Sohn zu haben sei für meinen Vater schwer gewesen. Sie dachte immer, wenn sie eine Tochter bekommen hätte, wäre er vermutlich geblieben. Er wünschte sich eine Tochter. Das hat sie mir immer wieder gesagt.«

Vor diesem Hintergrund bekommen Jacks Fantasien eine ganz neue Bedeutung. Jack identifiziert sich darüber zumindest teilweise mit seinem Vater, der mehrere Familien und Beziehungen hatte. Er kann die Rolle der imaginären Wunschtochter spielen. Die schöne Frau, die jeder begehrt. Natürlich will er das Verhaltensmuster seines Vaters, das Fortgehen und Zurückweisen, nicht bewusst wiederholen. Er ist stolz darauf, dass er bei seiner Familie geblieben ist, vor allem bei seinem Sohn. Er würde seinen Sohn nie auf die gleiche Weise im Stich lassen, wie er das erfahren hat. Aber indem er sich als Frau verkleidet und sich mit bezahlten Escorts trifft, hat er einen Raum geschaffen, in dem er in andere Versionen seines Lebens eintauchen kann, auch wenn es nur für ein oder zwei Stunden ist. »Ich komme ja immer nach Hause«, sagt er.

In seinen Fantasien geht es auch um seinen Wunsch, sich von seiner Mutter geliebt zu fühlen. Wäre er ein Mädchen, so hätte sie ihn vermutlich mehr geliebt und besser behandelt. Und vielleicht wäre sogar sein Vater bei der Familie geblieben, wenn er ein Mädchen gewesen wäre. Das Leben hätte so viel schöner sein können. Indem er das alles laut ausspricht, erkennt Jack, dass die Art, wie seine Mutter ihn behandelt hat, und die Erklärung, die sie sich für das unerklärliche Fortgehen seines Vaters zurechtgelegt hat, mit ihrer Verletzungsgeschichte zu tun hat, und nicht mit seinem wahren Wert. Aber es fällt ihm immer noch schwer, zu akzeptieren, dass er genügt, so wie er ist, in genau diesem Leben. Er spürt den Schmerz über das Fortgehen seines Vaters. Und er merkt, dass er seine Mutter in seiner Vorstellung immer geschützt hat. Sich ihre Zurückweisung einzugestehen, die Tatsache, dass sie Jack die Schuld gab, war für ihn einfach zu schmerzhaft. Nun aber hat der Schmerz ihn gefunden. Vielleicht hat ja die Tatsache, dass sein Sohn von zu Hause ausgezogen ist, das alte Trauma des Verlassenwerdens aktiviert, auch wenn Jack sich freut, dass sein Sohn erwachsen und unabhängig wird.

»Wir haben doch alle die unterschiedlichsten Seiten und so viele verschiedene Rollen, die wir spielen. Ich werde nicht einfach abhauen wie mein Vater, aber ich mag es, mich zu verkleiden. Ich brauche diese Fantasie, um meine Wirklichkeit zu akzeptieren.«

Jack und ich arbeiten weiter intensiv daran, zu verstehen, was Verlangen für ihn bedeutet. »In den Worten Mark Twains[5]«, sagt er eines Tages, »ist es das unwiderstehliche Verlangen, unwiderstehlich begehrt zu werden.« Er zeigt sich gerne schlau. Dann seufzt er. Er hat sich nie von jemandem unwiderstehlich begehrt gefühlt, bei seinen Eltern angefangen.

Was ich tun kann, ist, ihn auf seine Entscheidungen hinzuweisen, auf deren Auswirkungen, den Kontext, die Signifikanz. Seine Feindseligkeit gegenüber Helen ist wohl eine Nebenerscheinung seines verdrängten Wunsches, von seinen Eltern begehrt zu werden. Nicht wörtlich. Nicht sexuell. Aber in gewisser Weise wünscht Jack sich, von seiner Mutter und seinem Vater begehrt zu werden, denn diese Erfahrung fehlt ihm einfach. Und diese Entbehrung muss er betrauern. Das Ganze ist weder Helens Fehler – noch seiner. Jacks Probleme mit dem Verlangen drehen sich um Bestätigung. Die Bestätigung, die er von seinen Eltern nicht erhalten hat. Die er seinem Sohn geben will, seiner Frau aber nicht. Auf beiden Seiten hallt es in dieser Ehe von Zurückweisung und Verlust wider. Aber Jack und Helen sind immer noch zusammen, und es ist auch noch immer Liebe vorhanden.

Während einer unserer Sitzungen ist der Akku von Jacks Laptop fast leer, und das Ladekabel ist in einem anderen Raum. Er trägt mich mit, während er durch das Haus geht, und Helen begegnet ihm. Er grüßt sie und stellt sie mir vor. Sie schaut auf und lächelt. Ich lächle zurück und bin erstaunt, wie angenehm und heiter sie wirkt. Kein Oberlippenbart zu sehen, zumindest aus dieser Perspektive. Ihr Gesicht wirkt so einladend und so sehr menschlich. Da wird mir klar, dass ich ein verzerrtes Bild von ihr hatte, Jacks Projektion. In seiner Wut darüber, dass sie ihn nicht so begehrt, wie er sich das wünscht, hat er sie in solch einem wenig begehrenswerten Licht geschildert.

Er hat nicht vor, sich vor ihr in eine Frau zu verwandeln oder ihr überhaupt nur von seiner Fantasie zu erzählen. Aber er kann ihr vergeben, dass sie keinen Sex mehr haben. Er wünscht sich immer noch, dass sie ihn sexuell begehrt wie früher, aber er zügelt seine Erwartungen und verzeiht ihr, weil sie nicht all die Zurückweisungen hat ausgleichen können, die er in seinem ganzen Leben erfahren hat.[6]

Jack hört auf, Helen zu hassen. Vielleicht hört er ja auch auf, sich selbst zu hassen, wenn er merkt, wie sehr, auf wie viele Arten er sich gewünscht hat, gewollt zu werden.

Das Verlangen und Sie

Wir alle haben manchmal Schwierigkeiten, unsere Entscheidungen zu respektieren, Verantwortung für sie zu übernehmen und sie zu akzeptieren. Das Verlangen hat häufig mit Fantasievorstellungen zu tun, während eine Entscheidung sich auf die Wirklichkeit bezieht.

Es heißt ja immer, dass Emotionen plus Vernunft zur Weisheit führen. Wir können diese Erkenntnis auf unsere Entscheidungen anwenden: Wenn wir eine Entscheidung einzig aufgrund unseres Verlangens treffen oder dieses umgekehrt daraus verbannen, dann endet dies meist in Enttäuschung. Denken Sie also über das zugrunde liegende Verlangen nach, wenn Sie eine Entscheidung treffen, darüber, welcher Teil auf Fantasien beruht und welcher realistisch ist. Das Verlangen übertreibt und begrenzt. Achten Sie darauf, wie Sie die Dinge, die Sie sich wünschen, im Geist beschönigen. Oder wie Sie Ihre Wahrnehmung negativ färben, wenn Sie sich unerwünscht, gar ungewollt fühlen. Richten Sie Ihr Augenmerk auf die Entscheidungen, die Sie getroffen haben, und überlegen Sie, welche Faktoren dabei eine Rolle gespielt haben.

Hätten Sie Ihren Lebenspartner nicht geheiratet, könnten Sie jetzt dem Verlangen nach dieser einen anderen Person nachgehen, der Sie begegnet sind. Hätten Sie nicht Jura studiert, würden Sie jetzt vielleicht das unstete Leben eines freigeistigen Romanciers führen. Wenn Sie sich doch nur dazu entschieden hätten, diese eine Reise zu machen, dann wäre jetzt alles anders. Hätten Sie sich nicht in einem Vorort niedergelassen und Kinder bekommen, würden Sie jetzt vielleicht abenteuerlustig durch die Welt ziehen und sich dafür einsetzen, das Leben der Menschheit zu verbessern. Wie auch immer Ihre Fantasie aussehen mag, wir verstricken uns oft in Fragen des Verlangens, weil wir uns von unseren Entscheidungen eingeschränkt fühlen. Und oft können wir gar nicht selbst wählen, was wir uns wirklich wünschen. Jack jedenfalls hat sich seine Eltern nicht ausgesucht.

Gewöhnlich stellt sich heraus, dass unsere Entscheidungen gar nicht so schlecht waren, aber was für uns unverzeihlich und unmöglich zu akzeptieren ist, ist die Tatsache, dass dies unser einziges Leben ist. Denn hier läuft vieles nicht so, wie wir uns das gewünscht hätten. Das Verlangen treibt uns an, uns nach der Decke zu strecken und unser Dasein zu feiern, aber es kann uns auch versklaven, wenn wir nicht begreifen, worum es eigentlich geht. Wenn Sie sich von dem, was Sie sich angeblich wünschen, gelähmt oder eingeschränkt fühlen, denken Sie darüber nach, was Ihnen grundsätzlich fehlt.

Unsere Wünsche zu ignorieren hat seinen Preis. Wir protestieren, hegen Groll, lenken sie auf etwas anderes oder strafen uns selbst und andere Menschen dafür. Sokrates meinte dazu, dass aus unseren tiefsten Wünschen häufig der tödlichste Hass erwächst. Statt unsere Wünsche zu leugnen, sollten wir sie erkennen und uns die Chance geben, sie als das zu sehen, was sie wirklich sind, auch wenn wir sie dann nicht weiterverfolgen. Auch wenn Sie etwas leidenschaftlich hassen, könnte sich dahinter ein Wunsch verbergen, den Sie erkennen sollten.

Liebe und Verlangen liegen nicht immer auf einer Linie. Haben Sie sich je leidenschaftlich von einem Menschen angezogen gefühlt und dies irrtümlich für Liebe gehalten? Haben Sie je jemanden zutiefst geliebt, aber trotzdem keinerlei Anziehung verspürt? Das Verlangen kann an den verschiedensten Punkten einer Liebesbeziehung einfach nachlassen. Manchmal geht es einher mit der Liebe, die wir empfinden, manchmal nicht. Wir können ein loderndes Verlangen nach Menschen fühlen, die wir nicht unbedingt lieben. Und wir können Menschen innig lieben, die wir nicht begehren.

Verlangen hat auch etwas mit unserem Selbstbild zu tun. Wenn wir uns attraktiv und erfolgreich fühlen, verspüren wir mehr Verlangen – und nicht unbedingt nach unseren Lieben. »Ich bin in der besten Form meines Lebens«, sagte mir ein Mann neulich. »Und plötzlich fallen mir überall attraktive Frauen auf. Die hat es möglicherweise immer schon gegeben, aber ich habe mir nicht zugestanden, sie zu sehen, als ich mich noch unattraktiv fühlte. Jetzt sehe ich sie, und ich begehre sie.« Wenn wir uns entmutigt und niedergeschlagen fühlen, spüren manche Menschen das Verlangen stärker, sozusagen als Lebenskraft. Bei anderen hingegen bleibt das Begehren aus, und Aktivitäten, die sie früher toll fanden, reizen sie nicht mehr. »Es ist ja nicht so, dass ich meinen Freund nicht anziehend fände«, erzählte mir neulich eine Frau von ungefähr zwanzig Jahren. »Aber ich mag meinen Körper nicht, so wie er jetzt ist, und deshalb werde ich nicht mehr geil.« Ihre Selbstwahrnehmung in verschiedenen Lebensphasen beeinflusst Ihr Verlangen.

Ich habe Amy Arnsten[7], Gehirnforscherin an der Universität Yale, einmal gefragt, warum der Mensch überhaupt Verlangen empfinden möchte.

»Ich glaube, das ist ein uranfänglicher Schaltkreis im Gehirn, der den Organismus gedeihen lässt – die Lust am Essen, Trinken, Sex und an der richtigen Körpertemperatur ermöglicht uns die korrekten physiologischen Einstellungen«, erklärte sie. »Und so überlebt unsere Art.«

Gäbe es das Verlangen nicht, warum sollte man dann überhaupt irgendetwas tun? Was würde es dann heißen, ein Mensch zu sein?

Das Verlangen schenkt Möglichkeiten. Energie. Motivation. Unsere Wünsche bilden die Kulisse für unser Handeln. Abgesehen von den wenigen Augenblicken der Zufriedenheit, in denen wir absolut gar nichts wollen, sind wir ohne unser Verlangen lustlos und richtungslos. Unsere Wünsche erhellen unseren Weg, prägen unsere Erfahrungen und bringen uns voran.

Kapitel 3

Verstehen

Wir sehen uns eine fünfzehn Jahre alte Fotografie an und sind schockiert, weil wir uns nicht wiedererkennen. Dann betrachten wir eines unserer Babyfotos und denken: »Ja, genau. Das bin ich.« Muster und Rollen zu erkennen hilft uns, uns auf unsere Erfahrungen einen Reim zu machen und Wege nach vorne zu finden. Immer wieder werden wir in ungesunde Freundschaften hineingezogen. Machen wir eine neue Bekanntschaft, erzählen wir zuerst, wie zufällig diese Beziehung zustande kam und wie anders sie doch ist als alle vorherigen. Aber wenn wir dann weitererzählen, dass wir es sind, die ständig bezahlen – warum haben wir darauf bestanden? Warum hat sie nicht mal den Vorschlag gemacht, die Rechnung zu teilen? O ja, wir haben da so unsere Erwartungen – wenn wir unsere spitzen Bemerkungen und unseren wachsenden Groll zur Sprache bringen, dann dämmert uns allmählich die Erkenntnis. Wenn wir etwas emotional verstanden haben, dann wird der rote Faden einer Kontinuität erkennbar, der unsere Erfahrungen organisiert. Wenn wir diese Ordnung in aller Deutlichkeit erkennen, dann atmen wir eine andere Luft als zuvor.

Dieses Verstehen wird in der Therapie angestrebt. Es ist dies ein gemeinsamer Prozess, bei dem man sich auch durch Missverständnisse kämpfen muss. Wenn wir unsere Erfahrungen verarbeiten, einen Sinn darin finden, können wir eine kohärente Geschichte unseres Lebens erzählen. Wir verstehen, wie wir uns hemmen, wie wir Verantwortung für andere übernehmen, aber nicht sehen, wo wir für unser eigenes Leben verantwortlich sind. Wir entdecken Möglichkeiten.

Ständig versuchen wir, in unserer Sicht auf die Dinge und in der Sicht der Welt auf uns einen Sinn zu entdecken. Wir leben im Kontext von Beziehungen, und unser Innenleben ist ein buntes Gemisch aus Erinnerungen, sozialen Botschaften und verinnerlichten Überzeugungen aus früheren Beziehungen. Ein gesundes Selbstverständnis zu entwickeln erfordert ständiges Feintuning und Updaten. Manche von uns tragen einen überarbeiteten »People Pleaser«, also Es-allen-recht-Macher in sich – aber vielleicht ist es auch nur ein »Person Pleaser«, der also nur einer Person alles recht machen möchte (und meist ist das noch nicht mal jemand, dessen Anerkennung wir bewusst anstreben). Wenn unser People Pleaser zu viel von sich und seinem Geld gibt (was häufig passiert), dann zahlen wir immer mehr Überziehungszinsen in Form von steigendem Unmut. Der People Pleaser verbiegt und opfert sich nach Kräften auf, daher fühlen wir uns in die Ecke gedrängt und unter Druck.

Dieser Es-alles-recht-Macher ist im Leben immer für einige Probleme gut. Er trachtet ja nur danach, anderen zu Diensten zu sein und dafür gemocht zu werden. Wobei ihm völlig entgeht, dass er selbst auch Wünsche hat. Er trickst uns aus, indem er sich als selbstlos hinstellt. Wir mögen es, als guter Mensch dazustehen. Zumindest in gewisser Hinsicht. Daher bilden wir uns ein, dass die hingebungsvolle Selbstaufopferung des People Pleaser uns zu besseren Menschen, Freunden, Angestellten macht. Der Gegner des Es-alles-recht-Machers ist der selbstsüchtige Sucher, voller Groll und Grimm und wild entschlossen, diesem Treiben ein Ende zu bereiten. Der Konflikt zwischen den Polen der Selbstlosigkeit und der Selbstsucht wird in der Therapie immer wieder fühlbar.

Wenn das Bild, das die Leute von uns haben, und das Bild, von dem wir gerne hätten, dass es die Leute von uns haben, frontal zusammenkrachen, fühlen wir uns entfremdet, isoliert und ungerecht behandelt. Wir springen zwischen Anerkennung und Zurückweisung hin und her. Und wir grübeln ständig darüber, was andere Menschen wohl von uns halten mögen.

In den Worten von Carl Gustav Jung: »Denken ist schwer, darum urteilen die Meisten.«[1] Es kann ein echter Durchbruch sein, eine Erfahrung durchzuarbeiten und zu erkennen, dass wir etwas nicht verstanden haben, was wir für verstanden hielten. Wir haben eine Bewertung vorgenommen, wir sind von Annahmen ausgegangen.

Versuchen wir doch lieber, zu verstehen, den Dingen auf den Grund zu gehen. Einen Sachverhalt klären, ihn noch einmal durchgehen und unser Verständnis vertiefen – so lernen wir. Verstehen ist also ein kontinuierlicher Prozess.

Unser Bemühen, verstanden zu werden, kann zwanghaft und frustrierend sein. Wir kommunizieren nicht immer sinnvoll und zweckdienlich, manchmal gerade mit den Menschen nicht, die uns nahestehen. Wir hoffen vielleicht, dass wir auf magische Weise irgendwie schon verstanden werden, ohne allzu konkret werden zu müssen. Manchmal wünschen wir uns vielleicht sogar, die anderen könnten unsere Gedanken lesen und verstehen, was in uns vorgeht, ohne dass wir uns entblößen müssen. Es ist zutiefst befreiend, wenn wir unsere Selbsttäuschungen erkennen und sie aufarbeiten.

Wir brauchen Hilfe, um uns selbst zu verstehen. Weit wertvoller als ein bloßes wörtliches Verstandenwerden ist für uns, wenn wir uns emotional verstanden fühlen, zumindest von einem Menschen – einer Lehrerin, einem Freund, einer Therapeutin, einem Partner, Bruder oder Schwester oder sogar einer außenstehenden Person. (Es fühlt sich mitunter einfacher und weniger folgenschwer an, uns einem Menschen anzuvertrauen, mit dem wir nicht täglich zu tun haben.) Das verschafft uns Erleichterung, mitunter erfüllt es uns sogar mit Freude. *Endlich versteht mich mal jemand!* Wir fühlen uns dann weniger allein, nicht so absonderlich und unannehmbar.

Wenn wir wirklich verstehen, wer wir sind, auch wenn wir nicht alles an uns schätzen (und wie könnten wir das auch?), fühlen wir uns in unserer Haut gleich wohler. Haben wir erst unsere eigentliche Motivation begriffen und können unsere gemischten Gefühle auseinanderklamüsern, fällt es uns leichter, Widersprüche und Ungereimtheiten zu erkennen und zu akzeptieren, und das nicht nur bei uns, sondern auch bei unseren Mitmenschen. Wir können Entscheidungen treffen, die sich für uns richtig anfühlen.

Dafür brauchen wir allerdings Raum für Flexibilität und Veränderung. Veränderungen setzen Beziehungen gleich welcher Art unter Druck. Das stimmt für ehemalige Süchtige ebenso wie für Langzeitbeziehungen, für Freundschaften ebenso wie für Kontakte am Arbeitsplatz, und letztlich auch für unsere Beziehung zu uns selbst. Veränderungen bedrohen das Verständnis, das wir uns erarbeitet haben, und daher stehen wir ihnen ambivalent gegenüber. Wir streben nach Wachstum, sehnen uns nach Neuem, nach überraschenden Entdeckungen, um dann wieder in vertraute Gefilde zurückzukehren. Wir fühlen uns wohl mit dem, was wir wissen. Etwas Neues zu lernen ist anstrengend und stellt unser Können infrage.

Wie reden Sie eigentlich mit sich selbst? Vielleicht verkaufen Sie sich auf die ein oder andere Weise schlecht, und das vielleicht über Jahre hinweg. Möglicherweise ist Ihre Geschichte nicht ganz stimmig, aber sie ist Ihnen vertraut, und was sich vertraut anfühlt, fühlt sich wahr an.

Es ist eine Herausforderung, sich selbst zu verstehen. Das ist wie der Gang durch ein Spiegelkabinett: eine Vielzahl der verschiedensten Bilder von uns selbst, Reflexionen fremder Blicke, die uns treffen – so zumindest unsere Vorstellung. Und dieses Spiegelkabinett erstreckt sich zurück bis in unsere Kindheit. Manchmal rufen wir schmeichelhafte Bilder von uns auf, dann wieder quälen uns hässliche Zerrbilder.

Jeder von uns kennt und erlebt diese stressigen Momente im Leben, wenn wir uns entfremdet fühlen, verloren, und wir hadern mit dem Bild, das andere von uns haben, weil es unserem eigenen so gar nicht entspricht. Solche Widersprüche und Paradoxien gehören zum ständigen Repertoire, für die meisten von uns ist das mehr oder weniger der Normalzustand. Andererseits können sich Identitätsprobleme auch anfühlen wie ein psychologischer Bürgerkrieg, bei dem verschiedene Fraktionen unseres Innenlebens wild aufeinander losgehen. Wir zerfallen, zersplittern, des-integrieren uns (buchstäblich). Uns selbst zu verstehen, auch in unseren Ungereimtheiten, kann eine Erlösung sein. In der Therapie erforschen wir Außen und Innen, und wir schürfen tief, um verborgene Persönlichkeitsanteile freizulegen.

Manchmal begeben wir uns in Therapie und glauben, es ginge uns darum, uns besser zu verstehen. In Wirklichkeit aber suchen wir Sympathie und Bestätigung. Wir nennen das »Unterstützung«, aber eigentlich wünschen wir uns, dass man uns zustimmt. Wir wollen hören, dass wir recht haben. Uns trifft keine Schuld an dieser Misere! Das jedenfalls war meine Erfahrung mit Sying, einer Frau, die mich wegen einer **Identitätskrise** aufsuchte.

Vielsagende Namen: der Song von Sying

Sying ist ganz Feuer und Flamme für ihre Arbeit. Oder ist es ihr Boss? Sie glaubt nicht, dass diese Beziehung ungesund ist. Was ohnehin nur die wenigsten gleich von Anfang an glauben. Das kommt erst so allmählich und mit der Zeit. Und in ihrem Fall, nach nahezu fünfzehn Jahren Tätigkeit für die Victor Hill Architect Ltd., sagt sie mir, dass diese Beziehung für sie von ganz entscheidender Bedeutung und Sinnhaftigkeit ist. Sie kommt zu mir, weil sie mit dem lächerlichen Druck nicht zurechtkommt, den sie als Mutter empfindet: der Druck in Form von »Mutterschuldgefühlen«, den die Gesellschaft arbeitstätigen Frauen noch immer auferlegt. Sie fühlt sich von den anderen Müttern verurteilt, auch von ihren Schwiegereltern. Und sie und ihr Mann streiten immer öfter wegen ihrer Einstellung zu Arbeit und Familie.

Ich erkenne den Namen, noch bevor ich erfahre, wie man ihn ausspricht. Wenn ich nicht sicher bin, frage ich immer nach.

»Das spricht man ›sing‹, wie in ›singen‹«, erklärt Sying. »Aber im Grunde können Sie es aussprechen, wie Sie wollen. Mir ist das egal.«

Mir nicht. Wie kann es sein, dass sie das nicht kümmert?

»Ich bin es gewohnt, dass jeder ihn falsch ausspricht«, erklärt sie mir. »Es ist ein chinesischer Name, aber ich bin ja in Großbritannien aufgewachsen. Da wusste ohnehin niemand, wie man das korrekt ausspricht. Vielleicht haben mein Mann und ich unserer Tochter deshalb den Namen Katie gegeben. Das ist leicht zu verstehen und auszusprechen. Wie auch immer, ich möchte Ihnen mehr über mich selbst erzählen. Ich liebe meine Arbeit, aber jetzt, da ich Mutter bin, soll mir das plötzlich nicht mehr wichtig sein. Ist das nicht ein Witz? Ich habe das Gefühl, dass kein Mensch in meiner Umgebung mich versteht.«

Sie scheint entschlossen, mich auf ihre Seite zu ziehen. Aber wenn ich wirklich auf ihrer Seite stehen möchte, muss ich sie herausfordern, nicht nur alles zustimmend abnicken.

Als ich sie nach Freundschaften frage, schaut sie peinlich berührt und frustriert weg. Sie hat noch Kontakt zu einigen alten Freundinnen und Freunden, aber meist fühlt sie sich nach solchen Treffen rastlos und enttäuscht. »Vielleicht bin ich zu kritisch und urteilend«, erzählt sie, »aber eigentlich urteilen sie vielmehr über mich.« Sie hätte gerne mehr Freunde, weiß aber nicht, wie sie das anstellen soll. Sie fragt sich, ob es überhaupt Leute gibt, die zu ihr passen.

»Aber im Job läuft alles super«, berichtet sie, und damit ist wieder Victor Hill gemeint.

In ihrem Job wird Sying lebendig. »Dabei geht es mir nicht ums Geld. Ich verdiene gar nicht so gut, aber ich weiß unser Einkommen schon zu schätzen. Es ist aber mehr als das – die Arbeit gehört zu meiner Persönlichkeit.«

Sie bewundert ihren Boss mit den Löwenkräften zutiefst. Und sie ist dankbar für all die Chancen, die er ihr gegeben hat. In einem Anflug von Stolz bezeichnet sie sich selbst als Löwenbändigerin. »Mein Großvater war schwierig und fordernd, aber auch außergewöhnlich. Daher kann ich mit diesem Typus gut umgehen. Ich rede immer über Victor Hill, als würde ich ihn kennen, nicht wahr?«

In einer Therapie wird auch immer wieder der kulturelle Hintergrund zum Thema – Worte, Orte, Schlagzeilen, Themen aus der Außenwelt, Fernsehsendungen, Bücher und so weiter. Sofern es von Belang und hilfreich ist, über diese Dinge zu reden, sage ich klar, was ich kenne und was nicht. Was anfangs vielleicht wie ein Umweg scheinen mag, kann einem viel über die Welt eines anderen Menschen offenbaren.

Ich kenne einige der Victor-Hill-Gebäude. Ich habe verschiedene Artikel über den Mann gelesen. Ich habe eine vage Vorstellung von seiner öffentlichen Identität als »Stararchitekt«, seiner gepflegten Erscheinung und seinen üblicherweise aus dem Rahmen fallenden sozialen Ansichten. Und so sage ich zu Sying, dass ich den Namen schon gehört habe, aber natürlich keine Ahnung habe, wie er als Mensch ist. Sying, so sagt sie, weiß es zu schätzen, dass sie ihn privat kennt. Mir fällt auf, dass sie stets seinen vollen Namen nennt, wenn sie von ihm spricht, auch wenn es in ihrem Leben sonst niemanden gibt, der ihm das »Victor« streitig machen würde. Und niemand sonst, von dem sie erzählt, wird mit vollem Namen genannt. Alle anderen bezeichnet sie durch deren Verhältnis zu ihr selbst: »mein Mann«, »meine Tochter«.

Sying gestikuliert weit ausladend und sitzt kaum je still, während ihre lebhaft vorgetragenen Geschichten in alle Himmelsrichtungen davongaloppieren. Sie ist eine auffällige Erscheinung. Ihr Haar hat die Farbe von »Brandy in warmem Sonnenlicht«, eine Beschreibung, die ich in einem der Nachrufe auf Lee Radziwill gelesen habe, wie ich mich erinnere. Ich weiß nicht, wieso mir das in diesem Moment einfällt, aber es hat vermutlich zu tun mit Syings quirliger, romantisch sicherlich ansprechender Art. Für eine vergleichsweise lange Zeit habe ich, wenn ich über sie nachdenke, das Gefühl, eher mit einer charmanten Kunstfigur zu tun zu haben als mit einer realen Person. Sie ist eine faszinierende Mischung aus Höhenflug und Substanz. Sie wirbelt durch die Luft und berührt nie wirklich den Erdboden.

Und sie kommt fast zwanghaft immer wieder auf Victor zurück. Sie verehrt seine Arbeit, seinen gestalterischen Mut, seine unglaubliche Effizienz und unerschütterliche Entschlossenheit, in der Architektur das Menschenmögliche zu schaffen. »Und das ist noch lange nicht alles. Er schafft auch das Unmögliche.« Ihre Bewunderung dafür, dass jemand das Unmögliche tut, beschäftigt mich. Glaubt sie vielleicht, dies wäre der Weg zu ihrem ambitionierten Selbst?

»Ich bin natürlich kein bisschen so wie er«, erzählt sie weiter. »Ich bin viel angenehmer im Umgang. Er ist fordernd und temperamentvoll, aber niemals mir gegenüber. Ich weiß, wie ich ihn händeln muss. Ich glaube, ich bringe das Beste in ihm zum Vorschein.«

Ich frage, was er in ihr zum Vorschein bringt. Ebenfalls ihr Bestes. Ich frage nach, warum sie so auf ihn fixiert ist. Sie antwortet, er sei nun einmal ein wichtiger Teil ihres Lebens, und das müsste ich wissen, wenn ich sie verstehen wolle. Er stellte sie ein, als sie gerade mal fünfundzwanzig Jahre alt war, grün hinter den Ohren und völlig unerfahren. Seine Erwartungen an sie zeigen, wie sehr er sie achtet und an sie glaubt. Er gibt ihr so viele Chancen – und sie gibt in ihrem Job gerne alles. Das ist ein Teil ihres Charakters. »Aber keine Sorge, ich kenne ihn viel zu gut, um ihn anzubeten. Anders als seine schleimenden Superfans.«

Wenn Sying sagt, ich solle mir keine Sorgen machen, ist das nicht unbedingt der Effekt, den dieser Satz auf mich hat. Ihr Gefühl, etwas Besonderes zu sein, beruht ganz auf ihrer Beziehung zu Victor, und sie beschreibt ihr Verflochtensein auf eine beschützende Art und Weise. Sie scheint mich überzeugen zu wollen, vielleicht auch sich selbst, dass sie diesen Teil ihres Lebens im Griff hat.

»Ich bin eine starke Frau«, sagt sie, »aber die Kindergartenmamis und mein Mann machen es mir nicht eben leicht.« Das kann ich mir lebhaft vorstellen! Möchte sie, dass ich es ihr leicht mache?

Sie habe Glück, dass ihre Arbeit so sinnstiftend sei, findet sie, vor allem wenn sie an die vielen Menschen denke, bei denen das nicht der Fall sei. Ihr Mann beispielsweise sei jemand, der nur arbeitet, um leben zu können. Sie hingegen lebe, um arbeiten zu können. Das mag sie an sich.

»Ich möchte nicht eine dieser langweiligen Frauen werden, die, sobald sie ein Kind haben, außer ihrem Muttersein keinerlei Identität mehr haben«, sagt sie. »Das Mutterdasein ist wirklich fordernd.«

Das gleiche Wort, mit dem Sying Victor und ihren Großvater charakterisiert hat. Aber die Anforderungen, welche die Mutterschaft an sie stellt, geben ihr nichts zurück.

»Für die Diagnose einer nachgeburtlichen Depression ist es mittlerweile zu spät«, sagt sie. »Schließlich hatte Katie gerade ihre Routineuntersuchung für Einjährige. Der Arzt hat nicht mal gefragt, wie es mir geht. Niemand fragt einen in diesem Stadium noch, wie es ist, Mutter zu sein.«

»Und wie ist es für Sie, Mutter zu sein?« Sie selbst bringt die Sprache immer wieder auf dieses Thema, nur um es gleich wieder vom

Tisch zu wischen – tatsächlich wäre es noch nicht zu spät für die Diagnose »nachgeburtliche Depression« oder »Angststörung«.

»Es ist erdrückend. Ich habe immer noch nicht das Gefühl, wieder ganz ich selbst zu sein. Außer in der Arbeit. Aber alle außer Victor Hill kritisieren mich dafür, dass mir mein Job so wichtig ist.«

Ich frage mich, was ihr wirklich am Herzen liegt.

Wenn ich Sying nach ihren Erfahrungen als Mutter frage, beschreibt sie mir, wie schön Katie ist, wie unendlich süß. Dann zeigt sie mir ein Foto. Das fühlt sich etwas gezwungen an, und ich frage mich, ob sie hier einen Leistungsdruck verspürt. Der Übergang zum Mutterdasein – die **Matreszenz** – ist eine Herausforderung für die eigene Identität, die häufig nicht als solche wahrgenommen wird. Mutter zu werden hat existenzielle Auswirkungen, die wie ein Dominoeffekt ablaufen und sich in unzähligen Bereichen zeigen, und das noch Jahre nach der Geburt. Im Grunde das ganze Leben über.

»Aber ich bin eigentlich nicht deprimiert«, meint Sying.

Bislang scheint ihr das, was auf sie nicht zutrifft, klarer zu sein.

»In der Arbeit bin ich total energiegeladen«, meint sie. Ihr ambitioniertes Selbst wird sichtbar durch das Prisma Victor. Syings Beschreibung ihrer dynamischen Beziehung hat ganz eindeutig Züge einer Idealisierung. Sie sieht sich selbst als das *golden girl,* das Goldmädchen, was für sie heißt: die Frau, die er mit bewundernden Blicken bedenkt. Ihre Augen strahlen, wenn sie ihn erwähnt. Wenn sie mir von seiner Zuneigung für sie erzählt, kommt eine Euphorie auf, die recht extrem wirkt. Sie verrichtet ihre Arbeit mit unermüdlichem Eifer und zur vollsten Zufriedenheit, als würde ihr Leben davon abhängen, dass sie für ihren Chef alles gibt. Nicht nur für ihren Job, sondern für ihn. Der Druck, zu gefallen und Leistung zu bringen, hört sich zwanghaft an, mit einer Eindringlichkeit, die nicht infrage gestellt werden darf.

»Warum verkaufen Sie sich so billig?«, würde ich sie am liebsten fragen, aber ich halte mich zurück. Die Psychologin Alice Miller schreibt, »dass alle Gefühle, die der Patient während seiner Analyse im Analytiker weckt, zu dem unbewussten Versuch gehören, ihm seine Geschichte zu erzählen und sie gleichzeitig vor ihm zu verbergen«.[2]

Sying entwickelt immer wieder neue Theorien darüber, warum andere sie missverstehen und ihre Hingabe an Victor kritisieren, wo dieser doch so gut zu ihr gewesen sei. Ich selbst würde hier gerne Einwände vorbringen – nicht gegen ihn an sich, aber gegen ihr zwanghaftes Bedürfnis, sich über ihn zu identifizieren. Er mag faszinierend sein, aber sie ist es auch. Merkt sie das überhaupt? Sie sucht bei mir Anteilnahme, aber nicht unbedingt wirkliches Verständnis.

***

Einige Wochen später erscheint Sying erschöpft und atemlos zu unserer Sitzung.

»Ich musste laufen, um hierherzukommen«, sagt sie. Sie lässt sich in den Sessel mir gegenüber fallen und wirft ihren Mantel und ihre Tasche über die Armlehne. »Ist das Wasser hier für mich? Danke.« Sie trinkt das ganze Glas in einem Zug aus. Kaum hat sie es abgestellt, holt sie ihr Handy heraus und checkt, ob sie Nachrichten erhalten hat, wobei sie sich dafür entschuldigt.

Sie ist durcheinander. Sie wirkt dabei ebenso charmant wie chaotisch. Ihr Outfit scheint wie zufällig aus dem Kleiderschrank gegriffen, verschiedene Stoffe, verschiedene Muster, aber trotzdem sieht es an ihr wie üblich gut aus. So ganz ist mir nicht klar, in was sie da eigentlich gehüllt ist – ist das ein Kleid oder ein Rock und eine Stola? Ist das ein Schal oder eine Decke? Während der Sitzung ist es ihr mal zu heiß, dann wieder zu kalt. Sie schält sich aus ihren Sachen, zieht sie dann wieder an.

Syings britischer Akzent mit dem leichten chinesischen Unterton ist ein fortgesetzter Singsang. Dabei spricht sie meist ausdrucksvoll und detailverliebt. Hin und wieder aber verliert sie sich auch in vagen Überlegungen und überlässt es mir, den logischen roten Faden zu suchen, um ihre Sätze zu Ende zu führen. Und so bleibt mitunter der Hauch eines Gedankens oder Gefühls im Raum zwischen uns hängen.

Ich merke, wie ich versuche, all das unter einen Hut zu bekommen, die fehlenden Teile zu ergänzen und an der richtigen Stelle zu platzieren, damit alles zusammenpasst. Manchmal bitte ich sie, doch auf den ein oder anderen Punkt zurückzukommen, ihn weiter auszuführen, zu klären – gibt es denn da überhaupt einen roten Faden? Ich frage mich, ob dies Teil ihres Prozesses ist, wie das Einspielen eines Orchesters.

»Ich weiß gar nicht, wo ich anfangen soll. Es ist einfach so viel. Ich platze fast«, setzt sie an.

»Kommen Sie doch erst mal hier an. Dann ergibt sich alles Weitere«, sage ich.

»Es ist so ungeheuer viel. Und ein unglaubliches Kuddelmuddel. Ich sehne mich nach Ordnung. Werfen Sie nur mal einen Blick in meine Tasche. Voller Kram. Alter Kaugummi und Münzen, die irgendwo unten feststecken. Vermutlich fünf Lipglosse, die ich wirklich mag, aber nie finde. Und es regt mich wirklich auf, wenn ich nicht weiß, wo was ist. Nicht zu wissen, was ich habe. Ich will Ruhe und klare Linien.« Sie zeigt auf etwas hinter mir. »Ich wünschte mir, mein Kopf wäre wie die Quadrate auf dem Druck hinter ihnen. Bei mir sieht es aus wie ein Jackson Pollock. Das ist mein Problem. Chaos. Überall Spritzer. Als würde ich einmal in diese, dann wieder in jene Richtung pinkeln.«

»Was für ein anschauliches Bild«, werfe ich ein.

»Ich plappere vor mich hin …« Sie kichert. So klug und bewusst sie sein kann, es fehlt ihr an Autorität. Sie sagt etwas unglaublich Gescheites und sabotiert es wieder mit einem kleinkindhaften Kommentar. In gewisser Weise braucht sie Bestätigung und Zustimmung. Ihr Misstrauen ihrer eigenen Stimme gegenüber, aber auch ihr Drang, sich auszudrücken, kommen im Hier und Jetzt an.

»Beginnen Sie mit den Schlagzeilen. Dann arbeiten wir uns langsam durch.«

Sie erzählt mir, dass sie bald zum ersten Mal namentlich in der *Architectural Review* erwähnt wird.

»Gratulieren Sie mir nicht«, meint sie. »Victor Hill ist darüber gar nicht glücklich.«

Sie braucht seinen Segen.

»Ich dachte nicht, dass ich je diese Chance bekommen würde«, sagt sie. »Es ist einfach so passiert.« Ein Kunde hatte herausgefunden, dass die spektakulärsten Details jener drei Gebäude, für die Victor Preise bekommen hatte, Syings Werk waren. Nun würde man sie als führende Architektin des Wyatt House nennen, eines Projekts, das sich spannend anhörte. Zumindest bis jetzt. Aber Sying ist misstrauisch. Sie hatte angenommen, Victor wäre stolz auf sie und würde sich freuen, aber dem war nicht so. Ihre verzweifelte Sehnsucht nach seiner Anerkennung und ihre gleichzeitige Panik, er könnte verärgert reagieren, sind mit Händen zu greifen.

»Ihr Hunger nach seiner Zustimmung scheint Sie umzutreiben. Was möchten Sie eigentlich von ihm?«, frage ich.

»Ich weiß nicht genau … aber was glauben Sie, was er jetzt von mir denkt? Glauben Sie, ich habe unsere Beziehung ruiniert?«

Es ist ihr wichtiger, seine Persönlichkeit zu deuten, als hinter ihre eigene Motivation und ihre Wünsche zu kommen. (Das ist ein Muster, das sich in einer Therapie immer wieder zeigt.) Ich kenne ihn nicht und weiß nicht, wie er zu dem Ganzen steht. Ich stelle mir vor, dass er schmollt, weil sein Ego angekratzt wurde. Therapeuten sind extrem voreingenommen, wenn es um den Blickwinkel ihrer Klientinnen und Klienten geht. Das ist gar nicht anders möglich. Ja, wir versuchen, die Vielfalt der Perspektiven im Blick zu behalten, und wir wissen, dass wir eine gefilterte Sicht der Ereignisse präsentiert bekommen. Menschen schmücken aus, lassen weg, wählen bestimmte Themen aus und halten uns von der ganzen Wahrheit fern, selbst wenn sie oberflächlich bemüht scheinen, die Dinge aufrichtig zu schildern. Diese Parteilichkeit im Hinblick auf uns und andere Menschen ist einfach ein unvermeidlicher Aspekt des Menschseins. Das Beste, was ich als Therapeutin da tun kann, ist, mir das immer wieder klarzumachen.

Sying ist verwundert, dass sie Victor nicht begreift. Sie dachte, das würde sie. Aber sie bleibt bei ihrer Meinung und findet, er habe hier eine Linie überschritten. »Ich habe mit so viel Einsatz für ihn gearbeitet und bin ihm mehr ergeben als je zuvor … Wie kann er meine bedingungslose Loyalität ihm gegenüber nicht zu schätzen wissen? Wie kann er mir hier die Unterstützung verweigern?«

Sie ist fassungslos. War sie etwa naiv? Dieses Projekt ist ja immerhin gut für das Büro und für seinen Ruf. Schließlich hat er sie angeleitet, und sie hat ihm all die Jahre gedient.

»Ich bin jetzt fast vierzig. Er muss doch wollen, dass ich beruflich Erfolg habe, schon aus Respekt mir gegenüber«, sagt sie. Sie hatte angenommen, sie wäre ihm wichtig, bei all den Opfern, die sie gebracht hatte, bei all der Wertschätzung für ihn und ihre gemeinsame Arbeit.

Wir nehmen also Syings Fantasie auseinander und analysieren ihr Gefühl, ein kleines Mädchen zu sein, ihre tiefe und andauernde Sehnsucht, Anerkennung zu finden. Wir sehen uns Victors oberflächliche und kleinliche Reaktion auf die gute Nachricht an und fragen uns, ob er sich von ihrem Talent und der Aufmerksamkeit, die sie damit erregt hat, vielleicht bedroht fühlt.

»Sie haben ihn lange Zeit auf ein Podest gestellt.« So weise ich sie auf das Offensichtliche hin. Ihr König der Löwen hätte der allmächtige Vater sein sollen, der sie bewunderte und beschützte. Und dem sie etwas bedeutete! Sie hatte sich alle möglichen Dinge über ihn ausgemalt.

»Ich dachte, ich hätte Grips. Dass ich ihn durchschauen und mit seinem schwierigen Ego umgehen könnte.« Sie sieht mich ratlos an.

In Syings perfektionistischer Selbstkonstruktionsfantasie hatte sie gedacht, sie könnte diesen unmöglichen Mann im Griff haben, ihn mit Charme dazu bringen, seine besten, vernünftigsten, liebevollsten und liebenswürdigsten Seiten an den Tag zu legen. Sie war stolz auf ihren geschickten Umgang mit ihm. Die Löwenbändigerin! Nun geht ihr auf, dass nichts davon stimmt. Ihr idealisiertes Selbstverständnis griff zu kurz. Wir gehen einigen der Überzeugungen und Ansichten nach, die dieses Fantasie-Selbst herausgebildet hatte. Sie will den Part der mächtigen Frau spielen, sagt sie, die Arbeit und Leistung bringt, aber ihre Vorstellungen, wie dies praktisch aussieht, sind eng begrenzt und überholt. Sie beruhen auf dem klassischen Bild des mächtigen, älteren

Mannes und der jungen Frau, deren Aufgabe es ist, ihm zu gefallen. Das hat keinen sexuellen Unterton, obwohl ihr Mann hin und wieder diesen Verdacht hegte. Aber es spielen mehr und mehr komplexe Obertöne herein.

Die Dynamik zwischen Sying und ihrem berühmten Chef hat ihre Wurzeln in Syings Kindheit. Wenn wir nun ihre Vergangenheit durchleuchten, dann ist das kein Selbstzweck. Wir wollen vielmehr herausfinden, wie sie an den Punkt gekommen ist, an dem sie jetzt steht. Und was sie anders machen kann, um sich von den Fesseln alter und problematischer Verhaltensmuster zu befreien und sich weiterzuentwickeln.

Ihr eigener Vater war passiv, unauffällig und in ihren Augen bzw. in denen ihrer Mutter ein Schwächling. »Er ist eine Art Clown. Er hat es nie geschafft, in die Fußstapfen seines Vaters zu treten. Mein Großvater überging ihn einfach und setzte all seine Hoffnung und seine Träume in mich.«

»Mach etwas, was dir wirklich Spaß macht«, sagte ihr Großvater ihr, kurz bevor er starb. Sying war das einzige Enkelkind, und sie wusste, dass sie sein Liebling war, sein *golden girl.* Er gab ihr das Gefühl, dass sie zu einem ruhmreichen Leben bestimmt war, anders als Syings Vater. Und anders als so viele Menschen um sie herum.

Sying fand etwas, was sie liebte – die Architektur. Also wurde sie Architektin. Die Victor Hill Architect Ltd. gab ihr den Raum, um sich selbst auszudrücken, ihren Sehnsüchten nachzugehen. *Das bin ich,* dachte sie. Victor gab Sying ein attraktives Belohnungssystem – seine Anerkennung, seine Wertschätzung für sie als Favoritin. In ihm fand sie einen Menschen, den sie endlos idealisieren konnte, dem sie ihr Leben verschrieb.

Victor kennenzulernen war ein Vorgeschmack auf den möglichen Ruhm. Sie hielt das für förderlich, aber was sie bekommt – was sie bekam –, ist nur seine Anerkennung für das, was sie ihm gibt. Dass sie sich in seinem Blick sonnen kann – ist das alles, was sie möchte?

»Wenn Sie das so sagen, spüre ich, dass daran etwas nicht stimmt. Einem Mann zu dienen, das ist es nicht, was ich im Leben erreichen möchte.«

Dieser plötzliche Entzug stößt Sying mit der Nase auf ein Grundproblem. Plötzlich bricht sich ein Strahl der Klarheit Bahn durch den Nebel der Idealisierung, in dem sie all die Jahre gelebt hat.

Aber wie soll es nun weitergehen? Syings **Leidenswertigkeit** ist stark ausgeprägt. Es fällt ihr schwer, ihrem tiefen Wunsch, eine großartige, renommierte Architektin zu sein, Ausdruck zu verleihen. Für sie fühlt sich das an wie eine Form von egomanischem, wirklichkeitsfremdem Größenwahn. Selbst in den Therapiesitzungen mit mir. Einer Legende zu dienen passt zu der inneren Spannung ihrer Persönlichkeit, die einerseits ambitioniert, andererseits selbstdemütigend ist. Die Nähe zur Größe. Aber selbst im Rampenlicht zu stehen, ihren Namen gedruckt zu sehen, da fühlt sie sich nackt und unsicher. Außerdem schämt sie sich für ihren Wunsch, berühmt sein zu wollen.

Ich-Stärke ist eine absolut gesunde Angelegenheit, aber bei Sying überschattet ihr People-Pleaser-Teil ihr Ich. »Ich will nur Victor Hill dienen« lautet die Botschaft, die ihr People Pleaser aussendet. Aber ihr Ich hat eigene, wenn auch verborgene Ideen: ihren Namen mit Wyatt House in Verbindung bringen. Was dabei herauskommt, sind Selbsthass und Scham. Sie enttäuscht also Victor und enthüllt ihr geheimes Ich, in ihren Augen ein doppeltes Versagen.

Victor folgt den neuesten Nachrichten über Wyatt House. Bei einer Teambesprechung bemerkt er Sying gegenüber aggressiv, dass er Freunde in der Redaktion der *Architectural Review* hat, die die Geschichte vielleicht überhaupt nicht bringen werden, sollten sie erfahren, dass es sich hier um kein reines Victor-Hill-Projekt handle. Sie solle also das Fell des Bären nicht verkaufen, bevor sie ihn erlegt habe. Würde er tatsächlich dafür sorgen, dass der Artikel nicht erscheint? Wird er sie beruflich in der Versenkung verschwinden lassen? Hat sie ihre Grenzen überschritten? Hat sie die Hierarchie nicht eingehalten oder ungeschickterweise die unausgesprochenen Regeln verletzt?

In fast jedem Arbeitsumfeld gibt es Machtspiele. Daher hatte Sying sich ja nichts dabei gedacht, wenn man ihre Arbeit immer wieder Victor zuschrieb. Keiner der Mitarbeiter des Büros wird je namentlich genannt, obwohl Victor ein ganzes Team begabter, junger Architektinnen und Architekten beschäftigt. Jeder weiß, dass Victor all diese Entwürfe nicht selbst macht, auch die Herausgeber der *Architectural Review.* Sying hat all die Jahre ihr Bestes gegeben. Da ist es nur ein logischer nächster Schritt, dass sie jetzt ihre eigene Stimme, ihre eigene Identität gewürdigt sehen will. Ich habe sie in unseren Sitzungen ermutigt, darüber nachzudenken, was sie sich für sich selbst wünscht, beruflich und persönlich. Und jetzt das. Der unmittelbar bevorstehende Erfolg, die Anerkennung für Sying scheinen Victor völlig aus dem Konzept zu bringen, und das Gleiche gilt auch für sie selbst.

Sie erzählt mir, wie Victor sie mit zusammengekniffenen Knopfaugen ansieht. Der freundliche Blick ist vollkommen verschwunden. Sie ist für ihn zu einer Belastung geworden, einer unangenehmen Bedrohung. Dabei geht es nicht nur darum, wie er sich in Reaktion auf sie verhält. Mindestens genauso wichtig ist, wie und was er nicht ist und was sie sich erhofft hat. Emotional ist das Ganze eine Katastrophe.

***

In den folgenden Wochen wird das Klima im Büro immer unangenehmer. Victor stellt absurde Forderungen und erteilt ihr irrwitzige Anweisungen. Er scheint unglaublich eifersüchtig und kontrollwütig, weil sein Protegé sich einen eigenen Namen macht. Seine üblichen Komplimente für ihre Arbeit bleiben nun aus.

Sying ist still geworden und erzählt niemandem mehr von dem geplanten Artikel in der *Architectural Review.* Trotzdem verbreitet sich die Nachricht weiter. Victor versucht, im Büro Diskussionen über ihr Projekt abzuwürgen, und macht es ihr so schwer wie möglich, dic letzten Details auszuarbeiten. Bei einer Teambesprechung bekommt er einen Wutanfall und wirft ihr an den Kopf, sie würde ihn krank machen mit all dem Stress, den sie verursache. Am Telefon putzt er sie herunter, weil er angeblich angesichts der Turbulenzen im Büro einen Abgabetermin verpasst habe. Danach schmollt er und ignoriert Sying.

Sie fühlt sich herabgewürdigt und vollkommen von der Rolle, an einem Ort, an dem sie so viele Jahre ganz sie selbst sein konnte. Einige ihrer Kolleginnen und Kollegen fühlen mit ihr. Sie kontaktieren sie privat und erkundigen sich, ob es ihr auch gut gehe. Das tut es nicht, aber sie versichert ihnen, dass alles in Ordnung sei. Sie merkt, dass die Leute neugierig sind, was zu diesem plötzlichen Bruch geführt haben mag, aber andererseits spürt Sying, dass sie nicht bereit wären, für sie Partei zu ergreifen. Jeder schleicht weiter auf Zehenspitzen um den berühmten Boss herum.

Wir reden darüber, was passiert ist, was im Moment geschieht, immer und immer wieder. Für Sying ist dies eine schwierige Zeit, eben weil sich so viel verändert. Das sind Wachstumsschmerzen der heftigsten Art.

Ich wiederhole letztlich immer das Gleiche: »Ich glaube, dass Sie aus Gründen, über die wir ja gesprochen haben, lange Jahre Victors ohnehin schon dickem Ego weiter geschmeichelt haben. Er hat Sie vermutlich als eine Art Wurmfortsatz seiner selbst gesehen, da musste er Sie nicht als Individuum wahrnehmen. Und für sein Ego hat das ja gut funktioniert. Sie waren Teil seines Prozesses, seiner Leistungen. Sie haben ihm das Gefühl der Lebendigkeit geschenkt. Und das Ganze ließ sich wunderbar vereinbaren mit Ihrem Wunsch, anderen zu dienen und zu gefallen. Aber nun treten Sie hervor als Individuum mit eigenen Rechten, und das ist für jemanden, der offensichtlich so angreifbar ist, eine enorme Bedrohung.«

Ich frage mich, ob sie mir überhaupt zuhört. Sie sieht aus, als lege sie gerade **Gesprächsferien** ein. Sie lässt zwar eine gewisse Präsenz erkennen, aber im Grunde ist sie mit den Gedanken ganz woanders.

»Toll! Sie sind ja so was von gut.« Das klingt ein bisschen zu begeistert. Ich nehme an, sie möchte mich beruhigen. So ist sie nun mal. Sie kann sich ganz auf ihr Gegenüber einstellen und will gefallen. Sie rettet ihr ganzes Umfeld, auch ihre Therapeutin. Kein Wunder, dass es Victor gefiel, dass sie ihm jederzeit auf Abruf zur Verfügung stand.

»Ich war das goldene Kind«, sagt sie mit einem Seufzer.

»Ja«, antworte ich. »Ist Ihnen aufgefallen, dass Sie ›Kind‹ gesagt haben? Jetzt aber werden Sie erwachsen. Sie sind nicht mehr länger die fünfundzwanzigjährige Anfängerin ohne Qualifikationen.«

Wir überlegen, was es heißt, erwachsen zu werden – das ist für uns alle eine recht komplexe Frage. Im sicheren Raum der Therapie, in dem man kindliche Gefühle und Regressionen untersuchen kann, können die Menschen tatsächlich beginnen, erwachsen zu werden. Die beste Therapie, die ich je gemacht habe, hat mir geholfen, genau das zu tun, indem sie mir aufzeigte, wie kindisch ich immer noch war.

»Erwachsenwerden tut weh«, sagt sie. »Ist es das wert?«

Sying konnte während ihrer Kindheit nicht immer Kind sein, daher spielt sie es jetzt gerne. Als sie noch Kind war, benahmen ihre Eltern sich eher wie eifersüchtige Gleichaltrige, und Sying war stolz darauf, gewissenhaft und verantwortungsbewusst zu sein. Sie verehrte ihren Großvater und verdiente sich sein Lob, ohne das Gefühl zu haben, auch einmal unordentlich oder lästig sein zu dürfen. Der **Rollendruck** der Mutterschaft ist ihr mitunter unerträglich. Ihr Kind erinnert Sying an ihre eigenen unerfüllten Bedürfnisse. Sie empfindet sich als verletztes Kind, aber eben auch als fähige Erwachsene.

Ich denke zwischen den Sitzungen immer wieder an Sying. Zum Beispiel bei einer Veranstaltung, an der ich in meiner Eigenschaft als Mutter teilnehme. Das ist ein Teil meines Lebens, der mir sehr am Herzen liegt, doch er steht nicht für meine ganze Identität. Die Diskrepanz zwischen dem beruflichen Selbst einer arbeitenden Mutter und dem mütterlichen Selbst ist schwierig zu handhaben. Und manche Menschen streben nun mal nach Ruhm, wenn auch meist aus törichten Gründen.

In Syings Fall ist die Bekanntheit Teil ihres Berufs. Die erwähnte Diskrepanz hat sie dazu gebracht, sich stärker in ihr berufliches Selbst zu vergraben. Sie fühlte sich damit sicherer, stärker und besser als mit dem Muttermodus. Außerdem verstärkt ihre Schwiegermutter diese Kluft noch, weil sie der Ansicht ist, Mütter sollten zu Hause bleiben und kein Geld für Kinderbetreuung ausgeben. Ihr Mann hat sich von Sying entfernt, weil er die Ansichten seiner Mutter teilt. Sying fühlt sich abgelehnt. Ihr Mann ebenso. Syings Arbeit als Architektin ist gleichsam ihre Affäre, der Liebhaber, der ihre besten Seiten zu sehen bekommt, denn im Job fühlt sie sich am erfolgreichsten. In Victor

Hills Augen zu glänzen fühlte sich großartig an. Diese ihr vertraute Dynamik loszulassen könnte sich zum Gefühl eines tiefen Verlustes entwickeln.

»Ich habe den Namen Sying nachgeschlagen«, sage ich ihr bei der nächsten Sitzung. »Interessanterweise bedeutet dieser ›Stern‹. Was immer Sie tun, ich möchte, dass Sie wissen, wie facettenreich Ihr Geist ist und dass Ihre Stimme zählt.« Das scheint bei ihr anzukommen. Mir scheint das allzu offensichtlich, während ich es ausspreche, aber sie hat das offensichtlich vorher nie so wahrgenommen.

Unsere Arbeit dreht sich eine ganze Weile um dieses Thema. Nicht nur während dieser Sitzungen. Es beschäftigt uns mehrere Wochen lang. Die Bedeutung der eigenen Stimme; zu dem zu werden, was sie ist; welche Teile ihrer Identität über längere Zeit Bestand haben; und welche Teile ihr Wesenskern sind und daher alle Veränderungen überleben. Wir reden darüber, dass Wachstum und Veränderung auch mit Loslassen zu tun haben.

Sie muss etwas verlieren, bevor sie zur Veränderung bereit ist. Wenn sie ihren Namen mit dem Wyatt House verbunden sehen will, ist das vermutlich das Ende ihrer Zeit als Victors Protegé. In gewisser Weise ist dies eine der Katastrophen, die das Erwachsenwerden so mit sich bringt. Für Sying ist es ein echter Durchbruch.

»Ich möchte mich selbst verstehen, begreifen, wer ich wirklich bin«, erklärt sie zu Beginn einer unserer Sitzungen. »Aber das fühlt sich unangenehm an. Werde ich mich immer so verloren fühlen?«

Sie möchte, dass ich sie beruhige, und ich könnte sie natürlich in ihrer Unruhe belassen. Einer meiner Lehrer in der Psychoanalyse meinte einmal, dass eine Beruhigung niemals wirklich beruhigt. Aber das stimmt in dieser Absolutheit nicht, es kann sehr wohl der Fall sein, und dies ist ein solcher. »Sie werden sich nicht immer so fühlen«, versichere ich ihr. »Aber erzählen Sie mir doch mehr darüber.«

»Ich bin … nervös … und gestresst. Ich spüre das körperlich, auch jetzt. Mir wird irgendwie alles zu viel … Mein Herz rast, als würde ich bald richtig Ärger bekommen.«

»Ärger? Weshalb?«

»Weil ich vorschnell handle, zu anmaßend, zu forsch bin. Für wen halte ich mich denn? Und wenn es mir geht wie Ikarus? Dass ich zu hoch hinauswill und mich verbrenne?« Ihre Blicke wandern unruhig auf und ab.

Wir sehen uns an, wo ihre Selbstherabsetzung ihre Wurzeln hat und wie es ihr Angst zu machen scheint, ihre Arbeit ernst zu nehmen. Sie schämt sich für ihren Ehrgeiz. Wir gehen dem Gefühl der Peinlichkeit nach, das sich regelmäßig einstellt, sobald sie ein eigenes Leben und eine eigene Identität einfordert. Sie fühlt sich verunsichert. Nun, wo Sying in der Welt der Architektur endlich mit eigenem Namen auftritt, erlebt sie ihre erste und unerwartete berufliche Krise.

»Mehr zu wollen, einzugestehen, dass ich etwas will – dabei fühle ich mich bloßgestellt. Und wo ich schon dabei bin: Wenn ich damit scheitere, habe ich einiges zu verlieren«, sagt sie.

»Ja. Aber überlegen Sie mal, was Sie letztlich wollen. Sie können sich entscheiden, etwas anzustreben, und trotzdem bekommen Sie es nicht. Es ist einfach Realität, dass Sie möglicherweise nicht erhalten, was Sie sich wünschen.« Mir wird mit einem Mal klar, dass ich Sying einen vorsichtigen Anstoß gegeben habe, um sich weiterzuentwickeln. Wird sie sich von mir verurteilt fühlen, wenn sie dieses Architekturbüro nicht verlässt? Ich sage ihr das, und wir sprechen darüber, dass ich ja nicht ihre Entscheidungen treffe. Seltsamerweise freut es mich, dass ich ihr nicht sage, was sie tun soll.

Wir sehen uns gemeinsam an, wie es wäre, dieses Architekturbüro mit dem großen Namen und dem berühmten Chef zu verlassen.

»Ich hasse es, wenn etwas endet«, sagt Sying und verzieht das Gesicht, als habe sie gerade etwas Unangenehmes entdeckt. »Ich kann mir überhaupt nicht vorstellen, woanders zu arbeiten. Wie würde meine Woche da aussehen? Wer wäre ich dort?«

Auch diesen inneren Kampf gehen wir gemeinsam durch.

»Ich bin wirklich wie ein Teenager, wenn es um die Frage geht, was es heißt, ich zu sein«, wirft sie ein.

»Aber Teenager sind nicht die einzigen Menschen, die diese Frage stellen können.« So schmerzlich eine Identitätskrise auch ist, auf der Stelle zu treten kann genauso schlimm sein.

»Ich habe für dieses Büro Blut, Schweiß und Tränen gegeben«, sagt sie. »Ich gehöre nicht zu den Leuten, die einfach ihr Soll abarbeiten. Ich gehe weit darüber hinaus. Für Victor Hill. Für jedes Projekt, an dem ich je gearbeitet habe.«

»Ich weiß«, sage ich. »Sie haben sich ja als zwanghaft gewissenhaft beschrieben.«

»Ja! Das war mal wieder ein Anfall von **Bescheidenheitsprahlen**«, meint Sying.

Wir reden darüber, worum es dabei eigentlich geht und warum sie das tut. Anfangs versteht sie nicht, was ich meine. Sie weiß, dass sie aus einem leeren Becher nicht trinken kann, aber sie redet immer weiter, als stünden ihr grenzenlose Möglichkeiten offen – ein Echo ihrer Bewunderung für Victor, »der das Unmögliche möglich macht«? Sie fühlt sich zunehmend frustriert, aufgebracht und gereizt.

»Ich denke an die hektischen Nächte, in denen ich mir so viele Sorgen machte. Ich brachte Katie ins Bett und schob mein Handy unter ihre Decke. Während sie immer noch zappelt, gucke ich kurz drauf, um noch eine E-Mail zu lesen, irgendeine Nachricht, und um die ein oder andere Aufgabe zu meiner endlosen To-do-Liste hinzuzufügen. Sie erwischt mich und nimmt mir das Telefon aus der Hand! *Sei einfach dort, wo du bist*. Das habe ich mir unzählige Male gesagt. Aber ich war geistig eben bei Victor Hill, egal was ich gemacht habe. Und ich habe nicht mal verstanden, worum es ging oder worauf das Ganze hinauslief. Ich habe über meine Zukunft nicht einmal nachgedacht. Ich mache mir also keine Gedanken über die Zukunft, aber ich lebe eben auch nicht in der Gegenwart! Mein Leben zieht an mir vorbei. Ich habe keine Zeit für mein Kind, für meinen Mann, und wofür das alles? Nicht fürs Geld. Wir wissen ja, dass ich wenig bekomme und mehr verdient hätte. Warum also mache ich das? Nicht nur für diesen Mann zu arbeiten, sondern auch noch so viel zu arbeiten?«

»Sagen Sie's mir«, fordere ich sie auf. »Ist es die positive Bestätigung? Wie sehr brauchen Sie das jetzt noch von ihm?«

»Es ist mehr als positive Bestätigung … Ich glaube, insgeheim habe ich gehofft, dass ich, wenn ich ihm meine Bewunderung schenke, eines Tages so groß werde wie er. Wenn man es so laut ausspricht, merkt man erst, wie sinnlos das klingt«, antwortet Sying.

Ein Grund mehr, es auszusprechen und den Sinn dahinter zu suchen. Zwänge haben immer einen geheimen Plan. Hinter diesem steht keine irgendwie geartete Strategie, aber wir können ihn verstehen und erkennen, in welche Richtung die Reise geht. Sying hegt also den geheimen Wunsch, eine große Architektin zu werden. Endlose Bewunderung ist da wohl kaum der richtige Weg, aber damit lässt sich arbeiten.

»Wenn er mich gelobt hat, und sei es nur in einem E-Mail-Einzeiler, fühlte sich das an wie der Himmel auf Erden«, berichtet Sying beinahe atemlos. Das ist also die Droge, die sie all die Jahre bei der Stange gehalten hat.

»Ich sehne mich danach, zu wissen, dass ich gut genug bin«, fährt sie fort.

»Das verstehe ich. Was brauchen Sie, damit Sie das auf eine echte, dauerhafte Weise erfahren?«

»Alles! Das war ein Witz. Aber eigentlich auch nicht.«

»Nun, dann wenden wir uns doch mal dem Teil Ihrer selbst zu, der keinen Witz gemacht hat. Ihre widersprüchlichen Bedürfnisse und Erwartungen schicken Sie auf eine unerträgliche, endlose Suche nach Selbstachtung. Aber egal wie viel Lob und Bestätigung Sie bekommen, es wird nie genug sein, um als Beleg für Ihren Wert herzuhalten. Da sind Sie nun, eine unglaublich kluge und fähige Mittvierzigerin. Ihre Schwächen und Kämpfe gehören zu Ihnen. Verstehen Sie, dass Sie jetzt schon gut genug sind?«

»Vielleicht. Die Idee gefällt mir, aber es ist mir peinlich, das zuzugeben.«

»Nehmen wir einfach mal an, dass Sie gut genug sind. Was dann?«

»Ich weiß nicht … Ich kann mir nichts vorstellen, was nicht mit dem Wunsch nach Bestätigung zu tun hat. Vielleicht will ich ja etwas, aber ich habe mir nie erlaubt, so weit vorauszudenken … Vielleicht ist es auch die Bambusdecke, die gläserne Decke, durch die ich nicht hindurchkomme … Ich bin mir nicht sicher«, meint Sying.

»Wir haben darüber gesprochen, dass Sie sich Größe wünschen. Und doch erlauben Sie sich nicht, sich so ein Leben auszumalen. Es ist wichtig zu verstehen, was Sie tatsächlich wollen – von Victor Hill, beruflich und im persönlichen Leben.«

»Ich habe zwar hart gearbeitet, aber ich habe nie darüber nachgedacht, wofür ich das tue …« In diesen Momenten ist Sying emotional nackt und bloß. Ihre verinnerlichten Überzeugungen und Victors Klammergriff haben ihr Ich unter dem Deckel gehalten. Bis zu dieser Krise.

»Aber gerade das, worüber uns nachzudenken schwerfällt, ist meist das, womit wir uns am dringendsten auseinandersetzen müssen. Ich glaube, Sie gehen dieser Frage aus dem Weg, indem Sie das Gefühl entwickeln, dass Sie lieber wieder klein sein würden.«

»Victor scheint nur einfach nicht anzuerkennen, was ich alles tue und wer ich bin. Und ich auch nicht.«

»Nun haben Sie ihn zum ersten Mal Victor genannt. Nicht Victor Hill«, werfe ich ein. Auch diesen Gedanken gehen wir durch, sehen uns die Mythen an, die ihn umgeben, den Ruhm, die Projektionen und auch Syings frühere und augenblickliche Gefühle, nicht zu genügen.

»Ich war lange Zeit so voller Ehrfurcht ihm gegenüber«, sagt Sying. »Ich glaube, ich habe wohl gedacht, dass die endlose Hingabe, die ausgezeichnete Arbeit ohne echte Anerkennung mich irgendwie erheben würden. Und dass ich eines Tages an einem sicheren Platz im Himmel ankommen würde.«

In diesem Augenblick erkennen wir beide die Fantasie, nach der sie sich gesehnt hat.

»Wussten Sie, dass Victor meinen Namen immer noch nicht richtig ausspricht?«, erzählt Sying mir in der nächsten Sitzung. »Er sagt immer ›Sai-ing‹. Wie kann er nur?«

»Nun, können Sie sich noch daran erinnern, dass ich Sie bei unserer ersten Sitzung fragte, wie man Ihren Namen korrekt ausspricht, und

Sie daraufhin meinten, das sei Ihnen egal? Haben Sie ihm denn je gesagt, wie man Sying richtig ausspricht?«

»Ich weiß nicht. Vielleicht nicht. Ich glaube, ich dachte immer, er würde mal fragen. Was er nicht getan hat.«

Auch dieses Thema bearbeiten wir gemeinsam. Sying wollte kein Problem daraus machen, wenn ihr Name nicht richtig ausgesprochen wurde. Das zeigt, wie sehr sie dazugehören wollte. Sie wollte nicht explizit darauf hinweisen, dass sie »anders« war. Sie hält sich für entgegenkommend und nachgiebig, aber sie stellt kleine Fallen auf – für sich und andere. Tests, bei denen die Leute durchfallen. Und dann schmort sie in der salzigen Brühe ihrer Enttäuschung vor sich hin.

Wir sehen uns ihre berufliche Entwicklung und ihren Weg in die Mutterschaft an. Auch ihren Namen, den Vor- und den Nachnamen. Warum sagte Sying den Leuten nie, wie es auszusprechen ist? War es ihr wirklich egal? Und warum änderte sie ihren Nachnamen, als sie heiratete, obwohl sie ihren Geburtsnamen liebte? Warum war sie all die Jahre zufrieden damit, dass ihr Name im Zusammenhang mit ihrer Arbeit nirgendwo auftauchte? Sie hat sich teilweise zur Komplizin ihrer Annullierung gemacht. Niemand zwingt sie, sich selbst auszulöschen. Auch die Auswirkungen, die es haben würde, ein Kind zu bekommen und trotzdem Stolz auf ihre beruflichen Leistungen zu entwickeln, hat sie immer heruntergespielt. Sie hat diesen enormen Wandel im Leben nie ganz willkommen heißen können. Sie weigerte sich mit Händen und Füßen, sich von der Identität der Mutterschaft beeinflussen zu lassen, und leugnete deren Realität, indem sie sich in ihren Berufsmodus zurückzog. Nun, wo ihre berufsbezogenen Fantasien sich allmählich auflösen, lässt sie Bereiche ihres Lebens, die sie vorher von sich gewiesen hatte, stärker an sich heran.

Ihre Zweifel, ob sie bei Victor Hill bleiben oder gehen sollte, zogen sich einige Monate lang hin. Die Spannungen legten sich, aber der freundliche Blick von früher blieb aus. Ihre absolute Hingabe an Victor flaute allmählich ab und damit auch ihre Motivation, für ihn zu arbeiten.

Wir sehen uns an, was es heißt, ein Eigenleben zu führen, Fehler zu machen, ein Gefühl für den eigenen Wert zu bekommen, das nicht vom Feedback anderer abhängig ist. Selbstverständlich wünscht Sying sich, von den Menschen geliebt, respektiert und unterstützt zu werden. Die eigentliche Frage aber ist, in welchem Umfang sie das braucht. Sie hat das Gefühl, auseinanderzubrechen, wenn die Menschen sie enttäuschen oder sie ihrerseits jemanden enttäuscht. Das ist für sie eine enorme emotionale Belastung.

Wer ist sie ohne Victor? Mutter? Architektin? Ehefrau? Schwester? Freundin? Tochter? Natürlich ist sie all das und noch so viel mehr. Aber sie spürt mit der Zeit ihre Stärke. Das ist nicht immer ganz leicht. Sie vermisst die Unterstützung, die sie in dem System und dem Team erfahren hat, das sie einmal trug. Aber sie findet ihren Weg durch diese Herausforderungen und weiß nun eher, wohin die Reise geht. Das ist ein Prozess, der sich nicht übers Knie brechen lässt.

»Dass Sie sich so sehr nach Bestätigung sehnen, macht es Ihnen schwer zu sehen, wo Ihr Weg hinführt«, erkläre ich. »Sie waren so verzweifelt darauf aus, voranzukommen und mit Victor sensationelle Bauten zu entwerfen, genauer gesagt für Victor, dass Sie darüber Ihr eigenes strukturelles Wohlbefinden jahrelang vernachlässigt haben. Sie stecken sehr viel Sorgfalt in die Strukturen, die Sie bauen, und jetzt bauen Sie sich selbst auf.« Wir reden darüber, dass sie bereitwillig einige von Victors negativen Seiten übersehen hat, weil es sich für sie sicherer anfühlte, ihn zu idealisieren. Im Streben nach einem Abglanz seines Ruhms. Dass dieses Ideal nun verloren ist, tut natürlich weh. Wir reden darüber, wie schmerzhaft es ist, ihn jetzt so zu sehen, wie er wirklich ist, und zu sehen, wie sie wirklich ist.

»Das erinnert mich ein wenig daran, wie es war, als ich zum ersten Mal eine Brille trug. Es hat mir viel ausgemacht, dass ich plötzlich jeden Schmutz so deutlich sah. Vorher war alles verschwommen. Diese Klarheit gefiel mir nicht. Ich nehme an, dass ich gerne das Goldmädchen war. Es hat mich davor bewahrt, ihm meine Meinung zu sagen.« Das erkennt sie nun. »Ich sagte zu fast allem Ja und Amen, sagte ihm, was er hören wollte, und tat, was er von mir verlangte. Bis ich damit aufhörte. Ich bin es, die die Beziehung zwischen uns verändert hat.« Sie übernimmt Verantwortung für ihre Entscheidungen, ohne sich Vorwürfe zu machen oder sich für Victors Charakter verantwortlich zu halten.

Der Artikel über Wyatt House wird schließlich nicht veröffentlicht. Victor hat seinen Einfluss genutzt, um dessen Erscheinen zu verhindern. Sying erfährt dies von einem der Herausgeber, der etwas brabbelte von »da sei leider nichts zu machen gewesen«. Dieses Erlebnis machte sie zwar wütend, aber es war ein **entscheidender Augenblick** in ihrem Leben. Sie weiß jetzt, dass sie von dort wegmuss.

»Er versucht, mich auszulöschen«, stößt sie zornig hervor, während zugleich die Tränen reichlich fließen. »Ich weiß, dass das nichts mit Gewalt zu tun hat. Ich weiß, dass ich mir nicht selbst leidtun sollte, wo doch andere Menschen auf der Welt viel Schlimmeres erleben. Aber ich koche vor Wut.«

»Ausgelöscht zu werden ist brutal.«

»Meine Arbeit ist im Grunde doch, was ich bin. Und trotzdem hatte ich, obwohl ich mich so reingehängt habe, die ganze Zeit über nicht das Gefühl, diesen Wunsch haben zu dürfen: mir als Architektin selbst einen Namen zu machen. Ich dachte, sichtbar sein zu wollen wäre narzisstisch. Wie konnte ich nur so lange mein Licht unter den Scheffel stellen?« Ihr Kummer und ihr unvermitteltes Erschrecken über das, was sie sich selbst so lange angetan hat, machen deutlich, dass sie nun erkennt, wie sehr ihre Identität auf gefährliche Weise unterdrückt worden war.

Im Laufe unserer gemeinsamen Arbeit änderte sich Syings Motivation: Statt Victor gefallen zu wollen, will sie nun eigene Projekte machen. »Ich bin nicht religiös erzogen worden«, sagt sie. »Daher habe ich meinen Glauben in Menschen gesetzt. Ich habe an Victor geglaubt.« Damit ist nun Schluss. Sying will ihren Glauben künftig in sich selbst setzen, was für sie eine Herausforderung darstellt.

Wenn die Leute sie fragen, was sie beruflich mache, muss sie sich nun eine neue Antwort überlegen. »Ich kann mich nicht mehr hinter seinem beeindruckenden Namen verstecken. Er hat mich benutzt, ich ihn aber auch. Ich war nicht völlig unschuldig.« Ihre Einsichten sind

Teil ihres Individuationsprozesses. Sie durchlebt nun ihre berufliche Pubertät – eine Zeit enormer Zwiespältigkeit und der Verhandlung über ihre Autorität.

Diese plötzliche Entmächtigung hat in ihr etwas ausgelöst: Langsam kristallisiert sich ein ehrlich empfundenes Selbstverständnis heraus. Dass man so offensichtlich versuchte, sie zu annullieren, machte ihr bewusst, wie sehr sie sich wünschte, wahrgenommen zu werden. Sying möchte Victor am liebsten anbrüllen, ihn irgendwie verletzen und bestrafen, aber sie weiß, dass sie sich diplomatisch verhalten muss. Schließlich schickt sie ihm eine wohlüberlegte, reservierte Kündigung.

Sying weiß nicht, was sie als Nächstes anpacken wird. Sie hat Grund genug, darauf zu vertrauen, dass sich Möglichkeiten und Gelegenheiten auftun werden, auch wenn sie noch nicht weiß, welche und wann. Oder wie Tennessee Williams schreibt: »Es gibt eine Zeit des Abschieds, selbst wenn man nicht sicher weiß, wohin man will.«[3] Sie weiß, dass es für sie an der Zeit ist, die begrenzte Welt von Victor Hill Architect Ltd. zu verlassen. Diese Klarheit tröstet sie. Sie ist der Höhepunkt einer Identitätskrise.

Es gibt auch Momente des Zweifels, in denen Sying – wenig überraschend – ihre Entscheidung infrage stellt. »In gewisser Weise habe ich das Gefühl, dass niemand mir glaubt«, sagt sie in der Folgesitzung.

»Was glaubt Ihnen niemand?«

»Das über Victor Hill und sein Ego und seine Rivalität mit mir.«

»Das ist eine Frage der Autorität, und Sie entwickeln jetzt Ihr eigenes Verständnis von Autorität, sowohl im Hinblick auf Ihren Wert als auf Ihre Erfahrungen. Die meisten Menschen würden Ihnen glauben, wenn sie Ihre Geschichte hören«, sage ich. »Und letztlich liegt es an Ihnen, wie viel Sie von dieser Geschichte wem erzählen. Es gibt natürlich Superfans, die nicht akzeptieren können, dass eine Autoritätsfigur wie Victor Hill tatsächlich ein kleinlicher Egozentriker ist – aber wahr ist es ja trotzdem. Und es gibt so viele Menschen, die solch eine Geschichte in ähnlicher Form erlebt haben. Der einzige Mensch, der diese Geschichte immer noch nicht glauben kann, sind Sie, Sying.«

»Das stimmt«, seufzt sie. »Und vermutlich auch Victor.«

»Victor war für Sie eine Autoritätsfigur, daher ist es für Sie verwirrend, ihn in diesem neuen Licht zu sehen. Und sich selbst ja letztlich auch, denn nun bekommen Sie von ihm ja keine Bestätigung mehr. Und dahin zu kommen war unsere gemeinsame Arbeit.«

Wieder und wieder gehen wir die Geschichte durch, was passiert ist und was noch passiert. Und mit der Zeit wird sie ganz und gar akzeptabel und plausibel, weil sie ja immer wieder erzählt und besprochen wird, wie eine Gutenachtgeschichte. Und sie verliert ihren zwanghaften Zug. Die Wiederholungen, die es braucht, bis man etwas verstanden hat, erinnern mich ein wenig an den Französischunterricht, wo wir einzelne Sätze so oft schreiben mussten, bis wir damit die ganze Seite gefüllt hatten. Etwas Neues zu erlernen erfordert Praxis und Wiederholung. Und dann können wir zur nächsten Seite übergehen.

»Ich verstehe jetzt die wahre Geschichte«, sagt Sying, »und ich fühle mich sicherer. Nicht nur vor Victor, der mir ja auf seine gierige Art auch etwas gegeben hat. Ich spüre die Geschichte meiner selbst. Ich beginne allmählich, mich zu verstehen. Und meinen Wert. Ich bin mehr als eine Dienende.« Ohne jeden Zweifel wird sie sich das noch öfter ins Gedächtnis rufen müssen. Es liegt noch ein gutes Stück Weg vor uns. Aber Sying baut nun etwas aus sich selbst heraus auf. Nicht allein. Sie hat einige Unterstützer und Befürworterinnen gefunden. Ich freue mich, dass ich ihr dabei helfen darf. Aber es ist allein ihr Projekt.

In den letzten Tagen vor ihrem Ausscheiden aus der Victor Hill Architect Ltd. bietet man ihr eine Stellung bei einem bekannten Architekturbüro an, und Sying akzeptiert. Sie verspricht sich selbst, dass sie nicht mehr so zwanghaft gefallen will. Ich glaube daran. In Syings aufknospender Identität steckt ein gutes Gefühl für den möglichen Raum und für Neuentdeckungen. Sie schafft ihren eigenen Raum, in dem sie einrichten und unterbringen kann, wer sie ist. In gewisser Weise packen wir emotional ihre Koffer nach den fünfzehn Jahren, die sie bei Victor Hill Architect Ltd. verbracht hat.

Sying ist immer noch wütend auf Victor und würde ihm gerne noch das ein oder andere sagen, auch wenn sie nicht voll auf Konfrontation gehen oder Gerechtigkeit einfordern will. Aber sie möchte sich später daran erinnern, dass sie nicht geschwiegen hat.

An ihrem letzten Tag sagt sie vor allen anderen Mitarbeitenden zu ihm: »Victor, ich danke dir für die letzten fünfzehn Jahre. Dafür, dass ich für dich arbeiten durfte und an so aufregenden Projekten beteiligt war. Deine Idee, dass man die Essenz eines Gebäudes erfassen müsse … Nun, das trifft auch auf Menschen zu.«

Er sah sie verblüfft und ein wenig hinterhältig an. Aber das ist jetzt gleichgültig. Sie hat etwas gesagt, und das auf eine durchaus vernünftige Weise.

Später erzählt Sying mir von Frank Lloyd Wright und seiner Signatur: einer roten Fliese. Wie unterschiedlich er seine Gebäude gestalterisch auch anlegte, er brachte immer irgendwo eine rote Fliese unter als Beleg, dass dieses Haus von ihm entworfen war. »Er hat einige der Frauen, die für ihn architektonische Entwürfe machten, komplett annulliert. Er ist also kein Vorbild für politische Korrektheit«, erzählt sie.[4] »Aber so eine Signatur, genau das möchte ich auch haben. Ganz egal in welchem Kontext ich arbeite und wie unterschiedlich die Projekte in meinem Leben sein werden, da ist eine Art unerschütterlicher Kern. Ich kann mich ändern, gerade weil ich an diesem Gefühl festhalte. Wenn ich Katie von der Schule abhole, einen Wintergarten plane, mit meinen Schwiegereltern spreche oder mit einer Freundin, dann zeige ich unterschiedliche Seiten meiner selbst, aber ich bin Sying, wo immer ich auch hingehe. Und ich möchte diese Signatur nicht nur für das, was ich der Welt zeige, sondern auch für das, woran ich mich erinnern muss: an das, was es heißt, ich zu sein.«

Das ist posttraumatisches Wachstum. Wenn wir im Strudel von Verlust und Krisen einen Sinn finden. Der Schmerz über ihre Erfahrung mit Victor Hill ebbt mit der Zeit ab. Sying kennt und versteht diese Geschichte nun. Es ist eine Geschichte über Machtdynamiken und über Autorität, Selbstwert und widerstreitende Stimmen. Über den inneren Konflikt zwischen dem People Pleaser und dem Ich und über den Wunsch, wahrgenommen zu werden. Sying findet heraus, wer sie ist und was sie tatsächlich für sich möchte.

Sie kennt die Themen, die Fragestellungen. Diese Geschichte kann sie jederzeit wieder aufnehmen oder weglegen, wie ein altes Buch im Regal. Sying kann der Geschichte nachspüren, wenn sie das möchte, aber diese vereinnahmt sie nicht und frisst nicht ihr ganzes Leben auf. Sying hat für sich Raum geschaffen, für ein größeres, spannenderes Dasein mit verschiedensten Teilen und Fakten und Merkmalen und Rollen, die sie zu dem komponiert, was sie ist und werden kann. Mitunter bricht ihre Stimme immer noch, wird unsicher, fragend, kindlich, und dann wieder ist sie höchst erwachsen und zuversichtlich und souverän.

Die Mutterschaft ist für Sying immer noch ein Kampf, aber sie erlebt auch hier Augenblicke der Zärtlichkeit und der Freude. Vor allem aber liebt sie es, Architektin zu sein. Sie kennt nun einige ihrer Ungereimtheiten, ihre wahre Motivation und ihre Ängste. Sie war überrascht, dass sie den wirklichen Victor Hill nicht kannte, wo sie doch dachte, dass sie ihn so gut versteht, ja dass sie ihn gar bändigen könne. Aber sie verstand sich selbst ebenso wenig. Jetzt ist das anders, sie sieht klarer.

Verstehen, wer Sie sind

Teile unserer Persönlichkeit sind vorgeprägt und unveränderlich, andere hingegen sind formbar und offen für den Wandel. Wenn wir die unterschiedliche Beschaffenheit unserer verschiedenen Persönlichkeitsschichten erkennen, identifizieren und verstehen, können wir eine stabile emotionale Identität aufbauen und ein facettenreicheres Bild dessen, was es heißt, wir selbst zu sein. So können wir der Wirklichkeit selbstbewusst begegnen. Wir kommen mit den privaten Bereichen unseres Geistes besser zurecht, mit unseren verschiedenen Persönlichkeiten und mit der Erkenntnis, was es heißt, authentisch zu sein, bzw. wann es besser ist, eine Maske aufzusetzen. Authentisch zu sein bedeutet nicht, dass wir jederzeit allen alles sagen müssen. Es kann auch heißen, dass Sie sich zurücknehmen und den Unterschied zwischen öffentlicher und privater Sphäre kennen.

Doch selbst wenn wir versuchen, unser wahres Selbst zu zeigen, werden wir häufig missverstanden oder falsch wahrgenommen. Andere Menschen kennen uns nicht unbedingt gut. Manchmal verhalten wir uns ganz anders, als wir uns fühlen. Ein gutes Beispiel dafür ist der Unterschied zwischen Selbstsicherheit und Selbstachtung. Sie mögen selbstsicher wirken, fühlen sich innerlich aber unsicher. Sie können depressiv sein und trotzdem fröhlich erscheinen. Manchmal sind diese Masken wichtig, um sich in der Welt bewegen zu können. Aber auch Ihr Innenleben braucht eine gewisse Fürsorge. Die Klarheit und Einsicht, die Sie erlangen, sobald Sie einige Ihrer tiefinneren Überzeugungen und Konflikte ans Licht geholt haben, gibt Ihnen im Leben Gelassenheit und Stärke.

Es gibt in der mittelalterlichen Philosophie einen sehr schönen Begriff: **haecceitas,** was so viel heißt wie »Diesheit«. Damit gemeint ist die Essenz, die einen Menschen einzigartig macht, sodass er wie kein anderer Mensch ist. Wir können unsere Diesheit nicht erklären, ja sie noch nicht einmal in ihrer Gänze in Worte fassen, aber es ist gut für uns, wenn jeder von uns seine Diesheit erkennt und an ihr festhält. Wir alle sind einzigartig und unverwechselbar. Wer wir sind, ist nicht in Stein gemeißelt. Wir alle haben die Möglichkeit, uns (in größerem oder geringerem Ausmaß) zu ändern, aber wir alle besitzen diesen inneren Anker, der uns festhält, uns wahr macht (sowohl im Sinne von Wahrheit schlechthin als auch in der Übereinstimmung unseres Selbst mit unseren Werten), während andere Teile von uns größer werden, sich verändern, sich entwickeln.

Philosophen und Psychologinnen diskutieren schon lange darüber, ob unsere Identität sich im Laufe der Zeit wandelt. Sind Sie heute der gleiche Mensch, der Sie mit zehn Jahren waren? Werden Sie immer noch derselbe Mensch sein, wenn Sie neunzig sind? Wo findet sich der rote Faden, der die verschiedenen Lebensphasen verbindet? Das Schiff des Theseus ist eine berühmte philosophische Fragestellung zur Metaphysik der Identität. Ist ein bestimmtes Objekt (das Schiff), dessen einzelne Komponenten im Laufe der Zeit ersetzt werden, immer noch im Grunde das gleiche Objekt, das gleiche Schiff? Das ist eine nützliche Illustration der Idee, dass es eine gleichbleibende, fortdauernde Identität gibt, auch wenn diese im Laufe der Zeit von Wachstum, Verlust und Wandel geprägt wird. Idealerweise können wir diesen ständigen Fluss akzeptieren, denn die Aspekte unserer Identität sind sozusagen ständig im Werden.

Wachstum und Entwicklung können unser Selbstverständnis bedrohen oder stützen. Denken Sie darüber nach, wer Sie waren, wer Sie jetzt sind und wer Sie werden wollen. Selbsterkenntnis ist ebenso ein kontinuierlicher Prozess, der uns zum Wachstum anregt, wenn wir zulassen, dass wir überrascht werden, unsere Meinung ändern und unser Urteil einer Prüfung unterziehen. Wenn Sie sich selbst gründlich verstehen, können Sie die Rollen, die Sie spielen, neu besetzen. Sie können sehr viel flexibler agieren, wenn es darum geht, sich für den Wandel zu öffnen.

Lassen Sie den Wandel, die Veränderung, die Entwicklung zu, aber halten Sie an Ihrer Signatur fest, dem Zeichen, das Sie zu der Person macht, die Sie sind, sowohl im Inneren wie auch in dem, was Sie der Welt zeigen, vor jedem Hintergrund. Wo immer Sie hingehen, was immer Sie tun mögen, es gibt da immer diesen roten Faden der Kontinuität. Das ist letztlich dieses tiefinnere Gespür für Ihre Natur, das Sie Ihr Leben lang begleitet. Etwas Dauerhaftes, das die verschiedenen Lebensphasen und Teile Ihrer selbst verbindet und Ihnen das Gefühl gibt, ganz Sie selbst zu sein.

Also hören Sie niemals auf, darüber nachzudenken, wer Sie sind. Das ist eine Lebensaufgabe.

Kapitel 4

Macht

Macht haben zu wollen fühlt sich abgefahren und gefährlich an. Wie bei den meisten Wünschen sendet uns die Gesellschaft auch hier zwiespältige Botschaften, gerade was deren Akzeptanz betrifft. Macht ist in vielen Kulturen ein wichtiges Thema. Da Macht bedeutet, über andere Autorität zu haben und sie beeinflussen zu können, fühlen wir uns nicht hundertprozentig wohl dabei, offen danach zu streben. Wenn wir unseren Wunsch nach Macht missbilligen, reden wir uns gleichzeitig aus, dass wir uns selbst begreifen müssten. Wir fürchten, dass andere Menschen uns für töricht, gierig, vielleicht sogar für korrupt halten könnten, wenn wir uns Macht wünschen. Und tatsächlich kann Macht mit diesen Eigenschaften Hand in Hand gehen. Wenn wir aber überlegen, was tatsächlich hinter diesem Wunsch steckt, können wir unsere eigenen Entscheidungen unbeeinflusst treffen.

Manche von uns sind so konditioniert, dass sie sich ständig selbst unterminieren. Oder zumindest geben wir uns diesen Anschein. Persönliche Wirkmächtigkeit – das hört sich doch gleich viel sympathischer an und auch viel bescheidener. Sie ist die weniger ellenbogenbetonte, kultivierte Schwester der Macht. Wirkmächtigkeit, das ist persönliche Verantwortung, das Selbstvertrauen, das eigene Leben leben zu können. So klingt Ehrgeiz schon weniger einschüchternd. Wenn jemand sagt, er wolle selbst über sein Leben bestimmen, dann finden wir das beeindruckend und inspirierend. Vor allem wenn diese Person etwas Schlimmes erlebt hat. Dann gestehen wir ihr gerne alle Macht der Welt zu! Aber sobald sich jemand Macht wünscht, zucken wir zusammen, wird dieser Wunsch nicht verklausuliert vorgetragen.

Unser falsches Selbst bringt es kaum fertig, für den Wunsch nach Macht eine rundum überzeugende PR-Kampagne auf die Beine zu stellen, nicht einmal für uns selbst. In einem Bereich unseres Lebens verbergen wir den Wunsch nach Macht, nur um uns in einem anderen wie ein Diktator zu verhalten. Oder wir verleugnen die Macht, die wir eigentlich hätten ausüben können, und hängen uns stattdessen an die Macht anderer. Wir unterminieren uns selbst, wenn wir aus unserer falschen Bescheidenheit eine Show machen. Wir versäumen Gelegenheiten, opfern uns auf im Dienen und geben Dinge auf, von welchen wir nie offen zugegeben haben, dass wir sie anstreben. Unser Wunsch nach Macht kann eine Fantasie bleiben oder unter »ungelebtes Leben« abgelegt werden. Wir empfinden Zorn und Niedergeschlagenheit, wenn wir uns ohnmächtig fühlen, und trotzdem verstehen wir nicht, wie das passieren konnte.

Schon als Kinder, wenn wir uns klein und verwundbar fühlen, spinnen wir Allmachtsfantasien. Wir finden unsere Abhängigkeit schrecklich. Am liebsten hätten wir magische Kräfte, die uns zu Superhelden machen. Doch auch später noch nähren wir unsere geheimen Machtgelüste. Die Szenarien ändern sich mit der Zeit, doch in jeder Lebensphase gibt es diesen Griff nach der Macht – bei Babys, Kleinkindern, Kindern, Jugendlichen, Erwachsenen, bis weit ins hohe Alter hinein. Wir sehen es am Arbeitsplatz, wenn Westentaschen-Napoleons die Oberhoheit in Sachen korrekte Haarspalterei an sich reißen, nur damit sie über andere bestimmen können. In Momenten der Brüchigkeit haben auch Menschen von natürlicher Autorität Probleme, ihrer eigenen Macht zu vertrauen.

Wir können uns zu Brezeln verbiegen in unserer Art, uns Macht über andere Menschen zu wünschen oder nicht zu wünschen. Das trifft vor allem auf Paarbeziehungen zu. Menschen, die sich ursprünglich von Macht angezogen fühlen und sich mächtige Partner wünschen, können die Macht des anderen auf heimtückische Weise untergraben. Gleichheit mag ein gemeinsames Ideal sein, auf das beide Partner sich geeinigt haben. Doch Machtkämpfe drohen in mehr als einer Beziehung.

Auch wenn der Partner einen ernsthaften Machtverlust erleidet, ist dies ein schwieriges Problem. Häufig wünscht man sich zwar einen Partner, der sich verwundbar zeigen kann, aber wenn er es dann tatsächlich tut, ist das doch ein echter Beziehungskiller. Wir fühlen uns nicht ganz wohl damit, unsere wahren Gefühle in puncto Macht zu offenbaren, auch in einer Beziehung nicht. Um mit dieser Ambivalenz umzugehen, projizieren wir häufig die Macht auf den anderen oder erklären das Thema gleich für inexistent.

Macht heißt, verantwortlich zu sein, Einfluss und Autorität zu besitzen. Dabei geht es auch darum, unsere Stellung in der Welt zu beweisen. Macht und Kontrolle scheinen lediglich Variationen ein und desselben Themas zu sein, aber zwischen ihnen bestehen deutlich erkennbare Unterschiede. Es gibt viele mächtige Menschen, die völlig außer Kontrolle sind. Kontrollierte und kontrollierende Menschen besitzen meist keine wirklich große Macht. Selbstkontrolle und Zurückhaltung stehen für die Fähigkeit, die Macht über uns selbst zu organisieren. Instinkt und Konditionierung zu zügeln, um erst einmal nachzudenken. Zwanghafte Kontrolle, sei es nun über uns selbst oder über andere, verträgt sich nicht mit echter Macht. Dahinter steht vielmehr eine Art Misstrauen. Wir fühlen uns unwohl mit der Vorstellung, einfach loszulassen. Da fallen uns sicher mächtige Führungspersönlichkeiten ein, die andere inspirieren und ihnen Verantwortung übertragen. Und kontrollierende Manager, die in ihren Mitarbeitenden jeden kreativen Impuls und jede Eigeninitiative ersticken. Das Gleiche gilt für den Umgang mit unseren Emotionen. Wenn wir auf unsere Macht vertrauen, dann können wir das Bedürfnis loslassen, alles kontrollieren zu müssen.

Wenn wir Macht bei anderen Menschen bewundern, kompensieren wir damit womöglich, dass wir diese Bewunderung gerne für uns selbst hätten. Dieser andere kann ein Freund sein, ein Schwarm oder ein Liebhaber. Wenn solch eine Beziehung dann endet, erleben wir dies als Katastrophe, über die wir jedoch Stillschweigen wahren müssen. Die Scham über diese geheime Trauer wirkt ausgrenzend und schwächend. Wir trauern um eine vergangene Affäre, eine zerbrochene Freundschaft, eine Beziehung, von der niemand wusste, und wir fühlen uns allein mit unserem Schmerz und unserer Verwirrung. Wir merken, dass wir unter diesem plötzlichen Entzug leiden. Dann sehnen wir uns nach Macht und nach Möglichkeiten, irgendetwas tun zu können, nach dem Gefühl der Glorie, die wir kosten durften.

Bei Elliot standen hinter seinem verborgenen Verlust seine geheimen Wünsche nach Macht. Doch Macht zu wollen ist in unserer Gesellschaft nun mal nicht akzeptabel. Also gab er sich die größte Mühe, seinen wahren Wünschen ins Auge zu sehen zu verbergen – ein Leben lang. Wir setzen das Puzzle der Beweggründe, die sein Leben bestimmten, Schritt für Schritt zusammen. All die Geheimnisse, die er vor anderen verbarg, all die Fantasien, an die er glaubte. Als er in die Therapie kommt, fühlt er sich unsichtbar und übergangen. Wird ihm die Therapie geben, was er braucht, ihn stärken?

Elliots nie erzählte Geschichte

»Niemand darf wissen, wie durcheinander ich bin«, sagt Elliot. »Ich habe niemandem gesagt, dass ich zu Ihnen gehe.« Ein heimlicher Anfang. Ich bin schon jetzt Teil eines Geheimnisses.

Es ist unsere erste Sitzung, und wir haben uns gerade mal begrüßt. Ich frage ihn, was ihn eben jetzt, in diesem Moment seines Lebens, in Therapie führt.

»Ich trauere, aber um etwas, um jemanden, von dem ich nie etwas erzählen konnte«, antwortet er. »Ich bin ein eher verschwiegener Mensch. Ich konnte immer alles gut für mich behalten. Aber seit diese Person gestorben ist, bringt es mich beinahe um, dass ich nicht darüber reden kann.« Er fragt, ob er den Namen dieser Person nennen darf, als würde er dazu meine Erlaubnis brauchen. Ich sage Ja. Er spricht den Namen sorgfältig, beinahe nervös aus. Ich spüre, wie er auf meine Reaktion wartet.

»Wissen Sie, wer er ist?«, fragt er.

»Ich erkenne den Namen nicht. Wer ist das?«

»Er ist ein berühmter Schauspieler. In manchen Kreisen sehr bekannt. Sein Tod war in den Nachrichten. Ich dachte, Sie hätten vielleicht die Schlagzeilen gelesen oder die Nachrufe.« Elliot sieht beinahe enttäuscht aus.

»Ich habe nichts über ihn gelesen. Wer war dieser Mensch für Sie?«

»Tom? Oh. Wer war Tom für mich? Wer war Tom … Wer war Tom für mich …? Was für eine Frage. Er war jedenfalls nicht der Tom, über den ich in der Zeitung lese, der große, legendäre Schauspieler. Aber eigentlich weiß ich nicht, wer er war. Und ich bin mir auch nicht sicher, wer er für mich war. Ich habe eine weitaus bessere Vorstellung davon, wer ich für ihn war, aber danach haben Sie nicht gefragt. Danke übrigens, dass Sie gefragt haben. Ich habe mich so sehr danach gesehnt, dass jemand mir diese Fragen stellt. Nicht dass jemand Anlass dazu gehabt hätte. Bis zu diesem Moment, endlich.«

Die Betonung mancher Worte verleiht seiner Aussage etwas leidenschaftlich Drängendes. Er klingt irisch. Ich möchte ihn danach fragen, aber im jetzigen Moment könnte es kontraproduktiv sein, clevere Spekulationen anzustellen. Ein Schwebezustand, der Feingefühl fordert. Es fühlt sich an, als sei Elliot mit unzähligen Koffern voll zarter Geheimnisse hierhergekommen. Sein Blick wird meditativ, als überlege er, was sie wohl enthalten. Ich muss die einzelnen Punkte seiner Lebensgeschichte noch nicht festmachen können. Mit der Zeit wird sich alles herauskristallisieren, die Fakten und die Geschichte. Im Moment aber braucht Elliot Raum.

Elliot ist in seinem Erscheinungsbild unglaublich sauber und aufgeräumt. Gut aussehend, mit dem Charme eines Schuljungen. Er ist zwar Anfang vierzig, aber er könnte gut und gerne für zwanzig durchgehen. Sein Pulli wirkt flauschig, die fuchsiafarbenen Socken scheinen sorgfältig gewählt. Eine Art von Selbstausdruck, der ihm wichtig zu sein scheint, diese kleinen täglichen Akte, mit denen wir signalisieren, wer wir sind.

Elliot hat ein meditatives, wie gemeißelt wirkendes Gesicht, das ebenso interessant wie einladend ist. Etwas an ihm erweckt in mir den Wunsch, mehr über ihn zu erfahren, ja ihn zu verstehen. Ich merke, dass ich an den Rand meines Sessels vorgerutscht bin. Gleichzeitig habe ich das Gefühl, ihn vielleicht zu überfahren, wenn ich eine zu starke Reaktion zeige.

Er beginnt, seine Geschichte zu erzählen, und ich lege den Stift beiseite.

»Ich liebe Tom seit ungefähr fünfzehn Jahren«, berichtet er. »Fünfzehn Jahre. Das ist eine lange Zeit. Viel zu lange.« Er spricht diese Worte zögerlich, fast flüsternd. Seine rechte Augenbraue wandert nach oben. Ich bin fasziniert von seinen Worten. Es fühlt sich gewichtig an, das einzige Publikum für die nie erzählte geheime Geschichte eines Menschen zu sein. Ich schätze diese enorme Kraft der Konzentration.

»Er war die ganze Zeit über mit einer Frau verheiratet. Sie haben zwei erwachsene Kinder, die etwa so alt sind wie ich. Niemand hat je von unserer Beziehung erfahren. Nie. Er hatte eine Heidenangst davor, dass etwas herauskommen könnte, und ich ebenso. Aber wenn ich jetzt nicht jemandem davon erzähle, wird es kein Mensch je wissen. Dann ist es, als wäre all das nie passiert. Ich habe manchmal schon das Gefühl, ich hätte mir alles nur ausgemalt. Habe ich mir das Ganze eingebildet? Ich weiß, dass dem nicht so war. Es ist wirklich passiert. Aber nun ist es einfach weg. Wie ein Stäubchen in der Luft.«

»Welches Selbstbild verbinden Sie denn mit alldem?«, frage ich.

»Das ist es ja. Ich weiß es nicht. Ich habe diesen Teil meiner selbst so lange verborgen gehalten, sein Dasein geleugnet. Dabei war das Ganze, diese heimliche Beziehung, die sich außer Sichtweite anderer Menschen abgespielt hat, tatsächlich mein Ich – mein wahres Ich, mein allerlebendigstes Ich. Und wenn Tom tot ist, dann ist auch dieses Ich fort. Ich weiß, dass ich noch da bin, aber ich fühle mich im Moment alles andere als lebendig. Ich möchte nicht, dass Sie mich für verrückt halten, weil ich das sage. Höre ich mich verrückt an?«

»Sie klingen für mich so, als wüssten Sie sehr genau, was gerade vorgeht«, antworte ich. »Ein versteckter Verlust ist besonders schwierig.«

»Versteckter Verlust. Ja. Der Verlust ist verborgen, und ich bin verborgen. Ich bin unsichtbar.«

»Wieso fühlen Sie sich unsichtbar?«

»Kein Mensch sieht meinen Kummer, meinen Verlust. Ich spiele in Toms Geschichte keine Rolle. Seine Familie schon. Und wenn Tom mich nicht sieht, weiß ich nicht, wer ich bin. Vielleicht bin ich ohne ihn ja ein Niemand.«

»Wie schmerzlich«, werfe ich ein, »dass Sie Ihr Selbst so sehr damit verbinden, dass Sie Toms Blick auf Sie brauchen, um zu wissen, dass Sie existieren.«

»Ja, es ist, als sei der beste Teil von mir mit ihm gestorben. Und niemand kann deshalb traurig sein, weil niemand davon wusste außer Tom. Und Tom ist fort. Ich glaube, ich bin immer noch schockiert, weil er jetzt tot ist. Er ist wahrhaftig tot. Ich werde ihn nie wiedersehen. Alles hat sich verändert. Alles ist verschwunden. Die nicht erzählte Geschichte. Von einem Unbekannten. Lieber Himmel. Die Welt denkt, ich sei derselbe Mensch wie immer. Als hätte sich nichts geändert. Nicht dass die Welt sich je um mich geschert hätte oder mich von Hinz und Kunz hätte unterscheiden können.«

»Ich wusste nicht, wer Tom war, bis Sie mir das erzählt haben«, werfe ich ein.

Elliot lächelt, sein Blick ist zutiefst traurig.

Wir schaffen Raum für den gewaltigen Verlust, den er erlitten hat, für all das, worüber er nie sprechen konnte. Der unsichtbare Trauernde ist hier sichtbar.

»Sie sind der erste Mensch, mit dem ich je über diese Dinge gesprochen habe – über meine Beziehung zu Tom«, meint Elliot. »Gerade jetzt, wo sie zu Ende ist.«

»Dieses Geheimnis fünfzehn Jahre mit sich herumzutragen, das ist eine ziemliche Last. Ich bin froh, dass Sie mir davon erzählen.« Die Geschichte fühlt sich unglaublich nahe an.

»Tatsächlich fand ich die Geheimhaltung in vielerlei Hinsicht gut. Erstens hätte meine Freundin mich vermutlich verabscheut und verlassen. Zweitens wollte ich nicht, dass meine Familie in Irland und meine Freunde wissen, dass ich – Sie wissen schon – mit einem Mann zusammen war. Unmöglich. Andererseits war ich auch stolz. Wann immer ich seinen Namen in den Zeitungen las oder ihn im Fernsehen sah – wie einmal in Dublin zusammen mit meiner Großmutter und vielen Verwandten –, wusste ich, dass ich ein ganz besonderes Geheimnis hatte. Ich wusste Dinge über ihn, die niemand sonst auf der Welt wusste. Und es gefiel mir, das geheim zu halten. Aber jetzt, wo er tot ist, ist das anders. Ganz anders. Das ist es eigentlich, was mich wirklich überrascht hat. Er ist so plötzlich gestorben, vielleicht ist das Teil des Schocks … Dieser geheime Bereich meines Lebens hat sich plötzlich in Luft aufgelöst. All diese gemischten Gefühle von Scham und Stolz, nun ist nichts mehr davon übrig … Es ist alles weg … Nicht ein Zeichen, nicht der Hauch eines Skandals, keine Anerkennung. So fühlt es sich vermutlich an, wenn man mit einem Verbrechen davonkommt.« Es wirkt, als suche er etwas, eine Einsicht, eine Stütze, um sich zurechtzufinden.

»Fühle ich mich von Männern sexuell angezogen?«, fragt er.

Diese Frage stellt Elliot mir in unseren Sitzungen recht oft. Und fügt dann hinzu, dass dies einer der Gründe war, warum er in die Therapie kam: Er will herausfinden, ob er homosexuell ist und eigentlich ohnehin ein ganz anderes Leben hätte führen sollen.

Der Sex mit Tom rief bei Elliot ambivalente Gefühle hervor. Wäre es nach ihm gegangen, wäre er oben gelegen. Aber es war Tom, der immer oben war, und so blieb er unten, und das war nicht verhandelbar. Er hatte Tom nie gesagt, dass er gerne mal eine andere Position ausprobiert hätte. Er stellte Toms Vergnügen immer über das seine, es gefiel ihm, Toms Sehnsüchte zu erfüllen. Das war ihm wichtiger als alles, was er selbst sich vielleicht gewünscht hätte. Er fühlte sich wichtig, wenn er Tom gefiel. »Zu wissen, dass ich ihm gab, was er wollte, sexuell jedenfalls, das hat mich erotisch angemacht. Das war mir das Allerwichtigste. Nur daran zu denken, lässt mich in Tränen ausbrechen. Der Sex mit Tom überstieg alles, was ich an Erfahrungen sonst so gemacht habe. Mit ihm fühlte ich mich so mächtig.«

Ich spüre, dass er einen Rollentausch vollzog, nicht nur im Hinblick darauf, wer oben und wer unten lag, sondern auch, was sein Machtgefühl anging. Tom war in seinen Augen mächtig. Und Elliots Macht kam daher, dass er über diesen mächtigen Mann nun seinerseits Macht hatte.

»Tom war verrückt nach mir«, erzählt er. »Ihm wurden die Knie weich, wenn er mich ansah. Einmal, als er mich auszog, sagte er zu mir: ›Sieh dich nur an.‹ Diese vier Worte.«

Elliots Ehrfurcht, sein Wunsch, gesehen zu werden, wurzelt in ihm selbst, doch er ist verwoben mit Toms Begehren. Sein Selbstverständnis dreht sich anscheinend darum, das Objekt des Begehrens zu sein. Das ist ein intensives Gefühl, in diesem Moment. In vielen solcher Momente. Aber es ist ein riskantes Spiel, das geheime Objekt des Begehrens eines mächtigen, beeindruckenden, sprunghaften und einschüchternden Menschen zu sein.

»Ich habe mit Tom einfach eine höhere Bewusstseinsebene kennengelernt«, sagt Elliot. »Ich habe mich so unglaublich lebendig gefühlt. So sehr wahrgenommen. So begehrt, wenn auch auf verrückte Weise. Ich fand das grandios.« Plötzlich wirkt er geknickt. »O Gott, und wenn Tom nun die Liebe meines Lebens war, und nun ist er tot? Bin ich jetzt hoffnungslos erledigt?«

Elliot hat das Gefühl, er sei zur falschen Zeit auf die Welt gekommen. Er wuchs in einer katholischen Familie in Irland auf und war in den 1990ern Teenager, als man über Homosexualität und sexuelle Experimentierfreude noch die Nase rümpfte. Seine Homophobie ist klar erkennbar. Darauf weise ich ihn immer wieder hin. Er stimmt mir zu. Er kann sich nicht vorstellen, homosexuell zu sein. Andererseits regen homophobe Menschen ihn auf, vor allem die, mit denen er aufwuchs.

Man stelle sich nur mal sein Leben vor, wenn er ein Jahrzehnt später zur Welt gekommen wäre. Dann hätte er die Möglichkeit gehabt, mit anderen Männern zu experimentieren und seine wahren sexuellen Vorlieben zu entdecken. Er hätte die Freiheit genossen, verschiedene Dinge auszuprobieren. Und wenn er homosexuell hätte sein wollen, hätte er das leben können. Und soweit er weiß, hätte er vermutlich herausgefunden, dass Männer ihn gar nicht interessieren. Dann hätte er es genießen können, Toms Objekt der Begierde zu sein, ohne dass dies seine Existenz bedroht hätte.

Wenn er dreißig Jahre später zur Welt gekommen wäre, hätten er und Tom zusammenleben können. Aber hätten sie es als Paar geschafft? Elliot stellt sich gerne vor, sie hätten in der Provence gelebt, an einem Rosé genippt und über Filme diskutiert. Ist dies eine reine Fantasie? Selbst wenn, ist Elliot davon immer noch hingerissen. Ach, das ist doch alles Quatsch, sagt er dann und unterbricht seine Träumerei. Man stelle sich vor, er hätte nur Frauen geliebt und hätte mittlerweile eine Frau und ein paar Kinder. Dann würde dieser Konflikt ihn auch nicht belasten. Aber seine alternativen Fantasieleben und Ich-Versionen faszinieren ihn. Probleme hat er mit dem Leben, das er tatsächlich führt. Und damit, sich selbst zu akzeptieren.

»Glauben Sie, dass ich homosexuell bin?«, fragt er mich immer wieder.

Ich kann diese Frage nicht beantworten, nicht für ihn und nicht für andere Menschen. Wir unterhalten uns darüber, dass Sexualität etwas anderes ist als die sexuelle Orientierung. Er meint, er habe Fantasien, was gewisse Männer angehe, aber ganz sicher nicht bei allen. Der Sex mit seiner Freundin ist extrem langweilig. Er fühlt sich eher pflichtgemäß an, aber ist das nicht bei allen längeren Beziehungen irgendwann so, will er wissen.

»Ich bin verkümmert«, sagte er eines Nachmittags am Ende einer Sitzung. Er sieht mich verwirrt an. Ein gutes Wort. Verkümmert trifft es. »Nicht nur in meinem Liebesleben, sondern auch in der Arbeit. Meine Rolle bringt mich nicht weiter. Wenn ich nicht wie besessen über Tom nachdenke, wie viel Zeit bringe ich dann damit zu, mich zu beklagen, wie Joanne mich behandelt?«

»Ziemlich viel«, antworte ich. Joanne ist seine direkte Vorgesetzte. Elliot beginnt unsere Sitzungen häufig mit einem Bericht über die verschiedenen Vorfälle, bei denen Joanne ihm unrecht getan hat. Und mit Spekulationen darüber, was sie tatsächlich von ihm denkt, oder mit Theorien, warum sie so eine Zicke ist. Seine berufliche Situation scheint Elliot chronisch zu nerven, aber wir haben noch kein bisschen klären können, wie eine Lösung oder ein Fortschritt aussehen würde. Hier wirkt er ebenso desillusioniert wie resigniert.

»Es muss Sie doch langweilen, dauernd von ihr zu hören. Sie blockiert mich in so vieler Hinsicht, dass ich mehr als frustriert bin«, meint er bedrückt.

»Mehr als frustriert«, wiederhole ich. »Dann gehen wir doch mal weiter. Wenn diese Frustration nicht so viel Raum einnehmen würde, was dann?«

»Ich habe keine Ahnung«, antwortet Elliot.

Wir halten inne und bleiben einige Minuten lang schweigend sitzen.

Elliot gibt zu, dass es ihn ärgert, wie viel er in diesem Raum, der eigentlich nur für ihn gedacht ist, über andere spricht. Ich frage mich, ob ich ihn wachrütteln kann, damit er seinen Raum ausfüllt und Verantwortung für sein Leben übernimmt. Das ist in gewisser Weise ein Déjà-vu, wie ich es in der Arbeit mit meinen Klienten häufig erlebe. Die Themen überschneiden sich manchmal, aber ich trage ja auch das Meine zu dieser Arbeit bei. Plötzlich verspüre ich die Verantwortung für die Macht, die ich auf diese Weise ausübe.

»Elliot, ich habe das Gefühl, dass Sie anderen Menschen in Ihrem Kopf die besten Plätze einräumen und sich selbst in eine winzige Ecke zurückziehen. Wo stehen Sie denn bei alldem?«

»Keine Ahnung«, sagt er. »Ich bin ein Pünktchen am Rande. Können Sie mich sehen?«

»Das muss von Ihnen kommen. Sie können nicht googeln, wer Sie sind. Ja, die Welt und die Frische der Erfahrung und andere Menschen fließen in Ihre Lebensgeschichte ein, aber trotzdem sollte ein inneres Gespür dafür da sein, was es heißt, Sie zu sein. Ich möchte mehr über Sie wissen.«

»Das ist es ja«, meint Elliot. »Ich möchte ja, dass es meine Sache ist. Mir ist sogar egal, was genau das ist, aber ich möchte eben für mich verantwortlich sein. Ich weiß nur nicht, wie. Im Beruf können Sie das vergessen. Ich werde nie die Macht besitzen, die ich mir wünsche. Während ich jetzt hier sitze, habe ich das Gefühl, als würde ich aufgeladen werden. Aber wohin gehe ich dann damit?«

»Erzählen Sie mir mehr«, bitte ich.

»Ich muss zugeben, dass ich irgendwie gerne Macht haben möchte«, sagt er auf eine Art, die ich nur als scheu beschreiben kann.

»Das ist interessant. Ich bin froh, dass Sie das erkennen und es laut aussprechen. Könnten Sie das wiederholen?«

»Ich möchte Macht haben. Das hört sich absurd an«, fügt er hinzu. »Macht.«

Dieses Mal spricht er das Wort »Macht« sehr exakt aus, und seine Augen weiten sich dabei. Er zuckt zusammen, als hätte er gerade etwas Skandalöses an sich entdeckt.

»Ist es denn erlaubt, sich das zu wünschen?« Seine Stimme nimmt wieder diesen üblichen, zurückhaltenden Ton an.

»Natürlich ist es das«, antworte ich. »Das ist nur zu menschlich und verständlich. Interessant, dass Sie glauben, meine Erlaubnis zu benötigen. Es erstaunt mich auch, dass Sie meinen, Sie könnten am Arbeitsplatz nie die Macht haben, die Sie sich wünschen. Ich habe Sie nie sagen hören, dass Sie das wollen – mehr Macht zu haben und beruflich Verantwortung zu tragen. Ich frage mich, ob das nicht der eigentliche Grund für die Spannungen zwischen Ihnen und Joanne ist?«

»Zwischen mir und Joanne? Meine Güte, daran habe ich nie gedacht. Glauben Sie, ich will in Wirklichkeit vielleicht ihren Job? Unfassbar … Nun, eigentlich hätte ich nichts dagegen. Ich würde es besser machen, so viel ist sicher. Kein Wunder, dass ich ihr ein Dorn im Auge bin. Da stehe ich nun und glaube an meine Unschuld, aber sie hat das vermutlich gerochen.«

Elliot wird knallrot im Gesicht. Er ist schockiert von dieser Entdeckung. Er dachte immer, die Art, wie Joanne ihn behandelte, sei der Grund für seine Abneigung gegen sie. Aber in Wirklichkeit geht es auch um seinen begehrlichen Blick auf Joannes Job. Seine Wünsche hatte er unter den Teppich gekehrt, geheim gehalten. Kein Wunder, dass er sich verkümmert fühlt.

»Kann ich denn jetzt Macht haben?«, fragt er. Er vermisst die Macht, die er anfangs verspürte, als er mit Tom zusammen war. Die Macht, sich so begehrt zu fühlen. Und wahrgenommen. Und lebendig. Und die Macht dieser Beziehung zu diesem unglaublich berühmten Mann, auch wenn sie geheim war. »Tom in meinem Körper zu haben, das war, als hätte er mir seinen Stellenwert injiziert.«

Seine Freundin und sein Selbstverständnis, das er mit ihr zusammen hat, stehen dagegen nur für Gewöhnlichkeit und Langeweile.

»Anfangs war es ein bisschen aufregend. Wir waren aufeinander neugierig. Ich weiß, dass wir das waren, aber das ist mittlerweile vorbei«, sagt er.

Zu Beginn war die Dynamik in dieser Beziehung bestimmt von einer offensichtlichen gegenseitigen Anbetung von Angesicht zu Angesicht. Mittlerweile ist das Ganze verblasst zu einem behaglichen Nebeneinander. Sie verbringen viel gemeinsame Zeit, befassen sich dabei aber kaum miteinander. Sie hängen am Handy, sehen fern und versinken in ihrer eigenen Welt. Sie koexistieren in ihrer beengten Wohnung. Wie Zimmergenossen auf Autopilot, nicht wie Liebende.

»Wir haben diesen hässlichen beigen Teppich, voller Flecken. Wir tauschen ihn einfach nicht aus. Wir ziehen die Schuhe nicht mehr aus und tragen immer mehr Dreck herein. Wir saugen Staub. Wir verschütten den Wein darauf, dann putzen wir. Einige der Flecken gehen raus, aber selbst dann ist es nur ein alter beiger Teppich. Wir bemerken ihn kaum, aber er macht uns auch keine Freude.«

Elliots ***Objet trouvé*** – der beigefarbene Teppich – spielt in seiner Lebensgeschichte eine wichtige Rolle. Er vertraut sich mittlerweile genug, um die Details, die ihn zu dem Menschen gemacht haben, der er ist, durchzugehen und gegebenenfalls auszumustern. Wir müssen die Einzelheiten, die unser Leben prägen, zu einem Mosaik zusammensetzen, um herauszufinden, wer wir sind und was wir wollen.

Elliot und seine Freundin waren noch nie besonders leidenschaftlich gewesen, »aber wir sind miteinander ausgekommen. Auf eine angenehme Weise, wie bei einem warmen Bad«, meint er. Wie haben sie sich kennengelernt? Das war Zufall. Unwesentlich. Respektable, nette Freunde. Vieles an Elliots Leben ist unwesentlich, comme il faut, bestimmt davon, was sozial akzeptiert ist. Daher ist er immer noch im mittleren Management einer Werbeagentur tätig statt als Künstler, wie er mir erklärt. Das war angesichts seiner Begabungen das Vernünftigste, was er machen konnte.

»Ich glaube, ich leide an übermäßiger Anpassung«, sagt er und wirkt dabei verzagt. »Ich habe mich nie getraut, Staub aufzuwirbeln. Ich habe den Unruhestiftern immer nur von der Seitenlinie aus zugesehen.« Elliot und Tom lernten sich auf einer glamourösen Party kennen, eine Seltenheit für Elliot, Alltag für Tom. Elliot war schockiert, als Tom ihn um seine Nummer bat. Sie führten wochenlang geheime Telefongespräche, bei denen sie sich ausmalten, wie ihr Treffen verlaufen würde. Erschrocken und aufgeregt zugleich gab Elliot schließlich nach. Er brach mit all seinen Regeln und tat zum ersten Mal in seinem Leben etwas Kühnes und Unerwartetes. Die Leidenschaft der beiden füreinander schien gleichzeitig wahr und Kopfgeburt, wie das auf viele leidenschaftliche Geschichten zutrifft. Wie die meisten Affären: teils Realität, teils Fantasie.

War die Affäre mit dem berühmten Schauspieler das Aufregendste und Abenteuerlustigste, worauf Elliot sich je eingelassen hatte? Ich stelle ihm diese Frage in einem Moment, in dem er über seinen unerträglichen Schmerz spricht, und bedauere beinah im selben Atemzug mein Timing. In der Therapie schmiedet man das Eisen, wenn es kalt ist, nicht glühend heiß.

»Ja. Und wenn?«, fragt er nervös. »Und wenn das das große Abenteuer, die Superstory meines Lebens gewesen ist, und nie wieder etwas nachkommt?«

Ich gebe ihm zu bedenken, dass dies nur ein Teil seiner Geschichte ist. Nicht sein ganzes Leben, sondern nur ein Ausschnitt aus dem bunten Wandteppich seines Daseins. »Tom und der beige Wohnzimmerteppich, das ist der Spannungsbogen meines ganzen Lebens.« Natürlich ist es schmerzlich, dass Elliots Leben mit Tom vorüber ist. Dass das, was einst ein aufregendes Geheimnis war, nun ein unsichtbarer, stummer und verschwundener Teil der Vergangenheit ist. Weggewischt. Wie der Schmutz im Teppich. Er kommt auf das Gefühl des Unbedeutendseins zurück.

»Ich zähle einfach nicht«, sagt er. »Meine Stimme, wer ich bin. Ich bin niemand.«

»Sie sind hier und erzählen mir Ihre Geschichte«, entgegne ich. Ich denke an das, was Rebecca Solnit in ihrem Essay über mächtige Männer und sexuelle Ungleichheit schreibt: »Niemand ist niemand.« Dieses Zitat schwirrt mir ständig im Kopf herum. Ein mächtiger Mann wie Tom hat Elliot vielleicht gerade deshalb ausgenutzt, weil er spürte, dass Elliot nie seine Stimme erheben, Macht beanspruchen oder ihre Geschichte erzählen würde.

Ein Teil von Elliots Verwirrung rührt einfach daher, dass er immer noch schwankt zwischen dem Gefühl, erniedrigt worden zu sein, und der Euphorie, in welche ihn diese Geschichte dann doch versetzte. »Außerhalb meiner Beziehung zu Tom habe ich mich nirgendwo bedeutend gefühlt, vielleicht überhaupt niemals.« Und dann, in sanftem Tonfall: »Dabei hätte ich das gerne.«

Das Eingeständnis, dass er sich gerne bedeutend fühlen würde, und zwar unter seinem eigenen Namen, ist eine Offenbarung. Wir sehen uns seine Angst an, er könnte eine zu hohe Meinung von sich haben. Als Elliot noch ein Kind war, hatte sein Vater sich über ihn lustig gemacht, weil er ihn für einen Softie hielt. Und seine Mutter ermahnte ihn ständig, sich stärker und energischer zu geben, als Elliot sich fühlte.

»Ich möchte mich nicht überschätzen und einer von diesen Dummköpfen werden, die sich Wunder was einbilden. Meine Familie würde sich eins grinsen, wenn sie das mitbekäme.«

Wir gehen den kulturellen Normen in seiner Ursprungsfamilie nach, wo es galt, um jeden Preis Angeberei in jeder Form zu vermeiden. Was bedeutete, dass er ständig sein Licht unter den Scheffel stellen musste, denn alles, was auch nur entfernt nach Prahlerei roch, galt als vulgär und primitiv.

Tom, der aus seiner Großartigkeit keinen Hehl machte, wollte, dass Elliot es genoss, er selbst zu sein, aufzufallen, witzige Bemerkungen zu machen, sich als imposante Persönlichkeit zu fühlen. Elliot war hingerissen von dieser Macht, auch wenn sie sich nur im Verborgenen abspielte. Sie waren beide voneinander hingerissen, zumindest für eine gewisse Zeit.

»Er war ein großartiger Erzähler«, sagt Elliot und fängt an, mir einige von Toms Geschichten zu erzählen. Ich bitte ihn, doch mehr von sich selbst zu erzählen, statt zu versuchen, mich mit Toms tollem Leben zu beeindrucken. Er macht sich selbst klein in diesen überschwänglichen, nostalgischen Erinnerungen. Während Tom in seinen

Augen überlebensgroß ist, schrumpft Elliot selbst zum ehrfürchtig staunenden Zaungast zusammen.

Er sucht den Abglanz des Widerscheins und segelt hart am Wind mit diesen heimlichen Fantasien von Größe. Er beansprucht über diesen legendären, mächtigen Mann eine statthalterische Bedeutsamkeit für sich selbst. Die Welt macht Tom zum König der Löwen (wenn auch vielleicht nicht in dem Ausmaß, wie Elliot es annimmt), was bei Elliot das Gefühl verstärkt, ein Niemand zu sein. Doch dass er eine Verbindung zu diesem großen Schauspieler hat, schenkt ihm auch das Gefühl, etwas Besonderes zu sein.

»Ich habe das Gefühl, Tom ist mein Rettungsanker, meine einzige Chance auf Bedeutung. Aber was nun? Was soll ich mit dieser Geschichte anfangen?« Es ist seine Geschichte. Er braucht es, dass ich sie höre, damit er zumindest weiß, dass er sie jemandem vollständig erzählt hat. Oder zumindest so vollständig wie möglich. Denn es bleibt immer noch ein unausgesprochener Rest. Aber ich kenne die Einzelheiten, die Erlebnisse, die verschiedenen Gefühle. Dass ich dergestalt zur Zeugin geworden bin, tröstet ihn und erfüllt jenen Part seiner selbst, der sich nach Anerkennung sehnt, mit Genugtuung. Ich halte diesen Raum für ihn. Seine Geschichte bewegt auch mich, und zwar nicht nur wegen ihrer Schönheit, sondern auch wegen der schrecklichen Elemente, die darin vorkommen. Wegen der toxischen Verstrickung, der Grausamkeit, der Täuschung, der erforderlichen Schwindeleien, die diese lange On-off-Affäre begleitete – all das ist mitunter ganz schön brutal. Ein Beleg für die überwältigende Wahrheit, dass unsere Wünsche auch schmerzlich und zerstörerisch sein können.

Ich erkläre Elliot meine Gefühle, meine retrospektive Sorge um ihn, wie er mit dieser Geschichte hatte leben können. Und mein Mitgefühl dafür, wie er in diese Verstrickung, diese Überwältigung, diese Verführung hineingeraten war.

»Wo stehe ich?«, fragt Elliot und kommt zurück auf sein Gefühl, beraubt worden und am Boden zerstört zu sein. »Und wer bin ich außerhalb dieser Geschichte?«

Wir reden über den Pygmalion-Aspekt dieser Geschichte, darüber, dass Elliot sich ohne den Bildhauer Tom wie ein formloser Batzen Ton fühlt. Tom half ihm, jemand zu sein. Dabei war Tom selbst derjenige, der von dieser Hilfestellung am meisten profitierte. Er hatte wohl nie die Absicht, Elliot zu einem besseren Leben zu verhelfen. Elliot fühlt sich immer noch schmerzhaft ausgeschlossen, nicht nur von diesem Mann, sondern von der ganzen Welt, und das in vielerlei Hinsicht.

»Tom ist zwar erst kürzlich gestorben«, erzählt Elliot, »aber ich habe bereits die ganze Zeit um ihn getrauert. Er hat mich so leidenschaftlich geliebt, und das war das Beste auf der ganzen Welt. Aber dann verschwand er wieder und sah sich anderweitig um. Oder er zog sich einfach in sein Leben zurück, weg von mir. Ich habe Jahre damit zugebracht, diesem Gefühl der Macht hinterherzujagen, das ich mit ihm zusammen verspürte, wieder und wieder und wieder. Ich hätte alles dafür getan, es zurückzubekommen, wenn er fort war. Ich habe mich ständig nach diesem Hochgefühl gesehnt und darum getrauert. Und dann bekam ich ihn einfach für eine kurze Zeit wieder. Die Geheimnistuerei war Teil dieses Hochgefühls, und vielleicht auch der Seltenheitswert, selbst wenn mir das wehtat. Ich wusste ja immer, dass es nie ewig dauern würde.«

Elliot trauert um das, wovon er nie genug bekommen hat. In seinem Leben herrscht ein genereller Mangel, nicht nur bei dieser Erfahrung. Für mich ist es immer ebenso offensichtlich wie erstaunlich, wie isoliert wir uns fühlen, wenn wir mit diesen erschütternden Momenten kämpfen. Faszinierende Verstrickungen beherrschen unsere ganze Wahrnehmung. Sie sind einzigartig, und unsere Erfahrung fühlt sich so außergewöhnlich an, dass wir uns mit niemandem mehr verbunden fühlen.

»Ich verstehe«, sage ich. »Natürlich ist das schwer für Sie. Was Sie beschreiben, hat in gewisser Weise ein ähnliches Suchtpotenzial wie Crack. Und die Tatsache, dass Sie das mit diesem berühmten Mann erlebten, hat Ihnen einerseits eine Menge Scham eingetragen, Sie andererseits aber auch stolz gemacht, wie Sie ja sagen. Und es hat zu einer tiefen, andauernden Bindung geführt – auch wenn dies etwas bzw. jemand war, der für Sie eine Quelle des Leids war.«

»Gibt es einen Begriff dafür, was hier mit mir geschieht? Warum ich an dieser Beziehung so sehr festhalte?« Elliot sehnt sich nach einer Erklärung.

»Traumabindung«, antworte ich wie aus der Pistole geschossen. »Wir hängen manchmal sehr an den Ursachen für unser Leid. Es ist schwierig, da loszulassen, auch wenn wir uns wirklich weiterentwickeln wollen. Der Mensch, der Sie verletzt hat, kann Ihr Selbst wiederherstellen. Das ist die Fantasie, die Sie daran festhalten lässt.«

»Ja, genau. Es ist ja die Fantasievorstellung von mir selbst, die ich so sehr vermisse. Er hat mich immer so voller Begehren angesehen«, meint Elliot. »Er wollte mich genießen. Und danach ignorierte er mich einfach. Und jetzt ist er mir auch noch weggestorben und hat mich ganz aus seiner Geschichte ausradiert. Das ist die endgültige Zurückweisung.«

»Aber Sie verletzen sich auch selbst und weisen sich selbst zurück«, werfe ich ein. »Sie entfernen sich selbst aus Ihrer eigenen Geschichte und machen Tom zu deren Hauptdarsteller.« Es ist ein Kampf, aber es würde Elliots Autorität stärken, wenn er seine Stimme fände, seine Geschichte erzählen könnte.

In der nächsten Sitzung hat er über Traumabindungen nachgelesen, was in ihm eine Saite zum Schwingen gebracht hat.

»Ich wünsche mir immer noch seine Anerkennung, weil er es war, der mich verletzt hat. Also ist auch er es, der mich wieder heil machen kann. Ich möchte dies gar nicht so sehr mit meinen Eltern vergleichen, weil die mich ja nie schlecht behandelt haben, aber einige vergleichbare Dinge gibt es da schon. Jemand, der dir etwas vorenthält, hat unglaubliche Macht über dich. Jetzt, wo ich in der Rückschau all das erkenne, bin ich einfach nur traurig. Ich trauere um mein junges Selbst. Auch wenn das großspurig klingt: um mein schönes Selbst. So fühle ich mich jedenfalls im Moment.«

»Wow. Ich verstehe das. Sie beschreiben die schwierigen Aspekte von Einverständnis und Machtdynamik. Sie sprechen ja immer wieder davon, wie mächtig Sie sich fühlten, wenn Tom Sie begehrte. Aber ich muss Ihnen das sagen. Was Sie erzählen – wie Sie seinen Neigungen nachgaben, sich zum Objekt seiner Begierde machten und alles taten, das zu wiederholen –, das ist keine echte Macht.«

»Vermutlich nicht. Vermutlich hat mich ebendies zum Objekt seiner Begierde werden lassen, was ich einerseits genossen, andererseits auch erlitten habe.«

Nach einer kurzen Pause fährt Elliot fort: »Ich habe ihn damit nie konfrontiert. Ich habe ihm nie gesagt, dass ich ihn liebe und dass er mir wehtut. Warum habe ich ihm das nie entgegengehalten? Ich bin so unglaublich sauer auf mich selbst, dass ich mich das nie getraut habe.«

»Nun, Sie haben sich manchmal mächtig gefühlt, aber wie wir gerade herausgearbeitet haben, waren diese Momente flüchtig. Tom hatte die Zügel in der Hand. Sie waren von ihm tief beeindruckt. Und das macht eine Konfrontation schwierig. Die Konfrontation mit einem mächtigen und berühmten Mann, der Sie in so mancher Hinsicht traumatisiert hat, ist unglaublich schwer. Machen Sie sich nicht selbst länger fertig, weil Sie meinen, das wäre einfach gewesen und Sie hätten es schaffen müssen.«

»Aber ich bin so wütend, weil ich nicht mutiger war.«

Wir arbeiten heraus, wie er sich immer noch selbst herabsetzt, denn dadurch hält er weiter an dem Schmerz fest, den Tom ihm zugefügt hat. Elliot aber erkennt, warum er diese Konfrontation immer vermieden hat. Er glaubte nicht, dass sie etwas bringen würde. Und er wollte nicht, dass Tom merkte, wie tief der Schmerz ging, den er ihm bereitete. Elliot war von Tom eingeschüchtert. Er hatte Angst, der Schauspieler könne auf eine Weise reagieren, die ihn noch mehr verletzen würde. Welche Gründe letztlich auch den Ausschlag gaben, für Elliot war es eine Form von Selbstschutz, Tom nicht auf diese Dinge anzusprechen. Und so lässt er allmählich von seiner Selbstkasteiung ab.

»Ich kann mir selbst vergeben, und das gibt mir wirklich Kraft. Es ist gut, sich all diesen Dingen zu stellen.«

»Sie konfrontieren sich selbst, und dazu ist eine Menge Mut erforderlich. Fühlt sich diese Konfrontation mit sich selbst nicht richtig neu an, verglichen mit der ständigen Kritik an sich selber oder damit, vor bestimmten Anteilen Ihrer selbst die Augen zu verschließen?«

»Und wie. In gewisser Weise habe ich mich mein Leben lang nicht mit mir selbst auseinandergesetzt. Vielleicht kann ich Tom dafür ja dankbar sein. Es gibt da immer noch so viel, was ich verstehen muss. Und was ich ihm nie gesagt habe.«

»Und? Was würden Sie ihm denn sagen?«

»Lass mich los … Begehre mich. Nimm mich so wichtig wie ich dich.« Elliot senkt den Kopf. »Er hatte mich ja. Hört die Geschichte hier auf?«

»Es ist Ihre Geschichte. Sagen Sie's mir.«

»Nach Tom fühlt sich alles so gewöhnlich an. Flughäfen. Cafés. Die Menschen auf der Straße. Online Lebensmittel einkaufen. Es ist alles so durchschnittlich. Mit Tom fühlte sich alles außergewöhnlich an.«

»Und ohne ihn empfinden Sie sich selbst ebenfalls als durchschnittlich?«

»Ja, das tue ich. Es heißt ja immer, man dürfe seine Helden nie kennenlernen. Er war nicht unbedingt mein Held, als ich ihn kennenlernte, aber genau dazu wurde er dann. Und zu meinem Schurken. Und zum Hauptstrang meiner Lebensgeschichte.«

»Aber er muss das nicht für den Rest Ihres Lebens bleiben. Sie sind immer noch da, und das ist Ihr Leben, nicht seines. Führen Sie es einfach weiter.«

»Aber mein Leben ist überhaupt nicht aufregend.«

»Nicht in diesem Augenblick. Es gibt da ein Sprichwort, frei nach Sigmund Freud: ›Was man nicht erfliegen kann, muss man erhinken.‹[1] Erlauben Sie sich für den Moment ruhig das Hinken. Aktuell können Sie keinen Ersatz für die aufregenden Erlebnisse mit Tom finden. Aber Sie können weiterhinken und sich für Ihre Möglichkeiten öffnen. Das Leben hält noch so viel für Sie bereit.«

»Möglichkeiten … Ich kann über ihn nicht hinausblicken. Für den Augenblick fühlt sich das tragisch und endgültig an. Die Geschichte von Tom und Elliot«, sagt er und kämpft mit den Tränen.

»Elliot, wenn Sie darauf bestehen, dass dies eine Tragödie ist, dann stellen Sie diese Episode mit ihm in meinen Augen immer noch auf ein Podest und geben damit ihm mehr Macht als sich selbst. Ohne Tragik ist diese Story vielleicht auch nicht so außergewöhnlich. Es kommt mir so vor, als müssten Sie, um sich außergewöhnlich zu fühlen, wenigstens Teil einer großen Tragödie sein, nicht nur einer einfachen Geschichte.«

»Ja, es ist besser, tragisch zu leben, als langweilig und bedeutungslos zu sein.«

»Gut, ich verstehe das. Aber in Ihrer Version der Tragödie spielen Sie immer noch nur eine Nebenrolle.«

»Ich fühle mich so unendlich klein. Und er war so groß. Tom war mein Star.« Bei diesen Worten sieht Elliot traurig aus. »Und jetzt bin ich in der Gosse gelandet und richte den Blick auf die Sterne. Frei zitiert nach Oscar Wilde.«[2]

»Es hat seinen Grund, warum das Element der Heimlichkeit zu dieser Verzauberung beigetragen hat. Denn so ist da Raum für Sehnsucht, für Fantasie, für endlose Träume. Die Tatsache, dass Sie und Tom nie ein normales Beiger-Teppich-Leben führten, lässt diese Geschichte erst in solchem Glanz erstrahlen. Sie sind eben nie bis zu diesem Punkt gekommen, wo man wenig aufregend Seite an Seite lebt, wie das mitunter passiert, wenn man sich tatsächlich auf jemanden einlässt und eine Langzeitliebe beginnt. Ihre Erfahrung mit Tom lebte vom Elixier der Abwesenheit, der Knappheit, der Fantasie. Und mit seinem Tod ist dieser Mangel und dieser Raum noch größer geworden, die Sehnsucht noch heftiger. Das Gefühl für das **Nicht-Manifeste** hat sich ausgeweitet. Und natürlich fühlt sich verglichen damit alles langweilig an.«

»Ja, alles andere ist so beigefarben. Das Geheimnisvolle fesselt einen. Es fasziniert, und das gilt nicht nur für mein Bild von ihm, sondern vor allem für seinen Blick auf mich. Die körperliche Anziehung. Sie war einfach nicht von dieser Welt. Und manchmal versuche ich immer noch, ihn zu beeindrucken. Obwohl er tot ist. Vorgestern erst habe ich einen Sunspel-Pulli probiert und mich gefragt, ob er ihn an mir gut finden würde.«

»Viele Menschen versuchen gelegentlich, jemand zu beeindrucken, der abwesend oder tot ist. Sie trauern eben immer noch und versuchen, an dieser gesteigerten Wahrnehmung Ihrer selbst festzuhalten. Seien Sie doch nett zu sich selbst.«

»Ich weiß, dass ich diese Frage schon öfter gestellt habe, aber endet meine Geschichte denn wirklich hier? Und dann zurück in die tristen Geschäfte, zum Small Talk im Starbucks, zu langweiligem Sex, hochanständigen Gesprächen mit den Kumpels und seichten Unterhaltungen mit den Cousins in Irland, die ich einmal im Jahr sehe. Zurück zu faden Teambesprechungen, hin und wieder einem Auswärtsessen, dem Management der Kundenpflege und dem frustrierenden E-Mail-Verkehr mit Joanne?«

»Sie fragen mich, ob Ihre Geschichte zu Ende ist. Erstens schreibe ich diese nicht für Sie, und das tut auch Tom nicht oder irgendein vorherbestimmtes tragisches Schicksal. Ich gestehe, ich wünsche mir mehr für Sie. Normaler Alltag, sicher, weil das Teil jedes stabilen Lebens ist. Aber selbst im Alltag gibt es noch genug Raum für das Außergewöhnliche. Und dort fängt in gewisser Weise Ihre Geschichte an.«

»Ich möchte Ihnen ja gerne glauben«, antwortet Elliot. »Aber ich habe immer noch die Befürchtung, dass Tom das Faszinierendste an mir gewesen sein könnte.«

»Ich kann Sie in diesem Moment scheinbar nicht überzeugen. Aber überlegen wir doch mal gemeinsam: Es gibt Dinge, mit denen Sie geboren werden, Dinge, die Ihnen widerfahren, und letztlich das, was Sie aus alldem machen. Und das liegt einzig an Ihnen. Das ist Ihre Macht. Tom ist eine Fußnote in Ihrer Geschichte. Sie haben ihn gekannt, und Ihre intensive Erfahrung mit ihm wird nie verlöschen. Aber eine Fußnote ist nun mal nicht der ganze Text. Sie ist ein Detail, vielleicht sogar ein wichtiges. Aber es ist immer noch Ihre ganz eigene Geschichte. Sie haben sich Ihre Macht zurückerobert, ja sie vielleicht sogar erst entdeckt, indem Sie mir und sich selbst diese Geschichte erzählt haben. Ihre Stimme liegt in Ihrer Kompetenz, nicht in der Toms. Sie können jetzt eine ganz andere Macht beanspruchen. Tom hat Sie erhoben, aber auch herabgesetzt und ignoriert. Um Sie dann wieder zu erheben. Doch das ist der suchterzeugende Zyklus **inter-**

mittierender Verstärkung. Das ist, als würden Sie gegen die Bank spielen und hoffen, dass Sie jedes Mal gewinnen. Das ist ein Zyklus, der große Wirkung entfaltet, aber keine echte Macht.«

»Die Macht, die Tom mir gab, war ohnehin sehr flüchtig. Ehrlich. Echte Macht … Ich weiß nicht einmal, was das für mich bedeutet. Ich muss gestehen: Manchmal frage ich mich, ob ich Angst davor habe, zu mächtig zu sein. Davor, mein Licht strahlen zu lassen und nicht mehr unter den Scheffel zu stellen.«

»Erzählen Sie mir davon.«

»Nun, in mancher Hinsicht sabotiere ich mich wirklich selbst. Vielleicht ist dies der Augenblick, in dem ich anfangen sollte, selbst zu strahlen. Nicht auf der Bühne. Nicht in der Presse. Nicht über Tom. Sondern indem ich mich mit mir selbst auseinandersetze und mein Komplize werde. Das ist es: Ich möchte mit mir selbst unter einer Decke stecken.«

»Eine interessante Art der Macht«, sage ich. »Mit sich selbst unter einer Decke stecken … das finde ich toll.«

Wie ging es also weiter in Elliots Leben? Er warf nicht einfach mit dramatischer Geste seinen Job hin. Es stellte sich heraus, dass er das weder musste noch wollte. Aber er setzte sich öfter selbstbewusst durch, und seine Beziehung zu Joanne war weniger von Sticheleien geprägt. Er bewarb sich um eine Beförderung, auf die er nicht sonderlich scharf war, aber er bewarb sich. Er hatte verstanden, dass er sich beruflich mehr Macht wünschte, und auch wenn ihm das manchmal peinlich war, so konnte er es doch akzeptieren.

Die große Entscheidung, die er traf, war die: Er erzählte seiner Freundin von Tom und davon, dass er sich gelegentlich von Männern angezogen fühlte. Das bestürzte sie zutiefst, aber Elliot war froh, dass er wenigstens ehrlich gewesen war. Er vermutete, dass die Beziehung auseinandergehen würde, aber zumindest wusste sie nun, wer er war. Und er konnte zum ersten Mal ganz er selbst sein.

Da er sich in Bezug auf seine Sexualität lange Zeit als ohnmächtig erlebt hatte, machte er sich nun allmählich klar, dass er sein Leben selbst in die Hand nehmen musste. Was für ihn früher eine ständige Quelle der Scham war, reduzierte seinen Selbstwert nun nicht mehr. Er fühlte sich stark genug, um die ganze Bandbreite seiner sexuellen Empfindungen willkommen zu heißen, eine Macht, die er sein Leben lang gefürchtet hatte. Er war neugierig auf neue sexuelle Erfahrungen. Und er wollte oben ebenso liegen können wie unten. Er wollte eben keine festgeschriebene Rolle. Seine Bereitschaft, seine verschiedenen Sehnsüchte endlich auszudrücken, sagte viel über seine Beziehung zur Macht. Schritt für Schritt nahm er seine Sehnsüchte und Vorlieben wichtig. Nun zielte er auf mehr ab als nur das bloße Gefallen und Gehorchen. Er fühlte sich nicht mehr wie der abgetretene beigefarbene Teppich.

Ein Teil seiner Lebenserfahrung war diese lange und komplizierte Affäre mit dem älteren, berühmten Schauspieler. Er musste seine Geschichte nicht der Welt offenbaren. Aber er wusste selbst davon, und seine Freundin nun ebenso. Vielleicht würde er sie tatsächlich auch mal anderen Menschen erzählen, wenn er das wollte. Es war schließlich an ihm, seine Geschichte zu erzählen. Oder sie nicht zu erzählen. Das war allein seine Sache.

Was Macht bedeutet

Der Philosoph Bertrand Russell argumentierte, dass der Wunsch nach Macht universell und unstillbar ist: »Jenen, die nur wenig Macht und Herrlichkeit besitzen, mag es scheinen, dass um ein geringes mehr sie zufrieden stellen würde, aber sie irren; diese Begierden sind unstillbar und unendlich.«[3] Elliot schien dies unzutreffend. Manchmal ist die Macht, von der wir glauben, dass wir sie uns wünschen, bei genauerer Betrachtung tatsächlich nicht mehr wünschenswert. Doch es braucht schon eine reife und selbstsichere Persönlichkeit, um dies zu erkennen und die Laufrichtung zu ändern.

Macht kann korrumpieren. Sie kann unser Selbstverständnis zerstören und ebenso die Art, wie wir andere behandeln, zum Schlechten beeinflussen. Wir kennen ihre Gefahren und ihre grausamen Seiten. Wir wissen von Führungsgestalten, die machiavellistische Züge annehmen und ihre Macht dämonisch und rücksichtslos ausüben. Wir wissen auch, wie schlimm sich Machtdynamiken in Missbrauchsszenarien auswirken. Und wir wissen auch Bescheid über die ruhigeren, aber nicht weniger schädlichen Machtmanipulationen, die in **Schein-Freundschaften** eine große Rolle spielen, in Rivalitäten, finanziellen Fehden oder in der Familie.

Der Psychologe Dacher Keltner widmete seine Arbeit dem Studium des Zusammenhangs zwischen Mitgefühl und Macht. Er entdeckte, dass ebenjene Eigenschaften, die den Menschen zu Macht verhalfen (Einfühlungsvermögen, Fairness, Wille zu teilen), schwächer werden, sobald diese Menschen Macht erlangt haben. Mächtige Menschen vergessen, wie andere sich fühlen, und werden ihnen gegenüber gefühllos.[4] Dies ist für alle nachdenkenswert, die eine Machtposition erlangen oder sich von mächtigen, charismatischen Menschen angezogen fühlen.

Rebecca Solnit warnt uns: »Übererfüllung ist gefährlich. Genug ist genug. Und zu viel ist gar nichts.«[5] Der Griff nach der Macht lässt uns mit Zerrbildern von uns selbst zurück. Gleichheit aber zeigt uns ein ehrliches Spiegelbild. Elliots Lust nach Macht ging von einer Situation des Mangels aus. Er fühlte sich zutiefst unzulänglich und substanzlos. Und das hatte nicht nur mit seiner Beziehung zu Tom zu tun. Vielmehr hatte es seine Wurzeln in der Kindheit. Verzweiflung verursacht uns mitunter Heißhunger. Sobald Elliot das Gefühl des **Genügens** hatte, brauchte er all das nicht mehr.

Es gibt Zeiten, da ist der Wunsch nach Macht schön und lebensfördernd. Aber wenn unsere Sehnsucht nach Macht ein Ersatz für ein lebenslanges Defizit ist, dann oszillieren wir meist hin und her zwischen übertriebenen Vorstellungen von Ruhm und Glorie und einer tiefen Verzweiflung. Öffnen Sie sich dann für mehr Flexibilität und Mäßigung.

Beim Thema Macht kann es auch um Authentizität und Autorität gehen. Mitunter ist sie der Weg, den wir einschlagen, um erwachsen zu werden und Verantwortung für das eigene Leben zu übernehmen.

Sollten Sie sich fragen, warum und wie persönliche Macht damit zusammenhängt, eine eigene Stimme zu haben, dann überlegen Sie einmal, welche Botschaften und Haltungen Sie verinnerlicht haben. Es mag Zeiten gegeben haben, in denen Sie genug Mut hatten, um Ihrer Stimme zu vertrauen. Und Zeiten, in denen das nicht der Fall war. Überlegen Sie sodann, wie Sie als Individuum Macht auf eine gesunde Art und Weise ausüben können: was nicht mehr heißt, als dass Sie innere Autorität besitzen und Ihre eigenen Entscheidungen treffen. Vielleicht geben Sie diese Macht an jemanden ab. Oder Sie üben sie bewusst aus und machen sich einen Reim auf sich selbst und andere Menschen. In welcher Hinsicht schmälern oder übertreiben Sie das Bild, das Sie von sich und von anderen haben? Es passiert nur zu häufig, dass wir ein Gefühl von Größe haben und Raum einnehmen wollen, aber dann Angst bekommen, abgelehnt zu werden: Wir fürchten, dass wir für andere »zu viel« sein könnten.

Wirkmächtigkeit, Autorität und Verantwortung sind letztlich Frucht persönlicher Macht. Wir können bewusst Entscheidungen treffen, die mit unseren Werten im Einklang stehen. Wir haben es in der Hand, alle hinderlichen Knoten durchzugehen und zu lösen, damit wir Wirkmächtigkeit und **Kongruenz** erreichen.

Kapitel 5

Aufmerksamkeit

In meinem Beruf beobachte ich, registriere, sehe zu und versuche zu begreifen, was da vor meinen Augen geschieht. Neugier ist hierbei die Schlüsselqualifikation. Ein Therapeut, der keine Neugier entwickelt, ist eine Schande für unseren Berufsstand. Neugier bahnt uns den Weg. Sie lenkt unsere Aufmerksamkeit. In einer guten Therapiesitzung kann beiderseitige Neugier das Moment sein, das den Schlüssel im Schloss umdreht und die Tür zu neuen Einsichten weit aufschwingen lässt.

Aufmerksamkeit zu wollen ist zutiefst menschlich, aber immer noch stigmatisiert. »Ihm/ihr geht es ja nur darum, Aufmerksamkeit zu erregen.« Das sagen Erwachsene, in denen jeder Funke erloschen ist, gerne, wenn sich jemand ungewöhnlich verhält. Das wirft man Süchtigen vor, Anorektikern, Menschen, die sich selbst verletzen, Exhibitionisten und Drama-Queens. Der Grund für diese Unterstellung ist gewöhnlich, dass wir unsere Frustration rechtfertigen wollen. Denn hinter dem Aufmerksamkeit heischenden Verhalten steht tatsächlich die Bitte, beachtet zu werden, selbst wenn diese schmerzlich verborgen bleibt.

Sehen wir uns doch das Streben nach Aufmerksamkeit ein wenig näher an. Wir beobachten dieses Verhalten am Spielplatz, wenn kleine Kinder möchten, dass die Eltern sehen, wie hoch sie klettern können. (»Mama, schau! Papa, schau!«) Wir sehen es im Anekdotenschwall von Erzählern im höheren Alter, die sich Beifall von jungen Bewunderern wünschen. Wenn Erwachsene um Aufmerksamkeit buhlen, sind wir deutlich weniger nachsichtig – solch ein Verhalten ist Kindern vorbehalten. Aber dieser Wunsch vergeht ja nicht einfach mit der Kindheit. Wir versuchen nur, ihn in die hinterste Ecke zu verbannen. »Mach ein Bild von mir, bevor ich zu Staub zerfalle«, sagte ein Bekannter mal zu mir. Das ging jahrelang so. Mittlerweile ist er wirklich zu Staub zerfallen. Aber seine Bitte, beachtet und bemerkt zu werden, wurde immer ehrlich und einfühlsam vorgetragen. Unser Wunsch nach Aufmerksamkeit ist entweder maßlos überzogen oder auf Sparflamme heruntergedreht. Manchmal wird er auch schlicht verleugnet. Es fällt uns schwer, mit diesem Wunsch direkt und ohne viel Tamtam umzugehen. Es macht verletzlich, wenn wir gerne einen Beleg dafür hätten, dass wir bemerkt werden und anderen etwas bedeuten.

Wir werden darauf getrimmt, so zu tun, als bräuchten wir keine Aufmerksamkeit. Wir sollen hinauswachsen über das Bedürfnis, auf uns aufmerksam machen zu wollen. Also versuchen wir, das so diskret wie möglich zu tun. Wir nehmen uns zurück und legen falsche Bescheidenheit an den Tag, um nicht so aufdringlich zu wirken. Unsere **verkappten Wünsche** äußern sich in heimlichen Versuchen, Aufmerksamkeit zu erregen. Wir machen ein Mordsaufheben um andere und verfolgen unsere wahren Absichten getarnt hinter fremden Bedürfnissen: Wir nehmen uns anderer Menschen an und zeigen uns um sie besorgt, nur um selbst wahrgenommen zu werden. Stolz und Scham spielen dabei eine enorme Rolle, wenn wir unseren Wunsch nach Aufmerksamkeit auf diese Weise kaschieren. Wir wollen ja, dass die Menschen uns wahrnehmen. Wer sind wir denn, wenn außer uns keiner weiß, was in unserem Leben vorgeht? Selbst die verschwiegensten Menschen unter uns, die sich nicht ständig lauthals auf den verschiedenen Kanälen der sozialen Medien bemerkbar machen, wollen von jemandem beachtet werden. Hier! Ignoriert mich! Mir ist das egal!

Aber die Angst, im Dunkeln zu verschwinden, das Grauen, vergessen, übersehen oder ersetzt zu werden, treibt Menschen zu den erschütterndsten Taten. Bei Charakteren wie König Lear oder Schneewittchens böser Stiefmutter, mit ihrem Zauberspiegel, steht hinter ihrem ganzen Treiben und ihrem absurden Verhalten nur der Wunsch, die eigene Position nicht zu verlieren. Sie bekamen viel Aufmerksamkeit, und sie wollten ihren Status, ihre Sichtbarkeit sicherstellen. Was sie tun, schreit zum Himmel. Doch ihre Wünsche sind verständlich, aber eben aus Eitelkeit verborgen.

Der Wunsch, bemerkt zu werden, war immer schon eine ganz wesentliche Triebkraft der menschlichen Psyche. Aber das Bedürfnis nach Aufmerksamkeit kann nie gestillt werden, wenn es zwanghaft, abhängig und von übersteigerten Ich-Idealen genährt ist. Was ist genug? Menschen, die selbst nicht genug Aufmerksamkeit bekommen, haben auch Schwierigkeiten, anderen Aufmerksamkeit entgegenzubringen. Dabei kann es unser Bedürfnis nach Aufmerksamkeit verringern, wenn wir selbst aufmerksam sind. Gelingt es uns, uns zu konzentrieren, ob nun auf ein Gespräch, ein Buch, ein Projekt, haben wir nicht mehr so stark das Bedürfnis, von anderen gesehen zu werden. Zumindest fühlt sich dieses Bedürfnis nicht mehr so verzweifelt an.

Wahrnehmen und Aufmerksamsein ist daher ebenso wichtig wie anstrengend. Man muss nur mal das einschlägige Vokabular ansehen: »um Aufmerksamkeit buhlen«, »Aufmerksamkeit schenken«. Wie viel kostet es uns, unsere Aufmerksamkeit in etwas zu investieren? Kinder ermahnt man stets, aufmerksam zu sein, auch wenn sie das fragliche Thema überhaupt nicht interessiert. Interesse für ein Thema zu entwickeln und sich aufmerksam auf etwas konzentrieren zu können sind unverzichtbare Eigenschaften, um zu lernen und zu wachsen. Nur so erwerben wir die Fähigkeit, Unterscheidungen zu treffen und präsent zu sein.

Aufmerksamkeit ist außerdem eine Ausdrucksform der Liebe und Fürsorge. Wenn wir einem anderen Menschen Aufmerksamkeit schenken, so heißt das, dass wir eine Verbindung herstellen, uns engagieren und wachsen. »Wir haben einen angeborenen Überlebensinstinkt, den Drang, auf unsere Umwelt zu achten und präsent zu sein«, sagte der Psychiater Gurmeet Kanwal im Laufe eines Gesprächs zu mir. »Es ist ein ganz wesentlicher Teil des Menschseins, dass wir merken, was vor sich geht. Die Aufmerksamkeit organisiert unsere Erfahrungen.«

Wie aber erregen wir Aufmerksamkeit? Manchmal stoßen wir die Faust in die Luft, schreien herum oder feuern Raketen ab. Selbst Panikattacken oder andere schwere Angstzustände sind Wege, Aufmerksamkeit auf sich zu ziehen. Manchmal drückt unser Körper aus, was wir uns nicht sagen trauen. Dann wieder ziehen wir uns grollend zurück und hoffen, dass wir ausreichend beachtet werden, wenn wir uns und unsere Aufmerksamkeit rarmachen.

Das Leben ist dynamisch. Plötzlich bewegen wir uns in einem neuen Kontext, wir und unsere Umgebung werden mit Veränderungen konfrontiert. In manchen Momenten sehnen wir uns stärker nach Aufmerksamkeit als in anderen. Das ist wie mit dem Essen: Unser Appetit verändert sich. Manchmal brauchen wir einen Nachschlag, oder wir müssen nachwürzen.

In die Therapie spielt Aufmerksamkeit auf vielfältige Weise herein, und das gilt auch für den Therapeuten oder die Therapeutin. »Wenn Klienten einen gar nicht beachten, ist das wirklich das allerschlimmste Gefühl«, gestand mir einmal ein sehr bleicher, sehr schüchterner Kollege. Er musste sich einer Operation unterziehen und war eine Woche lang ausgefallen. Er hatte seine Klientinnen und Klienten informiert, wieso er eine Woche weg sein würde, und kein einziger hatte ihn nach seiner Rückkehr gefragt, wie es ihm ginge.

»Ich wollte ja nicht, dass sie sich danach erkundigen, wie die OP verlaufen ist. Ich hatte eine Höllenangst vor solchen Fragen. Aber dann hat sich nicht einer meiner Klienten dafür interessiert, wie es mir ergangen ist«, erzählte er. Wir waren in der U-Bahn, schaukelten gerade durch einen Tunnel, und er sprach so leise, dass ich seine Worte kaum verstehen konnte. Aber was er sagte, ist mir im Gedächtnis geblieben. Dieser stille Mann, der sich sogar bei einem Möbelstück entschuldigen würde, wenn er daran stößt, wollte, dass seine Klienten sich über ihn Gedanken machten.

Schau mich an! Schau mich an! Dieser Refrain begleitet viele von uns durchs Leben. Fühlen wir uns je genug beachtet? Bekommen wir je genug Applaus? Und was passiert, wenn wir alleine sind, wenn niemand da ist, der uns sieht und uns Beifall spendet? Das hängt davon ab, wie gut wir damit zurechtkommen, wenn wir selbst unsere einzige Gesellschaft sind. Können wir neugierig sein auf uns selbst? Können wir uns selbst Aufmerksamkeit zollen? Ich weiß noch, dass ich immer dachte, das Aufmerksamkeitsdefizitsyndrom (ADS) betreffe Menschen, die nicht genug Aufmerksamkeit bekommen.

Es gibt Zeiten, in denen ein eindeutiger Zusammenhang besteht zwischen dem Problem, aufmerksam zu sein, und dem Problem, Aufmerksamkeit zu bekommen. Wenn wir auf Menschen treffen, die verzweifelt um Aufmerksamkeit buhlen, dann sind es häufig die gleichen Leute, die anderen keinerlei Aufmerksamkeit entgegenbringen können, als handle es sich dabei in ihrem Leben um ein rares Gut. Beachtet man uns nicht, tun wir uns auch schwer damit, andere zu beachten.

Umgekehrt ist ebendies das Heilmittel: aufmerksam sein.

»Ich habe meinen Kindern sehr lange Zeit nicht in die Augen gesehen«, gestand mir eine Klientin während eines Durchbruchs. »Ich war so sauer auf meinen Mann und mein Leben, dass ich diese wunderbaren Geschöpfe, die wir gemeinsam in die Welt gesetzt haben, nicht mehr bemerkt habe.« Dann aber schenkte sie ihnen mehr und mehr Beachtung. Und sie merkte, dass der Kontakt zu ihren Kindern dazu beitrug, dass sie sich weniger verletzt fühlte. Dass sie sich wieder ganz auf ihre Kinder einstellte und ihnen ihre ganze Aufmerksamkeit schenkte, heilte etwas in ihr. Indem sie wirklich hinschaute, ließ ihr Schmerz darüber, verlassen worden zu sein, nach.

Aber natürlich schließt das eine das andere nicht aus. Denken Sie nur an die Zeit, als Sie frisch verliebt waren. Zwei Liebende, die sich immer im Blick haben, die sich in einem berauschenden Tanz sehen und gesehen fühlen. Diese Symmetrie ist wundervoll. Aber wenn wir uns zutiefst nicht gesehen fühlen, reagieren wir häufig so, dass wir umgekehrt mit unserer Aufmerksamkeit zu geizen anfangen. Wir weigern uns, zu sehen, wir ziehen uns auf subtile und weniger subtile Weise zurück. Die Bereitschaft, unsere Augen zu öffnen und hinzusehen, erfordert Mut, aber sie kann auch zur Wiedergutmachung beitragen. Wir fühlen uns weniger bedürftig, wenn wir sehen, was außerhalb von uns selbst vorgeht.

Also bekennen wir uns ruhig einmal zu unserer Sehnsucht nach Aufmerksamkeit. Für Erwachsene ist das sonderbarerweise tabu. Mein siebenjähriger Sohn sagte neulich, er wäre gern ein Baby, um ganz viel Aufmerksamkeit zu bekommen. Und doch fühlt er sich immer wieder bedrängt, wenn ich mich zu sehr auf ihn konzentriere. Wer in aller Welt hat sich noch nicht so gefühlt? Wenn wir sagen: »Geh weg! Lass mich zufrieden!«, dann meinen wir damit vielleicht, wir wünschten uns in diesem Moment keine Aufmerksamkeit. Aber wir sehnen uns trotzdem danach, gesehen zu werden, selbst wenn wir uns verstecken.

Chloes Drama

»Mir stand alles offen«, sagt Chloe. Ihre Haut ist trocken, ihre Augen quellen hervor, ihr Haar ist ungekämmt und verwuschelt. Trotzdem ist sie immer noch eine Schönheit, wenn auch eine alternde. Die im Moment schrecklich aussieht. Chloe ist beinahe fünfundfünfzig. Die Götter waren ihr in vielen Dingen sehr wohlgesinnt, in anderen weniger. Sie ist eine unglaublich kluge Anwältin für Menschenrechte mit einem wunderschönen Gesicht und einer tollen Figur. In gewisser Weise hat sie also Glück gehabt. Aber der nagende Zahn der Zeit würde weniger Spuren hinterlassen, wenn sie nicht so viel trinken würde und keine Bulimie hätte – und beides wäre vermutlich weniger exzessiv, hätte sie das Gefühl, dass das Leben es gut mit ihr meint. Aber diese Mixtur aus Elend, Verbitterung, schäumender Wut, Essstörung und schwerem Alkoholismus hat in ihrem Gesicht Verwüstungen hinterlassen. Ich fühle mich schuldig, weil mir das auffällt und ich ihr Erscheinungsbild bewerte, aber das ist nun mal ein wichtiger Teil ihrer Geschichte.

Chloes Schönheit hat ihr geholfen und geschadet. Sie hat ihr unzählige Türen aufgestoßen und ihr ganze Welten eröffnet. Wenn ich sage, dass sie schön ist, dann ist das schwer zu erklären. Ich versuche, sie zu beschreiben, als ich eine Stunde bei meinem Supervisor habe. Und ich versuche, sie mir selbst zu beschreiben, wenn ich ihr gegenübersitze, denn ihr Aussehen lenkt einen ab. Man wird davon eingenommen, weil es einen so großen Teil dessen ausmacht, was es heißt, mit Chloe in einem Raum zu sein. Ihre Züge sind lebhaft und einladend, und doch sieht sie erledigt aus. Wenn sie sorgenvoll ihren Kopf zur Seite neigt, haut mich ihr faszinierendes Profil manchmal schlicht um.

Chloe ist Französin, aber in vielen Städten in aller Herren Länder aufgewachsen. Sie spricht Englisch mit einem urbanen, international gebildeten Akzent. Am Ende der meisten Sätze fügt sie ein »Nicht wahr?« an. Ihr Gesicht strahlt eine täuschende, provokante Unschuld aus, die unglaublich feminin wirkt. Selbst jetzt, wo es ihr wirklich schlecht geht, lenkt ihr Aussehen mich ab. Und ich bin mir sicher, dass auch andere Psychotherapeutinnen und -therapeuten von ihrem Aussehen verwirrt waren. Sie ist verführerisch, umwerfend, charismatisch. Und das sind alles unwillkommene Ablenkungen, wenn jemand unbedingt Hilfe und Unterstützung braucht.

Ihre größte Kampfzone sind ihre Widerstände und ihre Abwehrhaltung. Sie besteht darauf, dass ihr Ex-Mann Graham der Schurke in ihrer Lebensgeschichte ist. Es ist sehr schwer, sie dazu zu bringen, Eigenverantwortung auch nur ansatzweise zuzugeben. Das Bedürfnis, etwas ganz Besonderes zu sein – eine Spezialbehandlung zu verdienen –, prägt unsere gemeinsame Arbeit. In meinen Augen ist sie auch außergewöhnlich, trotz vieler Charakterzüge, die zu einer Borderline-Persönlichkeit passen würden. Man kann an sie nicht Standardmaß anlegen und sie in eine bestimmte diagnostische Kategorie einordnen. Sie entspricht nicht einfach einem bestimmten Typus. Keine typische Persönlichkeitsstörung, keine typische Süchtige. Dennoch gelten die normalen Gesetze, Impulse und Fallstricke gewöhnlicher Sterblicher auch für sie. Das ist eben das Problem von Suchtkranken – außergewöhnlich zu sein nimmt der Tragödie nicht die Spitze.

»Mir stand alles offen«, sagt sie noch einmal. »Und dann kam Graham, und er hat mich kaputt gemacht. Er hat mich überredet, mit ihm zusammenzuleben, und er hat mich getäuscht. Er hat mich belogen. Er hat mich beraubt!«

»Inwiefern hat er Sie beraubt?«

»Meine Schönheit, meine Begabung, mein enormes Potenzial. Er hat mir alles genommen. Jeder wollte mich heiraten. Wissen Sie, wie viele Menschen verrückt nach mir waren? Verliebt in mich?«

»Viele«, sage ich, weil sie mir das schon mehrmals gesagt hat. Und ich kann es mir vorstellen.

»Ich hatte so viele Möglichkeiten. Und noch viel mehr Männer, die mir ein besseres Leben hätten bieten können, hätte er mich nicht mitgenommen. Er hat mir das Leben geraubt, das mir zugestanden hätte.« Chloe verzieht das Gesicht zu einer schmerzlichen Grimasse. Sie scheint darauf zu bestehen, dass ihr Lebensweg in gewisser Weise tragisch ist. Mir fällt immer wieder auf, welche Formulierungen sie gebraucht: »das Leben, das ich habe«, nicht: »das Leben, das ich führe«. Bei anderer Gelegenheit frage ich sie, was sie denn sonst hätte tun können. Und sie antwortet mit einer ganzen Litanei von Dingen, die sie hätte haben können.

Auf diese Aussagen einzugehen ist schwierig nach all den Monaten, in denen ich (mein Gefühl) geduldig zugehört habe. Chloes versteinerte Geschichte macht mich unruhig und besorgt. Ich möchte ihr sagen, dass sie eine Opferhaltung einnimmt, aber ich weiß: Wenn ich ihr das sage, werde ich in Zukunft ihre Reihe der grausamen Schurken um mich selbst erweitern. Außerdem bin ich schwanger, während ich mit ihr arbeite, was vermutlich meine Zwiespältigkeit darüber, ihr so viel zuzugestehen, fördert.

»Chloe«, sage ich und hoffe, dass die namentliche Ansprache sie begreifen lässt, dass ich unbedingt zu ihr durchdringen möchte. »Ich höre alles, was Sie sagen. Aber ich möchte Sie auch darauf hinweisen, dass Sie immer noch ein tolles Leben vor sich haben. Ihre Arbeit als Anwältin für Menschenrechte ist in hohem Maße sinnvoll. Ihre Kinder und Ihre Freunde kümmern sich um Sie. Sie haben Geschwister, die mehrfach versucht haben, Ihnen zu helfen. Und Sie kommen Woche um Woche hierher, offensichtlich auch, um Hilfe zu bekommen. Also lassen Sie mich auch helfen.«

»Charlotte, niemand hört auf mich. Graham behandelt mich schrecklich. Die Kinder halten zu ihm. Meine Freunde halten zu ihm. Sogar meine Eltern und meine Brüder sind auf seiner Seite. Warum stellen Sie sich auf seine Seite?«

»Ich stelle mich nicht auf Grahams Seite«, entgegne ich. »Ich möchte nur, dass Sie erkennen, wie sehr Sie Ihr Leben immer noch in der Hand haben. Graham ist doch nicht für Ihre ganze Lebensgeschichte verantwortlich.«

»Aber er ist der Vater meiner Kinder. Es ist schwierig, ihn zu ignorieren.«

»Ich sage ja nicht, dass Sie ihn ignorieren sollen. Ich frage mich nur, ob wir einmal nachhaken können, wer Sie in all diesen Geschichten sind, wo Sie sich selbst sehen, Ihre Stimme, sich.« Ich wiederhole mich, denn ich habe das auf die ein oder andere Weise schon unzählige Male gesagt. In den Worten von John Updike: Ich versuche, »Wunden in Honig zu verwandeln«.[1] Was mir nicht gelingt, was ich aber wieder und wieder versuche. Wiederholung ist das Thema unserer Arbeit, für uns beide. Chloe ist in gewisser Weise gefangen in den Zyklen zwanghafter Wiederholung: ihre Trinkrituale, ihr Ess-Brech-Verhalten, ihre regelmäßig wiederkehrenden Streitereien mit ihrem Ex-Mann, mit ihren Eltern und Geschwistern. Und auch unsere Sitzungen sind von Wiederholungen und Zyklen geprägt. Irgendetwas stimmt hier nicht. Zwanghafte Wiederholungen haben immer mit Widerständen zu tun. Chloe wiederholt, woran sie sich nicht erinnern will. Sie setzt dem ganzen Prozess Widerstand entgegen – der gemeinsamen Therapie.

Ich habe das Gefühl, mit ihr festzustecken, unsere Sitzungen gehen mir auf die Nerven. Ich werde wütend, wenn ich dem Honorar nachjagen muss, und fühle mich von ihr veräppelt, wenn sie mal wieder zu einer vereinbarten Sitzung nicht auftaucht. Dann sitze ich da, ohne einen Anruf oder eine erklärende Mail, und ich fühle mich unter Wert veranschlagt.

Und selbst wenn Chloe mir dann gegenübersitzt, sind wir wie die Figuren in den Cartoons von Saul Steinberg. Wir reden aneinander vorbei. Wir treffen uns, aber wir gehen keinen echten Kontakt mit Potenzial zur Veränderung ein. Obwohl zwischen uns unglaublich viele Worte fallen, wird tatsächlich nur wenig gesagt und gehört. Ich biete ihr mögliche Sichtweisen an, auf die sie nicht eingeht. Das ist ein bisschen wie ihr Ess-Brech-Verhalten – sie stopft viel in sich hinein, aber wenig davon bleibt drin. Die Zuwendung, die Unterstützung – wohin geht sie? Ich fühle mich verschwendet.

Mein Supervisor hat mich auf meine fortgesetzte berufliche Beziehung zu Chloe angesprochen. Chloe trinkt immer noch, was vielen Therapeuten Anlass genug wäre, die Therapie abzubrechen. Für mich nicht. Ich schwanke zwischen dem Gefühl, helden- und tugendhaft zu sein, die Einzige, die ihr wirklich helfen und sie retten kann. Und der klebrigen Frustration, wenn sie sich wieder mal nicht helfen lässt. Ich fühle mich auch als Opfer. Es fühlt sich sinnlos an, mit einer Süchtigen zu arbeiten, die weiter trinkt und sich ständig wiederholt und das meiste davon vergisst. Aber auch ich stecke in dieser Dynamik fest – ich bin ein wenig verstrickt, ein wenig hege ich die gefährliche Hoffnung, dass ich sie doch retten kann.

Tagsüber, bei ihrer Arbeit, fühlt Chloe sich auf bestimmte Weise wirklich stark – wenn sie echten Opfern beisteht. Als angriffslustige Fürsprecherin der Benachteiligten erhält sie Respekt und Bewunderung für das, was sie tut. Und sie ist beruflich wirklich sehr kompetent. Aber sie bezieht ihre berufliche Energie ganz aus ihrer Rolle als verwundete Heilerin – womit man all jene Menschen bezeichnet, die anderen helfen, weil sie an ihren eigenen Wunden leiden.

In der Supervision und in Tagträumen denke ich über die Wichtigkeit der Abgrenzung nach. Chloe frustriert mich, als wäre ich für sie verantwortlich. Ich rufe mir den Grundsatz ins Gedächtnis, dass *wir den Menschen gegenüber Verantwortung haben,* aber nicht für sie *verantwortlich sind.* Ich sage das so oft zu meinen Klientinnen und Klienten, und doch habe ich Schwierigkeiten, es selbst umzusetzen. Warum fühle ich mich für sie verantwortlich und bin gleichzeitig so oft stinksauer auf sie? Chloe ist das quietschende Rad am Wagen meiner Fälle. Ich spreche in der Supervision mehr über sie als über alle anderen Klienten. Dann bin ich wieder wütend, weil sie so viel Raum einnimmt. Vor allem wenn sie sich in der Sitzung darüber beschwert, dass sie nicht genug Raum bekäme.

Als sie und Graham eine neue finanzielle Regelung treffen und eines ihrer Kinder in eine neue und teure Privatschule geht, fragt sie mich, ob wir mein Honorar kürzen könnten. Ich sage Ja. Sie fragt, ob sie künftig öfter kommen könne. Wieder sage ich Ja. Das liegt zum Teil daran, dass bei mir der Mutterschutz immer näher rückt. Ein paar

Monate habe ich zwar noch, aber hier wird ein bestimmtes Muster erkennbar: Ich stimme Dingen zu, die ihr helfen, sie nähren sollten, aber sie ist nie zufrieden. Ihre Bedürfnisse werden nie gestillt. Was sich zwischen uns abspielt, scheint weder ihr zu helfen, noch fühlt es sich für mich fair an. Ich biete ihr viel, und wir machen trotzdem keine Fortschritte. Ich gebe und gebe und kann sie doch nicht zufriedenstellen. Unsere Sitzungen sind ein ständiges Verlustgeschäft. Als würde man versuchen, einen Eimer mit einem Loch zu füllen. Was immer ich gebe, was immer sie aufnimmt, es bleibt nicht. Und mich laugt das Geben allmählich aus. Das ständige Auffüllen, Nachgießen, Wieder-Auffüllen. Ihre Bulimie steht symbolisch für dieses Muster.

»Wie kann ich Ihnen helfen?«, höre ich mich fragen, nachdem sie mir wieder einmal vorgeworfen hat, auf der Seite ihres Mannes zu stehen. Ich höre mich wie eine Kellnerin an oder wie jemand am Servicetelefon, der papageienhaft seine Sätze wiederholt. Ich frage sie, weil ich möchte, dass sie zumindest so viel Verantwortung übernimmt, um zu definieren, wie Hilfe für sie aussieht.

»Warum sind Sie auf Grahams Seite?«, tönt es zurück.

»Ich bin nicht auf Grahams Seite«, betone ich. »Ich möchte wissen, was ich tun kann, um Ihnen zu helfen.« Sage ich einmal mehr, und meine Verzweiflung klingt langsam durch. Ich fühle mich, als stünden wir immer noch ganz am Anfang. Tatsächlich fühlen sich viele Sitzungen so an, als wären sie unsere erste.

Und dann sagt Chloe in einem Augenblick der Klarheit und Ehrlichkeit: »Sie können mir meine Jugend zurückgeben.« Das ist für uns ein guter Moment. Ein Augenblick der Einsicht und Erkenntnis. Und der Erleichterung. Die Absurdität des Wunsches macht deutlich, wie stark ihre Fantasien diesbezüglich sind, ihre Ich-Ideale, ihre Sehnsucht, in die Vergangenheit zurückzukehren. Hier können wir den Anker auswerfen und uns ansehen, was real und möglich ist.

»Das kann ich natürlich nicht«, sage ich. »Aber ich möchte Ihnen sagen, dass ich während unserer gemeinsamen Arbeit oft das Gefühl habe, wir stünden ganz am Anfang. Das frustriert mich manchmal, weil ich Ihnen ja helfen möchte. Ich möchte, dass Sie Fortschritte machen. Aber vielleicht kann Ihr Wunsch, die Uhr zurückzudrehen und wieder jung zu sein, uns doch etwas Wichtiges sagen. Dass unsere Diskussionen sich immer im Kreis drehen, dass wir immer zum Ausgangspunkt zurückkehren, das spielt in unserer Arbeit ebenso eine Rolle wie in Ihrer Fantasie – dass Sie zurückgehen könnten.«

»Ich würde gerne zurückgehen.«

»Das verstehe ich. Aber was war in Ihrer Jugend, dass Sie sich jetzt so sehr danach sehnen?«

»Das ist eine schwierige Frage«, meint Chloe und wird plötzlich rot.

»Bleiben Sie doch einen Moment dabei.«

»Ich war so unglaublich heiß«, sagt sie nach einer Weile. »Ich war einfach absolut unglaublich. Ich habe jeden Raum erhellt, den ich betreten habe. In gewisser Weise war es herrlich, ich zu sein. Mein Gesicht. Mein Körper. Ich war unglaublich. Manchmal stelle ich mir vor, wie es gewesen sein muss, mein jugendliches Ich zu vögeln. Unfassbar.«

»Das ist ein starkes Bild«, sage ich und stelle mir vor, wie es ist, sich so schön zu fühlen, so absolut gesehen und bemerkt zu werden. »Wie Sie sagen, in gewisser Weise war es herrlich. Und in anderer?«

»In anderer Hinsicht war es schwer. Mein Vater war Alkoholiker, meine Mutter hat ihm die Stange gehalten. Ihre Co-Abhängigkeit. Die fehlende Stabilität. Das ständige Umziehen. Alle paar Jahre eine neue Schule, ein neuer Ort. Es war aufregend, aber es lag eben überhaupt keine Kontinuität darin. Die Aufmerksamkeit, die ich von den Männern erhielt – Männer, die nicht mein Vater waren, die keine sicheren Kandidaten waren. Zeitweise war das erschreckend. Und aufregend zugleich. Das Tanzengehen. So viel Sex. So viel Alkohol. So viel Spaß. Die ganzen Partys. Ich fühlte mich so überflutet, so überrollt, aber auch einsam. Wenn ich zu viel Aufmerksamkeit von gefährlichen Männern erhielt, ließ ich sie sitzen, lief weg und sah mich woanders um.«

Mir prägten sich vor allem die Begriffe »überflutet und überrollt« sowie »einsam« ein. Die schmerzlich fehlende Aufmerksamkeit in der Kindheit. Die ständigen Umzüge. Noch während sie erzählt, kann ich mir bereits eine Vorstellung davon machen: der unsichere Rahmen, die wackligen Grenzen. Ich denke an Zelda Fitzgerald, die tragische Ehegattin von F. Scott Fitzgerald, die psychisch krank war und viel zu viel trank. Von ihr hieß es, sie sei öfter auf dem Taxi gesessen als darin. Eine Geschichte über Zelda ist mir immer im Gedächtnis geblieben: dass sie unglaublich schön war, wenn man ihr gegenüberstand, aber dass ihr kein Foto je gerecht wurde, weil sie ständig in Bewegung war. Etwas an Chloe strahlt die gleiche flüchtige, schwindelerregende Energie aus, die jede Stille, jede ruhige Aufmerksamkeit verpuffen lässt.

»Fühlen Sie sich jetzt stabil, in diesem Moment, im Hier und Jetzt?«

»Es ist nur so schlimm, dass Graham die Kinder gegen mich einnimmt.«

»Da bin ich ganz bei Ihnen«, sage ich, aber ich habe nicht das Gefühl, dass sie bei mir ist. Unser Gespräch war gerade so vielsagend, so tief empfunden und bedeutsam, aber jetzt spüre ich, dass sie mit dem Kopf woanders ist. Also sind wir wieder mal so weit, wie in einem Sketch, in dem zwei Leute miteinander reden, aber sich doch nichts zu sagen haben.

»Sie glauben, ich bin irre, wie Graham sagt«, meint sie.

»Haben Sie gehört, was ich sage?«, hake ich nach. Die Verärgerung in meiner Stimme tut mir leid.

»Ja. Aber Graham ist so schrecklich. Glauben Sie mir nicht?«

»Ich glaube Ihnen. Haben Sie gehört, dass ich zu Ihnen sagte, ich glaube Ihnen?«

»Ja. Aber er ist so furchtbar, ich habe das Gefühl, niemand sieht das. Meine Brüder halten zu ihm. Sie halten zu ihm. Meine Kinder halten zu ihm …«

»Chloe, ich muss Sie hier unterbrechen. Sie haben gerade wieder gesagt, dass ich auf seiner Seite stünde …«

»Das tun Sie doch, nicht wahr?«

»Nein, tue ich nicht. Bitte, können Sie zuhören, was ich sage? Ich bin da, bei Ihnen. Lassen Sie mich jetzt bei Ihnen sein. Sie scheinen überall zu sein, nur nicht hier.«

»Ich bin abgelenkt.«

»Das verstehe ich. Sehen wir mal, ob wir Sie dazu bringen, dass Sie uns Aufmerksamkeit zollen.« Während ich das sage, wende ich die Worte in meinem Kopf hin und her. Aufmerksamkeit zollen. Wie komisch, dass wir das so nennen. Als Klientin bezahlt Chloe mich dafür, dass ich ihr Aufmerksamkeit schenke. Wenn Sie Aufmerksamkeit zollen, hört sich das an, als würde Sie das etwas kosten. Die Aufmerksamkeit ist also ein Geschäft, eine weitere Transaktion in unserem Leben. »Charlotte, könnten wir heute eine Doppelsitzung machen?«, bittet Chloe.

Sie hungert danach, mehr von mir zu bekommen, auch wenn das, was ich ihr gebe, sie weder nährt noch erfüllt. Und ich bin gezwungen, ihr das zu nehmen und damit das Gefühl zu wiederholen, das sie bei so vielen anderen Menschen in ihrem Leben hatte.

»Wir müssen hier aufhören. Ich sehe Sie in der nächsten Sitzung.«

»Sie sind der einzige Mensch, der mich versteht«, sagt sie. Ich bin traurig, wenn sie so etwas sagt. Ich habe nicht das Gefühl, sie zu verstehen. Jedenfalls nicht jetzt. Wenn ich bei ihr bin, hat sie das Gefühl, dass ich es nicht bin. Und wenn ich die Distanz zwischen uns fühle, meint sie, wir seien uns nahe. Außerdem empfinde ich, dass sie diese Worte nicht ganz ernst meinen kann, wo sie sich doch ständig von mir missverstanden fühlt.

Zwischen den Sitzungen mit Chloe wird mein Privatleben von einem dramatischen Ereignis erschüttert. Mir droht eine Fehlgeburt, ich muss ins Krankenhaus. Für die Folgewoche sage ich all meine Sitzungen ab. Ich schicke eine allgemein gehaltene E-Mail herum, in der es heißt, dass etwas Unerwartetes eingetreten ist. Chloe antwortet wutentbrannt. »Ich wollte Ihnen erzählen, was Graham zu mir gesagt hat«, lese ich. »Ich kann einfach nicht glauben, dass Sie absagen.« Sie taucht vier Wochen lang nicht zu den Sitzungen auf und ignoriert meine Nachrichten. »Geht es Ihnen gut?«, schreibe ich irgendwann, aber sie antwortet nicht. Ich schicke ihr auch SMS. Dabei bin ich wütend über mich selbst, weil ich mir trotz meiner eigenen gesundheitlichen

Probleme so viel Sorgen um sie mache. Und ich merke auch, dass ein Teil von mir sich wünscht, sie hätte ein wenig Einfühlungsvermögen und würde mich fragen, wie es mir geht.

Sie geht mir unter die Haut, auch wenn ich sie nicht sehe. Während ich monatelang über sie nachdenke, was im Grunde das geistige Gegenstück zum Ess-Brech-Syndrom ist, wird mir klar, dass meine Frustration auch damit zu tun hat, was es heißt, für sie da zu sein. Denn das fordert einen hohen Preis. Chloes unstillbarer Hunger nach Aufmerksamkeit von Freunden und Angehörigen führt zu Groll, Ablehnung, Erschöpfung und letztlich einem Verlust an Interesse. Ihr nicht zu befriedigender Hunger und ihre Missachtung für das, was sie bekommt, tragen dazu bei, dass die Menschen ihr nichts mehr geben wollen. Und dann fühlt sie sich ausgehungert und zurückgewiesen.

»Charlotte, wir sollten uns treffen«, schreibt sie nach Monaten der Funkstille. Ich bin ihr nachgelaufen, sie hat mich ignoriert. Und als sie mich dann endlich kontaktiert, sage ich natürlich Ja. Ich bin neugierig, was sie zu sagen hat, und beschließe, dass ich ihr ebenfalls etwas sagen werde. Ich bin also vorbereitet.

»Schreien Sie mich bitte nicht an«, sagt Chloe mit einem koketten Lächeln.

»Wann hätte ich Sie je angeschrien?«, entgegne ich.

»Dann bin ich Ihnen vermutlich egal«, meint sie. »Haben Sie sich nicht gefragt, ob ich noch lebe, als ich auf Ihre Nachrichten nicht reagiert habe?«

»Ja, das habe ich. Und es war nicht egal. Ich bin durchaus für Sie da. Ich habe mir große Sorgen gemacht. Und war froh, als ich wieder von Ihnen gehört habe. Aber auch empört. War es das, was Sie sich erhofft haben?«

»Ja.«

»Chloe, ich glaube, ich war nicht offen und ehrlich zu Ihnen.«

»Wie meinen Sie das? In welcher Hinsicht denn?«

»Darüber, wie ich unsere Beziehung empfinde. Ich halte mich zurück, und dann bemühe ich mich ein bisschen zu viel.«

»Wie sagen Sie so oft? Erzählen Sie mir mehr davon.«

Als sie mich darauf hinweist, dass ich diese Formulierung so oft verwende, merke ich, dass sie offensichtlich über mich nachgedacht hat.

»Es gibt da eine schöne Fabel über zwei Krebse, die auf Äsop zurückgeht. Darf ich sie Ihnen vorlesen? Ich habe sie hier.«

»Aber bitte schön.« Also fange ich an zu lesen:

»›Warum in aller Welt gehst du denn immer seitwärts?‹, sagte Mutter Krebs zu ihrem Sohn. ›Du solltest immer gerade und vorwärtsgehen und dabei die Scheren nach außen drehen.‹

›Zeig mir doch, wie das geht, liebe Mutter‹, antwortete der kleine Krebs gehorsam. ›Ich möchte es lernen.‹

Also versuchte Mama Krebs es. Aber sie konnte nur seitwärts gehen, wie ihr Sohn. Und als sie die Scheren nach außen drehen wollte, fiel sie auf die Nase.«

»Würden Sie mir die Fabel erklären?«, fragt Chloe nun mit sanfterer Stimme.

»Ich möchte nicht dieser seitwärts marschierende Krebs sein, der Ihnen sagt, Sie sollen vorwärtsgehen. Ich möchte von Ihnen, dass Sie Fortschritte machen, vorwärtskommen, aber ich fühle mich festgefahren mit Ihnen. Ich glaube, ich habe Ihnen das nie klar genug gesagt. Wir bewegen uns im Kreis. Und die Tatsache, dass ich bald in Mutterschutz gehe, heißt, dass es ohnehin bald eine Pause geben wird, die eingeplant war. Vielleicht wollten Sie mich dafür bestrafen, indem Sie mich Ihnen nachlaufen ließen. Vielleicht aber auch, weil ich eine Sitzung abgesagt habe, als Sie mich gebraucht hätten. Aber ich habe mit gutem Grund abgesagt.«

»Ich will nicht wissen, warum Sie abgesagt haben«, gibt Chloe zurück. »Ich nehme an, dass jetzt alles in Ordnung ist. Sie sind hier, und Sie sehen aus, als seien Sie immer noch schwanger.«

»Ja, ich bin noch schwanger.« Ich frage mich, ob sie das in irgendeinem Winkel ihrer selbst enttäuschend findet. Ich halte fest an dem, was in mir ist, ein heranwachsendes Leben, das von mir viel Aufmerksamkeit bekommen wird, und noch vieles andere mehr.

»Ich möchte Ihnen hier in diesem Raum tatsächlich die konzentrierte Aufmerksamkeit schenken, die Sie sich wünschen. Ich muss Sie dort abholen, wo Sie sind, nicht, wo ich bin oder wo ich Sie gerne haben möchte. Aber das verlangt auch Ihnen etwas ab. Sie müssen mich hineinlassen. Die Aufmerksamkeit muss Ihnen etwas bringen – nämlich Befriedigung. Also fragen wir uns doch mal, was das für Sie heißt.«

»Erstens«, antwortet Chloe, »mag ich es, dass Sie ganz offensichtlich für mich da sind. Selbst wenn ich mich wie eine Zicke benehme. Selbst wenn ich Sie frage, ob ich Ihnen völlig egal bin und wenn ich Sie bestrafe. Natürlich war das ein Test. Und Sie haben ihn bestanden. Sie wissen es, und ich weiß es. Danke, dass Sie mich nicht im Stich gelassen haben. Sehen Sie? Ich werde langsam ehrlich zu mir selbst. Ich schenke Ihnen Aufmerksamkeit. Ich glaube, es fällt mir schwer, anderen Aufmerksamkeit entgegenzubringen, wenn ich selbst das Gefühl habe, keine zu bekommen.«

»Wie aufmerksam, dass Sie das bemerkt haben«, sage ich. Sie hat etwas über sich selbst gelernt.

Ich denke an das, was der Kinderarzt und Psychoanalytiker Donald Winnicott schreibt: »Sich verstecken macht Spaß, nicht gefunden werden ist schrecklich.«[2] Chloe wollte, dass ich weiterhin versuche, sie zu erreichen. Und ich bin froh, dass ich – obwohl ich manchmal durchaus in Versuchung war – nicht aufgehört habe, das zu tun.

»Danke, dass Sie mir diese Sitzung zugestehen, obwohl ich mit Ihnen das Muster von Kommen und Gehen, das Ess-Brech-Muster wiederholt habe, das ich seit der Pubertät pflege. Ich habe es auch mit Ihnen so gemacht. Ich habe Sie verschlungen und dann ausgespuckt. Und doch sind Sie hier, immer noch verfügbar, immer noch bereit, mir zuzuhören. Ist es schlimm, mit mir in einem Raum zu sein?«

»Was denken Sie denn?«

»Ich glaube, ich habe Sie das Gute wie das Schlechte und Hässliche an mir sehen lassen. Und Sie haben es hingenommen, ohne darauf zu bestehen, dass ich etwas ändere. Sie hätten mich ja auch drängen können. Aber als ich mich weigerte, mich irgendwohin zu bewegen, sind Sie bei mir geblieben, während ich im Kreis gelaufen bin. Danke, dass

Sie mich akzeptiert haben. Sie haben an mir Dinge gewürdigt, die niemand sonst je ernst genommen hat. Und Sie haben Dinge hinterfragt, die ich vor allen anderen Menschen verborgen habe.«

»Danke, dass Sie mich das machen ließen«, sage ich.

»Charlotte, wissen Sie, was mir in der gemeinsamen Arbeit geholfen hat? Sie fragen ja immer, was mir hilft.«

»Sagen Sie's mir.«

»Sie haben mich nicht ignoriert. Sie haben mich nie aufgegeben. Und für mich war dies das Größte.«

Ihre Aufmerksamkeit

Aufmerksamkeit zu bekommen ist ein zutiefst menschlicher Wunsch, aber die meisten Menschen haben Schwierigkeiten, das auszudrücken. Es ist uns peinlich, und wir fühlen uns verletzlich, wenn wir direkt darum bitten. Wir riskieren Zurückweisung, selbst bei Menschen, die uns angeblich lieben. Wir haben Probleme damit, unsere Sehnsucht ehrlich einzugestehen. Wir haben Programme verinnerlicht, die von uns verlangen, nicht großzutun, nicht fordernd zu sein, nicht dramatisch und selbstsüchtig. Manchmal glauben wir an unsere gespielte Bescheidenheit, ja wir sind vielleicht sogar überzeugt, dass wir keine Aufmerksamkeit brauchen. Stolz und Verlegenheit schleudern uns in den Abgrund der Scham und des Leugnens, sodass wir unsere wahren Sehnsüchte erst gar nicht ins Bewusstsein steigen lassen.

Es kann einen verrückt machen, wenn Leute versuchen, uns zu manipulieren, weil sie unsere Aufmerksamkeit erheischen möchten. Man muss uns ja nicht nächtens stehlen, was wir im Licht des Tages ohnehin geben würden. Steht hinter einem Verhalten der Wunsch nach Beachtung, so scheint es immer unnötig kompliziert. Bitten Sie doch stattdessen unumwunden um Aufmerksamkeit! Aber Menschen, die sich benachteiligt fühlen und entsprechend verzweifelt sind, glauben bisweilen, Tamtam zu machen sei ihre einzige Möglichkeit, sich ein

Publikum zu sichern. Mit dem Flammenwerfer um sich zu ballern verhindert zuverlässig, ignoriert zu werden. Und treibt man seine Mitmenschen mit solchen Aktionen auch in den Wahnsinn, so ist deren Wut doch immerhin eine Reaktion.

So unangenehm es uns ist, unseren Wunsch nach Aufmerksamkeit einzugestehen, so schwer fällt es uns andererseits, zuzugeben, dass wir extrem fordernde Menschen nicht ständig mit unserer Aufmerksamkeit bedenken wollen. Vielleicht wollen wir unserem Kind, unserem Ehepartner, unserer Ehepartnerin oder alten Freunden nicht länger unsere ungeteilte Aufmerksamkeit schenken. Manchmal sind wir einfach abgelenkt oder beschäftigt und werden deshalb unaufmerksam. Manchmal aber sind wir schlicht ausgebrannt. Man beginnt eigentlich jede Beziehung mit einem begeisterten Interesse am anderen, aber nach einer Weile kann es sich sinnlos und unbefriedigend anfühlen, sich diese ewigen Tiraden anzuhören. Dieses Spiel erschöpft uns, raubt uns den letzten Nerv, und wir bekommen zudem nichts zurück. Die unauthentischen Gefühle, die man uns vormacht, strapazieren unser Mitgefühl über Gebühr. Und so möchten wir denjenigen, der uns um jeden Preis mit Beschlag belegen will, für sein fortgesetztes Possenspiel bestrafen. Oder wir verlieren gleich jedes Interesse. Wir wollen uns schützen. Wir ziehen uns zurück und geben eben das nicht, was verlangt wird: unsere Aufmerksamkeit.

Wir blenden den gesamten Bühnenzauber aus, der unsere ungeteilte Aufmerksamkeit erregen soll. So wie wir derart fordernden Menschen die kalte Schulter zeigen, können wir auch aufhören, auf die Ansprüche unserer Psyche zu horchen. Vielleicht spielen wir Schwierigkeiten zwar zwanghaft im Geist durch, schenken ihnen aber keine wirkliche Aufmerksamkeit. Weil wir zu wissen glauben, wie die Geschichte weitergeht.

In der festen Überzeugung, alles zu wissen, lassen wir es manchmal auch unseren Lieben gegenüber an Aufmerksamkeit fehlen. Auf etwas Vertrautes mit echtem Interesse zu reagieren ist schwer, aber lohnend. Steht uns ein Mensch nahe und zeigt Interesse für etwas, das uns interessiert, so fühlen wir uns ihm näher. Wir haben das Gefühl, dass jemand an uns denkt. Das ist eine Art des Engagements, eine verbindende Geste, die zeigt, dass etwas persönliche Bedeutung hat. Wenn ein Mensch Ihnen wichtig ist, dann nehmen Sie Anteil an dem, was er gern tut, bzw. an dem, was ihm wichtig ist.

Sobald uns etwas vertraut ist, können wir leicht das Interesse daran verlieren. Aber das ist ein Fehler, ob es nun um Beziehungen, den Beruf, das Leben als solches oder die Schönheit eines Ortes geht, den wir so gut kennen, dass wir ihn gar nicht mehr richtig wahrnehmen. Oder um Persönlichkeitsanteile, die wir bei uns oder bei anderen Menschen für selbstverständlich halten und daher übersehen. Es lohnt sich, voller Zuneigung auf Kleinigkeiten zu achten, einen Charakterzug, ein Problem oder die Mühe, die jemand sich gegeben hat, anerkennend zu bemerken. Aufmerksamkeit ist eine Form der Liebe, des Verständnisses.

Aufmerksamkeit hat viel mit Kreativität zu tun, vor allem wo es um die Würdigung des Lebens geht. Susan Sontag hat dies ganz wunderbar ausgedrückt: »Machen Sie etwas. Seien Sie neugierig und engagiert. Warten Sie nicht darauf, dass die Inspiration Sie überkommt oder die Gesellschaft Sie mit einem Kuss auf die Stirn erwählt. Seien Sie aufmerksam. Im Grunde geht es nur um Aufmerksamkeit. Aufmerksamkeit ist Leben. Sie verbindet Sie mit anderen Menschen. Sie macht Sie eifrig. Bleiben Sie eifrig.«[3]

Aufmerksamkeit ist eine energiegeladene Haltung. Gewöhnen Sie sich nicht daran, am Leben zu sein. Bewahren Sie sich Ihr Staunen über das, was Sie erleben.

Kapitel 6

Freiheit

Der Wunsch nach Freiheit äußert sich meist in einer Form von Protest oder Rebellion. Wir fühlen uns eingeschränkt, gefangen, erstickt. Wie das Gefühl bei einem Kleinkind, das wütend protestiert, wenn es im Babysitz festgeschnallt wird. Was uns Sicherheit schenkt und uns schützt, lockt uns auch in die Falle. Aber erklären Sie das Prinzip der Sicherheit mal einem tobenden Kleinkind. Schlicht zwecklos. Ablenkung funktioniert da besser. Denn von Kindesbeinen an empfinden wir fehlende Freiheit als weitaus größere Bedrohung für unsere Lebendigkeit als eine mögliche Gefährdung.

Die Psychotherapeutin Esther Perel schreibt über diesen Konflikt: »Vom Augenblick unserer Geburt an kämpfen wir mit zwei widersprüchlichen Bedürfnissen: dem Bedürfnis nach Sicherheit und dem Bedürfnis nach Freiheit. Sie entspringen unterschiedlichen Quellen und ziehen uns in jeweils unterschiedliche Richtungen.«[1]

Wir ringen mit dem Wunsch nach Schutz, während wir uns gleichzeitig nach Freiheit sehnen. Diesen Konflikt zu benennen, hilft uns, in unseren Beziehungen Raum für beides zu schaffen. Leider opfern wir häufig das eine zugunsten des anderen. Wir halten das Ganze für ein »Entweder-oder«-Problem und nicht für eine »Sowohl-als-auch«-Möglichkeit.

Während wir heranwachsen, widersetzen wir uns entweder, oder wir beharren darauf, dass wir in unseren Beziehungen und Verpflichtungen gefangen sind. Wenn wir uns dafür entscheiden, unsere Verpflichtungen zu erfüllen, ob nun aus Überzeugung oder mit eher zwiespältigen Gefühlen, dann überkommt uns gelegentlich Trauer angesichts des Verlusts unserer Freiheit. Entziehen wir uns hingegen Verpflichtungen, wo immer es geht, so fühlen wir uns deshalb innerlich auch nicht wirklich frei, weil wir uns ja um die Freude der Nähe, des fortgesetzten Engagements und weiterer sinnhafter Erfahrungen bringen. Überfordern wir uns jedoch aus übersteigertem Pflichtbewusstsein, haben wir das Gefühl, in der Falle zu sitzen und das Joch der Verantwortung nicht mehr abstreifen zu können. Wir ärgern uns über unsere frühere Entscheidung und haben Zweifel, ob wir in der Entscheidung für das, was sich heute als Strafe und Belastung anfühlt, jemals wirklich frei waren.

Doch wofür oder wogegen wir auch immer optieren mögen, die Tatsache, dass die Zukunft ungewiss ist, bleibt in jedem Fall bestehen. Eingegangene Verpflichtungen geben uns häufig das Gefühl, als würden sie die Bandbreite unserer Möglichkeiten beschränken. Doch sich für etwas zu entscheiden, sich auf etwas festzulegen, bedeutet zwangsläufig, den Raum des Möglichen zu verkleinern. Und Verpflichtungen einzugehen lässt uns gerne über die grenzenlosen Möglichkeiten fantasieren, die uns offengestanden hätten.

»Ich möchte jetzt eigentlich noch nicht heiraten, aber was, wenn das die Chance meines Lebens ist, und ich lasse sie mir entgehen?« Diese Frage wurde mir erst kürzlich gestellt und kehrt in der ein oder anderen Form regelmäßig wieder. »Wenn ich meinen Mann verlasse, wird mein Leben dann in einigen Jahren besser oder schlechter sein?« Verpflichtungen einzugehen ist ein Glücksspiel. Und sich aus Verpflichtungen zu lösen ist ebenso ein Glücksspiel. Wir können nie mit Sicherheit wissen, wie die Dinge sich entwickeln werden. Insofern gehen Pflichten und Ungewissheit Hand in Hand, auch wenn sich vordergründig mit Verpflichtungen das Gefühl emotionaler Sicherheit verbindet. Wir befinden uns immer im Ungewissen, was die Zukunft uns an Erfahrungen bringen wird: was sich ändern wird und wie wir darauf reagieren werden. (Obwohl wir uns natürlich auch hier Illusionen machen.)

Wir sehnen uns nach Freiheit *von* gewissem Druck, und wir träumen von der Freiheit, *zu tun,* was uns Spaß macht. Wenn wir mit den Verpflichtungen hadern, die wir einmal eingegangen sind, trauern wir der Freiheit nach, die wir nicht erkannten, als wir sie noch besaßen, die wir aber jetzt geopfert haben – die Freiheit unserer gedachten

Möglichkeiten. Vielleicht laufen wir uns wund in Gedankenkreiseln wegen einer Entscheidung, die wir anstatt und genauso gut hätten treffen können. Oder wir malen uns eine utopische Freiheit aus, die wir eines Tages haben werden. Manchmal machen wir auch andere für unsere fehlende Freiheit verantwortlich.

Es liegt manchmal eine befreiende Freude darin, spontan und zufällig andere Menschen zu treffen, Nachbarn, Ladenbesitzer, ja selbst Fremde. Das Fehlen von vorgegebenen Verpflichtungen kann sich in Freundschaften wunderbar spontan und frei anfühlen. Sie treffen sich, weil Sie gerade Lust darauf haben, nicht weil Sie müssen. Aber ohne jede Verpflichtung oder Verbindlichkeit driftet die Beziehung vielleicht ins Ungefähre ab, und Sie verlieren den Kontakt. Verpflichtungen erinnern uns auch an das, was wir wertschätzen.

Die Existenzialisten, allen voran Simone de Beauvoir und Jean-Paul Sartre, traten für absolute Freiheit in Liebesbeziehungen ein. Ihre Argumente sind zutiefst überzeugend. De Beauvoir schrieb, dass man Frauen beibringt, ihr einziges und endgültiges Schicksal sei die Liebe, und das sei eben nicht erfüllend und nicht genug. Frauen müssten schwer dafür kämpfen, wenn sie Freiheit wollten. De Beauvoir meinte, unser Geschlecht hätte lange unterschätzt, wie wichtig und schwierig die Freiheit ist. Was sie die »Verstümmelung der Unterwerfung« nennt, ist letztlich eine gute Beschreibung dessen, was jedem Menschen in seinen Beziehungen passieren kann. Welchem Geschlecht, welcher Ethnie, welcher sexuellen Orientierung, Kultur oder Altersgruppe wir zugehören oder uns zugehörig fühlen – wir alle können von unseren Beziehungen so in Beschlag genommen werden, dass wir vergessen, wie Freiheit geht.

In den ersten Tagen der Verliebtheit erfüllt uns meist ein Gefühl rauschhafter Abenteuerlust – die Freiheit, ganz neue Wege zu gehen, uns selbst zu entdecken, während wir den anderen erforschen, weit umherzuschweifen. Aber wenn wir dieser Freiheit nachgeben, zeichnet sich häufig eine Art Verpflichtung als Ziel ab. Wir machen Versprechungen. Hypotheken, Verträge, gesetzliche oder religiöse Ehegelöbnisse sind nicht unbedingt die besten Leitlinien, um durchdachte Vorstellungen zu entwickeln, welche Bedeutung der »Freiheit« im Verlauf einer Beziehung zukommen soll. Wir sperren die Liebe gerne in konkrete Verhältnisse ein – traditionell symbolisiert mit Ringen, aber auch mit anderen konkreten Gesten wie den vielen »Schlössern«, die den Pont des Arts in Paris zieren. (Deren Gewicht im Übrigen die Statik der Brücke bedroht, sodass die Stadtverwaltung sie regelmäßig entfernen lässt.) Das spanische Wort für »Ehefrauen« – *esposas* – heißt auch »Handschellen«.

Während die Beziehung dann reift, beginnen wir, erste Unterschiede festzustellen, was die Einstellung zu Nähe und Intimität angeht. Möglicherweise gibt es auch Differenzen darüber, welche Entscheidungen zu treffen sind und wann bzw. ob diese getroffen werden sollten. Affären, Ehen, offene Beziehungen, Lebenspartnerschaften, vermiedene Beziehungen, Vernarrtheit – jede dieser Entscheidungen (auch die, denen wir aus dem Weg gegangen sind) kann unser Gefühl emotionaler Freiheit bedrohen. Konflikte rund um Verantwortung und Abhängigkeit tun sich auf. Wir fühlen uns unserer Zeit beraubt, unserer Möglichkeiten und Potenziale. Wir glauben, im Stich gelassen oder von unerwarteten Umständen zu Geiseln gemacht zu werden.

Für manche Menschen fühlt sich jede Art der Bindung wie eine Bedrohung der eigenen Freiheit an. Zuneigung zu einem anderen Menschen kann lästig sein, weil sie unsere Unabhängigkeit aus dem Fokus rückt. Da hilft es zu wissen, wie wir unser Bedürfnis nach Freiheit in jeder Beziehung leben können, ganz egal wie eng unsere Bindung ist. Wenn wir uns dem Thema Verpflichtung versus Freiheit ohne Voreingenommenheit nähern, können wir unsere Bedingungen immer wieder neu der Situation anpassen, egal wie alt wir sind und wie unsere Lebensumstände aussehen.

Meine Klientin Sara ist Journalistin und befindet sich in der Ausbildung zur Psychotherapeutin. Sie versucht, ihre Freiheit zu wahren, indem sie sich auf keine festen Beziehungen einlässt. Aber eine Freiheit wie diese wird irgendwann selbst zum Käfig. Wir streifen unsere Fesseln ab, nur um sie durch andere Restriktionen und Hindernisse zu ersetzen.

Saras Urteil

Frei seine Meinung sagen zu können ist eines der Privilegien in der Therapie. Sara thematisiert diesen Aspekt, als wir uns kennenlernen. Sie ist Marokkanerin und wuchs sowohl in London als auch in Marrakesch auf. Heute ist sie achtundzwanzig Jahre alt, lebt allein und arbeitet als freiberufliche Journalistin. Und sie hat gerade mit ihrer Teilzeitausbildung zur Psychotherapeutin angefangen.

»Zur Ausbildung gehört, dass ich selbst eine Therapie mache. Deshalb bin ich hier«, sagt sie in unserer ersten Sitzung.

Sollte Sara sich entschließen, ihre Therapie mit mir zu machen, wird der Mutterschutz unsere gemeinsame Arbeit unterbrechen, denn ich erwarte mein zweites Kind. Ich bin im sechsten Monat und fühle mich ganz melodramatisch schwanger. Ich bin unverkennbar in anderen Umständen.

»Wann ist es denn so weit?«, fragt Sara.

Ich sage ihr, ab wann und wie lange ich in Mutterschaftsurlaub gehe.

»Aber wenn wir jetzt anfangen, miteinander zu arbeiten, werden Sie denn danach weitermachen?«

»Ja, sicher.« Ich sage das mit ein bisschen zu viel Überzeugung. Bei meinem zweiten Kind bin ich mir schon stärker im Klaren, wie es mit mir beruflich weitergehen soll, auch wenn es schwierig wird. Doch kaum habe ich Ja gesagt, merke ich, dass ich eine definitive Festlegung getroffen habe, ohne es zu wollen. Das möchte ich korrigieren, daher schicke ich ungeschickt hinterher: »Ich weiß zwar noch nicht ganz genau, wann ich wieder anfange. Aber ich fange wieder an. Und ich mache noch zehn Wochen Dienst. Also erzählen Sie mir gerne von Ihrem Leben.«

Sara sieht mich mit einem ruhigen Lächeln an. Diese überflüssige Erklärung zeugt von Unsicherheit, die mit meinem unbequem angeschwollenen Zustand zu tun hat. Ich kann kaum die Beine übereinanderschlagen. Ich habe Schwangerschaftsdiabetes und muss zwischen den Sitzungen meinen Blutzucker überprüfen. Und trotzdem versuche ich, die Praxis am Laufen zu halten. Ich will dieses Baby. Ich hätte dieses Baby beinahe verloren. Und ich will weiterhin arbeiten. Ich versuche sicherzustellen, dass ich meinen Platz in der Welt nicht verliere. Mit Sara hat das alles gar nichts zu tun, aber ich bin schon abgeschweift.

Wir konzentrieren uns. Sie erzählt mir von ihrer Ausbildung und von den Ideen, die sie dabei persönlich angesprochen haben. Emotionale Befreiung. Abenteuer. Zwanglosigkeit.

Während sie mir von den Büchern erzählt, die sie liest, werde ich unruhig. Ich zappele auf meinem Platz herum, da sieht Sara mir direkt in die Augen. Der peinliche Moment scheint ihr nichts auszumachen. Psychotherapeuten in spe können als Klienten anstrengend oder eine echte Bereicherung sein. Manchmal setzen sie dem therapeutischen Prozess Widerstand entgegen, weil sie die Therapie als Zwangsmaßnahme sehen und nichts von sich preisgeben wollen. Ich frage mich, ob Sara mich verurteilt oder mir ihre Entschlossenheit beweisen möchte, diese Therapie richtig anzugehen.

Wir unterhalten uns ein bisschen darüber, weshalb Sara Therapeutin werden möchte und wie sich das mit dem Journalismus und der Redefreiheit verträgt. Sie antwortet überlegt und hat eine bedachtsame, beinahe meditative Art, sich auszudrücken. Sie ist ernsthaft und klug, etwas zu ernsthaft vielleicht.

»Ich muss für meine Ausbildung dieses Formular ausfüllen. Ist das in Ordnung? Es gehört zu den Anforderungen.«

»Ja, natürlich. Mir fällt auf, dass Sie im Zusammenhang mit der Therapie immer von Anforderungen sprechen. Wie geht es Ihnen damit, jetzt hier zu sein?«

»Hm. Gute Frage«, entgegnet sie, atmet kurz durch und überlegt sich ihre Antwort. »Die Wahrheit ist: Ich war vorher noch nie in Therapie. Da dies zu meiner Ausbildung gehört, kann ich die Kosten vor mir rechtfertigen. Es fühlt sich weniger luxuriös an. Aber ich mag es nicht, zu etwas gedrängt zu werden. Ich treffe gern meine eigenen Entscheidungen.«

Sie lässt ihre Antworten wie Fragen ausklingen. Es zeichnet sich ein gewisser Zwiespalt zwischen Freiheit und Verpflichtung ab. Einerseits fühlt sie sich mit Regeln und Führung sicherer und gibt die Verantwortung gerne an Autoritätsfiguren ab. Andererseits rebelliert sie und wird widerspenstig, wenn man ihr sagt, was sie tun soll. Sie erzählt mir von ihren beruflichen Entscheidungen, ihrem Wunsch, voranzukommen und ihr eigenes Leben zu leben, ohne sich von einem Mann oder der Mutterschaft in die Falle locken zu lassen. »Sich häuslich niederlassen« höre sich schrecklich an, findet sie. Das will sie auf jeden Fall vermeiden. Sie möchte sich nicht an jemanden binden. Sie glaubt an offene Beziehungen, obwohl sie nicht polyamor ist. (»Das sind mir zu viele Regeln und Glaubenssätze, bei Polyamorie«, meint sie.) Sie verschränkt die Hände im Schoß. Ihr Anblick ist beeindruckend: teils Anmut, teils Stärke.

Ich sage ihr, ich hoffe, sie möge die Therapie als Bereicherung empfinden, auch wenn es sich um eine Anforderung handelt. Sie könne hier frei und unzensiert reden, in diesem Sinne also auch ohne Einschränkungen. Dann weise ich sie darauf hin, dass sie ja in ihrer Therapeutenwahl frei sei. Warum also ich?

»Das hatte mehrere Gründe«, sagt sie. »Zum einen ist es praktisch. Ich lebe nur zehn Minuten von hier entfernt. Das ist ein Grund. Aber ich habe auch gelesen, dass Sie im Senegal gearbeitet haben. Daher nahm ich an, dass Sie der muslimischen Kultur offen gegenüberstehen.« Ihre Stimme strahlt Selbstsicherheit aus, ihr Gesicht wirkt eher zögerlich. »Ich bin nicht mehr religiös. Aber ich war es.« Sie fühlt sich zwischen den Kulturen und den Glaubensformen gefangen. »Und als ich Sie per E-Mail anschrieb und um einen Termin bat, antworteten Sie gleich, dass Sie bald in Mutterschutz gehen würden. Sie sagten nicht, wann, aber ich wusste, dass es zu einer Unterbrechung kommen würde. Ich fand das gut. Mir graut vor langfristigen Verpflichtungen.«

Wir reden darüber, wie wichtig es ist, sich in der Therapie frei zu fühlen und nicht das Gefühl zu haben, verurteilt zu werden.

»Ich hoffe, Sie werden mich nicht auf die gleiche Weise verurteilen, wie ein islamischer Therapeut das vielleicht täte. Oder ein islamophober Mensch. Es wäre sinnvoll, wenn Sie wenigstens ansatzweise verstünden, woher ich komme.«

Ich widerstehe der Versuchung, ihr zu beweisen, dass ich über ihren speziellen Hintergrund etwas weiß. Ich will nicht zu bemüht rüberkommen.

»Mein Hintergrund ist für mich nicht das Entscheidende. Ich möchte mich frei fühlen, über alles reden zu können, was ich will, auch wenn es Kultur oder Religion betrifft. Ich möchte nicht, dass diese Dinge mich definieren. Ich möchte, dass dies allein auf meine Entscheidungen zurückgeht.«

»Das ist verständlich«, werfe ich ein.

»Ich glaube, ich bin einfach intersektionell. Intersektionalität … bekommen Sie diesen Begriff öfter zu hören?«

»Ja«, antworte ich. »Wie geht es Ihnen damit?«

»Er trifft auf mich zu, aber in meiner Ausbildung ist dies der am stärksten überstrapazierte Begriff. Ich fühle mich … schubladisiert. Das macht mich klaustrophob. Jeder geht ganz vorsichtig mit mir um. In den Gruppendiskussionen. Sie reden mit mir und über mich mit so viel Rücksichtnahme, dass es schon peinlich ist.«

Hier hake ich nach, wie sich das anfühlt.

»Das ist so, als wäre ich ein kleines Mädchen. Ich bin die Quotenmuslimin. Obwohl ich diese Religion nicht aktiv praktiziere. Ich möchte Psychotherapeutin werden, damit ich Menschen helfen kann, über schwierige Dinge zu reden. Über das, worüber man woanders nicht reden kann. Ich dachte, die Ausbildung zur Therapeutin wäre eine Herausforderung, ein Haufen cooler Leute, die ungefiltert einfach alles sagen. Ich möchte das nicht sicher und vorsichtig angehen. Ich habe diese Ausbildung gewählt, weil sie mir interessant und mutig erschien. Ich stellte mir provokante, offene Diskussionen vor, irgendwie aufregend eben. Aber nein, stattdessen treffe ich nur auf extrem vorsichtige, superrücksichtsvolle Menschen. Nicht einer in der Gruppe sagt mal was Kontroverses zu mir. Es ist so unglaublich süßlich.«

Sie hatte sich eine Fantasievorstellung zurechtgelegt, welche Freiheiten die Psychotherapie zulassen würde. Und nun hat sie das Gefühl, dass ihr Kurs die Diskussionen ihretwegen keimfrei hält.

»Ich werde mich für das nächste Jahr nicht einschreiben, wenn ich nicht ein besseres Gefühl dafür bekomme, wozu diese Ausbildung gut sein soll«, sagt sie. »Aber ich werde bis zu Ihrem Mutterschutz regelmäßig herkommen und mitmachen. Ich fühle mich dazu frei genug.«

Ich frage sie, was Freiheit in diesem Zusammenhang für sie bedeutet – wie würde sie sie definieren?

»Einfach ich selbst sein, nehme ich mal an. Das Gefühl zu haben, dass es mir erlaubt ist, ich selbst zu sein, ganz und gar.« Sie erzählt mir, wie sie sich für politische Freiheitsrechte eingesetzt hat, für Pressefreiheit und Frauenrechte in Marokko. Sie erzählt von ihren journalistischen Aufträgen und den Abenteuern, die ihr nur möglich sind, weil sie eben nicht gebunden ist. Äußerlich tritt sie für Freiheit ein, innerlich ist sie auf der Flucht.

Sie beschreibt, wie sie als Jugendliche Marokko verließ, nachdem ihre Mutter gestorben war. »Das war, als würde man aus einer Avocado den Stein entfernen. Ohne den Stein wird der Rest der Avocado schlecht. Mein Vater, meine Brüder, wir verstanden uns nicht mehr, nachdem sie gestorben war. Ohne meine Mutter musste ich raus aus Marokko. Ich konnte nicht bleiben.«

Sara zog nach London und lebte bei Tante und Cousine im Londoner Westen. Sie hatte schräge Freunde, bekam aber immer gute Noten. Als sie in die Pubertät kam, fing sie an, ein Kopftuch zu tragen, aber keine Ganzkörperverschleierung. »Seltsamerweise war ich religiöser als meine Familie. Niemand sonst trug in meiner Familie ein Kopftuch, aber ich wollte das so.« Sobald sie vierzehn geworden war, benahm sie sich gut, wenn sie das Kopftuch trug, gab aber auch diversen Versuchungen nach. »Dann nahm ich mein Kopftuch ab«, sagte sie, und ihre Augen funkelten.

»Und?«

»Und dann … na ja, einfach alles. Ich wachte im Bett fremder Männer auf, in der Nachtlinie, an so vielen verrückten Orten. Ich trank, nahm Drogen, ließ mich mit Männern ein. Ein paarmal verlor ich das Bewusstsein. Einmal wachte ich in einem Feld außerhalb Londons auf. Mitten im Nirgendwo. Ich erinnere mich nicht mehr, wie ich dorthin gekommen bin oder an überhaupt etwas von dieser Nacht. Ich habe Glück, dass ich nicht tot in irgendeinem Graben landete …«

Dann beschreibt sie, wie sich ihr Leben anfühlte, wenn sie das Kopftuch trug.

»Das war Sicherheit. Als könnte mir nichts Böses passieren. Ich bekam gute Noten. Stellte nichts an. Kein Alkohol. Nichts. Nie. Unter gar keinen Umständen. Ich stellte nie etwas an, wenn ich das Kopftuch trug. Das fühlte sich einfach … unmöglich an.«

Das Kopftuch schützte sie in gewisser Weise vor sich selbst, aber auch vor äußeren Kräften. Ich frage sie, ob das Tragen des Kopftuches irgendetwas mit dem Tod ihrer Mutter zu tun habe. War es in gewisser Weise ein Übergangsobjekt, das für den schützenden Mantel der Mutter stand, auch wenn sie diesen dann wieder zurückwies?

»Zufälligerweise«, antwortet Sara. »Aber ich wusste, dass Sie das sagen würden. Vielleicht steht die Bedeckung ja für Autorität. In einer mütterlichen Art, wenigstens ein bisschen. Aber ich wollte es auch nicht die ganze Zeit über tragen, also nahm ich es immer wieder ab. Eine On-off-Beziehung. Tag und Nacht.«

Das Kopftuch markierte einen Bruch, eine Gabelung in ihrer Identität.

»Jetzt tragen Sie keine Kopfbedeckung«, sage ich, und sogleich fällt mir auf, wie ungeschickt ich mich ausdrücke. Selbst der Ausdruck »Kopfbedeckung« statt »Kopftuch« fühlt sich ungenau an. »Schließen wir doch ein Abkommen«, füge ich hinzu. »Ich möchte nicht sein wie die Leute in Ihrem Kurs und alles, was ich sage, überwachen oder klinisch rein machen. Aber ich verstehe Dinge möglicherweise auch mal falsch. Können wir vereinbaren, dass Sie mich wissen lassen, wenn ich in ein Fettnäpfchen trete oder etwas sage, was kulturell nicht angemessen ist? Ich bin echt beeindruckt von dem, was Sie über unzensierte Gespräche sagten.«

»Ist gut«, meinte sie. »Ich möchte, dass wir beide frei von der Leber weg reden können. Sie müssen auch Sie selbst sein können, wenn Sie mir helfen wollen, ganz ich zu sein. Und ich brauche das. Ich denke, das ist der eigentliche Grund für mein Hiersein … Um Ihre Frage zu beantworten: Sie können beide Begriffe benutzen, Kopftuch und Kopfbedeckung. Ich habe ganz aufgehört, sie zu tragen, als ich meinen ersten Job als Journalistin bekam. Die anderen Mädchen bei der Zeitschrift trugen das Haar auch offen. Niemand hat irgendwie etwas bedeckt. Miniröcke, sexy Beine und Make-up. Alles zusammen. Eines Tages legte ich das Kopftuch am Morgen ab, verstaute es in einer Schublade und habe es seitdem nicht mehr aufgesetzt. Das war's dann.«

Wir gehen der Frage nach, wie es für Sara war, überhaupt keine Kopfbedeckung mehr zu tragen. Sie erzählt (zu meiner Überraschung), sie sei weniger frei gewesen, als sie tat, was sie ihrer Ansicht nach befreien würde. »An meiner muslimischen Erziehung hat mich vieles gestört. Ich teile größtenteils die Ansichten über Frauen nicht, die meine Mutter hatte und mein Vater und meine Tanten immer noch pflegen. Aber ein Kopftuch zu tragen schützte meine Freiheit. Es bewahrte mich davor, zum Objekt gemacht zu werden. Man hört ja immer viel darüber, wie repressiv und einschränkend das Kopftuch ist. Und über all die Kontroversen, die es in den Schulen auslöst … Aber ich fühle mich eher … hin- und hergerissen. Ich habe darüber geschrieben, dass die Verschleierung auch schützend wirken kann und daher, in gewisser Weise, befreiend ist. Sie bewahrt uns vor Schaden. Und ich persönlich habe gerne meine ungewaschenen Haare darunter versteckt. Aber der Schleier hat mich auch davor bewahrt, dumme Sachen zu machen.«

Sara hält inne und sieht nachdenklich drein. »Aber als ich ihn während meiner Teenagerzeit abgelegt habe, hielt ich das für Freiheit, wenn auch eine gefährliche. Die Situationen, in die ich mich immer wieder gebracht habe. Heute erinnere ich mich daran nur noch verschwommen. Kein gutes Gefühl.«

Der Übergang von Eingeengtsein und Zurückhaltung zu grenzenloser Freiheit überwältigte und gefährdete Sara. »Haben Sie das Gefühl, dass Sie sich aus freien Stücken entschieden haben, den Schleier abzulegen und ihn nicht mehr zu tragen, oder dass Sie dazu gedrängt wurden?«

»Wir werden doch immer zu etwas gedrängt. Zeigen Sie mir einen Menschen auf dieser Erde, der keinerlei Druck erfährt, selbst wenn es um den Druck geht, Spaß zu haben.«

»Aber was macht Ihnen Druck?«

»Ich spüre den Druck, frei zu sein. Es ist ungeheuer wichtig für mich, an meiner Unabhängigkeit festzuhalten. Ich kann das nicht aufgeben. Ich habe zu hart dafür gekämpft. Aber das heißt auch, dass ich nichts oder niemanden an mich heranlassen darf. Ich kann einfach nicht. Wenn mir etwas ans Herz wächst, verliere ich meine Freiheit.«

Ich denke darüber nach, was Sara gerade gesagt hat. *Wenn mir etwas ans Herz wächst, verliere ich meine Freiheit.*

Hat sie an ihrer Mutter gehangen und sie dann verloren? »Ja«, antwortet sie. »Ich hing an ihr und habe sie verloren. Das will ich nicht mehr.«

»Liegt Ihnen etwas an Ihnen selbst?«

»Hmm. Ich weiß nicht.«

Wir unterhalten uns einige Minuten lang darüber, was es heißt, an etwas oder jemandem zu hängen. Und darüber, ob Distanz eine freie Wahl ist und somit befreiend. Das ganze Thema scheint mit dem Verlust ihrer Mutter zu tun zu haben. Die Verwundbarkeit von Intimität und Nähe zu vermeiden kann in gewisser Weise ihre Freiheit schützen, aber begrenzt sie nicht auch die Freiheit, sich auf etwas voll einzulassen? Ihr Widerstreben gegen diese Art von Engagement scheint mit dem Gefühl verknüpft zu sein, dass ihre Mutter sie verlassen hat. Dass sie so sehr an ihrer Mutter hing, kam sie teuer zu stehen. Nie wieder, sagt Sara.

»Ich kann mich auf mich selbst verlassen. Ich bin für mein Leben verantwortlich, und damit Punkt. Ich muss mich nicht um jemand anderen kümmern oder mich auf eine Bindung einlassen. Und wenn ich Psychotherapeutin bin, kann ich Menschen beobachten, aber ich komme ihnen nicht übermäßig nahe. Ich möchte ja beobachten, aber nur aus der anderen Zimmerecke. Ich muss nicht näherkommen.« Einmal mehr fasst sie zusammen, was sie alles nicht braucht.

Am Ende der ersten Sitzung beschließen Sara und ich, dass wir zusammenarbeiten werden. Ich wiederhole, dass ich bald in Mutterschutz gehe. Sie meint, dass die Anzahl unserer Zusammenkünfte von vornherein begrenzt sei, komme ihr geradezu entgegen.

In unserer gemeinsamen Arbeit redet Sara viel über Regeln. Kulturelle Regeln, religiöse Bräuche, Anforderungen und Gepflogenheiten. Die Regeln der Psychotherapie werden zum Thema, als wir über die Bedeutung der Selbstoffenbarung sprechen und über die Frage, ob sie mit ihrer Ausbildungsgruppe über ihre innerste Verletzlichkeit sprechen kann. »Sie glauben, sie kennen mich, weil ich ihnen ein paar falsche Stichworte geliefert habe, die mit kulturellen Traumata zu tun haben. Aber ich lasse keine echte Nähe zu ihnen zu.«

Sie beschreibt den Wettbewerbsdruck und auch die verschiedenen Versuchungen. Wie sie Anfang zwanzig ihre Reinheit bewahren wollte, indem sie Analsex satt Vaginalsex hatte. Wie sie ständig nach Schlupflöchern suchte und nach Möglichkeiten, widersprüchliche Impulse zu vereinen. Verschiedene Versuche, gegen ihre innere Autorität zu rebellieren bzw. ihr zu gehorchen. Sie bricht Regeln.

Mein Bauch wird immer runder, und unsere Therapiepause rückt näher.

Zu Beginn einer Sitzung sieht Sara besonders bedrückt aus.

»Ich habe da diesen Typen kennengelernt, und ich glaube, ich mag ihn«, berichtet sie. »Tatsächlich mag ich ihn wirklich.«

»Oh! Und? Wie geht es Ihnen damit? Bisher haben Sie noch nie gesagt, dass Sie jemanden mögen.«

»Weil mir das noch nie passiert ist. Meine Gefühle verkrüppeln mich. Die Erfahrung ist einfach viel zu stark.«

Sie scheint aus der Fassung geraten zu sein, weil sie ihn mag, als würde das ihr ganzes System aus dem Gleichgewicht bringen.

»Vermutlich suchen wir uns unsere Einschränkungen alle selbst aus«, meint sie. Sie deutet auf die meine. »Haben Sie nie das Gefühl, dass Ihr Baby sich langweilt, weil es in Ihnen festsitzt? Es muss doch rauswollen.«

Auf diese Idee wäre ich nie und nimmer gekommen. Ich war wie selbstverständlich davon ausgegangen, dass ein Kind sich im Mutterleib wohlfühlt. Ich bitte Sara, mir ihre Frage näher zu erklären.

»Das Kind tut mir leid, weil es so abhängig ist«, antwortet sie. »Aber es tut mir auch leid für Sie. Sie sind ja total davon abhängig, dass es dem Baby gut geht. Sehen Sie? Wenn einem etwas ans Herz wächst, dann ist das schlecht für die Freiheit.«

In einer Hinsicht hat sie recht: Wenn wir mehr haben, was uns am Herzen liegt, haben wir auch mehr zu verlieren. Wir sind verletzlich, weil etwas schiefgehen kann, nicht nur bei uns, sondern auch bei unseren Lieben. Aber dass sie sich deswegen weigert, sich emotional auf etwas einzulassen, fühlt sich auch nicht gerade unbeschwert an.

Liegt ihr denn etwas an der Therapie und an sich selbst? Sie sagt Nein. Sara erfährt vermutlich eine andere Form des Verlustes, wenn sie cool tut und ihre Welt dadurch kälter macht. Aber letztlich geht es darum, wie sie mit dem Verlust ihrer Mutter umging. Wir halten fest an den Geschichten, die uns geholfen haben, mit einem Trauma fertigzuwerden. Wir glorifizieren die Dinge, die uns ermöglicht haben, mit diesem unerträglichen Schmerz umzugehen. Wir denken, dass wir die schreckliche Erfahrung überlebt haben, weil wir uns diese glorreiche Geschichte erzählten. Saras glorreiche Geschichte über den Tod ihrer Mutter ist möglicherweise ihr Anspruch auf Freiheit und Unabhängigkeit. Jeder Versuch, diese Geschichte anzuzweifeln, bedroht in ihren Augen vermutlich ihren Überlebensmechanismus.

Einige Wochen später bin ich noch ballonförmiger geworden. In meinem schwerfälligen dritten Trimester fühle ich mich wirklich klaustrophob. Ich habe zwar nicht das Gefühl, dass das Kind unbedingt aus mir herauswill, aber ich hätte gerne Ferien von mir selbst.

Sara fühlt sich in verschiedene Richtungen gezogen und gedrängt. Der Typ, den sie mag, ist Marokkaner, kein bisschen religiös. Aber plötzlich vermisst sie ihr Kopftuch. Ihr fehlt die Bequemlichkeit und Klarheit, die damit einhergeht, wenn bestimmte Grenzen gesetzt sind.

»Ich vermisse den Schutz und die Einfachheit«, sagt sie. Ich frage sie, ob sie sich jetzt schützen möchte. Es fühlt sich für sie offensichtlich unmöglich an.

»Ich … ähm … hänge fest«, sagt sie und vermeidet Augenkontakt. Sie redet oft über Restriktionen und Gefangensein, aber dieses Mal klingt es anders.

»Ich bin schwanger. Und ich weiß nicht, ob ich das Kind behalten werde«, sagt Sara ausdruckslos.

Einen Augenblick lang bin ich von dieser Enthüllung überrascht. Wir gehen ihre widersprüchlichen Sehnsüchte durch und was es für sie bedeutet, wenn sie das Kind behalten oder die Schwangerschaft beenden würde. Sie fragt mich, ob ich es seltsam fände, mit ihr über einen Abbruch zu reden, wo ich doch gerade ein Kind austragen würde. Ich antworte, dass ich es nicht als seltsam empfinde. Und wie ist es für sie, mich als Schwangere zu erleben, während sie entscheiden muss, was sie mit ihrer Schwangerschaft anfängt?

»Es ist schon merkwürdig. Aber auch okay«, meint sie. Sara sieht in so gut wie allen Bindungen und Verpflichtungen Fallstricke ausgespannt. Ihre Unabhängigkeit sei ihr am allerwichtigsten, sagt sie mir. Sie hat so viel dafür gegeben, frei zu sein. Sie will das nicht aufgeben. »Ich bin ein *flâneur*«, meint sie über sich selbst. »Ich wandere herum, schaue mich um, aber ich muss mich nicht total auf nur eine Sache einlassen. Ich kann einfach weiterspazieren.«

Sie zuckt zusammen, wenn sie an die Verpflichtungen der Mutterschaft denkt, all die Verantwortung, den Verlust der Unabhängigkeit. Sie scheint kein Baby zu wollen, zumindest nicht jetzt. Sara sagt, sie habe diesen Mann gern. Mehr erzählt sie nicht. Sie hat ihm nicht gesagt, dass sie schwanger ist, und wird das vielleicht auch nie tun. Sie hat keine Lust, sich mit seiner Reaktion auseinandersetzen zu müssen. Sie fühle sich ohnehin schon überfordert, meint sie und verschränkt die Arme vor der Brust. Andererseits ärgert sie sich über ihren Leichtsinn. Sie hat sich nicht geschützt, und nun muss sie mit dieser Situation zurechtkommen. Sie muss eine Entscheidung treffen. Sie meint, es sei klar, welche Wahl sie treffen werde. Und es sei sowieso allein ihre Sache. Das ist der Teil, den sie zu schätzen weiß, aber auch ablehnt. Sie spürt die Last der Verantwortung in dieser Entscheidung.

»Ich möchte nicht, dass mir etwas so ans Herz wächst. Es ist mir wichtig, dass ich mich um niemanden kümmern muss«, meint sie. »Ich muss mich davon lösen.«

In der nächsten Woche kommt sie nicht in unsere Sitzung.

Ich schicke ihr eine E-Mail, rufe sie an. Ich höre nichts mehr von ihr.

Sie hat mich geghostet.

Frei im Kommen wie im Gehen.

Freiheit finden

Für einen Podcast habe ich einmal den Journalisten und Ex-Häftling Erwin James interviewt, der zwanzig Jahre lang im Gefängnis saß.[2] Wir sprachen darüber, wie das Gefängnis sein Leben geprägt hat. Er beschrieb sein Gefühl bei der Entlassung: »Es war ein sonniger Augusttag, und ich konnte nach rechts oder nach links gehen.« Die Freiheit, sich für rechts oder links zu entscheiden, steht für einfach alles. Aber Freiheit selbst kann erschreckend sein. Wir haben die Freiheit, Fehler zu machen, uns in Gefahr zu begeben. Vielversprechend hingegen ist die Freiheit, unsere Beschränkungen zu verstehen, über unsere Grenzen nachzudenken und zu erkunden, was uns dazu bringt, Käfige zu bauen.

Manche Menschen fühlen sich von der Idee der Freiheit berauscht, aber wenn wir an irgendetwas in unserem Leben hängen, können wir nie vollkommen frei sein. Es geht ja nicht nur um Verantwortung und die Anforderungen aus unseren Verpflichtungen, die uns binden – sondern um die Tatsache, dass wir von dem Moment an, da wir an etwas hängen, und sei es das Leben selbst, etwas zu verlieren haben. Die Dinge können schiefgehen, und wir können verletzt werden. Etwas an sich heranzulassen erfüllt unser Leben mit Wert und Sinn, aber wir müssen dafür einen Preis bezahlen (doch das gilt auch, wenn wir uns nicht binden).

Freiheit ist, was wir mit dem anfangen, was uns getan wird. So lautet eine Idee von Jean-Paul Sartre.[3] Welche Form auch immer sie annimmt, wir alle wünschen uns Freiheit, und das ist üblicherweise ein Kampf. Wir fühlen uns von Regeln, Familie, Religion, kulturellem Druck und zeitlichen Grenzen eingeschränkt. Beziehungen jeglicher Natur können uns gleichermaßen das Tor in die Freiheit aufstoßen wie zu Tode trampeln. Manchmal rebellieren wir so leidenschaftlich, dass wir uns dadurch anderweitig Fesseln anlegen – indem wir als Rebellen immer exakt das Gegenteil des Verlangten tun. Es gibt da dieses schöne Sprichwort: Wenn es um soziale Regeln geht, kannst du dich ihnen anpassen, dagegen rebellieren oder in Freiheit leben.

Ein Teil des Freiheitsproblems ist unser inneres Misstrauen. Wir streben nach Freiheit und Sicherheit ebenso, wie wir dagegen ankämpfen, und das auf mitunter überraschende Weise. Wir können uns selbst täuschen, wenn wir glauben, nur zu tun, was wir wollen, während wir in Wirklichkeit nur den Stimmen unserer verinnerlichten Autoritätsfiguren gehorchen. Wir wünschen uns vielleicht Unabhängigkeit, aber gleichzeitig schätzen wir das vertraute Gefühl, gesagt zu bekommen, was zu tun ist. Und wir zweifeln an uns selbst.

Erich Fromm, Vertreter einer humanistischen Psychologie, hat dieses Spannungsfeld beschrieben: »Gibt es vielleicht außer dem angeborenen Wunsch nach Freiheit auch eine instinktive Sehnsucht nach Unterwerfung? Und wenn es diese nicht gibt, wie ist dann die Anziehungskraft zu erklären, welche die Unterwerfung unter einen Führer heute auf so viele ausübt? Unterwirft man sich nur einer offenen Autorität, oder gibt es auch eine Unterwerfung unter internalisierte Autoritäten, wie die Pflicht oder das Gewissen, unter innere Zwänge oder unter anonyme Autoritäten wie die öffentliche Meinung?«[4]

Selbst wenn wir in einer angeblich freien Welt leben, in der wir tun können, was wir wollen, und unsere eigenen Entscheidungen treffen, fühlen wir uns doch selten wirklich frei. Und das liegt häufig an den Stimmen in unserem Kopf, die uns verurteilen. Der Neurowissenschaftler Christof Koch schreibt dazu: »Freiheit ist stets eine Frage des Maßes, statt ein absolutes Gut zu sein, das wir besitzen oder nicht besitzen.«[5]

Wenn wir uns unserer emotionalen Freiheit bewusst sind, spüren wir, dass uns viele Möglichkeiten offenstehen. Ein gewisses Maß an innerer Freiheit ist also immer möglich. Das Problem ist nur, dass niemand uns beigebracht hat, wie wir Freiheit in gesunden Dosen genießen können. Was Freiheit heißt und bedeutet, ist verwirrend. Die Dichterin und Essayistin Adrienne Rich beschreibt das so: »In dem Vokabular, das sich von politischen Befreiungsstrategien angeeignet wurde, ist kein Begriff derart überfrachtet worden wie die *Freiheit*.«[6]

Wenn wir unsere Freiheit zu bereitwillig aufgeben, können wir später, wenn uns deswegen die Reue packt, regelrecht durchdrehen. Wir sind wie die **Schäfchen:** Wir traben folgsam durchs Leben wie Schlafwandler, ob es nun um Arbeit oder Beziehungen geht. Und dann plötzlich bricht Panik aus, und wir rennen los, ohne zu verstehen, dass wir uns die ganze Misere selbst zuzuschreiben haben. Heimliche Einkäufe, Affären, Trinken, Drogen oder andere ungesunde Gewohnheiten, ja selbst der Zwang, ständig aufs Handy zu gucken – all diese Verhaltensweisen können ein Zeichen dafür sein, dass wir dem gegenwärtigen Augenblick entfliehen möchten. Ein bewusstes Gewahrsein der Freiheit in all ihren Formen hingegen kann uns helfen, von ihr mit Maß und Ziel Gebrauch zu machen.

Was Sie als Freiheit empfinden, deckt sich vielleicht nicht mit dem, was andere unter Freiheit verstehen. Sehen Sie sich die verschiedenen Formen von Freiheit an und überlegen Sie sich, was Sie davon wollen und was nicht. Die Freiheit, die wir uns mit zwanzig ersehnen, ist nicht unbedingt dieselbe, die wir mit sechzig haben (auch wenn wir uns das zu gerne so vorstellen). Überprüfen Sie, wo für Sie mögliche Freiräume liegen. Definieren Sie den Rahmen Ihrer Verpflichtungen neu, um die nötigen Voraussetzungen für mehr Freiheit zu schaffen. Seien Sie kreativ im Entdecken von Fenstern und Türen zur Freiheit. Manchmal braucht es nicht mehr, als sich einen unverstellten Blick in den blauen Himmel zu erlauben. Dann wieder kann die Freiheit des Lebens uns beinahe schwindlig machen. Finden Sie heraus, wo Ihre Grenzen liegen.

Kapitel 7

Schöpferisch sein

Einmal, ich war elf Jahre alt, gab unser Lehrer uns eine ungewöhnliche Hausaufgabe. Wir sollten uns am Abend dreißig Minuten Zeit nehmen, um uns in der Fantasie etwas auszumalen, ganz egal was. Woraufhin ein Mädchen aus unserer Klasse ihn mit ängstlichen Fragen förmlich überschüttete. Sie wollte erklärt haben, was sie machen sollte, eine genauere Anleitung, eine Orientierungshilfe. Er lehnte das jedoch ab und meinte, es gehe einfach darum, unsere Gedanken frei umherschweifen zu lassen, und nicht um gute Noten. Es würde keine Zensuren geben. Das Mädchen wurde immer nervöser. Als absolute Einserschülerin wollte sie alles richtig machen. Und diese Aufgabe verstand sie einfach nicht. Irgendwann brach sie schließlich in Tränen aus.

»Sagen Sie mir doch einfach, was ich tun soll«, jammerte sie.

Als ich sie vor wenigen Jahren wieder traf, blickten wir gemeinsam zurück auf diese Erfahrung. Sie sagte, das sei der einzige Lehrer gewesen, der sie je dazu ermutigt habe, kreativ zu sein.

Sobald wir die Kindheit hinter uns gelassen haben, fördert die Gesellschaft unsere schöpferischen Impulse nicht mehr. Kinder erhalten Kunstunterricht. Sie werden ermutigt, Geschichten zu schreiben oder, ohne Hintergedanken an Perfektion, zu singen und zu tanzen. Vorstellungskraft, Spiel – das sind Dinge, die den Kindern vorbehalten bleiben. Kindern sagt man, sie sollen »spielen«. Das Spiel ist ein zentrales Moment des Lernens, aber Erwachsene werden darin nicht mehr unterwiesen. Zum Spielen, zum Schöpferisch-Sein gehört es, dass wir unserer Fantasie freien Lauf lassen, spontan sind, uns Dinge ausdenken, etwas erfinden, uns auf das Unbekannte einlassen und alle Gewissheiten fahren lassen. Auch wenn das Spiel bestimmten Regeln folgt, so eröffnet es uns doch den Weg zum Geheimnis, zur Entdeckung. Wir können Fehler machen, unsere Richtung ändern, und wissen dabei nie, was als Nächstes kommt. Mit dem Heraustreten aus der Kindheit aber fühlen sich die wenigsten Menschen sicher genug, um sich der Kreativität und dem Spiel zu überlassen.

Erweitern wir unseren Begriff von Kreativität und überlegen, welche Rolle sie in unserem Leben spielen könnte, dann gestaltet sich unser Alltag plötzlich facettenreich und nuanciert. Wir erobern uns neue Möglichkeiten, wenn wir spielerisch sind, uns Dinge ausmalen, die über unseren normalen Erfahrungsbereich hinausgehen, uns erlauben, herumzualbern oder alltägliche Verrichtungen wie Kochen und Putzen zu zelebrieren. Der erste Schritt hin zu einem kreativeren Leben ist, sich die lange Leine zu geben, wenn wir definieren, was Kreativität für uns ist. So erkennen wir Möglichkeiten, die Spielraum für unsere Kreativität bieten. Oder, um mit Ezra Pound zu sprechen: Wir renovieren das Vertraute und machen es neu.[1]

Man fragt mich häufig, warum es für uns Menschen so schwer ist, uns zu ändern, und wie die Therapie da helfen kann. Wir alle kennen Momente, in denen wir einfach feststecken. Kreativität – das Spielerische – holt uns aus dem Treibsand heraus. Das erfordert Mut, denn wir müssen wirklich offen sein für neue Ideen, Gefühle und Erfahrungen. Wir müssen uns auf das Ungewisse einlassen, auf Überraschungen. Das wichtigste Kennzeichen von Kreativität ist Flexibilität. Neue, kreative Strategien können sich riskant anfühlen, wenn wir verunsichert sind. Dann klammern wir uns an das Vertraute, an die Illusion der Gewissheit.

Der Dichter W.H. Auden beschreibt diesen Mechanismus in *Das Zeitalter der Angst* so: »Lieber zugrunde gehen als uns ändern.«[2] Seine Worte charakterisieren jenen Teil unser selbst, der sich bis hin zur Selbstaufopferung gegen jede Veränderung sperrt, selbst wenn ein anderer Teil von uns eine solche herbeisehnt. Und der Perfektionismus tut das Seine dazu, geheime Wünsche und Fantasien zu Eintagsfliegen zu machen. Wir fühlen uns blockiert. Wenn nicht innerlich, dann doch äußerlich durch die Umstände. Lieber bleiben wir bei dem, was verlässlich schiefgeht. Produktivität besetzt dann den Raum, der eigentlich für Kreativität und Spiel vorgesehen war. Vor allem wenn ein Projekt uns nicht reizt oder unsere Inspiration anfacht. Wir haken unsere Aufgaben ab und sorgen uns, ob wir die gesellschaftlichen Vorgaben für Fortschritt und Erfolg auch erfüllen. Dabei brauchen wir auch »unproduktive« Zeiten im Leben. Ich kenne eine Schriftstellerin, die von »Fruchtfolge« spricht, wenn sie gerade nicht Seite um Seite produziert. Und zur Fruchtfolge gehören notwendigerweise auch Ruheperioden.

Die Therapie an sich beruht auf kreativer Zusammenarbeit. Wir stellen uns auf die Welt des anderen ein, achten aber auch auf unsere eigenen Reaktionen. Wir horchen auf subtile Untertöne, ziehen Querverbindungen und bieten unser Interesse und unsere Einsichten an. Wir schaffen Raum für Reflexion und Assoziation. Dabei machen wir Gebrauch von Metaphern und Symbolen und zoomen in die Geschichte hinein und wieder heraus, um mit dem Weitwinkel größere Themen auszuleuchten oder mit dem Makroobjektiv Details zu erfassen. In gewisser Weise ist die Therapie ein eigentümliches und unverwechselbares Unternehmen. Jede therapeutische Beziehung ist einmalig. Zwei Menschen kommen zusammen, um etwas Einzigartiges zu schaffen.

Wenn wir unsere Geschichten schon im Voraus festschreiben, sie herunterspulen und die Praxis mit dem exakt gleichen Verständnis verlassen, mit dem wir gekommen sind, so ist dies kein kreativer Prozess. Kreativ wird es, wenn wir eine Geschichte erzählen oder wiedererzählen und dabei eine neue Dimension entdecken, einen verborgenen Unterton gewahren, sei er mächtig oder eher schwach. Wir erkennen ein Thema, ein Muster, wir entdecken eine bestimmte Perspektive, eine Verbindung, ein Gefühl, einen Gedanken, vielleicht sogar etwas ganz und gar Rätselhaftes.

Wir können in dem Leben, das wir führen, spielerisch kreativ sein, wenn wir die Welt mit neuen Augen sehen. Und manchmal, wenn wir uns vor dem Spiel fürchten, kann es passieren, dass unser Körper für uns kreativ wird. In meiner Arbeit mit Rosie, einer jungen Frau, die sexuelle Probleme hatte, zeigte sich ihr Körper als ausgesprochen fantasiebegabt und symbolverliebt im Ausdruck ihrer Ablehnung von

Nähe. Rosie wünschte sich ein neues Leben. Und das hieß etwas ganz anderes, als wir beide es erwartet hatten. Wir müssen uns ausreichend sicher fühlen, um Risiken eingehen und etwas Neues entdecken zu können. Hier fällt mir Aristoteles mit seiner **Richtschnur aus Lesbos** ein – auch hier geht es darum, sich den Besonderheiten der Erfahrung anzupassen. Rosies Abneigung gegen Spiel und Spielerisches stand im Mittelpunkt unserer gemeinsamen Arbeit.

Rosies Raum

Als ich Rosie kennenlerne, ist mein erster Eindruck von ihr: steif. Sie spricht mit übersteigerter Präzision, und schon ihre Art, hier im Raum zu sein, beschäftigt mich. Sie sitzt still mit der steifen, aufrechten Haltung einer irischen Volkstänzerin – ihre Arme bewegen sich kein bisschen. Sie hat die Hände im Schoß abgelegt, die Handflächen zeigen nach oben. Ihre mangelnde Beweglichkeit verwirrt mich.

»Offensichtlich ist körperlich mit mir alles in Ordnung«, sagt sie. Rosie ist Verwaltungsangestellte und Anfang zwanzig. Sie ist seit einem Jahr verheiratet, aber die Ehe wurde noch nicht vollzogen. Sie möchte schwanger werden, aber jedes Mal wenn sie und ihr Mann es mit dem Sex versuchen, wird sie stocksteif, und nichts passiert. Man nennt das **Vaginismus** – die Muskeln in der Vagina spannen sich an, was eine Penetration erschwert oder ganz unmöglich macht. Die Romanautorin Edna O'Brien schreibt: »Der Körper umfasst unsere Lebensgeschichte ebenso wie unser Gehirn.«[3] Ich bin neugierig, was Rosies Körper ausdrücken will.

Rosie wurde von einem Gynäkologen mit Privatpraxis an mich überwiesen. Ich hatte den Mann bei einem Fundraising für ein Krankenhaus kennengelernt. Ein Fall, den ich gerne übernehme, denn Vaginismus ist ein Thema, das mich interessiert – da er letztlich ein ausgezeichnetes Bild für die grundsätzlichen Spannungen der Nähe ist. Wir alle kennen Momente, in denen wir einfach die Tür zuschlagen.

Oder ein anderer Mensch uns den Zutritt zu seinem Inneren verweigert.

Alle Menschen, egal welchen Alters oder Geschlechts, suchen Nähe und verweigern sie zugleich, körperlich und geistig, im Umgang mit anderen Menschen und dem Raum dazwischen. Sexuelle Schwierigkeiten stehen oft symbolisch für die ganze Bandbreite unseres Beziehungsverhaltens. Sie sind die Zugbrücken, die wir hochziehen, damit wir niemanden einlassen und ihm etwas geben müssen.

Bevor ich Rosie kennenlernte, habe ich mich eingelesen. Ich bin engagiert und neugierig. Meine einleitenden Fragen sind strategischer Natur, ich weiß, dass ich vorsichtig vorgehen muss. *Eröffnen. Langsam.* Selbst in meinem Kopf fühlen sich die Worte bedeutungsschwanger an.

Ich bitte Rosie, mir von sich zu erzählen: über ihre Heirat, ihre Erziehung, ihre Gefühle im Hinblick auf Sex, über die Kämpfe, die sie durchstehen musste, bevor sie die Diagnose bekam. Ich sage, dass es von Nutzen sein wird, wenn ich sie kennenlerne und ein Gefühl für ihr Leben bekomme.

»Hm. Okay«, antwortet sie und starrt mich an. »Der Arzt gab mir Dilatatoren, die ich zu Hause verwenden soll. Meine Krankenversicherung genehmigte mir außerdem sechs Sitzungen mit Ihnen. Wenn ich beides mache, wird das das Problem beseitigen?«

»Nun, in der Therapie geht es nicht darum, etwas zu beseitigen«, sage ich und höre, wie ich einen tiefen Atemzug nehme, bevor ich weiterrede. »Es geht eher darum, etwas zu verstehen und durchzuarbeiten. Der Vaginismus ist durchaus behandelbar, und darüber zu reden kann wirklich helfen.« Die Worte sind kaum über meine Lippen gegangen, und schon langweilt mich der Klang meiner Stimme. Was ich sage, kommt ausdruckslos rüber wie der Haftungsausschluss im Kleingedruckten eines Beipackzettels. Mein erster Versuch, ihr Interesse zu wecken, ist flach und wenig inspirierend. Das war ein recht blutleerer Anfang.

Rosie will wissen, ob das Problem verbreitet ist und was es damit auf sich hat. Ich antworte ihr, dass jede Geschichte anders ist.

»Eine panische Vagina« – das ist eine Beschreibung. Die Betroffenen empfinden dann manchmal Panik ob dieser Panik. Sie leiden still, schämen sich, sind frustriert und wissen nicht, wohin sie sich um Hilfe wenden sollen. Das Auftreten dieser Störung ist unabhängig von Religion und Kultur. Sie betrifft Frauen jedes Bildungsstandes und Alters. Sie kann kommen und wieder gehen oder chronisch werden.

Ich freue mich, dass Rosie hier ist und immerhin Hilfe sucht. Das ist für den Anfang schon mal ermutigend. Psychosexuelle Probleme sind im Grenzbereich zwischen Medizin, Psychologie und Beziehung angesiedelt und fallen so manchmal einfach durch alle Raster. Bei sexuellen Schwierigkeiten wissen die Betroffenen meist nicht, wohin sie sich wenden sollen, wer wofür zuständig ist und wie sie das ins Lot bringen sollen, und zwar wörtlich wie im übertragenen Sinne.

Noch immer haben wir nicht über Dinge gesprochen, die nur Rosie angehen. Ich frage sie, was sie sich von der Therapie erwartet. »Neues Leben schaffen zu können«, sagt sie. »Ich habe mich für die Ehe aufgespart. Mein Mann Michael ebenso. Wir haben uns durch die Kirche kennengelernt. Wir haben die Heirat geplant und wollen eine Familie gründen. Und nichts passiert. Ich bin fast dreiundzwanzig. Ich glaubte, ich würde in diesem Alter schon mein erstes Baby haben.« Sie scheint wild entschlossen, an ihren Plänen festzuhalten. Sie wirkt penibel, einerseits kleinmädchenhaft, andererseits wie eine alte Frau. Und sie kommt unschuldiger herüber als die meisten Zweiundzwanzigjährigen, aber auch viel vernünftiger und erwachsener.

Rosie ist klein und sehr schlank. Auf ihre saubere Art ist sie hübsch. Sie hat große, blaugraue Augen, dunkle Haare, die sie zu Zöpfen geflochten hat, und ein klares, ein wenig spitzes Gesicht. Sie fasst sich kurz, spricht im Stakkato. Obwohl sie höfliche Worte wählt, wirkt sie streitbar und zugleich entnervt. Sie hat noch nichts gesagt, was diese Vermutung rechtfertigen würde, aber ich habe das Gefühl, dass sie vergleichsweise steif und dickköpfig ist. Wogegen kämpft sie an?

Rosie wuchs in einem ausgesprochen religiösen christlichen Haushalt auf, ihre Eltern sind Missionare. Ihr Vater ist ein evangelikaler Pastor, die ganze Familie zog häufig um. Rosie verbrachte ihre Kindheit zum Teil in Deutschland, sodann in Kenia, im Norden Frankreichs und in Brighton. Als ich sie nach Geschwistern frage, meint sie, sie sei die Älteste, ist sich aber nicht sicher, wie sie zählen soll, denn zur Familie gehören außerdem eine ganze Reihe von Pflegekindern und anderen Verwandten, die nicht blutsverwandt sind.

»Wir haben einfach alle aufgenommen. Wir haben sie immer willkommen geheißen«, sagt Rosie. »Wir haben da keine Unterschiede gemacht, wer ein Verwandter ist und wer nicht. *Mi casa es su casa.* Wo auch immer wir lebten, kamen Leute und wohnten bei uns. Einige blieben ein paar Wochen, andere Jahre. Und für Missionare galt ohnehin: Je mehr, desto besser.«

Und nun protestiert ihre Vagina. Keine Politik der offenen Tür mehr! Zutritt verboten!

»Wie war das für Sie, als Sie so von Ort zu Ort gezogen sind und immer ein derart volles Haus hatten?«

»Das war vor allem viel Arbeit. Und ein ständiges Chaos. Es war immer irgendwas zu waschen. Aber so war es nun mal. Als Älteste hatte ich die Verantwortung. Ich musste ständig hinter allen herräumen und auf alles achten. Auf Hausaufgaben, Hausarbeit, Mahlzeiten, Stundenpläne. Es war endlos. Ich organisierte zwar alles, aber trotzdem waren immer irgendwie Leute da und lagen irgendwelche Dinge herum. Immer.«

Ein Thema ihrer Erziehung, das sich deutlich abzeichnet, sind diese verschwimmenden Grenzen. Unendlich viele Regeln und Verantwortlichkeiten, aber keine klaren Grenzen. Die Erwachsenen waren entweder Übermenschen (Rosies Vater) oder Kinder (Rosies Mutter). Die Kinder im Haus, einige davon nicht verwandt, waren zum einen Geschwister, während manche (Rosie) zugleich in die Elternrolle schlüpften. Fremde wurden zu Familienmitgliedern. Und Familienmitglieder wiederum verschwanden aus dem Leben. Die Landschaft ihrer Kindheit ist emotionaler Treibsand: kein Gefühl dafür, wer geht oder kommt, wo oben oder unten ist, was stabil und beständig ist. Es gibt keine sichere Basis, keinen Halt. Rosies Stabilität und ihr klarer Kopf sind bewundernswert, aber gleichzeitig ist das ihre Überlebensstrategie. Und diese hat ihren Preis.

In Rosies Worten: »Wir hatten auch Logiergäste. Sie kamen von überallher, und wenn ich jemand Neuen am Küchentisch sitzen sah, schaute ich ihn an und dachte: ›Dieser Mensch wird jetzt eine Weile bei uns bleiben.‹ Wir hatten Platz in unseren Häusern und in unseren Herzen, wo auch immer wir gerade lebten. Das war Papas Rolle in der Kirche. Wir waren gesegnet, dass wir genug hatten, um etwas zurückgeben zu können.«

Manche Dinge, die Rosie sagt, klingen so, als hätte sie sie als Familienerbe übernommen, als würde sie diese Sätze papageienhaft nachplappern. Andere Beobachtungen klingen mehr nach ihr. Zum Beispiel: »Die Leute tauchten einfach plötzlich auf. Wie im Traum, wissen Sie. Man stellt keine Fragen, warum sie da sind oder warum jemand urplötzlich wieder verschwindet. Oder was überhaupt vorgeht. Das ist nun mal einfach so.«

Sie erzählt, wie sie sich die Betten teilten, die Mahlzeiten teilten und sie nicht wusste, welche Zahnbürste die ihre war. Und dann erzählt sie von der Alkoholsucht ihrer Mutter, davon, wie sie ständig durch die Gegend wankte. Wie sie Rosie betrunken weckte, um ihr irgendwelche Fremden vorzustellen oder um ihr Geschichten zu erzählen, die das Kind nicht hören wollte. Rosie wurde zur Erwachsenen gemacht. Seit sie denken konnte, vertrat sie eine Elternrolle für ihre Mutter. Sie beschreibt ihre Mutter als »schlampige Trinkerin, die immer schluchzte oder zu laut lachte. Labberig und exaltiert.«

Rosie scheint das ganze Gegenteil von »labberig und exaltiert« zu sein. Ihr rigides Verhalten und ihre angespannte, vorsichtige Ausdrucksweise sind wohl in Reaktion auf das Verhalten ihrer Mutter entstanden, man nennt das Reaktionsbildung.

»Papa vertraue ich«, sagt sie.

Sie rutscht ein wenig in ihrem Sessel hin und her, und ihre Gesichtszüge entspannen sich.

»Er ist streng, aber immer fair. Er hat mir alles über Moral und Gott beigebracht. Er war nicht so häufig da wie Mama, aber nur, weil er voll unermüdlicher Hingabe der Gemeinschaft diente. Aber wann immer wir Zeit miteinander verbracht haben, habe ich auf ihn gehört und getan, was er sagte. Das tue ich heute noch. Ich habe immer gehorcht und getan, was er von mir wollte. Nur einmal nicht. Aber wirklich nur das eine Mal. Abgesehen davon war ich so gut, wie es ein gutes christliches Mädchen nur sein kann.«

Als sie zehn Jahre alt war, legte sich einer der Logiergäste zu Rosie ins Bett und befummelte sie. Er rieb seinen Penis an ihrem Hintern und ejakulierte auf ihren Körper. Er drang zwar nicht in sie ein, und sie war auch noch nicht in der Pubertät, aber hatte eine Heidenangst, jetzt schwanger zu sein. Als sie mir diese traumatische Erfahrung beschreibt, wird sie ganz starr. Rosie erzählte ihrer Mutter nicht, was passiert war. »Es hätte keinen Sinn gehabt. Ich wusste ja, dass sie das irgendwie wieder herumdrehen würde, sodass ich für sie würde sorgen müssen.«

Aber einige Wochen nach dem Vorfall erzählte sie ihrem Vater davon. Sie hatte das Gefühl, das müsse sie. Er wurde wütend. Der Logiergast war schon fort, und sie sprachen nie wieder über das, was passiert war. Rosie schämte sich zutiefst. Sie fühlte sich schuldig, weil sie seinen Standards, was sich gehörte und was nicht, nicht genügt hatte. »Er sagte immer, wenn man eine Rose berührt, verliert sie ihren Glanz. Er hatte mich Rosie genannt, weil er wusste, dass ich eine wunderschöne Blume werden würde. Aber er sagte mir, ich müsse mich für die Ehe aufsparen, und das tat ich. Aber abgesehen von diesem einen Mal bin ich nie wieder aus der Reihe getanzt.«

Es macht mich traurig, dass sie denkt, *sie* sei bei dieser Geschichte aus der Reihe getanzt. Hat sie vielleicht deswegen eine Abneigung dagegen, berührt zu werden, weil sie glaubt, ihren Glanz verloren zu haben?

In den letzten Jahren hat Rosie sich von ihrer Mutter distanziert. Wenn die beiden miteinander reden, schimpft und schreit ihre Mutter immer herum, bis es Rosie leidtut, dass sie angerufen hat. Die Anrufe ihres Vaters hingegen genießt sie. »Aber seit ich verheiratet bin, reden Papa und ich nicht mehr so viel miteinander. Jetzt ist Michael meine Familie.«

In ihrem jetzigen Leben zeigt sie ein intensives Bedürfnis nach

Ordnung und Sauberkeit, nach Regeln und Grenzen. Man hat ihr nie erlaubt, einfach nur Kind zu sein. Ein Kind, das auf Entdeckungsreise gehen konnte, träumen und spielen. Das unordentlich war. Sie wurde nicht beschützt, sie hatte nie das Gefühl, sicher und versorgt zu sein, weder emotional noch körperlich. Und genau darum geht es beim Sex.

Wieder schildert sie mir ihr einstiges Verhalten, als müsste sie ihre Integrität unter Beweis stellen. »Ich hatte gute Noten, studierte die Bibel, kümmerte mich um die Kinder und die Hausarbeit. Ich geriet nie in Schwierigkeiten. Nur das eine Mal, das war alles.«

Hier unterbreche ich sie. Ich sage, dass das, was ihr passiert ist, nicht ihr Fehler war, wie auch immer sich das für sie angefühlt haben mochte, wie auch immer es abgelaufen war. Trotzdem gibt sie sich selbst die Schuld. Eigentlich ist klar, dass sie nichts dafürkann, und ich frage mich, ob ich das überhaupt sagen soll. Aber wenn es um sexuelle Traumata geht, muss das Ungesagte oft ausgesprochen werden. Ich habe nicht das Gefühl, dass meine Worte bei ihr ankommen oder sie mir glaubt. Sie reagiert nicht auf mich, und ich möchte sie nicht drängen, diese enorm wichtige Erfahrung noch einmal anzusprechen, wenn sie dafür nicht bereit ist. Sie hat das Ganze verdrängt.

Ihren Vater scheint sie zu bewundern und in Schutz zu nehmen. Er hat ihre Mutter ertragen und das Chaos, das sie angerichtet hat. »Er sagt immer, Mama sei barock. Er kann sich so gut ausdrücken.«

»Diese Gabe haben Sie wohl auch.«

»Weil mein Vater sich so gut ausdrücken kann, ist er ein charismatischer Kanal für die Botschaften des Herrn. Und er ist so einfühlsam. Ein demütiger Leiter. Er hilft vielen Menschen.«

Ich spüre, dass Rosie meine Worte nicht gehört hat. Sie will, dass ich meine Sicht von ihr zurück auf ihren Vater und seine Größe führe. Möglicherweise steht sie nicht gerne im Rampenlicht.

Ihre Familie fragt sie, wann Gott ein Kind erschaffen wird. »Wir beten alle.« Und dann fügt sie hinzu: »Schon witzig, nicht? Die Missionarstochter kann nicht einmal die Missionarsstellung einnehmen.«

Manchmal sind ihre Einsichten und Beobachtungen scharfsinnig und kühn, in anderen Momenten aber ist sie ziemlich verschlossen.

Rosie war die pflichtbewusste Tochter, doch ihre Rolle glich mehr der einer Hausfrau, die endlose, von keinem wahrgenommene Haushaltspflichten auf sich lädt und hinter anderen herputzt. Sie war Ehefrau und Mutter zugleich, die gastfreundliche Versorgerin. Aber ihre Vagina weigert sich, erwachsen zu werden. Der Begriff kommt aus dem Lateinischen, wo er für die »Schwertscheide« stand, für die Hülle, welche das Schwert schützt und bedeckt. Rosies Vaginismus schützt sie in gewisser Weise, auch wenn er ein Intimleben unmöglich macht.

»Diese Situation, mein Problem, das hatten wir so nicht geplant«, meint sie und zieht den Mund rund, sodass er beinahe einem Anus gleicht.

Ich frage sie, wie es ihr mit der Idee geht, ihre Pläne zu ändern.

»Michael und ich bleiben immer bei unseren Plänen. Wir sind verantwortungsbewusste, gute Menschen. Er arbeitet schwer bei einer Versicherung. Er ist Risikoanalyst. Es ist ja nur der Sex, der nicht klappt. Und das muss ich nun in Ordnung bringen.« Als ich sie nach anderen Formen der Intimität frage, nach Küssen, Knutschen, Streicheln, antwortet sie, dass sie nicht gerne berührt wird. Nicht dass es schmerzen würde, aber es fühlt sich unangenehm an. »Wie Moskitos«, meint sie. »Seit wir in Kenia gelebt haben, empfinde ich Berührungen anderer Menschen als genauso unangenehm wie die Moskitos dort. Wir hatten diese Moskitonetze über dem Bett, und ich wünschte, ich hätte ein solches um mich herum, wenn ich mit anderen Leuten zusammen bin.«

Als ich diese Bemerkung höre, habe ich das Gefühl, auf eine Goldader gestoßen zu sein. Das ist vermutlich auch an meinem Gesicht abzulesen.

»Ich bin eine geschlossene Blüte, was nicht zu meinem Namen passt«, sagt Rosie. »Vielleicht hatte Papa ja recht, und ich habe durch dieses eine Mal meinen Glanz verloren. Eine Rose, die nicht erblühen kann.«

Eine Rose, die nicht erblühen kann oder nicht erblühen will – noch nicht? Das frage ich mich.

Rosie beschreibt Michael als »routiniert«. Als ich nachfrage, was das bedeutet, erklärt sie, dass er sehr schnell ejakuliert. »Er ist eben in jeder Hinsicht effizient.« Mit Geld und Einkauf, in Haushaltsfragen und offensichtlich auch beim Sex.

Wie sieht ihre Kommunikation aus? Reden sie über Sex? Gibt es da eine emotionale Nähe? »Nun, wir haben darüber geredet, dass ich hierherkomme. Er weiß, dass ich in Behandlung bin. Wenn Sie das meinen, ja, da sind wir uns nahe.«

Meine Fragen klingen plump. Irgendwie bin ich von meiner Fähigkeit zum kreativen Ausdruck abgeschnitten. Wiederhole ich etwa die Peinlichkeit, die Rosie empfindet? Den inneren Kampf beim Reden über Sex, beim Nachdenken darüber, bei der Frage, wie man ohne Peinlichkeit über dieses Thema sprechen kann? Ihr symbolisches und fantasievolles Spiel mit der Sprache interessiert mich, ihr trockener Humor. In ihren Beobachtungen ist Rosie bemerkenswert, aber sie ist recht rigide in Bezug auf das, was sie an sich heranlässt. Es ist schwierig, eine leichte, spielerische Atmosphäre entstehen zu lassen.

»Michael und ich schaffen so einiges. Wir sind beide super organisiert und tüchtig.« Sie spult diesen Satz mechanisch herunter. Sie berichtet über solche Einzelheiten ohne jede Gefühlsregung.

Ihr Verhalten, ihre beherrscht erzählte Geschichte stehen in krassem Gegensatz zu ihrer chaotischen Kindheit. Als hätte das Fehlen eines sicheren Fundaments im Äußeren dazu geführt, dass sie sich innerlich ein Stahlkorsett zugelegt hat. Sie hat Schwierigkeiten, loszulassen, etwas anzunehmen, zwischen den Kräften der Außenwelt und ihrem Innenleben zu vermitteln. Der Penis ihres Mannes ist für sie vielleicht nur ein weiteres Vordringen in ihren Raum, in ihre Innenwelt, wo sie ohnehin nie geschützte und klare Grenzen kennengelernt hat. Ihn in sich aufzunehmen und ein Kind zu zeugen empfindet Rosie vielleicht als unerträgliche Bedrohung ihrer Innenwelten – ihrer Vagina –, den einzigen Raum, der ihr und nur ihr allein gehört. Und meine Worte aufzunehmen ist vielleicht ähnlich bedrohlich.

Rosies Beruf in der Verwaltung passt zu ihrem Charakter. Sie organisiert und systematisiert gerne. So etwas kann durchaus kreativ sein, aber ist es das auch für sie? Sie meint, sie werde häufig wütend auf ihren Chef und die Kollegen, weil diese einfach nicht mitziehen würden. Sie will klare Verhältnisse, was die Abläufe im Büro, die Ordnung angeht. Eins plus eins ist zwei. Nicht mehr. Und nicht weniger. So geht es auch in der Therapie. Sie fragt mich, was als Nächstes drankommt.

Ich schildere ihr, wie das Ganze abläuft, auch in praktischer Hinsicht. Aber als ich ihr erkläre, dass der Therapieerfolg ganz wesentlich davon abhängt, dass man ein kreatives Gespräch ohne vorgegebenes Thema führt, wird sie unruhig. Wie soll sie sich auf so etwas vorbereiten und ihre Gedanken ordnen? Momente der Spontaneität können befreiend und faszinierend sein. Sie können zu entscheidenden Durchbrüchen führen. Die Therapie folgt keinem Drehbuch, weder aufseiten des Therapeuten noch des Klienten. Sobald die Grenzen abgesteckt sind, muss der Raum da sein, um herumzustreifen, zu spielen und Ungewissheit zuzulassen. Wenn wir jeden Augenblick choreografieren, schließen wir die Kreativität aus. Rosie wirkt ratlos, als ich ihr diese Zusammenhänge erkläre. Was ich eigentlich sagen möchte, ist: »Lassen Sie mich hinein. Lassen Sie etwas raus!« Aber das tue ich nicht.

Ich versuche, das Gespräch weg von ihren Plänen hin zu ihren Gefühlen zu lenken. Was empfindet sie, wenn sie über Sex und Kinderkriegen nachdenkt? Der Wunsch, ein Kind zu bekommen, ist manchmal schwer zu erklären. Als ich Rosie danach frage, antwortet sie wie aus der Pistole geschossen: »Alle Leute haben Kinder. Und wir sind ja schließlich verheiratet. Es ist vernünftig, das zu tun.« Sie senkt den Blick. Es fühlt sich missbilligend an.

»Dass ich ein Kind will, ist ja wohl nur sinnvoll«, fügt sie hinzu. »Ich bin verheiratet, und das ist der nächste Schritt.«

Ich nicke, sage aber nichts dazu. Mir fällt ein Zitat von Picasso[4] ein, das ich als Teenager bei jeder Gelegenheit anbrachte: »Der Hauptfeind der Kreativität ist die Vernunft.« Hat Rosie überhaupt Raum für Kreativität bei so viel Sinn und Vernunft? Ich würde ihr gerne den Raum geben, um darüber nachzudenken.

»Aber wie geht es Ihnen damit, dass Sie ein Baby wollen?«

»Ich verstehe nicht, was Sie meinen. Es ist doch nichts Ungewöhnliches, ein Kind zu wollen.«

»Es ist nicht ungewöhnlich, ein Kind zu wollen, aber nicht jeder will ein Kind. Es kann durchaus kompliziert sein und alle möglichen Gefühle erwecken«, entgegne ich. »Sie waren mütterlich zu Ihrer Familie, zu Ihren Geschwistern, zu Ihrer eigenen Mutter. Hier, in diesem Raum, können Sie sich ansehen, wie das für Sie war und was Sie sich vom Leben wünschen.«

»Ich will ein neues Leben.«

Neues Leben – das klingt in mir nach. Nun hat sie etwas Authentisches aus ihrem Inneren preisgegeben. Etwas »Neues« zu wollen ist kreativ.

Ich bin eine anspruchsvolle Therapeutin. Ich will, dass die Therapie einen Funken schlägt, das Leben in irgendeiner Weise verändert. In den Worten der Psychotherapeutin und Pionierin Karen Horney: »Es gibt keinen vernünftigen Grund, weshalb wir uns nicht entwickeln und verändern sollten bis zum letzten Tag unseres Lebens.«[5] Das bedeutet für jeden Menschen etwas anderes. Ich weiß nicht genau, wohin wir unterwegs sind und wie wir dort hinkommen. Rosie braucht Raum für Flexibilität, damit wir gemeinsam etwas schaffen können. Ich versuche, das zu erklären.

In den ersten Sitzungen offenbart Rosie mir so einiges, aber sie hält mich trotzdem auf Distanz. Sie beschreibt Dinge, ohne dazu etwas von mir hören oder mit mir darüber reden zu wollen. Sie berichtet die Fakten, als müsse sie mir Dokumente aushändigen. Sie zeigt keinerlei Interesse daran, diese Geschichten näher anzusehen. Was interessiert sie dann?

Rosie verwendet häufig den Begriff »sinnvoll«. Sie hat ihr Bestes getan, die Zukunft zu planen und ihr ein Drehbuch zu verpassen, sinnvolle Entscheidungen zu treffen und für jeden Moment ihres Lebens gebührend vorbereitet zu sein, auch für die Ehe und die Mutterschaft. Aber wo sind in ihrem Leben Spiel und Sehnsucht? Ich möchte wissen, was ihr Körper ausdrückt. Ich weiß, dass sich das seltsam anhört, aber irgendwie bewundere ich ihre Vagina dafür, dass sie Rosies Modus Operandi einfach so infrage stellt. Was sagt uns diese verfahrene Situation? Versucht ihr Körper, sich die Kindlichkeit zu bewahren, weil sie ja nie Kind sein durfte? Oder ist die verschlossene Tür zur Vagina ein Schutzwall gegen die Übergriffe, die sie erfahren hat? Und fühlen sich beide Seiten bedrohlich an? Hat Rosie nicht nur Angst vor dem, was in sie eindringt, sondern auch vor dem, was eventuell aus ihr nach draußen dringen könnte? Ihre umsichtige Art, ihre beherrschte Weise des Erzählens – traut sie dem nicht, was ihr entschlüpfen könnte, wenn sie ihren eisernen Griff einmal lockert?

Zwischen den Sitzungen fallen mir die Kirschblüten auf. London erblüht im Frühling. Überall neues Leben. Rosie hat auf ihre Weise etwas sehr Mutiges kommuniziert, aber dabei geht es nicht nur um ein Baby. Es geht um ein Leben für sie selbst.

Bei der nächsten Sitzung wirkt sie frustriert. Sie ist höflich, aber kurz angebunden. Wir haben die Hälfte der geplanten Sitzungen hinter uns, und sie hatte immer noch keinen Sex oder hatte es mit ihrem Ehemann wieder einmal versucht. Sie hat auch nicht masturbiert, wie ich auf Nachfragen erfahre. Ich dachte, sie würde dabei zusammenzucken, aber nein. Allerdings weckt das auch nicht Rosies Interesse. Sie hat brav ihre Hausaufgaben gemacht und den kleinsten Dilatator erfolgreich eingeführt. »Das ist wie mit diesen russischen Puppen«, meint sie.

»Ein interessanter Vergleich.«

»Hähä«, antwortet sie. Auch dahinter ist kein Gefühl zu spüren. Sie verfolgt die Idee nicht weiter.

»Wie hat es sich angefühlt?«

»Gut.«

Ich frage, ob sie überhaupt je masturbiert. »Ich versuche, es sein zu lassen«, antwortet sie. »In unserer Kirche heißt das Interferieren. Gott sieht, wenn ich interferiere.«

Ich hake nach, wie es ist, sich ständig von Gott gesehen zu fühlen, wenn sie etwas falsch macht. Vielleicht käme sie dabei ja auf die Idee, dass sie Sex haben möchte. Aber nein, sie bleibt bei ihrer Angst vor der Lust. Ich denke darüber nach, dass man Masturbation »Interferenz« nennt, was ein Sich-Einmischen ist. Wo verspürt sie in ihrem Leben noch so eine Interferenz, ob nun buchstäblich oder im übertragenen Sinne?

Als ich frage, wie sie die Therapie bislang empfindet, welche Gefühle unsere Sitzungen in ihr auslösen, antwortet sie genau wie vorher: »Gut.«

Nicht weniger. Nicht mehr.

Kreativ fühlt sich das nicht an.

»Dies ist Ihr Raum«, sage ich.

»Ich würde Ihnen gerne von meiner Woche erzählen«, meint sie.

Ich bitte sie, mir zu berichten, was vorgefallen ist.

»Alle sind so unglaublich nutzlos. Aber eins nach dem anderen. Ich erzähle Ihnen zuerst die Sache mit der Reinigung.« Dabei leuchten ihre großen grauen Augen auf.

»Bitte erzählen Sie weiter.«

»Die Reinigung hat von mir 12,50 Pfund verlangt, um eine Jacke auszubessern, die dann zurückkam, ohne dass sie daran etwas gemacht hatten. Ich war stocksauer.«

»Ja, das hört sich schlimm an.«

»Ich war bleich vor Wut. Ich habe ihnen die Jacke zurückgebracht und verlangt, dass sie sie bitte ausbessern sollen.«

»Ich frage mich, ob das ein Sinnbild dafür sein könnte, wie Sie mit anderen Bereichen Ihres Lebens umgehen.«

»Ähm, nein.«

Ich habe sie zu sehr gedrängt, und zu früh. »Gut, ich verstehe. Ich frage mich nur, ob es da nicht ein Muster gibt: dass Sie das Gefühl haben, die Dinge laufen nicht so, wie Sie sich das wünschen.«

Immer noch Nein.

Sie erzählt von anderen frustrierenden Erfahrungen im Haushalt. Sie beklagt sich detailreich und macht ihrem Ärger Luft. Sie mag ein zartes Geschöpf sein, aber sie füllt den ganzen Raum mit handfesten Klagen über ihre Woche. Ich fühle mich in die Ecke gedrängt, aber auch übergangen. Fühlt sie sich so in ihrem Leben? Oder vermittelt sie eher anderen dieses Gefühl?

In der nächsten Sitzung erzählt sie mir nochmals von der Reinigung. Und zwar genauso wie die Woche davor, in den gleichen Worten und mit den gleichen Einzelheiten.

»Das ist so ärgerlich«, sagt sie.

»Ja, es hört sich ärgerlich an. Sie haben mir davon schon letzte Woche erzählt«, entgegne ich. Ich weise nicht immer auf Wiederholungen hin. Wiederholungen und erneutes Erzählen können durchaus eine heilende Wirkung entfalten. So macht man sich mit Geschichten vertraut und erarbeitet sich ein neues Verständnis. Aber ich glaube nicht, dass Rosies Geschichte über die Reinigung uns irgendwie weiterhilft. Sie führt uns nirgendwohin.

»Glauben Sie, die Jackensache steht für schwerwiegendere Frustrationen, da sie in Ihrem Denken so viel Raum einnimmt?«

Sie zieht einen Flunsch. Dann erzählt sie mir von einer fehlerhaften Lieferung. Ein Barista hat ihre Bestellung verwechselt. Sie hatte ein Problem mit ihrer Tintenkartusche. Jemand hat sich im Supermarkt vorgedrängt. Der Busfahrer ist einen Umweg gefahren. Ein Kollege hat einen Termin versäumt. Ich möchte mit diesen Klagen etwas anfangen. Rosie ist interessant, blitzgescheit, und ich bin sicher, dass mehr in ihr steckt als das, was unsere Gespräche an der Oberfläche erkennen lassen.

Aber hier bin ich auf dem Holzweg. Ich rede dauernd davon, dass man sich im therapeutischen Gespräch auf das Nicht-Wissen einlassen sollte, aber dadurch, dass ich mich in sie einfühlen will, bringe ich sie zum Verstummen. Ich muss selbst Raum für Überraschungen schaffen, für Entdeckungen und Geheimnisse, und zwar in Rosies Gangart, nicht in meiner. Das sind die wesentlichen Ingredienzen der Kreativität. Flexibilität. Die Richtschnur aus Lesbos! Ich muss mich selbst den Besonderheiten der Situation anpassen und sehen, welche Form das Ganze annimmt.

Erst als ich im Gespräch mit meinem Supervisor merke, dass ich es Rosie gegenüber an Kreativität habe fehlen lassen, als ich sie anhalten wollte, kreativ zu sein, machen wir erste Fortschritte. Es ist eine goldene Regel für Therapeuten, die Klientin oder den Klienten das Material auswählen zu lassen. Keinen Plan aufzustellen oder die gemeinsame Arbeit vorantreiben zu wollen. Doch wir können die Menschen anregen, die Dinge in einem neuen Licht zu sehen. Ich möchte, dass eine Therapie die individuelle Lebensqualität verbessert. Und diesen Teil meiner selbst will ich auch nicht verändern. Und so sitzen wir nun hier, wir beide, und jede weigert sich, von ihrem Standpunkt abzurücken.

»Unser Dach hat ein Loch, und unser Vermieter hat noch immer niemanden vorbeigeschickt, um das zu reparieren. Die Leute sind manchmal so inkompetent«, sagt Rosie.

Unter »Leute« falle wohl auch ich. Ich fühle mich ebenfalls ineffizient. Sie füllt ihre Sitzungen mit Klagen über Klagen. Sie packt da ihren gesamten Ärger hinein. Wo findet sich da noch Raum für Nähe oder Spaß?

»Es sieht so aus, als würde nichts so klappen, wie Sie sich das vorstellen, mit all diesen inkompetenten Leuten«, sage ich, immer noch entschlossen, eine passende Überschrift für ihr versammeltes Murren zu finden.

»Offensichtlich«, antwortet sie. »Grrrr. Dass der Vermieter derart versagt, macht mich wirklich wütend.«

»Und wo machen Sie Ihrer Frustration Luft? Wie verarbeiten Sie Ihre negativen Gefühle?«

»Hier«, antwortet sie.

Damit hat sie recht. Sie tut, was sie will. Aber ich habe Schwierigkeiten, zu akzeptieren, dass dies genug ist. Immer noch versuche ich, diesen Raum spielerisch, kreativ und facettenreich zu gestalten. Ich bin auf Schatzsuche und wünsche mir Spaß, Übermut, Spiel und natürlich erhellende Einsichten. Ich bin wie ein Detektiv, der versucht, ihre Klagen zu entschlüsseln, um zu sehen, ob sich dahinter weiterführende Hinweise verbergen. Aber vielleicht gibt es ja gar kein Rätsel, und daher auch keine »Lösung«.

Rosie scheint ihre Therapie nicht beschleunigen zu wollen, weder, was den sexuellen Aspekt angeht, noch irgendeinen anderen. Ihre Art, ihre Innen- mit der Außenwelt zu vermitteln, scheint sinnbildhaft für ihren Konflikt im Hinblick auf Wachstum und Veränderung. Einerseits möchte sie neues Leben wachsen lassen und ein Kind haben, andererseits macht sie sich klein und schränkt sich ein. Sie kann etwas ausdrücken, aber nichts aufnehmen. Und wenn ich eine ihrer Geschichten aufnehme, irgendwo einen Zugang suche, zieht sie eine dicke Linie darum herum und fertig.

Ich versuche weiter, sie auf größere Themen hinzulenken, habe aber nach wie vor das Gefühl, in die Kleinteiligkeit ihrer Klagen eingepasst zu werden. Geistig habe ich sie als TAT abgespeichert (als »**T**he **A**ggrieved **T**ype«, als »gekränkten« Typ, wie ein früherer Supervisor das mal nannte). Der Gekränkte betet lange Litaneien mit den Lasten der Welt herunter. Wir können alle hin und wieder zum TAT werden. Üblicherweise ist es das Gefühl, nicht wahrgenommen zu werden, das uns an unseren Frustrationen festhalten lässt. Wir wollen beweisen, dass wir die Scherenschnitte des Lebens überstanden haben. Aber es steckt doch noch ein bisschen mehr dahinter. Kritisieren und jammern scheint weniger schwierig zu sein, als etwas zu schaffen, und ich glaube, Rosie baut auf diese Weise ihre Aggressionen ab. Ihre Klagen und ihr körperlicher Protest sprechen eindeutig dafür. Aber wenn ich ihr das sage, wird sie dann noch mehr zur Salzsäule erstarren?

Ich habe keine Ahnung, wer ich für sie bin. Bin ich ihre übergriffige, aufdringliche Mutter? Ihr prinzipientreuer Vater? Ein anderer Eindringling? Ein unfähiger Dienstleister wie ihr Ehemann, der Typ in der Reinigung, ihre Kollegen? Es sollte in unserer Arbeit ja nicht um mich gehen. Andererseits besteht eine therapeutische Beziehung immer aus zwei Menschen, und ich habe keine Vorstellung davon, wie sie mich erlebt.

Ich würde so gerne etwas über ihre Probleme erfahren. Ich möchte mit ihr kochen, aber ihr Klagen ist wie kleine, fade Snacks, die wir aus knisternden Packungen verzehren. Ihre Reizbarkeit hat sich in unserer gemeinsamen Zeit verstärkt. Ich höre Beschwerden über die Hausarbeit, die schlechte Waschmaschine, den doofen Fußgänger, der ihr im Weg stand, den Onlinekauf, bei dem sie übers Ohr gehauen wurde, die fehlerhafte Lieferung und viele andere Ärgernisse. Dieser Ärger ist wichtig, bis zu einem gewissen Grad jedenfalls, weil alles Material wichtig ist. Aber mit Rosie ist das eben chronisch, und es kostet Kraft.

Irgendetwas bleibt immer außen vor – sie hält mich auf Distanz, und sie möchte nicht, dass wir tiefer gehen. Ob sie nun abstrakte Urteile über nervige Zeitgenossen äußert, symbolische Einsichten oder konkrete Geschichten, sie erlaubt mir nicht, damit irgendetwas anzufangen.

Sie hat immer noch nicht um Feedback von mir gebeten, um meine Sicht auf das Erzählte, letztlich um gar nichts. Vielleicht will sie ja nur, dass ich ihr recht gebe, wenn sie ihre Klagen vorträgt. Oder möchte sie, dass ich ihr widerspreche? Sie ist durchaus kritisch, aber ich weiß immer noch nicht, wie ein Therapieerfolg in ihren Augen aussehen würde. An diesem Punkt drängt sich mir der Verdacht auf, dass sie ihren Vaginismus gar nicht gebessert sehen möchte, ja dass sie darüber noch nicht mal reden will. Meine Entschlossenheit, ihr zu helfen, schlägt sie nur immer weiter in die Flucht. Was sich zwischen uns abspielt, veranschaulicht ihren inneren Konflikt in puncto Nähe, Intimität und Abblocken, denn ihr Vaginismus gibt im übertragenen Sinne auch die Dynamik unserer Beziehung wieder. Ich fühle mich eingeschränkt. Sie hat mich nicht an sich herangelassen. Und wenn ich versuche, mit ihr zu reden, weist sie mich noch weiter zurück. Aber sie kommt immer wieder und will etwas von mir und von der Therapie. »Ich will daran festhalten«, sagt sie. »Festhalten« ist hier wohl der Schlüsselbegriff.

Ich fühle mich versucht, mich weniger zu engagieren. Ich fange an, mir über die geringe Energie ihres Mannes Gedanken zu machen, seine vorzeitige Ejakulation. Ich frage mich, ob seine Symptome zuerst da waren oder ihre – und wie beides miteinander in Verbindung steht. Meiner Ansicht nach kastriert sie die Therapie und **femaskuliert** mich, sie beraubt mich meiner Einflussmöglichkeiten. Wie immer man das auch nennen mag. Wenn ich versuche, etwas aufzubauen, reißt sie es nieder. Ich bin quasi mattgesetzt. Wie bei einer Schreibblockade. In diesem Fall ist es eine schöpferische Blockade.

Was ich im Moment übersehe und erst später merke: Sie hat den Wunsch geäußert, mir von ihrer Woche zu erzählen. Das ist es, was sie will. Als ich das Thema Rosie wieder einmal meinem Supervisor gegenüber anspreche, sagt er, es gebe Klienten, die uns verbiegen. Sie testen unsere Grenzen aus, schieben sie hinaus und bringen uns in verschiedenster Weise aus dem Gleichgewicht. Mit Rosie fühle ich mich seltsam formlos und unsichtbar. Anders als mit jedem anderen Klienten. Andererseits: Was sich nicht biegt, bricht irgendwann. Ich will nicht brechen. Ich bin immer noch entschlossen herauszufinden, wie ich effektiv mit ihr arbeiten kann.

In unserer fünften Sitzung weise ich sie darauf hin, dass dies unsere vorletzte ist, da wir ja nur sechs Sitzungen geplant hatten. Sie fragt, ob wir unsere Arbeit fortsetzen könnten. Dies ist das erste ausdrückliche Anliegen, das sie an mich hat – eine Abweichung von ihrer ansonsten klaren Linie. Es verblüfft mich, dass sie offen und direkt einen Wunsch formuliert. Ich stimme einer weiteren Therapie zu, und wir einigen uns auf einen Preis, den sie bezahlen kann, da ihre Krankenkasse nach der sechsten Sitzung die Kosten nicht mehr übernimmt.

Sie stößt mich immer noch weg, wenn ich ihre Aufmerksamkeit auf unsere Beziehung lenke, und ihre Art, im Hier und Jetzt zu sein, fühlt sich an wie eine verleugnete Aggression.

»Was haben Sie denn heute an?«, fragt sie während unserer sechsten Sitzung. Sie hat mich bemerkt! Ich bin da, ich bin eine Person! In einem Körper! Doch bevor ich etwas erwidern kann, schießt sie schon hinterher: »Es sieht aus, als hätte ihnen jemand die Kehle durchgeschnitten.« Und jetzt bin ich tot. An meiner Halskette sitzen tatsächlich kleine Rubinperlen. Nie wieder werde ich sie mit denselben Augen betrachten können wie vor dieser Bemerkung.

Bei anderer Gelegenheit meint sie, der Reißverschluss an meiner Jacke sähe aus, als würde er mir ins Gesicht schneiden. Das alles gehört zu unserer Arbeit. Sie **kompleidigt** mich und tut ganz unschuldig, auch wenn sie Bemerkungen macht, die etwas Feindseliges haben. Rosie hat Schwierigkeiten, ihre unterschwellige Aggressivität zu erkennen, aber dass ich sie so einfach schlucke, bedeutet auch etwas. Sie übt auf mich eine gewisse Wirkung aus, selbst wenn es auf diese frustrierende Weise geschieht, selbst wenn sie meine Wahrnehmung auf eine geliebte Kette verändert (und auf die Jacke, die ich seitdem nicht mehr getragen habe). Punkte für Kreativität sind ihr sicher!

Bei unserer siebten Sitzung passiert mit meinem Körper etwas Seltsames. Am Ende der Sitzung will ich aufstehen und sie hinauslassen, aber mein linkes Bein ist eingeschlafen, weil ich draufgesessen bin – und ich falle hin. Als hätte ich meine Standfestigkeit eingebüßt, gibt mein Körper plötzlich nach. Es ist beschämend, vor meiner Klientin zu stürzen. Ich fühle mich wie ein überfahrenes Tier.

»Geht es Ihnen gut?«, fragt Rosie.

»Ja, doch, es tut mir wirklich leid! Wie peinlich!«, sage ich zu ihr, während ich mich mühselig aufrichte. »Mein Bein ist eingeschlafen. Aber es geht mir gut.« Es braucht eine Weile, bis wieder Gefühl in mein Bein zurückkehrt. Ich weiß nicht, wie lange genau, aber die Sache ist mir derart peinlich, dass ich nicht klar denken kann.

»Es freut mich, dass es Ihnen gut geht«, sagt Rosie.

Dieser Augenblick verändert etwas in unserer Beziehung. Ich bin immer noch bis ins Mark verlegen, aber ich muss zugeben, dass ich eingeknickt bin. Ich habe die Kontrolle verloren.

Ich kann nicht fassen, dass mir das passiert ist, und erzähle meinem Supervisor davon. Normalerweise würde ich es doch bemerken, wenn meine Gliedmaßen anfangen zu kribbeln. Wo war ich also, als mir das passierte? Körperlos? Dissoziiert? Saß ich irgendwie fest? Habe ich Rosies Salzsäulenhabitus imitiert? Oder war ich labberig wie ihre Mutter? Irgendetwas an dieser Lähmung hat mit der Blockade zwischen uns zu tun.

In der folgenden Sitzung sage ich Rosie, wie entsetzlich peinlich mir mein Sturz war. Ich rede über das, was passiert ist. »Mein Bein ist eingeschlafen, und ich habe es nicht mal bemerkt, bis ich aufgestanden bin. Als wäre es eingefroren.«

»Ist schon okay«, sagt sie. »Ich bin froh, dass es Ihnen gut geht.«

»Ich fühle mich in unserer Arbeit manchmal wie eingefroren. Erstarrt«, sage ich. »Ich riskiere jetzt, dass ich Ihnen auf die Nerven gehe, aber ich habe mich gefragt, ob Sie sich auch manchmal so fühlen. Gelähmt. Abgeschnitten von einem Teil Ihrer selbst. Der dann möglicherweise zusammenbricht.«

»Erstarrt. Ja. Ich weiß nicht, wie Bewegung sich anfühlen würde«, sagt sie. »Fühlen Sie sich von mir gelähmt?«

»Manchmal schon. Ich fühle mich durch unsere Gespräche eingeschränkt und auch verurteilt durch das, was ich sage. Es ist schwierig, so unter Druck zu arbeiten. Wenn ich mit Ihnen in einem Raum bin, habe ich immer das Gefühl, dass ich alles falsch verstehe. Ich versuche, Sie zu verstehen, aber vielleicht ein bisschen zu bemüht. Manchmal beschreiben Sie Probleme sehr anschaulich und konkret und spielen auf faszinierende Weise mit der Sprache, aber wenn ich versuche, darauf einzugehen oder auch nur zu antworten, stoßen Sie mich weg. Ich glaube, ich möchte einfach etwas mit Ihren konkreten Beschreibungen anfangen. Diese Konkretheit nutzen, um etwas aufzubauen. Aber wenn ich das Material aufgreife, das Sie mitbringen, und versuche, damit irgendwohin zu gelangen, ist es, als hätte ich es Ihnen aus der Hand genommen und Sie damit beleidigt.«

»Ich habe das Gefühl, Sie sind sehr streng mit mir«, meint Rosie. »Es ist, als würden Sie mich drängen, mit Ihnen zu tanzen, obwohl ich gar nicht tanzen kann.«

»Ich verstehe, was Sie meinen, ehrlich. Und ich glaube, das ist eine wunderbare Beschreibung dessen, wo wir im Moment stehen. Ich versuche zu rigoros, auf das einzugehen, was Sie sagen, eine Lösung, eine Antwort, eine Interpretation zu bieten. Lieber Himmel, wenn Sie nicht tanzen wollen und ich Sie immer wieder dazu dränge, wie ist das für Sie?«

»Ich weiß nicht. Im Grunde weiß ich es zu schätzen. Auch wenn es mich frustriert und überfordert. Bitte hören Sie nicht auf damit.«

»Okay, aber ich möchte nichts forcieren oder Sie drängen. Es ist interessant, dass Sie mich so erleben. Lassen Sie uns herausfinden, wie wir unser Schritttempo aufeinander abstimmen können.«

»Ich weiß tatsächlich nicht, wie man tanzt. So ist das. Ich meine es symbolisch, wenn ich sage, dass Sie mich zum Tanzen bringen wollen. Aber ich kann auch im ganz wörtlichen Sinn nicht tanzen, das habe ich noch nie getan.«

»Noch nie? Nicht mal im Haus herumgehüpft, als Sie noch klein waren? In der Schule? Einfach herumtanzen?«

»Nein. Nie. Ich habe noch nie getanzt. Nicht ein einziges Mal. Meine Geschwister schon, und auch meine Mutter und ihre Freunde. Aber ich habe diese Leute immer so töricht und dumm gefunden. Und so habe ich es selbst nie getan. Als Michael und ich geheiratet haben, gab es keinen Eröffnungstanz. Wir baten die Hochzeitsgäste, sich unterzuhaken, und machten dann etwas in der Gruppe, damit wir nicht vortanzen mussten. Michael kann auch nicht tanzen. Aber er tut gelegentlich mal so, zu Hause. Ich nicht.«

»Das wäre ein guter Anfang. Lassen Sie sich tanzen, herumhüpfen, blödeln. Lassen Sie zu, dass Sie miserabel tanzen! Und sehen Sie zu, was passiert. Wollen Sie es ausprobieren, wenn Sie nach Hause kommen?«

»Okay. Zu welchem Song? Und wie? Für wie lange?«, will Rosie wissen.

»Egal zu welcher Musik! Da fällt Ihnen bestimmt etwas ein. Hüpfen Sie einfach herum, ganz allein, und solange Sie Lust haben.«

»Okay«, sagt sie, jetzt wieder misstrauisch. »War es Ihnen peinlich, als Sie hingefallen sind?«

»O ja, aber ich hab's überlebt. Und Sie haben meinen Sturz ja schließlich auch überlebt. Manchmal fallen wir eben hin oder sind chaotisch. Ich glaube, ich habe auf Ihre Klagen ungeduldig reagiert, weil ich unbedingt wollte, dass diese Sitzungen Ihnen etwas bringen. Aber vielleicht tun sie das ja, aber auf eine Weise, die keine von uns beiden erwartet hätte. Es ist Ihnen nun mal wichtig, mir von Ihrer Woche, Ihrem Tag zu erzählen.«

»Wenn Sie das so sagen, merke ich erst, wie klein mein Leben ist. Ich will mehr. Ich bin immer so frustriert, wenn etwas schiefgeht.«

»Dieses Gefühl der Frustration, das Sie haben, ist interessant. Ich glaube, Ihre zerstörerische Seite, Ihre Aggression, ist Teil Ihrer Kreativität.«

»Ich habe mich nie als kreativ betrachtet«, bemerkt Rosie und sieht mich zweifelnd an.

»Ich erlebe Sie als kreative Persönlichkeit. Auch wenn das Spielen Ihnen schwerfällt. Es ist, als würden Sie sich selbst überreden, es zu unterlassen. Die Blockade, die vaginale Blockade wie die emotionale, könnte damit zu tun haben. Sie machen sich immer so viel Gedanken über Produktivität, Effizienz, Dinge abhaken, das Leben anpacken.«

»Ich glaube, ich weiß gar nicht, wie man spielt. Und Sie sind der erste Mensch, der mir sagt, dass ich kreativ sein könnte. Warum denken Sie das?«

»Ihre bissigen Bemerkungen, Ihre versteckten Angriffe, das alles fordert viel Fantasie. Der Kommentar zu meiner Halskette. Oder meiner Jacke. Das ist ein symbolischer Gebrauch von Sprache. Sie haben einen wachen Geist.«

»Das höre ich zum ersten Mal. Ich nehme mal an, es freut mich, dass Sie glauben, ich könnte mich öffnen. Michael sagte mir einmal, mit mir zusammen zu sein sei so, als würde man einen Igel umarmen. Sie konnte ich mit meinen Stacheln nicht töten.«

»Interessant, dass Sie denken, Ihre Stacheln seien tödlich. Beschützen diese Sie, indem sie jeden piksen, der Ihnen nahekommt?«

»Ja. Aber ich bin es leid. Charlotte, ich merke gerade, dass ich mich nie sicher genug fühlte, um zu spielen.«

»Verständlicherweise. Kinder brauchen Sicherheit, um frei und ungezwungen spielen zu können, und das konnte Ihre Kindheit Ihnen möglicherweise nicht geben.«

»Nein. Ich war immer nervös und auf der Hut. Ich musste so sein. Ich hatte ja keinerlei Privatsphäre. Ich habe mir immer ein eigenes Zimmer gewünscht, meine eigenen Sachen, aber bei uns wurde alles geteilt oder einem weggenommen oder ging verloren. Wo auch immer ich hinging, wer immer zu uns kam beziehungsweise von uns fortging, wer immer in meinem Bett lag und meine Kleider trug, meine innere Welt ist der einzige Raum, der mir und nur mir gehört.«

»Rosie, ich finde Ihr klares Gewahrsein faszinierend, Ihre Bereitschaft, sich selbst zu verstehen. Das ist etwas Neues. Sie tun das tatsächlich – Sie schaffen dadurch neues Leben.«

»Kindern macht es mehr Spaß, einen Turm aus Bauklötzen umzustoßen, als ihn zu bauen. Das hat mich immer beschäftigt, wenn ich es bei meinen Geschwistern beobachtet habe. Wie sie Dinge umwarfen. Und ich war es, die anschließend das ganze Durcheinander aufräumen durfte. Vielleicht wollte ich auch einmal etwas umwerfen, als Spiel. Daher hatte ich das Gefühl, dass Sie meinetwegen hingefallen sind.«

Ich frage sie, wie sich das für sie anfühlte.

»Ich kam mir schlecht vor. Ich bildete mir fest ein, dass ich es war, die Sie umgerannt hatte, dass Sie hingefallen sind, weil ich Sie im Griff hatte. Ich wollte sofort zu Ihnen hinlaufen und Sie fragen, ob es Ihnen gut geht. Vielleicht bin ich ja manchmal aggressiv, aber das heißt nicht, dass ich Sie wirklich vernichten möchte.«

Wir sehen uns ihren Wunsch an, dass sie unbedingt ein Kind haben möchte, das so ist, wie sie selbst nie sein durfte. Und hofft, eine Mutter zu werden, wie sie sie selbst nicht hatte. Gleichzeitig steht sie dem Ganzen zwiespältig gegenüber, eben weil sie selbst nie Kind sein durfte.

»Ich möchte ja spielen. Ich möchte lernen, wie man spielt. Ist es dafür zu spät, jetzt mit zweiundzwanzig? Ich möchte endlich loslassen.«

Loslassen sagt so einiges aus – über uns beide.

Rosie und ich starteten knausernd und rigide in die Therapie – keine wollte auch nur einen Fingerbreit nachgeben. Ich hielt mich für großzügig und engagiert, weil ich ihr schließlich Zeit widmete und mich in Gedanken mit ihr beschäftigte. Und sie dachte, dass sie sich ja auf dic gemeinsame Arbeit einließe. In Wirklichkeit gaben wir uns gegenseitig nicht die Chance, unsere Zusammenarbeit auf neue, fantasievolle Weise zu erfahren. Bis jetzt. Wir packten die Probleme und uns selbst in genau abgegrenzte Verständnisschubladen. Dabei brauchen wir Bewegung, Flexibilität, eine spielerische Herangehensweise – Kreativität –, um in uns etwas zu lösen. Diesem Punkt nähern wir uns langsam an.

Ich bin die Person, der sie von ihren Tagen, Wochen und ihrem Leben erzählt.

»Wenn wir abends heimkommen und von unserem Tag erzählen, gießen wir das Rohmaterial kunstvoll in Geschichtenform«, schreibt die Philosophin Iris Murdoch.[6] Und erklärt, dass dies unsere Art ist »aus dem, was sonst eine Menge bedeutungsloser Müll wäre, Formen zu schaffen«. Mir wird klar, dass Rosie mir ihre Geschichte auf eine Weise erzählt, die sie sich bei ihrer betrunkenen Mutter oder ihrem strengen Vater nie erlauben konnte. Oder bei ihrem effizienten Ehemann, der ihr vielleicht nicht den Raum gibt, von ihrem Tag zu erzählen, daran möglicherweise auch kein Interesse zeigt. Rosie, die mir alles über die Reinigung, die fehlenden Essstäbchen, die falsche Lieferung, all diese Ärgernisse erzählt – sie erzählt mir ihr Leben. Und sie braucht mein offenes Ohr für all diese Details.

Schließlich kommt doch etwas in Bewegung, wenn auch auf andere Weise, als ich es erwartet hätte.

In der folgenden Sitzung erzählt Rosie mir, sie hätte Sex mit ihrem Mann gehabt. Sie sagt leichthin, sie hätte mehrere Orgasmen gehabt. Was ich bezweifle, aber nicht sage. Ich hake nach. »Ich hatte nicht wirklich mehrere Orgasmen, aber ich fühle mich so langweilig und verkrampft. Ich bin wie eine Journalistin mit Burn-out, die nur langweilige Geschichten erzählt. Und ich möchte, dass sich das ändert. Also habe ich meine Fantasie eingesetzt«, sagt sie ganz offen.

»Und wie war es in Ihrer Fantasie?«, frage ich.

»Aufregend. Die Wahrheit ist: Wir hatten Sex. Und er war nicht umwerfend, aber immerhin ist es passiert. Und er hat wie üblich sehr schnell ejakuliert. Aber gleichzeitig ist er voll in mich eingedrungen. Das Problem ist also gelöst.«

Sie sieht bekümmert drein.

»Was geht Ihnen jetzt durch den Kopf?

»Könnte ich vielleicht noch ein paar Sitzungen mehr machen, bitte? Obwohl ich ja nicht mehr herkommen müsste … Eigentlich ist es sinnlos, aber ich möchte mehr über mich selbst wissen.«

»Durchaus, Sie können jederzeit kommen.«

»Diese Zweideutigkeit war wohl nicht beabsichtigt, nehme ich an.« Und dann lacht sie los.

Wir sitzen da, draußen trommelt der Frühlingsregen gegen die Fenster. Ein beruhigendes Geräusch. Wir fühlen uns sicher hier im Trockenen, zwei Menschen in einem Raum der Offenheit und des Wohlgefühls.

Schöpferisch sein und spielen

Mozart machte in den Briefen an sein »Bäsle«, seine Cousine, unanständige Witze. Ernsthaftigkeit und Spielerisches sind Verbündete. Wir können uns auf interessante, fantasievolle Weise ausdrücken. Wir können spielen. Wir können erfinden. Wir können blödeln. Ob wir nun kritzeln, etwas mit den Händen bauen, ein unternehmerisches Problem mit divergentem Denken lösen, ein Menü planen oder Blumen arrangieren – wir können Spaß an unserer alltäglichen Kreativität haben. Und so zeigt sich jeden Tag in den winzigsten Momenten, wer wir sind. Natürlich erfordern viele Aspekte des Lebens Anpassung und Regelkonformität, aber häufig fühlen wir uns eingeengt in den abgenutzten Rillen der täglichen Hektik. Daher ist es so wichtig, mit unseren schöpferischen Instinkten in Verbindung zu bleiben, welche Gestalt sie auch immer annehmen mögen.

Versuchen Sie, in den Dingen Sinn für sich zu finden, statt immer nur brav eins nach dem anderen abzuhaken. Wenn wir automatisch auf ausgetretenen Pfaden bleiben in der Annahme, es sei »normal«, bestimmte Dinge zu wollen, dann fühlen wir uns häufig blockiert. In der Zusammenarbeit mit anderen müssen wir bestimmte Regeln einhalten, aber wir können auch Situationen, in denen wir uns nur aus Pflichtgefühl oder aufgrund von äußerem Druck befinden, Sinn abgewinnen, indem wir uns bewusst machen, was uns dabei wichtig ist. Maria Luca, bei der ich als Psychotherapeutin gelernt habe, erzählte mir einmal von ihrem Berufsweg. »Ich wollte etwas aufbauen, dabei war ich nur die Putzfrau. Je höher ich im Management aufstieg, desto mehr hatte ich zu putzen. Schöpferisch war das nicht.« Sie kündigte ihre hohe Stellung als Leiterin einer Organisation für Psychotherapie. Sie gab ihre Position auf, um Psychotherapeutin und Lehrerin zu werden, um als Akademikerin zu arbeiten. »Ich hatte die Nase voll davon, den Dreck wegzumachen«, sagte sie. »Es war an der Zeit, dass ich anfing, etwas aufzubauen.« Sie ließ diesen inneren Wandel zu.[7]

Wir müssen unser Leben auf die Reihe kriegen. In unserem Arbeitsleben stehen wir ebenso unter Druck wie in unserem Sozialleben. Daher ist es wichtig, zu würdigen, was wir erreicht haben. Aber wir sollten uns auch klarmachen, dass Produktivität noch nicht heißt, schöpferisch zu sein. Seien Sie bereit, sich selbst zu überraschen. Verlassen Sie auch in alltäglichen Dingen die ausgetretenen Pfade, zum Beispiel bei der Wahl Ihrer Kleidung, beim Kochen oder bei der nächsten Glückwunschkarte. Oder wie die Kulturanthropologin Margaret Mead sagte, die ob ihrer unverblümten Art eine gesuchte Rednerin war: »Das tägliche Mittagessen zuzubereiten ist öde, aber etwas Leckeres für ein Festmahl zu kochen ist kreativ.«[8] Nicht jede Mahlzeit kann ein Festmahl sein, aber wenn das Leben voller Verpflichtungen und Verantwortung ist, braucht es den sprühenden Funken, damit alltägliche Augenblicke zu besonderen Gelegenheiten werden können. Nur wenige haben dazu den nötigen kreativen Raum, wenn sie ihn nicht selbst schaffen.

Denn die Kreativität hat etwas Paradoxes an sich. Für bestimmte schöpferische Tätigkeiten ist Abgeschiedenheit ein Muss, während bei anderen das Zusammenwirken mit anderen kreativen Geistern erst die Magie der Synergie erweckt. Statt sich also zu isolieren, suchen Sie die Begegnung mit anderen sprühenden Geistern, von denen Sie sich inspirieren lassen können. Schon ein Gespräch kann kreativ sein.

Klare Grenzen können es im Übrigen leichter machen, zu spielen und kreativ zu sein. Die Fee spendiert Aschenputtel auf magische Weise nicht nur schöne Kleider, sie sagt ihr auch, sie müsse bis Mitternacht zu Hause sein. Wir brauchen zeitliche Grenzen für die Magie.

Ein klarer Rahmen gibt uns ein Ziel. Zu viele Wahlmöglichkeiten, zu viel Raum, zu viel Zeit – das kann uns überfordern. Damit vergeht auch die Notwendigkeit, sich jetzt schöpferisch zu engagieren. Setzen Sie sich also selbst Grenzen. Definieren Sie den Rahmen – ob es darum geht, dass Sie eine Mahlzeit aus wenigen Zutaten zubereiten, eine Geschichte aus wenigen Angaben entwickeln oder sich sonstige materielle oder zeitliche Grenzen für eine vertraute Aufgabe setzen, sodass Sie diese anders als gewohnt anpacken müssen.

Doch selbst wenn wir den nötigen Raum hätten, sperren Scham und Angst bei den meisten Erwachsenen das Spielerische aus. Wir hören auf zu tanzen, weil wir uns peinlich finden. Wir kommen uns dumm vor, ein Spiel zu spielen, aus dem wir angeblich herausgewachsen sind. Wir haben Angst, uns ungeschickt anzustellen oder Fehler zu machen. Wir wollen uns nicht exponieren, nicht einmal vor uns selbst. Und manchmal sind wir sogar dann peinlich berührt, wenn wir unsere Leidenschaft für etwas offenbaren.

Und so versickern unsere schöpferischen Kräfte in verborgenen Gedanken und Gefühlen, durchtränken unsere Fantasien und Überzeugungen. Angsterfülltes Katastrophendenken in plastischen Bildern ist häufig höchst einfallsreich. Auch die Eifersucht hat diesen Hang zur Imagination. Wir schnappen eine Belanglosigkeit auf und spinnen sie zu ganzen Filmen aus. Dabei kann eine solche kreative Ausgestaltung ein Licht auf unsere Fantasien werfen und uns helfen, uns in der Realität besser zurechtzufinden. Überlegen Sie, bei welchen Gelegenheiten Ihr Geist zum Dramenautor wird. So erkennen Sie, welches Kolorit in Ihrer Innenwelt vorherrscht, ohne sich ihr auf Gedeih und Verderb auszuliefern.

Rosie hat sich nicht einmal ansatzweise als kreativ erlebt, und doch war sie es. Wir alle sind es. Wie auch immer Ihre Lebensumstände beschaffen sind: Versuchen Sie, Teile Ihres Lebens auf kreative Weise neu zu sehen. Als Rosie in die Therapie kam, sagte sie, sie wolle neues Leben schaffen – am Ende ging es dabei nicht um ein Baby, zumindest nicht sofort. Das neue Leben, das sie schuf, war ihr eigenes. Auch in Ihrem Leben gibt es vermutlich Einschränkungen und Verpflichtungen, die Sie sich nicht ausgesucht haben. Überlegen Sie, wie Sie Dinge, die Sie als Belastung erleben, ins Positive verkehren können. Und umgekehrt: wie etwas, das Sie immer als Plus gesehen haben, Sie vielleicht doch behindert.

Wenn Sie es wollen, erleben Sie jeden Tag kreative Momente, nur indem Sie beobachten und neugierig bleiben. Erlauben Sie sich, sich unvollkommen auszudrücken. Ändern Sie da und dort Ihre Perspektive. Öffnen Sie sich für Neues und zeigen Sie etwas von sich. Damit Sie neue und frische Erfahrungen sammeln.

Kapitel 8

Dazugehören

Zu Beginn meiner beruflichen Laufbahn arbeitete ich mit einer ans Bett gefesselten jungen Frau auf der Intensivstation. Sie war bei einer Party vom Balkon gefallen und musste nun, im Alter von zweiundzwanzig Jahren, akzeptieren, dass sie nie wieder würde gehen können. Sie weinte und weinte. »Wo kann ich da noch dazugehören?«, fragte sie mich mit vor Schock weit aufgerissenen Augen. »Kein Tanzen mehr. Nie wieder.«

Ihre Geschichte eröffnete in meinem Inneren einen neuen Bereich. Wenn meine Arbeit mich manchmal von meinem persönlichen Leben fortzieht, dann, weil ich das so will.

Das Gefühl der Zugehörigkeit ist zu einem Lieblingsthema der Medien geworden, das sich immer größerer Aufmerksamkeit erfreut. Es wird am Arbeitsplatz gefördert, weil es die Mitarbeiterfluktuation senkt und die Produktivität steigert. Es wird in Schulen vermittelt und in Gemeinschaften gesucht. Der Wunsch, sich zugehörig zu fühlen, existiert in jeder Kultur. Der Sozialpsychologe Abraham Maslow räumte ihm in seiner Bedürfnispyramide einen prominenten Platz ein.[9] Wir sind soziale Geschöpfe und als solche gerne Teil einer Gruppe, seien es nun unsere Freunde, die Familie oder unsere Kollegen. Durch Zugehörigkeit zu einer Gemeinschaft finden wir Unterstützung, Schutz, mitunter sogar einen Sinn im Leben. Man steht hinter uns, wir sind akzeptiert, und das macht uns Mut. Aber das Ganze hat auch eine Kehrseite, und die bekommen gewöhnlich jene zu spüren, die eben nicht dazugehören. Wenn wir das Gefühl der Zugehörigkeit stärken, lassen wir jene außen vor, die nicht zu unserer Gruppe gehören.

Eine starke therapeutische Bindung bietet dagegen nicht in jedem Fall Abhilfe. Die Menschen fühlen sich in der Praxis sicher, aber dann gehen sie hinaus in die kalte Nacht. Sie beenden die Onlinesitzung und kehren zurück in das ausgrenzende Umfeld, sobald sie den Raum verlassen. Äußert eine Person in der Therapie den Wunsch, sich zugehörig zu fühlen, ist es sinnvoll, dem nachzugehen. Der Wunsch, Zugehörigkeit herzustellen, kann ein Versuch sein, frühere Gefühle des Ausgeschlossenseins zu kompensieren. Eine Verschiebung des Wunsches nach Zugehörigkeit, die dem Betreffenden in Familie, Schule, Kultur oder Nation versagt blieb. Manchmal ist es auch eine Art verschobener Gehorsam gegenüber der Unterdrückerkultur oder umgekehrt der Wunsch nach Individuation.

Ein krisenhaft erlebtes Gefühl, nicht dazuzugehören, oder zumindest das Gefühl, außerhalb zu stehen, bringt die Menschen manchmal überhaupt erst in die Therapie, auch wenn dies nicht gleich zu Beginn zur Sprache kommt. Häufig äußert sich diese Grundbefindlichkeit in Gefühlen der Entfremdung.

Wir müssen über das Gefühl, nicht dazuzugehören, reden. Nicht-Zugehörigkeit kann krisenhaft erlebt werden, als verhängnisvolles Gefühl der Einsamkeit und Verzweiflung, das auch noch stigmatisiert wird. Dass Zugehörigkeit derart betont wird, macht es noch schmerzlicher, wenn man nicht Mitglied ist im Club oder sich zumindest so fühlt. »Das ist doch alles bloß Mache von denen, dieses ganze Getue von wegen Zusammengehörigkeit, oder?«, fragte mich eine Klientin einmal nach einem Firmenworkshop. Ein interessanter Gedanke. Sie fühlte sich erdrückt von dem Zwang zur Zusammengehörigkeit, der bei diesem Workshop herrschte, von dem alle anderen Aspekte ausklammernden Anspruch, dass sie sich mit ihrer Firma identifizieren sollte bzw. konnte.

»Sagen Sie den Leuten nie, wohin sie gehören oder wohin sie gehören wollen. Setzen Sie nichts voraus«, sagte Desa Markovic[10], eine brillante Vertreterin der systemischen Therapie. »Laden Sie sie vielmehr ein, Ihnen das selbst zu erzählen.« Es nervte sie, wenn man sie fragte, woher sie stammte – ihr Akzent war ganz klar ausländisch, und die Frage deutete an, dass sie nicht hierhergehören würde.

Ich habe das Faktum, nicht dazuzugehören, lange Zeit romantisiert. Der einsame Künstler, der Exilant, ein Mensch, der aus der Menge herausragt – Außenseitertum schien mir gleichbedeutend mit einem edlen und originellen Geist. Meine Heroisierung des feingeistigen Außenseiters entbehrt allerdings jeglicher Originalität. Mir war einfach nicht bewusst, wie problematisch meine Heroisierung sein kann, bis ich vor Kurzem Gelegenheit bekam, meine Voreingenommenheit zu korrigieren. Hinterher fühlte ich mich angesichts meiner bisherigen verzerrten Perspektive nicht wenig verlegen.

Mit dem Thema der Nicht-Zugehörigkeit und dem Wunsch, diesen Zustand zu beenden, wurde ich auf überraschende Weise in meiner Arbeit mit Dwight konfrontiert, einem Schwarzen Mann Ende vierzig. Er kam zu mir, weil er herausgefunden hatte, dass seine weiße Frau ihn mit ihrem ehemaligen Freund, ebenfalls einem Weißen, betrogen hatte.

Dwights Blues

»Es geht mir gut, ich kann nicht klagen«, sagt Dwight mit einem angestrengten Lächeln. Er hat eine tiefe, ruhige Stimme, und ich muss ihn öfter bitten, doch lauter zu sprechen. Er ist groß und sieht wirklich gut aus. Früher hat er in einer der unteren Ligen Football gespielt. Heute arbeitet er als Produktdesigner für eine Online-Musikplattform. Er ist eine ungewöhnliche Mischung aus Energie und Schüchternheit. Obwohl er mir die Affäre seiner Frau genau geschildert hat, scheint er sich in unseren Sitzungen nicht auf die Macht seiner Gefühle einlassen zu wollen. Ich bin nicht sicher, ob er sich überhaupt je erlaubt, seine Gefühle uneingeschränkt zu empfinden. Hier tiefer zu gehen scheint ihn einerseits zu reizen, andererseits widerstrebt es ihm offensichtlich. Es ist, als würde er mich über verschiedene Wege immer an die gleiche Klippe führen. Stopp. Bitte zurücktreten. Falsche Richtung.

Er nennt das »den Blues«. Sein Vater hatte den Blues. Dwight erinnert sich, dass sein Vater manchmal lange Zeit kaum sein Zimmer verließ. Dann blieben alle anderen auch die meiste Zeit in ihren Zimmern. Emotional war das eher ein Ertrinken als der Blues. In jedem Fall ist er stolz darauf, dass er sich nicht so verhält. In diesen Augenblicken wirkt er eher wie ein Zuschauer seines Lebens. Der Blues hat vielleicht seine Herkunft geprägt. Noch mal will er nicht dorthin zurück. Er hat die Therapie begonnen, sagt er, »um positiv zu bleiben«.

Mit Dwight hatte ich monatelang das Gefühl, dass noch irgendetwas kommen würde. Wir gehen auf etwas zu, nur dass es noch nicht zu sehen ist. In seinem abwesenden Blick liegt etwas Unerbittliches, Undefinierbares. Er ist ein reservierter, zurückhaltender Typ, und darüber reden wir auch. Er sei immer schon so gewesen, in letzter Zeit aber besonders ausgeprägt. Seinen Freunden hat er nichts von seiner Ehekrise erzählt, ja er hat sich von seinem sozialen Umfeld massiv zurückgezogen. Jessica – seine Frau – hat ihre Affäre beendet, und die beiden versuchen, ihre Ehe zu kitten. Dwight ist fest entschlossen, sich diese Hoffnung zu bewahren. Er und seine Frau machen bei einer meiner Kolleginnen eine Paartherapie. Jessica macht darüber hinaus eine Lebensberatung. Die beiden haben zwei kleine Mädchen, und sie »wollen das hinter sich bringen«. In gewisser Weise haben sie das schon. »Wir werden gestärkt aus dieser Sache hervorgehen«, versichert Dwight mir. Vor dieser Krise war Dwight nie in Therapie gewesen. Aber er ist dankbar dafür und bezeichnet sich diesbezüglich als »Konvertiten«.

Von der ersten Sitzung an geht Dwight davon aus, dass er über die Affäre hinweg ist und Jessica verziehen hat. Er glaubt an Frieden und Vergebung, sagt er immer wieder. Außerdem will er ja positiv bleiben. Schon wieder dieses Wort. Manchmal bringt er Gedichte mit, in denen es darum geht, die schönen Seiten des Lebens zu sehen. Er liest mir immer wieder Zitate dazu vor. Dankbarkeit scheint der Dreh- und Angelpunkt seiner Weltanschauung zu sein. Nicht wütend oder traurig zu werden ist Teil seiner Philosophie, seiner Überzeugung, seiner Entschlossenheit, nicht so zu werden wie sein verbitterter Vater.

»Mein Vater ging mit dem Gefühl durchs Leben, dass für ihn die Ampel nie auf Grün springen würde. Er hatte in seinem Kopf ständig eine Liste aller Gelegenheiten, bei denen ihm Unrecht geschah.« Also zurück zum Blues. Missmutig, mitleiderregend, deprimierend. Dwights Vater hatte »nichts Gutes zu sagen darüber, wo er herkam oder wo er hinkönnte«. Dwight identifiziert sich mehr mit seiner »sonnigen, fröhlichen« Mutter. Die Freude seiner Mutter sei die Sonne gewesen, der Dwight wie eine Sonnenblume stets sein Gesicht zugewandt habe, sagt er.

Dwights Eltern trennten sich, als er noch ein Teenager war. Scheiden ließen sie sich nicht. Das Auseinanderbrechen seiner Kindheitsfamilie schmerzt ihn immer noch. Aber sobald wir uns in unseren Sitzungen diesem Schmerz nähern, schaltet er um in den positiven Gang. Für Dwight gibt es nur grünes Licht. Er und Jessica entwickeln sich weiter und höher.

»Wir sind verschieden«, erzählt er. »Wir waren immer schon verschieden. Als Menschen, aber auch, was unsere Herkunft angeht. Nicht weil sie weiß ist und aus Liverpool stammt, sondern auch, was unsere Persönlichkeit angeht. Aber dieses Yin und Yang ist einfach unser Ding. Sie plaudert viel und unternimmt gerne etwas. Sie ist der soziale Typ. Ich mag es eher ruhig. Sie regt sich leicht über etwas auf, ich gehe darüber lieber hinweg. Ich gebe ihr Stabilität. Das funktioniert ganz gut.« Und weiter: »Wir gehören zusammen.« Dann fügt er hinzu: »Ja, ich habe Glück gehabt. Bei mir läuft vieles einfach gut.« Er hat eine Coolness an sich, die ich nicht ganz begreife. Unglaublich angenehm, aber in unseren Sitzungen immer einen Schritt von mir entfernt.

Unterschiede und Differenzen bringen Dwight und seine Frau näher zusammen – solange sie sich charakterlich nicht ändern. Natürlich besteht keine Eile, aber ich würde doch gerne auch erfahren, was in seinem Leben nicht stimmt. Ich höre gern, was alles in Ordnung ist. Ich will ja das Gute ebenso wissen wie die Schattenseiten. Aber Therapeuten sind wie Trüffelschweine, wenn es um Verletzlichkeit geht – wir suchen gezielt danach und graben tiefer, bis wir gefunden haben, was wir suchen. Wir müssen den Schmerz aufdecken, zumindest ansatzweise, damit wir gemeinsam daran arbeiten können, das Leben besser zu machen. Dwight hat schon angedeutet, dass er tiefen Schmerz erlebt hat, aber im Moment umkreisen wir ihn immer nur. Der Kummer seines Vaters scheint riesig zu sein, tief wie das Meer. Es ist, als würde Dwight dagegen ankämpfen, als ginge es um sein Leben. Das regt meine Schnüffelnase an, und ich grabe weiter.

Für seine Eltern und den Rest der Familie ist Dwight der Friedensstifter – selbst in Jessicas Familie. Er meint, er könne sich Gruppen gut anpassen, und ist stolz darauf, mit allen Menschen zurechtzukommen. Und mit sich selbst, was auch immer passieren mag. Es ist eine Herausforderung, durch diesen Frieden zu dringen, von dem er ständig spricht.

Als ich ihn frage, wie sein Sexleben mit Jessica ist, antwortet er, in ihrer Beziehung gehe es um mehr als um Sex. Und mit zwei Kindern bliebe dafür auch nicht genug Zeit. Aber das ist okay, meint er, kein Problem. »Ich bin mit Ungewissheit immer schon gut zurechtgekommen«, fügt er hinzu. Ein interessanter Gedankensprung. Ich bin nicht sicher, was ich davon halten soll, und Dwight geht wieder zu der Gewissheit über, die ihm die Sonnenseite des Lebens schenkt.

Dieses Mantra gebraucht er wohl konsequent: »Halte nicht an Negativitäten fest.« Ich komme mir vor wie die Beobachterin bei einem Duell: zwischen dem idealen Selbst, dem »sonnigen« Dwight, und dem verachteten Selbst, dem »Blues«. Letzteres erwähnt er nur, um zu sagen, dass er ihm keinen Raum lässt.

Es gibt in der Psychotherapie einen Aphorismus: »Wogegen wir uns sträuben, das bleibt an uns kleben.« Oder noch deutlicher: Was wir vermeiden, ist genau *das,* worum es geht. Gib ihm einen Namen, dann kannst du es zähmen. In unseren Sitzungen spüre ich immer noch eine gewisse Zurückhaltung. Wovon will er sich distanzieren? Wenn ich nachfrage, erklärt er mir unweigerlich, dass er positiv bleiben möchte. Auf der sonnigen Seite der Straße. Denkt er etwa, dass er nicht mehr zurückfindet, wenn er auf die Schattenseite wechselt?

»Ich will dort nicht hinsehen. Ich kann nicht«, sagt Dwight mit einem schiefen Lächeln. »Ich bin introvertiert. Für mich ist es schon eine Riesensache, dass ich überhaupt mit Ihnen rede. So viel habe ich noch keinem von mir offenbart. Sie finden das vielleicht nicht viel, für mich ist es das schon.«

Damit erinnert er mich an meine berufsbedingte Betriebsblindheit: Was für mich Alltag ist, fühlt sich für andere Menschen ungewöhnlich und fremd an. Erst in der Supervision merke ich, dass Dwight jeden Tag Dinge erlebt, die mir fremd sind, die ich aber nicht als mir fremd erkenne. Das Thema Rassismus!

Ich spreche mit einer Schwarzen Kollegin, Dr. Victoria Uwannah, über dieses Problem und über die Frage, ob es sinnvoll ist, es anzusprechen, wenn der Klient es nicht tut.[11] Ich bekenne, dass ich es bisher nicht getan hätte. Dabei habe ich nicht nur dieses Thema vermieden, ich habe Dwight buchstäblich gedrängt, über seinen Schmerz zu reden, den Blues, seine Schwierigkeiten.

Ich höre das Lächeln in Vickis Stimme. »Es kann eine Einladung sein«, meint sie. »Du kannst das Thema einwerfen und mal sehen, wie die Leute reagieren.« Ich frage sie, was sie von der These hält, dass Therapeuten und Klienten die gleiche Hautfarbe haben sollten. Sie meint, die meisten ihrer Schwarzen Klienten kommen zu ihr, weil sie Schwarz ist.

»Ich glaube, dass der Großteil der Schwarzen Klienten, die ganz bewusst einen weißen Therapeuten aufsuchen, mit Identitätsproblemen kämpfen oder Angst haben, von einem Schwarzen Therapeuten verurteilt zu werden.« Sie wiederholt ihren Ratschlag, dass ich das Thema ansprechen sollte, wenn Dwight und ich im gleichen Raum seien. Offen über diese Themen zu sprechen kann einem Schwarzen Klienten helfen, sich wahrgenommen und gewürdigt zu fühlen.

Mein Gespräch mit Vicki zeigt mir vor allem eines: Ich war es, die dieses Thema vermieden hat, nicht Dwight.

Also frage ich Dwight, wie er sich damit fühlt, wenn er zu einer weißen Frau in Therapie geht.

»Nun, Sie sind eine weiße Frau wie Jessica. Vielleicht gibt es da einen Zusammenhang«, antwortet er. »Aber es gibt einfach auch mehr weiße Therapeuten. Nicht alles hat immer mit der Psyche zu tun. Ich mochte einfach die Art, wie Sie arbeiten. Nicht alles hängt mit dem Thema ›Hautfarbe‹ oder ›Ethnie‹ zusammen.«

Er hält inne, verschränkt die Arme und sieht mich auf eine Weise an, die mich vermuten lässt, dass er gleich ein für ihn schwieriges Thema ansprechen wird.

»Ich habe Ihnen ja gesagt, dass ich im Moment nicht besonders auf Sex aus bin. Ich habe schon seit langer Zeit keine Lust mehr auf Sex. Nicht seitdem Jessica mich betrogen hat. Aber ich habe ihr vergeben, und ich möchte Sex mit ihr haben, um ihr das auch zu zeigen. Aber ich kann einfach nicht. Wir haben es ein paarmal versucht, aber es läuft schlecht. Es passiert einfach nicht mehr. Das ist wie Avocadobrei auf Toast. Daran musste ich denken, als ich versuchte, reinzukommen. Und ich fühle mich dabei … ziemlich scheiße. Ich weiß nicht, ob eine Therapie mir da helfen kann, aber es ist doch ein Zeichen, dass ich irgendwie nicht mehr in mein Leben gehöre.«

Während er dies sagt, scheint er durch und durch von Scham erfüllt. Er schaut auf den Boden und lässt den Kopf hängen wie ein Schuljunge, der einen Fehler zugibt.

Viagra hätte ihm auch nicht geholfen, meint er. »Es ist, als würde ich mich Jessica verweigern, obwohl ich ihr eigentlich verzeihen will. Warum mache ich das nur? Was halte ich zurück? Ich begreife das einfach nicht.«

Wir sehen uns an, wie er sich in puncto Lust von Jessica entfernt. Er traut seiner Frau sexuell nicht mehr, fühlt sich nicht sicher in ihr und mit der Nähe zu ihr. Es ist auffällig, dass die beiden keinen Sex hatten, seit er hinter die Affäre kam. Und obwohl Jessica das Verhältnis beendete und die beiden Sex haben möchten, scheint sein Körper sich dem zu verweigern. »Vermutlich protestiere ich so«, sagt er. »Aber es ist schwer zu sagen, was wirklich passiert, worum es hier geht.«

»Ich finde es gut, dass Sie sich diese Fragen stellen. Tatsächlich sind Sie gerade dabei, Ihre eigene Autorität zu entwickeln. Ich möchte, dass Sie sich sicher genug fühlen, alle auftauchenden Emotionen auch auszudrücken.«

»Aber an anderen Orten ist das eben nicht sicher«, sagt er. »Das ist einfach so. Und ich bin so sehr daran gewöhnt, dass Menschen mich falsch wahrnehmen.«

Er sieht auf seine Hände. Er sitzt stocksteif da, wie eingefroren. Nur hin und wieder ein Blinzeln. Wenn ich jetzt versuche, seinen Blick auf mich zu lenken, wird er vermutlich abblocken. Ich entscheide mich, die Aufmerksamkeit in keiner Form auf seinen Körper zu lenken.

»Ich würde gerne erfahren, was in Ihren Augen die falsche und die richtige Sicht auf Sie ist.«

»Ich weiß nicht, ob Sie das verstehen«, meint er. »Das ist nicht Ihre Schuld. So ist es nur einfach. Obwohl dieser Tage so ein Aufstand um Authentizität und Verletzlichkeit gemacht wird, um diese beiden Schlagwörter, ist das eigentlich nur Bullshit. Ich kann nicht verletzlich sein. Ich kann nicht authentisch sein. Ich habe Jessica in gewisse finanzielle Probleme eingeweiht, bevor sie mich betrogen hat. Ich bin sicher, dass diese Art der Verwundbarkeit das Ganze ausgelöst hat. Und meine Authentizität … was soll das überhaupt bedeuten? Wenn ich authentisch ich selbst bin, bin ich stockwütend. Das kann ich mir nicht leisten. Ein Schwarzer Mann kann das nicht. Und ich kann Ihnen das nicht erklären. Es ist einfach so.«

»Sie haben mir schon eine ganze Menge erklärt, und natürlich gibt es Dinge, die Sie nicht erklären können. Haben Sie mich deshalb als Therapeutin ausgewählt, damit Sie Ihre positive Seite verstärken können und sich erinnern, wie es ist, in einer weißen Welt zu leben?«

»Möglicherweise. Ein Schwarzer Therapeut hält dieses Festhalten am Positiven ohnehin nur für Bullshit, vor allem nachdem meine weiße Frau es mir gegenüber an Respekt hat fehlen lassen. Das jedenfalls habe ich gedacht. Aber Sie waren so … verständnisvoll. Vielleicht ist es Ihr Wunsch, es mir so angenehm wie möglich zu machen.«

Was für ein Hochmut, anzunehmen, die Therapie könne Dwight wie durch Zauberei beruhigen. »Sie benennen, was geschieht. Tun Sie das andernorts auch?«

»Nein. Ich glaube, ich bin einfach schüchtern. Und die Stimme nicht zu erheben, das kann ein Problem sein. Im Job sage ich auch nie etwas. Das geht mir mit den meisten Menschen so. Auch mit Jessica. Es ist schwierig für mich, Menschen zu konfrontieren. Und wenn ich es tue, bin ich meist zu verletzt … Aber ich behalte meine Verletzungen meist für mich.«

Eine ganz einfache Definition der Depression: Wut, die sich nach innen kehrt.

Ärger wird noch stärker verinnerlicht, wo negative Emotionen und ihr Ausdruck tabuisiert, verleugnet und verboten sind. Dwight sieht mich forschend an, als würde er meine Zustimmung suchen. »Hier aber drücke ich mich aus«, sagt er.

»Ja, das tun Sie. Haben Sie das Gefühl, dass Sie jetzt mich konfrontieren? Fühlen Sie sich hier verletzt, so wie Sie es gerade geschildert haben?«

»Ich fühle mich verletzt. Aber nicht von Ihnen. Aber von Ihren Leuten. Und ich frage mich, ob ich jetzt beleidigend wirke.«

»Bitte sprechen Sie sich ruhig aus«, sage ich. »Ich kann das vertragen.«

»Das ist alles Neuland für mich. Ich habe so etwas noch nie zu jemand anderem gesagt. Aber zurück zum Introvertiertsein … ich verarbeite Dinge eben für mich selbst, abseits von anderen Menschen.«

»Ich frage mich, ob Sie sich unsicher fühlen, wenn Sie das bei anderen Menschen tun, die vielleicht gegen Sie verwenden könnten, was Sie von sich preisgegeben haben.«

»Ja, das ist es zum Teil. Aber es ist ohnehin schwer, etwas zu sagen, wenn man seine Gedanken und Gefühle in diesen Momenten nicht kennt. Und selbst wenn ich sie kenne, kann ich doch mein wahres Selbst nicht zeigen. Es ist für mich nicht sicher, authentisch zu sein und zu sagen, was wirklich in mir vorgeht. Ich bin ein Schwarzer Mann. Ich werde ständig falsch verstanden. Wie zahm und kooperativ ich mich auch zeigen mag, die meisten Menschen verstehen mich falsch. Das ist die Wirklichkeit. Das ist die wirkliche, gefährliche Welt. Jetzt sind Sie dran.«

Natürlich hat Dwight recht. Und ich stehe seltsamerweise nur daneben. Ich bin nicht Teil seiner Welt, selbst wenn ich es versuchen wollte. Und all mein Einfühlungsvermögen, meine Neugier und Aufmerksamkeit helfen mir hier nicht. Ich fühle mich machtlos. Das passiert in der Therapie, wenn wir uns der Grenzen unserer Weltsicht bewusst werden. Die Erfahrung, die Dwight in dieser Welt macht, ist auf eine Weise problematisch, die selbst das größte Einfühlungsvermögen nicht abstellen kann.

Ich bin meinem eigenen Blues aus dem Weg gegangen, der Frage, was Unterschiede und Zugehörigkeit bedeuten. Ich habe versucht, zwischen Dwight und mir das Verbindende zu betonen und den Ozean übersehen, der uns trennt.

Dwight muss ständig beweisen, was er nicht ist, genauso sehr wie das, was er sein könnte. Und ich versuche ständig, ihm zu beweisen, dass ich da bei ihm bin, wo ich es vermutlich gar nicht bin. Die Welt erlaubt ihm nicht, sich ganz auszudrücken. Und ich versuche verzweifelt, ihm ein Gefühl der Sicherheit zu geben, sodass er sich zumindest in diesem Raum ganz zeigen kann. Ich kann ihn nicht zwingen. Mein Hyper-Respekt ist mehr als bemühte Korrektheit – er ist letztlich entfremdend.

Wenn ich ihn bitte, sich in unseren Sitzungen keine Schranken aufzuerlegen, muss ich dasselbe tun. »Dwight, ich wollte unbedingt, dass Sie sich hier mit mir sicher fühlen. Sie machen sich Sorgen, weil Sie falsch verstanden werden. Und ich verstehe Sie ebenso falsch, wenn ich Ihnen sage, dass ich Sie begreife. Ich möchte, dass Sie sich hier zugehörig fühlen. Aber versuchen wir es doch mal andersrum: Sie gehören nicht hierher. Ich gehöre nicht hierher zu Ihnen. Wir sind nicht gleich oder stammen auch nur aus derselben Kultur. Aber wir wünschen uns beide Zugehörigkeit, nicht im Allgemeinen, sondern hier, wo wir miteinander arbeiten.«

»Ich möchte das sagen, nur damit ich es einmal loswerde: Ich gehöre nicht hierher. In die Arbeit mit Ihnen. Ich gehöre nicht zu Jessica. Ah ja. Nichts von mir gehört verdammt noch mal dazu. Ja!«

»Wie fühlen Sie sich, wenn Sie das sagen?«

»Gut! Und erschrocken. Ich habe mich so lange zurückgehalten, wollte nicht ausrasten. Ja. Wir sind nicht gleich. Wir müssen das auch nicht sein. Aber das ist Teil unserer Chemie … wir haben unsere Unterschiede angenommen … Aber Mann, ich vermisse die Art, wie wir uns in den ersten Tagen aufeinander eingelassen haben. Wie Magneten, die automatisch an den richtigen Platz flutschen. Wir haben der Liebe vertraut und uns von ihr leiten lassen … und dann … ich erinnere mich noch klar und deutlich, wie es war, als ich erstmals zum Abendessen bei Jessicas Familie war, nachdem ich entdeckt hatte, dass sie mich betrogen hatte. Ich habe mich von allen betrogen gefühlt. Ich so: ›Ja, ich gehöre nicht zu euch. Diese verfickten Typen sind nicht meine Leute. Ich gehöre nicht mehr zu ihnen.‹ Und vielleicht habe ich das noch nie. Ich hasse Jessica immer noch ein bisschen.«

***

In der folgenden Woche sagt Dwight, dass er nie ganz zu den weißen Menschen gehören würde, aber eben auch nie hundertprozentig zu den Schwarzen. »Meine zwei Kinder haben eine weiße Mutter und einen Schwarzen Vater. Ich habe meine Leute verlassen, wer immer sie sind oder waren. Sie wissen doch, was ich immer über den Blues erzähle und dass ich dort nicht landen möchte?«, fragt er.

»Ja.«

»Ich war mit Jessica an diesem Punkt, und deshalb hat sie mich betrogen. Ich kann das nicht beweisen, aber ich spüre es. Und ich bin wütend. Jessica bat mich jahrelang, doch auch mal meine Verletzlichkeit zu zeigen. ›Sei verletzlich‹ – genau das waren ihre Worte. Sie hat das so oft zu mir gesagt. Sie wollte, dass ich mich öffne, näherkomme, meine Wunden mit ihr teile. Und als ich es endlich tat, konnte sie damit nichts anfangen. Ich weiß noch, wo wir da waren. Es war Sonntagabend, und die Mädchen waren schon im Bett. Wir saßen im Wohnzimmer und lasen Zeitung. Sie legte sie aus der Hand und bat mich ebenfalls, das Lesen zu unterbrechen. ›Lass uns reden!‹, sagte sie. Sie sagt das immer. Sie fragte mich, wie es mir ginge. Und statt zu sagen, es sei alles bestens, zeigte ich ihr meine Verwundbarkeit, was diese Finanzprobleme angeht. Und sie ist ausgetickt. Sie hat das nicht zugegeben, aber ich konnte es sehen. Dann hat sie sich von mir zurückgezogen, vielleicht nicht in genau diesem Moment, aber ich habe das Gefühl, da fing zwischen uns alles an schiefzugehen. Vielleicht sagen Sie mir ja etwas anderes, und sie selbst gibt es auch nicht zu, aber Frauen glauben immer, sie möchten, dass ihre Männer ihre Verwundbarkeit zeigen. Und wenn wir es tun, finden sie das schrecklich. Das kann ich Ihnen sagen.«

Seine Worte bleiben mir im Gedächtnis. Ich kann sie in seiner Gegenwart nicht ganz verarbeiten. Das sage ich ihm auch. Ich glaube, ich kann auch introvertiert sein! Ist das nun Introvertiertheit, oder will ich nur mein Gesicht wahren?

In der Folgesitzung spreche ich ihn nochmals darauf an. »Sie haben recht, das mit der Verletzlichkeit ist kompliziert. Wir stecken in dieser Hinsicht voller doppelbödiger Botschaften. Sie sind nicht der einzige Mann, der mir gesagt hat, Frauen möchten immer, dass ihre Männer sich verwundbar zeigen, doch wenn sie es täten, reagierten die Frauen darauf negativ. Jessica dachte vielleicht, sie möchte, dass Sie ihr Ihre Verwundbarkeit zeigen. Aber Ihre finanziellen Ängste haben vielleicht ihre eigene Angst und Unsicherheit verstärkt.«

»Ich verstehe, was Sie meinen. Den Kontext. Oh, Mann. Manchmal vermisse ich weniger, wie nahe wir einander waren, sondern vielmehr den Glauben, dass wir das immer sein würden … Ich habe an uns geglaubt. Wir gehörten zusammen. Dann fühlten sich selbst schwierige Dinge als möglich, schaffbar an. Im Moment fühlt sich das eher unmöglich an.«

»Das muss schwer sein.«

»Ja. Team Jessica und Dwight. Dass sie mich mit einem Ex betrogen hat, der weiß ist. Ich dachte nicht, dass das eine Rolle spielt, aber vielleicht tut es das doch. Verdammt.«

Wir sitzen schweigend da. Sein Gesicht sieht plötzlich wie aufgerissen, fast verstört aus. Sein Blick wirkt gehetzt, seine Brauen zerfurcht, wie Dwight es sich bislang auch in unseren Sitzungen noch nie zu zeigen getraut hat. Ein Blick tiefen Schmerzes. Eine Erleichterung, auch wenn es schwer ist. Wir sind beisammen, voller Differenzen, voller einsamer Ich-Bruchstücke, aber unglaublich beisammen. An seiner

Bereitschaft, mir so weit zu vertrauen, dass er mich das sehen lässt, ist etwas Großzügiges.

»Ich bin einsam. Ich möchte wieder zu einem Team gehören. Aber ich bin mir nicht sicher, ob das je wieder der Fall sein wird oder ob es überhaupt einmal so gewesen ist. Ich stelle so vieles infrage. Warum wollen wir dazugehören? Worum geht es dabei?«

»Ich glaube, wir sehnen uns danach, entspannt zu sein und anerkannt zu werden«, sage ich. Langsam finde ich meinen Weg. »Es geht um mehr als nur die bloße Bekanntschaft mit anderen Menschen. Entscheidend sind Akzeptanz und Unterstützung.«

»Ja, aber mit einem einzigen Menschen? Oder mit einer Gruppe? Wer gehört zu Ihrer Sippe?« Er legt den Kopf zur Seite und sieht mich an.

»Können wir bei Ihnen bleiben?«, frage ich.

»Wo fühlen Sie sich zu Hause?«, will er wissen. »Bitte. Und danke. Es würde mir helfen, wenn Sie das mit mir teilen würden.« Seine Stimme ist Ausdruck vollkommener Höflichkeit.

»Ich fühle mich in gewisser Weise überall zu Hause und nirgends. Das gehört einfach zu mir. Ich gehöre verschiedenen Kulturen an, aber keiner vollständig«, antworte ich. Ich bin gerne Teil von etwas, und mir fallen auf der Stelle mehrere Gruppierungen ein, zu denen ich gerne, aber nie vollständig gehöre: psychotherapeutische Behandlungsformen, Mütter, Freunde, Kulturen, Schulen, Familien. Was immer es ist: Es gibt bei jeder Gruppe Aspekte, mit denen ich etwas anfangen kann, aber unweigerlich auch immer solche, welche mich eher als Außenseiter fühlen lassen.

»Wie gehen Sie damit um?«, fragt Dwight. »Mit jenem Teil, der nie ganz dazugehört?« Ich versuche, mir das klarzumachen. Schließlich ist das auch etwas, das man nutzen kann. Ich kapsle mich nicht ab, weil ich nicht mit Haut und Haaren dazugehöre. Ich zwinge mich aber auch nicht, so zu tun, als gehörte ich dazu, wenn es eben nicht so ist.

Ist je ein Mensch ganz und ausschließlich an nur einem Ort zu Hause? Vielleicht, aber auf die meisten Menschen, die ich kenne, trifft das nicht zu. Wir kennen diese wunderschönen Augenblicke, wenn wir ganz dazugehören, aber gewöhnlich ist Zugehörigkeit eben nur eine Frage, wie groß die gemeinsame Schnittmenge ist. Das Beste, was wir tun können, ist, zu akzeptieren, dass es viele Orte gibt, zu denen wir mehr oder weniger dazugehören oder auch nicht.

»Dass Sie sich als Außenseiterin fühlen, ist gewissermaßen ein Privileg. Das kann man nicht damit vergleichen, dass ich mich nirgends zugehörig fühle. Wenn ich nachts über die Straße gehe, höre ich, wie die Leute ihre Autos verriegeln, wenn sie mich näher kommen sehen. Es ist einfach anders.«

»Ja, das ist es«, bestätige ich.

Dwight lässt sich ins Sofa sinken. Es wirkt gemütlich. »Ich sehe Sie an und habe das Gefühl, dass Sie sehr wohl dazugehören. Sie gehören in den Sessel, in dem Sie sitzen. Sie gehören in Ihren Beruf. Ich stelle mir vor, dass Sie durch und durch zu Ihrer Familie gehören, mit Müttergruppen, Psychotherapeutengruppen, ja vielleicht sogar WhatsApp-Gruppen. Zu wissen, dass ein Teil von Ihnen sich in keiner Gruppe wirklich zu Hause fühlt, finde ich gut. Richtig toll.«

»Das freut mich«, sage ich, und wir lächeln uns an. »Ich habe tatsächlich das Gefühl, in diesen Sessel zu gehören. Und mit Ihnen zu arbeiten. Aber mir wird erst allmählich klar, dass wir außerhalb dieses Raumes zu verschiedenen Welten gehören. Das finde ich nicht gut, aber langsam begreife ich es.«

»Ich bin in meinem Haus im Moment ein Außenseiter. Ich hatte immer das Gefühl, mit Jessica ganz ich selbst sein zu können, auch nachts im Bett. Und nun sind wir so verdammt weit voneinander entfernt. Allein. Einsamer, als wären wir tatsächlich getrennt.«

»Erzählen Sie mir von der Einsamkeit und von dem Gefühl, weit weg von ihr zu sein.«

»Jetzt ist sie für mich ein anderer Planet. Wir sehen uns nicht mehr an. Sie fühlt sich an wie der Feind.«

»Sie haben sich von ihr betrogen gefühlt. Sie wurde in Ihrer Geschichte der Bösewicht. Gleichzeitig bestehen Sie darauf, dass Sie ihr vergeben haben.«

»Aber ich *bin* darüber hinweg.«

»Sind Sie das? Ich verstehe, dass Sie es sein möchten. Und wenn Sie ihr verzeihen wollen, wenn Sie es hinter sich lassen möchten, dann können Sie das auch. Aber es braucht Zeit, ganz loslassen zu können. Ich glaube, Sie möchten es auch. Vielleicht können Sie jetzt wirklich schon damit aufhören, sie zu strafen, und sich selbst ebenfalls. Der Protest zermürbt Sie allmählich.«

»Ja, das tut er. Kein Wunder, dass mich die Proteste Schwarzer Menschen nicht interessieren. Ich protestiere ja in meinem eigenen Leben. Jessica hat mich verdammt noch mal betrogen. Mit einem weißen Typen. Und ich bin noch nicht ganz darüber hinweg. Vielleicht habe ich ihr noch gar nicht verziehen.«

»Dwight, ich habe Sie noch nie sagen hören, was Sie sich jetzt erlaubt haben: dass Sie eben noch nicht darüber hinweg sind und Sie ihr bisher nicht vergeben haben. Bravo!«

»Warum bravo? War das nicht offensichtlich?«

»Ganz und gar nicht. Sie haben ständig behauptet, Sie hätten es verwunden und ihr verziehen. Aber einer der wichtigsten Schritte zur Heilung ist, sich einzugestehen, dass die Dinge eben nicht in Ordnung sind – noch nicht. Sie können ihr verzeihen. Aber zuerst müssen Sie sich erlauben, dort zu sein, wo Sie im Moment sind. Und genau an diesem Punkt sind Sie jetzt.«

»Das finde ich gut. Ich habe versucht, so fröhlich zu sein wie meine Mutter. Nicht zu klagen. Kein Elend. Das half mir auch als Footballspieler. Und in vielerlei anderer Hinsicht. Aber es hat mir nicht geholfen, zu verarbeiten, dass meine Frau mich mit ihrem Ex-Freund betrogen hat. Da sollte doch ein wenig Kummer erlaubt sein. Um dann heil zu werden.«

»Das gefällt mir. Alles, was Sie gerade gesagt haben.«

»Ich glaube, ich habe eine weiße Frau als Therapeutin ausgewählt, damit ich zu Ihrer Welt Zugang bekomme. Ich dachte, Sie würden mich vielleicht anhalten, auch Jessicas Seite zu verstehen. Und ich wollte keinen Schwarzen Blick auf Jessica.«

»Das ist interessant. Glauben Sie denn, dass Jessica und ich den gleichen Blickwinkel teilen?«

»Nicht wirklich. Wenn ich jetzt so darüber nachdenke. Sie sind netter zu mir, als sie es ist. Aber das ist klar, sie ist meine Frau. Und Ihre Nettigkeit ist auch nicht immer hilfreich.«

»Sagen Sie mir ruhig, wo ich nicht hilfreich bin. Das muss ich wissen.«

»Wenn jemand zu nett ist, ist das eine Form von Beleidigung. Als würden Sie davon ausgehen, dass ich nicht die Fähigkeit und die Stärke besitze, mit Herausforderungen fertigzuwerden. Sie haben erst vor Kurzem damit angefangen, auch mal Ansprüche zu stellen. Dadurch fühle ich mich noch sicherer, weil ich das Gefühl habe, hierherzugehören. Zu dieser Art der Arbeit.«

»Ich werde also weiter fordernd sein«, verspreche ich. »Mein verzweifelter Wunsch, Ihnen hier ein gutes Gefühl zu vermitteln – ich verstehe, was Sie da kritisieren. Ich freue mich, dass wir das durchbrochen und geheilt haben. Ich höre immer noch, wie ich es zu intensiv versuche und unbedingt Erfolge sehen will, selbst wenn wir über meine therapeutischen Fehler sprechen. Aber nun scheinen wir ja tatsächlich vorwärtszukommen.«

»Wir sind stärker. Das finde ich auch gut. Zum Thema Zugehörigkeit ist mir noch etwas klar geworden. Ich dachte immer, dass Jessica überall dazugehört – zum Club der weißen Mädchen, zur englischen Mittelklasse. Zur Privatschulclique. Zum Soho House Club. Zur Modewelt. Ich meine, unsere siebenjährige Tochter fragt uns, was ›privat‹ bedeutet! Was ›privat‹ heißt! Können Sie sich das vorstellen? Was für eine Frage. Eine ihrer Schulfreundinnen hat erzählt, dass sie in den Ferien ein ›Privatgrundstück‹ entdeckt habe, und sie wollte wissen, was das heißt. Den Unterschied zwischen ›privat‹ und ›öffentlich‹ zu erklären ist nicht leicht. Aber eine gute Frage. Es ist einfach scheiße, wie wir uns in bestimmte Gruppen einteilen und uns verzweifelt an unseren Status krallen.« Dwight hält einen Moment inne, um Atem zu schöpfen.

Wir sehen einander schweigend an. Dazu gäbe es noch einiges zu sagen, aber wir sitzen zusammen in dieser angenehmen Stille, ohne das Bedürfnis, in diesem Moment noch irgendetwas mehr aussprechen zu müssen.

Sagen Sie Menschen nie, wohin sie gehören. Angesichts meiner Heroisierung des Nicht-Dazugehörens habe ich Dwights Angst völlig übersehen. Ich sah sein Widerstreben, sein Vermeiden von Schmerz und Sorge, aber seine Angst erkannte ich nicht. Der Blues war ein erschreckendes Echo aus seiner Kindheit – als er hilflos, verletzlich und abhängig war, als sie beinahe alle in der Trauer ihres Vaters ertrunken wären. Dwight hatte eine Höllenangst, selbst in diesen Abgrund zu stürzen. Oder die Rolle seines Vaters nachzuspielen und jemand zu werden, der er nie hatte sein wollen. Dass er den Blues in einem neuen Licht sah, widerlegte seine Angst, dass seine Herkunft über sein Schicksal bestimmen würde.

Ich verfolgte mit Dwight anfangs einen idealistischen Ansatz, was Zugehörigkeit angeht. Ich hatte eine perfektionistische Vorstellung davon, was ihm helfen würde. Wo er sagte, er wolle positiv bleiben, dachte ich, er müsse sich seinem Schmerz stellen, dabei stellte ich mich noch nicht einmal meinem eigenen Unbehagen. Wie schlimm der Horror und das Unrecht in der rauen Welt draußen auch sein mögen, in meiner Praxis fördere ich Respekt, Einsicht und Sicherheit. Ich möchte, dass sich die Menschen hier wohlfühlen, dass sie die Therapie als ihren Raum erleben, dass sie sich zu Hause fühlen. Nur funktioniert das so nicht. Die Welt dringt in diesen Raum ein. Und wir verlassen diesen Raum und nehmen die Therapie auch mit nach dort draußen.

Zuzugeben, dass wir etwas nicht verstehen, unsere eigenen Vorurteile, unsere Befangenheit unter die Lupe zu nehmen, die Grenzen unseres Repertoires zu erkennen – all das hilft uns, zu uns selbst zu gehören. Sich einzubilden, man würde unterschiedliche Erfahrungen verstehen, obwohl dem nicht so ist, unterminiert die emotionale Sicherheit in der therapeutischen Beziehung. Einzugestehen, was wir nicht wissen, aber gerne wissen möchten, ist als Ausgangspunkt hilfreicher. So können wir uns auf Beziehungen und Kulturen einlassen, zu denen wir nicht ganz gehören. Denn es ist sinnvoll, Klarheit zu haben.

Systeme und Kulturen sind in vielerlei Hinsicht mängelbehaftet. Wir haben es nicht immer in der Hand, wie wir definiert werden, wie wir porträtiert und in Schubladen gesteckt werden. Und es gibt im Leben nun mal massive Ungerechtigkeit und mangelnde Fairness. James Baldwin machte in einem Gespräch mit der Anthropologin Margaret Mead aus dem Jahr 1971 einmal folgende faszinierende Bemerkung: »Sie müssen der Welt sagen, wie sie Sie behandeln soll. Wenn die Welt Ihnen sagt, wie sie mit Ihnen umgehen wird, dann heißt das Ärger.«[12] Wir geraten leicht in Schwierigkeiten. Wir werden ausgeschlossen, schubladisiert und mit Gruppen in Verbindung gebracht, zu denen wir gar nicht gehören wollen. Ich habe den Psychologen Frank Tallis einmal gefragt, was er über das Nicht-Dazugehören denkt: »Nicht dazugehören hat seine Vorteile.« Entwicklungsgeschichtlich betrachtet, gibt es unschwer zu erkennende Gründe für unseren Wunsch, zu einer Gruppe zu gehören. Aber eine gesunde Entwicklung erfordert eben auch, dass wir uns dem Unbehagen aussetzen, nicht dazuzugehören. »Wenn Sie auf Biegen und Brechen zu der Gruppe gehören wollen, deren Teil Sie bereits sind, fühlen Sie sich möglicherweise sicher, aber weit kommen werden Sie so nicht.«[13]

Manchmal fühlt man sich im Clinch mit allem – mit dem eigenen Selbst und mit den Menschen um uns herum. Aber wenn Sie zufrieden sind mit der Vielfalt dessen, was Sie sind, dann werden Sie auch der Frage der Nicht-Zugehörigkeit lockerer gegenüberstehen und das gelegentlich sogar genießen. Letztlich geht es darum, mit dem, was man ist, glücklich zu sein, auch mit den peinlichen, ungeschickten, skurrilen Momenten – vor allem mit diesen! Vergegenwärtigen Sie sich all das, was Ihr Dasein ausmacht. Seien Sie geduldig. Anpassung und Zugehörigkeit sind letztlich ein Widerspruch. Bei Ersterer geht es um Selbstdarstellung, Show, und häufig auch Unehrlichkeit. Wirkliche Zugehörigkeit aber ist authentisch.

Kapitel 9

Gewinnen

Der Wunsch, zu gewinnen, kann etwas Arglistiges und zugleich Widersprüchliches haben. Der Impuls, die Besten sein zu wollen, motiviert uns, zu lernen und zu wachsen, aber auf heimtückische Weise lässt er uns auch wieder zu Kindern werden. Viele Beziehungen haben diesen Hautgout der Rivalität, selbst wenn wir das nicht merken.

»Glauben Sie denn«, fragte der Psychologe Alfred Adler einst Sigmund Freud, »daß es ein so großes Vergnügen für mich ist, mein ganzes Leben lang in Ihrem Schatten zu stehen?«[1] Aus den Freunden und Kollegen von einst wurden später erklärte Feinde. Adler trug ständig eine verblichene Postkarte mit sich herum, die Freud ihm vor Jahren geschickt hatte. Und Adler war immer bereit, sie hervorzuholen, um zu beweisen – so denn jemand danach fragen sollte –, dass Freud *ihn* um ein Treffen gebeten hatte, und nicht umgekehrt, wie Freud es darstellte.

Offensichtlich fühlte sich jeder vom anderen bedroht, und jahrelang gab es zwischen den beiden einen sarkastischen, verletzenden Schlagabtausch.

Selbst nach Adlers Tod fand Freud keine guten Worte für ihn und schrieb an einen Freund: »Aber Ihr Mitleid für Adler begreife nicht! […] Wirklich hat ihn die Mitwelt für das Verdienst, der Analyse widersprochen zu haben, reichlich belohnt.«[2] Ein triumphierender Schlusspunkt unter eine erbitterte Rivalität. Hat einer der beiden die Schlacht gewonnen? Beide scheinen an Größe zu verlieren in ihrem exzessiven Gefühl der Bedrohung und den nicht enden wollenden Versuchen, die Position des anderen zu schwächen und ihn vom Thron zu stoßen. Ihr kleinkarierter Hickhack ist erstaunlich, wenn man bedenkt, dass Adler Begriffe wie »Minderwertigkeitskomplex« und »Überlegenheitskomplex« geprägt hat.[3] Adler ging davon aus, dass wir mit einem »Minderwertigkeitsgefühl« ins Leben starten und unser Leben lang versuchen, unsere Überlegenheit unter Beweis zu stellen. Es ist Ironie des Schicksals, dass weder Adler noch Freud zu Einsicht und Gleichmut fanden, was ihre jahrelange Fehde angeht.

In der Therapie gibt es keine direkten Wettbewerbssituationen. Aber natürlich ist sie ein guter Ort, um unsere verdeckten Spiele unter die Lupe zu nehmen. Immer wieder machen sich im Gespräch verborgene Sehnsüchte bemerkbar, ganz oben auf dem Podest zu stehen. Wir haben Schwierigkeiten, die großartigen beruflichen Leistungen eines Freundes zu würdigen. Wir erklären ausführlich, warum wir auf unseren Mitbewohner kein bisschen neidisch sind. Unsere verächtlichen Kommentare über Bruder oder Schwester klingen ein bisschen zu sehr nach Protest. Wir erkennen Bescheidenheitsprahlen oder bemerken den Unterton der Scham, wenn wir darüber sprechen, wie andere Menschen uns wohl sehen. Und wir können uns überlegen, worum es bei unseren Rivalitäten *wirklich* geht.

Offizielle Wettbewerbssituationen sind der Ort, wo es eine reelle Chance auf Gewinn gibt. Wettkämpfe und Turniere haben Regeln. Die Punktvergabe erfolgt nach festgelegten Kriterien, es gibt Richter und Schiedsrichter, und wie konfliktbeladen das Spiel auch ablaufen mag, es gibt eine klare Ziellinie oder eine Höchstzahl an Treffern. Sieger und Verlierer stehen zweifelsfrei fest.

In zwischenmenschlichen Spielen jedoch verschwimmen die Regeln des Fair Play. Schon in der Kindheit haben viele von uns das Gefühl, sich beweisen zu müssen. Traurigerweise tun wir das meist, indem wir anderen unsere Überlegenheit signalisieren. Wir stellen auf unterschiedlichste Weise die Frage, wer besser ist. Wer ist größer? Wer hat mehr? Spieglein, Spieglein an der Wand, wer ist die Schönste im ganzen Land? Unser Wunsch, zu gewinnen, verschränkt sich mit rationalen Argumenten. »Sie wird einmal alle Herzen brechen!«, sagen wir von bezaubernden kleinen Mädchen. Überlegen Sie nur mal, was das in Wirklichkeit heißt – dass Menschen leiden werden, weil das Kind eine so »gewinnende« Persönlichkeit hat oder ein attraktives Erscheinungsbild besitzt. Können wir gewinnen, ohne dass andere deshalb verlieren müssen? Hinter zwanghaftem Gewinnstreben steht meist das bedrohliche Gefühl der Unzulänglichkeit.

Unser Wunsch, zu gewinnen, ist ein Weg, über den wir versuchen, mit Ungleichheit und Mangel zurechtzukommen. Vielleicht als Reaktion auf fehlende elterliche Liebe, auf den Mangel an Geld oder Chancen. Aber selbst wenn wir nicht benachteiligt wurden, empfinden wir es als Bedrohung, wenn vermeintliche Rivalen unser Gefühl von Sicherheit, Wohlstand und Gleichgewicht erschüttern. Dahinter steht das Gefühl, dass nicht genug für alle da ist. Wir streben nach innerer und äußerer Sicherheit und verschwenden unsere Zeit damit, dem Gegner einen K.-o.-Schlag verpassen zu wollen.

Der Rollendruck zieht uns in eine merkwürdige Gesprächsdynamik. Ohne ausdrücklich auf die Wettbewerbssituation zu verweisen, lassen wir uns auf ein Spiel ein, das beweisen soll, wer der Bessere ist. Dabei bleiben die Bedingungen häufig unausgesprochen und ständigen Veränderungen unterworfen. Von Angst bestimmte Konkurrenzkämpfe folgen keinen klaren Regeln und ziehen sich häufig endlos hin. Viele Menschen lassen sich in solche seltsamen Überbietungskämpfe verwickeln. Es ist schockierend, zu sehen, dass manche Menschen sich immer wieder in so etwas hineinziehen lassen. **Mitfreude** mit dem einen Menschen, Wettbewerb mit dem anderen: Die Rivalität nimmt die unterschiedlichsten Formen an.

Wir konkurrieren auch mit uns selbst – im Zweikampf zwischen dem Leben, das wir real führen, und unseren Fantasien über unsere imaginären Möglichkeiten. Ob nun aber unser ungelebtes Leben ein Horrorkabinett ist oder ein leuchtendes Utopia des Triumphes, es hilft auf jeden Fall, wenn wir es kennen. Denn wenn wir uns unserer Tricks nicht bewusst sind, neigen wir zu schlechtem Verhalten.

Mitunter lassen wir uns einfangen von der irrigen Meinung, wir müssten uns beweisen, auch wenn gar nichts groß auf dem Spiel stehen mag. Das kann über Jahrzehnte andauern. Wir wissen nicht genau, was wir von unseren Rivalen eigentlich wollen. Häufig konkurrieren wir nicht nur mit der Gegenwart, sondern auch mit Phantomen aus der Vergangenheit. Der verzweifelte Versuch, unsere Überlegenheit zu beweisen, überwuchert manchmal unsere Perspektiven und unser Selbstverständnis.

Wie irrational das auch sein mag, wir wollen wissen, wie es unserem Rivalen in diesen Kämpfen geht. Das kann seinen Grund haben in einer gewissen Sympathie, ja Nostalgie im Hinblick auf die gemeinsame Geschichte, das unterschwellige System, in dem wir uns jahrelang zu positionieren versuchten. Das Ganze hört sich falsch an, und ist es gewöhnlich auch, daher gestehen wir uns das nicht gerne ein (nicht einmal in der Therapie). Aber unsere Rivalitäten sagen einiges darüber aus, inwiefern wir uns selbst über sie definiert und verstanden haben. Möglicherweise haben wir uns darin auch verloren und unsere Integrität für kleine, armselige Trophäen aufgegeben. Was die Rivalen aus unserer Jugendzeit angeht, so haben wir mit ihnen gemeinhin einiges erlebt, was mehr war als nur scheele Seitenblicke. Eine solche Rivalität in neuem Licht zu sehen verhilft uns zu einem Update unseres Selbstbilds. Schon das ist ein Gewinn.

Wenn Beziehungen zu Kampfzonen mit feindlichem Beschuss verkommen, wächst die Gefahr, dass man sich gegenseitig vernichtet. Paare streben vielleicht nach Sicherheit, setzen diese aber aufs Spiel, indem sie um die Vormachtstellung in der Beziehung kämpfen. »Ich habe recht, und du liegst falsch« – das wird mitunter zur treibenden Kraft. Dann überwuchert das Konkurrenzdenken das Ziehen an einem Strang. Manchmal werden auch endlose Kämpfe darum ausgetragen, wer von beiden es schlechter erwischt hat – ein verhängnisvoller Wettbewerb um die Verliererposition. Wer macht mehr Hausarbeit, wer ist fleißiger, wer schultert mehr Lasten, wer hat weniger Freizeit, wer leidet am meisten? Häufig schlagen solche Rivalitäten in Feindseligkeit um. Dann kommt dazu das schmerzliche Gefühl, dass man bestohlen wurde, ein unerfülltes Bedürfnis. Aber anstatt den wahren Mangel zu identifizieren, bleibt Angriff der einzige Modus Operandi.

Ich möchte Ihnen Gabriel und Samantha vorstellen, ein Paar Anfang dreißig. Sie sind hier, weil sie einfach nicht aufhören können zu streiten. Sie behaupten beide, dass der andere damit angefangen hat. Was

»damit« auch immer sein mag. »Ich habe es dir doch gesagt«, dieser Satz fällt häufig. Sie nehmen ihren Sandkastenkrieg tödlich ernst. Und sie werfen dem anderen vor, im Unrecht zu sein – in wichtigen Dingen ebenso wie in Nebensächlichkeiten. Sie wissen sehr genau, was am anderen enttäuschend und problematisch ist, und obwohl sie sich lieben, verhalten sie sich in ihrem momentanen Leben selten liebevoll. Im Gespräch gehen sie aufeinander los, statt sich zu streicheln.

Ihre Streitereien sind nicht zu übersehen, ihre Rivalität aber geht unter im Schall und Rauch der Wortgefechte. Ich frage nach, wie sie denn ihre Streitigkeiten lösen und sich wieder versöhnen. Das tun sie nicht. Sie nörgeln und schreien weiter. Und hinterlassen einen Haufen Müll inklusive Verletzungen.

Früher haben sie ihre Auseinandersetzungen mit besonders liebevollen Gesten ausgeglichen. »Wir haben uns wirklich miteinander versöhnt, ein euphorisches Gefühl«, erzählt Samantha. Aber mittlerweile sind Starrsinn und Wut viel zu groß für diese liebevollen Gesten. Jeder will dem anderen eine Lektion erteilen. Und beide weigern sich, zu lernen und zu kooperieren. Bis zu dem Augenblick, an dem sie zu mir in Therapie kommen, sind ihre Streitereien chronisch. Die Brüche heilen nicht, und die beiden hören sich auch gar nicht mehr zu. Ein feindseliges Patt. Sie spielen das Spiel des Keinen-Zentimeter-Nachgebens.

Der Weg des größtmöglichen Widerstands: Gabriel und Samantha

Ich bin nervös, wenn die beiden bei mir in der Praxis sitzen. Sie ziehen mich hinein in ihr Heckenschützenfeuer. Dieses Rennen im Nirgendwo verdrängt alles andere. Gabriel spricht mit erregter Stimme. Er hat schwarze Bartstoppeln und ein lebhaftes, ernstes Gesicht. Samantha ist attraktiv, auch wenn sie bedrückt wirkt. Ich frage mich, wie sie wohl aussieht, wenn sie lächelt. Keiner von ihnen verfolgt ein anderes Ziel, als den anderen fertigzumachen.

Sie sind seit acht Jahren zusammen, und beide sind fest entschlossen, ihre Beziehungsprobleme zu überwinden. Sie leben in einer kleinen Wohnung im Osten Londons, die sie vor einem Jahr gekauft haben. Gabriels Eltern haben sich getrennt, als er fünf Jahre alt war. Er wurde größtenteils von der Großmutter aufgezogen. Er ist Rumäne und kam zum Studium nach Großbritannien. Heute arbeitet er als biomedizinischer Techniker. Samantha ist Britin und wuchs in London auf. Auch ihre Eltern haben sich getrennt, als sie acht war. Sie arbeitet als Marketingspezialistin in einer kleinen Medienagentur.

Die Geschichte ihrer Beziehung begann voller Mut auf dem Weg der Selbstwerdung. Gabriel und Samantha wollten nicht in die Fußstapfen der Eltern treten, daher gründeten sie ihre eigene zweiköpfige Familie. Sie glauben nicht, dass sie je Kinder haben wollen. Sie haben auch nicht das Gefühl, heiraten zu müssen, weil dies in ihren Augen keine Garantie für eine funktionierende Beziehung ist. Was sie sagen, klingt bei beiden sehr selbstsicher.

»Nicht zu vergessen: Wir haben zwei snobistische Katzen«, fügt Gabriel hinzu. Samantha lacht und ist ganz seiner Meinung.

Der Kauf der Wohnung war sozusagen der Eintritt ins Erwachsenenleben, ein klares Signal für Erfolg und Selbstausdruck. Allerdings ergaben sich dadurch viele Problemzonen, und die enorme Verantwortung, die sie so übernommen haben, belastet beide.

Weder Gabriel noch Samantha finden ihre Arbeit besonders erfüllend. Selbst auf eine flüchtige Erwähnung dieses Themas reagiert Samantha mit einem bockigen Gesicht und strahlt ganz offensichtlich Unwohlsein aus. Gabriel ist total frustriert von dem Unternehmen, für das er arbeitet, auch wenn er sich nicht anders orientieren will. Beide machen einen resignierten Eindruck, wollen das Ganze aber aussitzen, weil sie nicht wissen, was sie anders machen könnten. Und sie brauchen natürlich das Einkommen.

Ich frage sie, was sie interessiert, was jeder gern tut und was sie beide zusammen unternehmen. Samantha liebt Blumenmärkte, Gabriel fährt gerne Rad. Aber auch das hat er in letzter Zeit nicht mehr getan, genauso wenig, wie Samantha ihre Blumenmärkte besucht. Es ist, als wären die beiden bloß Zaungäste in ihrem Leben. Sie lassen es an sich vorbeiziehen.

Ich frage sie, was ihnen Spaß macht. »Wir sind zu sehr mit unseren Streitigkeiten beschäftigt«, meint Samantha und verdreht entnervt die Augen. »Das ist kein Spaß.« Gabriel meint, sie solle nicht so negativ sein. Sie hätten ja Spaß miteinander. Das Leben sei nicht so schlecht. Er möchte nicht, dass ich ein falsches Bild bekomme. Samanthas würde immer so ein trauriges Gesicht machen, sagt er mir. Sie ziehe ihn richtig runter.

»Urlaub«, das ist ihre Form von Spaß, wie beide übereinstimmend sagen. Sie leben für ihren Urlaub. Sie arbeiten für ihren Urlaub. Ihr normales Leben macht ihnen wenig Freude. Wie so vielen Menschen.

Außergewöhnlich, aber auch unheimlich vertraut ist, dass sie sich gegenseitig vorwerfen, dass ihr Leben nicht ein einziger, langer Urlaub ist. Als würden sie sich gegenseitig verantwortlich machen für ihre Lebenstatsachen. Sie nehmen es sich übel, dass der andere nicht reparieren kann, was falsch läuft. Als hätten sie sich gegenseitig ihr Utopia geraubt.

Ich frage, wie ihr jeweiliges Utopia denn aussehe – ein einziger, langer Urlaub? An dieser Stelle erhebt sich beißende Kritik am jeweils anderen. Gabriel wünscht sich, Samantha würde weniger wiegen. Samantha wünscht sich, Gabriel würde mehr verdienen. In diesen gegenseitigen Vorwürfen sehen beide die Erklärung dafür, warum ihr Leben nicht so ist, wie es sein sollte. Ich zucke zusammen bei diesen bissigen Kommentaren und versuche, herauszufinden, welche Wünsche wohl hinter diesen Vorwürfen stehen könnten. Sie wollen einander ja nicht wirklich vernichten. Wenn überhaupt, so wollen sie, dass der andere fleißig weiter mitmacht bei diesen Auseinandersetzungen. Sie würdigen sich gegenseitig herab im verzweifelten Versuch, die eigene Überlegenheit zu beweisen. Ich möchte nicht auf die einzelnen Argumente eingehen, denn diese lenken häufig nur vom eigentlichen Problem ab und arten zu endlosen Debatten aus, wer recht hat und wer besser ist.

Sie werden jedes Erklärungsangebot meinerseits benutzen, um sich gegenseitig fertigzumachen. Es fällt ihnen leichter, alles aufzuzählen, was an ihrem Leben nicht stimmt, als zu sagen, wie ein gutes Miteinander aussehen könnte. Samanthas pingelige Vorwürfe sind sehr genau. Sie kann minutiös aufzählen, welche Fehler Gabriel bei der Erledigung der Wäsche machte, als wäre ich die Wäschepolizei, die in Sachen Textilmisshandlung ermittelt.

»Ich ertrage das einfach nicht mehr«, schimpft sie. Sie wirkt erschüttert angesichts seines Versagens in der Wäschepflege. Ihre Leidensmiene wird weggewischt von der Weißglut ihrer Wut. Gabriel sieht verletzt aus. Er zieht sich zurück, auch körperlich rückt er einige Zentimeter von ihr ab. Beide sind hochintelligent, aber dieser Umstand verhilft ihnen trotzdem nicht zu einer besseren Kommunikation. Sie ergehen sich in vernichtenden Kommentaren und beleidigen sich gegenseitig mit schneidender Schärfe.

Gabriels Vorwürfe hingegen stammen eher aus Wolkenkuckucksheim. Seine überspannten romantischen Ideale kollidieren mit den Enttäuschungen des realen Lebens. Samantha soll auf eine bestimmte Weise aussehen und sich auf bestimmte Weise benehmen. Respektvoll, schön, witzig. Ein sehr altmodisches Frauenbild. Ich muss mich beherrschen, mich hier nicht einzumischen, aber ich möchte auch nicht, dass er den Eindruck bekommt, ich würde ihm beipflichten. Als ich das Thema in der Supervision anspreche, kommt mir der Gedanke, dass er, wenn hinter seiner Enttäuschung von Samantha altmodische Ansichten stecken, vielleicht auch in seinem männlichen Selbstverständnis tief verletzt ist. Und tatsächlich ist es sein lädiertes Selbstbild, das Sich-klein-Fühlen, das ihn dazu treibt, Samantha niederzumachen und ihr ständig irgendwelche Fehler nachzuweisen.

Er überrollt sie, wenn sie über Politik spricht. Er zieht sie zur Rechenschaft, wenn sie eine Tatsache falsch berichtet, und holt sein Handy heraus, um das zu kontrollieren. Er erklärt ihr, dass er richtig- und sie falschliege.

»Sie haben beide nicht recht«, sage ich. »Punkte für Cleverness zu holen ist kaum hilfreich.«

Samantha fragt, was ich damit meine.

»Diese kindischen Äußerungen, die Sie beide zu Beginn unserer gemeinsamen Arbeit gemacht haben – ›Du hast angefangen‹ oder ›Ich habe es dir doch gesagt‹ –, ich habe das Gefühl, dass das bei Ihren Streitigkeiten wiederkehrende Muster sind. Sie verhalten sich wie zankende Geschwister, die das Gefühl haben, der andere habe ihr oder ihm unrecht getan. Sie lassen sich auf ein Spiel ein, in dem Sie sich gegenseitig übertrumpfen wollen. Meiner Ansicht nach sollten Sie auf diese **Pyrrhussiege** verzichten, damit wir klären können, wohin die Reise gehen soll – das Ziel unserer gemeinsamen Arbeit und Ihrer Beziehung.«

Wir reden über Pyrrhussiege – gewonnene Schlachten, die so teuer erkauft sind, dass beide Seiten geschwächt daraus hervorgehen. Wenn sie sich mit ihren Beleidigungen gegenseitig kaputtmachen, was ist dann von der Beziehung noch übrig?

Für mich ist die Beziehung wichtiger, als einen der beiden zum Sieger zu erklären. Als ich das sage, gibt Gabriel zurück: »Und ich dachte, ich hätte die Therapie gewonnen.« Wir lachen beide, aber ich habe den Verdacht, er meint, was er sagt.

Ich komme zurück auf die Frage, was die beiden von der Beziehung wollen und wie in ihren Augen ein Erfolg aussähe. Beide reagieren darauf mit neuer Kritik am anderen. Keinerlei Ideen, was sie tun könnten, um die Beziehung zu stärken. Kompromisse sind ihnen offensichtlich fremd, aber sie sind Experten darin, den anderen unterzubuttern.

»Experten darin, den anderen unterzubuttern. Autsch, Charlotte«, meint Samantha.

»Autsch, was mich angeht? Oder autsch, was Sie beide untereinander angeht? Sie sind es ja, die sich gegenseitig verletzen.«

»Das ist harsch«, meint Gabriel.

»Ja«, sage ich. »In diesem Raum geht es wirklich recht harsch zu. Aber Sie sind ja gekommen, weil Sie Hilfe wollten. Ich hoffe also, wir finden einen Weg nach vorne.«

Vielleicht muss ich hin und wieder die Böse spielen. So kann ich zwischen den beiden ein Band stiften, denn nun haben sie eine gemeinsame Zielscheibe. Aber natürlich ist das keine Dauerlösung, wenn ich nun das neue Objekt ihrer Verachtung werde. Dieses Paar muss für sich einen anderen Weg finden.

Beziehungen brauchen häufig etwas, das ich »unsere gemeinsame Geschichte« nennen würde. Was also ist Gabriels und Samanthas Geschichte? Kompromisse sind keine Selbstaufopferung, und die beiden müssen ja auch an ihrem bisherigen Selbstverständnis festhalten. Oder sie müssen ein Selbstverständnis entwickeln, das zulässt, dass auch der andere mal die Richtung vorgibt. »Unsere Geschichte hat etwas damit zu tun, dass wir beste Freunde sind«, sagt Samantha die Woche darauf. Gabriel stimmt ihr zu. »Wir waren immer auf der gleichen Seite. Wir gegen die Welt, auf eine gute Weise. Wir haben uns gegenseitig angemacht.«

Gabriel glaubt, er hätte eine »bessere« Partnerin bekommen können. Heißer, properer, netter. Jemanden, der ihn mehr liebt. Er seufzt angesichts seines erträumten Ideals. Seine Sehnsucht ist nostalgisch. Er denkt an eiskalte Winter in Rumänien, als er noch dauernd für seine Prüfungen büffeln musste, und an die rumänischen Amandine-Schokokuchen seiner Großmutter, die auf der Zunge zergingen. Er sehnt sich nach dem Traum, den er damals vom Leben hatte. Eine schöne, ihn liebende Frau war der Mittelpunkt dessen, woran er glaubte und was er sich erträumte. Seine Fantasie von der Liebe ist in seinem Denken, seinen Erinnerungen so präsent, dass er seine Ideale für real hält. Zumindest denkt er, dass sie das sein sollten. »Ich bin stolz auf meine Maßstäbe«, sagt er mir. Aber wenn er sich selbst hört, welche Gedanken da aus seinem Mund kommen, ist er doch verblüfft über seine Erwartungen, nicht nur an Samantha, sondern an sich selbst. Beide Partner wollen den anderen jeweils so, wie sie damals waren, als sie sich kennenlernten. Sie wollen dieses nicht, verlangen jenes, als ob dies eine Selbstverständlichkeit wäre. Aber es stört sie auch, wie wenig sie sich verändert haben. Was also ist Fortschritt? Auf den ersten Blick wirken ihre Streitereien, als würde sich etwas bewegen, aber die Bewegung verläuft im Kreis, nicht linear.

»Nimm mir das nicht übel, Samantha, was ich jetzt sagen werde … Ich glaube, ich habe Angst. Ich mache mir Sorgen, dass ich vielleicht vollkommen gewöhnlich sein könnte. Und die Streitereien mit dir sind anstrengend, aber sie sind auch das Einzige, woran mir etwas liegt.«

Ein heikler Wendepunkt. Ich schlage vor: »Könnten wir das Duell vielleicht zum Duett machen?«

Dieser Satz ist mir schon die ganze Woche im Kopf herumgegangen. Aus einem Duell ein Duett machen – damit können wir arbeiten. Ein anderer Buchstabe, und solch ein Unterschied. An diesem Punkt unserer Arbeit sind die zwei entscheidenden Zutaten Ermutigung und Klarheit. Wir sehen uns an, wie ein Duett klingt.

»Dabei singt jeder seine eigene Stimme, achtet aber auf die des anderen und bezieht dies in den eigenen Vortrag ein«, meint Samantha.

Anfangs hatten sie das auch so gemacht. Sie haben sich darüber ausgetauscht, in welcher Kultur der andere groß wurde, wie man sie oder ihn erzogen hat. Und sie wollten, dass der andere im Leben Erfolg hat. Dann aber kam es zu einer Stagnation. In ihren ständigen Streitigkeiten geht es um Luft und Raum und die Ressourcen im Leben. Und das ist seit Beginn der Pandemie noch schlimmer geworden. Und dann der Brexit. Die Frage nach dem Lebensmittelpunkt, die begrenzte Zeit, der finanzielle Druck, der Kampf um den Alltag in jeglicher Hinsicht. Obwohl sie als Paar in vielerlei Hinsicht partnerschaftlich leben, sind ihnen die winzigen Unterschiede wichtig. Daher dieses Spiel, bei dem sie winzige Überlegenheitspunkte sammeln konnten. Die kleinlichen Zänkereien übers Rechthaben stehen für das vage Gefühl der Unzulänglichkeit und den Eindruck, dass ihr Leben besser sein sollte.

Beiden ist wichtig, dass sie sich als Person weiterentwickeln, und auch, dass sie auf den anderen hören. Doch wie sie das konkret praktizieren, das erfordert dringend ein Update.

Die jeweiligen Erwartungen an die Beziehung sind für beide belastend. »Es sollte nicht so schwer für uns sein, glücklich zu sein, Baby. Weißt du, was ich meine? Du bist unmöglich. So sollte es nicht sein«, meint Gabriel.

Samantha glaubt ebenfalls, dass die Beziehung unkomplizierter sein sollte. »Wenn er mich liebt, sollte er mir das Gefühl geben, dass ihm an mir etwas liegt«, sagt sie. »Das liegt doch auf der Hand.« Dazu gehören in ihren Augen ganz bestimmte Gesten, zum Beispiel für sie Tee machen oder die Rechnungen bezahlen. Was für jeden von ihnen »auf der Hand liegt«, ist aber für den anderen nicht einsichtig. Daher werden sie wütend aufeinander, weil sie erklären müssen, was der andere in ihren Augen eigentlich wissen sollte. Die Fantasie, dass eine Beziehung quasi von selbst funktionieren sollte, findet sich häufig bei Menschen. Für dieses Paar ist sie sogar besonders wichtig. Doch eine Langzeitbeziehung zu führen verlangt von uns Anstrengungen, die wir meist nicht erwartet haben. Indem wir uns derart an das Ideal der selbstverständlichen Liebe klammern, machen wir unsere Beziehungen schwieriger, als sie sein müssten. Gabriels und Samanthas Kämpfe sind sich ähnlicher, als die beiden vermuten. Gleichzeitig könnten die Ausgangspunkte der beiden unterschiedlicher nicht sein, und obendrein sind sie ebenso ungeduldig wie intolerant. Sie schlagen den Weg des größtmöglichen Widerstands ein, indem sie Scharmützel austragen, ohne zu verstehen, worum in diesem Krieg überhaupt gerungen wird.

Der Dauerkonflikt wirkt wie ein verschobener Ausdruck ihrer unerfüllten Bedürfnisse. Statt offen mehr voneinander zu fordern, setzen sie sich gegenseitig herab. Sie verhandeln einzig um ihren Wert und ihren Status. Sie kämpfen für ihre Rechte – für emotionale Zugehörigkeit und Respekt. Sie versuchen, für sich als Individuum Gewinne einzustreichen, doch dies geht auf Kosten des anderen. Jeder schwächt den anderen in seinem Kampf um mehr. Sie sind in dieses negative, zerstörerische Kampfmuster verstrickt, sie verunglimpfen und berauben sich gegenseitig, aber zu welchem Zweck?

In einem Gespräch mit der Schriftstellerin Katherine Angel[4] frage ich sie, warum manche Menschen sich ihrer Ansicht nach für den Schmerz entscheiden, für das, was uns wehtut. Was in der Therapie häufig vorkomme, wie ich ihr erkläre – dass jemand sich für den Weg der Zerstörung entscheidet statt für den der Heilung. Dieses Paar verhält sich in seiner ständigen Herabsetzung des anderen selbstzerstörerisch.

»Manchmal jagen wir dem nach, was dunkel und gefährlich ist, eben weil wir uns dadurch lebendig oder real fühlen«, sagt Katherine. »Und in gewisser Weise gibt es uns auch etwas ab.«

Auch während Samantha und Gabriel bei mir in Therapie sind, geht die beißende Kritik am anderen noch einige Zeit weiter. Wie der Psychologe Marshall Rosenberg es ausdrückt, sind alle Angriffe, jeder Tadel, jede Kritik nur ein »tragischer Ausdruck unerfüllter Bedürfnisse«.[5] Welche Bedürfnisse haben Samantha und Gabriel? Ich denke an Katherine Angels Bemerkung, dass wir der Gefahr nachjagen, weil sie uns das Gefühl gibt, lebendig zu sein. Ihre Einsicht lässt sich in gewisser Weise auf viele meiner Klientinnen und Klienten anwenden – vielleicht sogar auf uns alle. Was dieses spezielle Paar angeht, so sind die beiden von ihrem Leben offensichtlich total gelangweilt. Ihre Wohnung ist eine Belastung. Ihren Berufen gehen sie nur aus Pflichtgefühl nach. Ihrer beider Leben ist eine einzige Liste von Dingen, die erledigt werden müssen. Dabei möchten sie sich doch so gerne lebendig fühlen. Und in den Streitereien äußert sich ihre Lebenskraft. Andererseits zehrt der ständig erhöhte Adrenalinspiegel an ihnen.

Ich schlage vor, dass sie ihre Rollen und Verantwortlichkeiten neu überdenken. Als Einzelpersonen und als Paar. Wie man es mitunter im Job macht, doch ist es durchaus sinnvoll, es auch auf psychologischer Ebene zu tun. Schließlich machen beide den Partner für das eigene Wohlergehen verantwortlich, und beide fühlen sich durch die Aufteilung der Beziehungsarbeit unfair belastet. Gabriel wirft Samantha vor, alles zu übertreiben. Samantha wirft ihm vor, alles herunterzuspielen. Diese verzerrte Wahrnehmung wurzelt bei beiden in dem Konflikt, wer was tut. Das Paar hat mitunter schon Schwierigkeiten damit, sich nur in der gleichen Realität einzufinden.

Mit dieser Aufgabe gehen sie nach Hause. Zurück kommen sie mit gefüllten Blättern. Die zentralen Themen sind Anerkennung und Bestätigung. Aber es fällt ihnen offensichtlich nicht leicht, das auszusprechen.

»Ich komme mir vor wie das **Rumpelstilzchen**«, sagt Samantha. Die Geschichte vom Rumpelstilzchen hatte ihr schon als Kind gefallen. Nun merkt sie, dass das arme Männlein es gar nicht gut hatte. Sie identifiziert sich mit diesem Gnom. Auch sie hat schwer geschuftet, Stroh zu Gold gesponnen und dafür weder Lob noch Dank erhalten.

In ihrem Streben nach der überfälligen Anerkennung greift sie Gabriel an und macht ihn nieder, als könnte dies ihr Gefühl, unter Wert gehandelt zu werden, kompensieren.

»Ich fühle mich auch wie Rumpelstilzchen«, sagt Gabriel.

»Du musst mir auch alles nachmachen!«, ruft Samantha aus. »Er hat all seine guten Ideen von mir«, erzählt sie. »Aber ich nehme das als Kompliment. Ich will ja schließlich Frieden.«

»Sie brauchen ein wenig Ermutigung, um Ihre Geschichte zu überarbeiten«, sage ich. »Damit Sie beide aufhören können, Gold zu Stroh zu spinnen.«

Sie haben es sich wirklich nicht leicht gemacht. Sie haben Schwierigkeiten, die Erfolge des anderen anzuerkennen. Stattdessen stürzen sie sich auf die jeweiligen Fehler. Sie sind den Pfad des größtmöglichen Widerstands gegangen und haben als Paar einander fast zerstört, nur um sich lebendig und gut zu fühlen.

Wenn sie ihr Spiel von dauernder Kritik und Herabsetzungen beenden, sind sie auf ihren eigenen Geist und ihr Leben zurückgeworfen.

Manchmal fällt es uns schwer, uns selbst zu sehen. Gabriel und Samantha erkennen ihre Ecken und Kanten auf weichere Weise. Das Weiche ist tröstlich, auch wenn es manchmal langweilig ist. Und manchmal ist auch der Erfolg langweilig. Dann wieder ist die Langeweile der eigentliche Erfolg. Ihr Leben wird nun mal kein Dauerurlaub sein, aber es wird gesünder und glücklicher verlaufen, wenn die beiden aufhören, einen Pyrrhussieg nach dem anderen zu feiern. Dann wird aus dem Duell ein Duett.

Was es heißt, zu gewinnen

Zu gewinnen kann ein starkes Gefühl sein. Doch was uns ein Gefühl der Macht verleiht, kann psychisch zum Fallstrick werden. Manchmal zerstören wir Beziehungen und schwächen uns, wenn wir uns auf unsere kleinliche, kampflustige Seite einlassen. Das größte Problem bei Rivalitäten ist gewöhnlich, dass unklar ist, worum es eigentlich geht. Ohne Ziel, ohne konkrete Vorgaben wird es unwahrscheinlich, dass sich je ein Gefühl der Erfüllung einstellt. Gibt es keinen erklärten Gewinner, wissen wir nicht, wie und wann wir mit unserem Zweikampf aufhören sollen. Wie Charlie Chaplin einmal gesagt haben soll: »Der Schlüssel zu einer guten Vorstellung liegt darin, zu wissen, wann man abgehen muss.«[6] Das trifft auch auf solche Rivalitätsspiele zu. Wenn wir uns gegenseitig fertigmachen und lieber recht haben, als verstanden zu werden, geraten wir auf Abwege. Es ist nicht besonders erfüllend, ständig beweisen zu müssen, dass wir anderen eine Nasenlänge voraus sind. In diesem Spiel gibt es keinen eindeutigen, klaren Sieg. Überlegen Sie sich lieber, was Sie von einer solchen Situation haben und was sie Ihnen bringen soll. Halten Sie Ausschau nach Pyrrhussiegen, die Sie zu viel kosten, und fragen Sie sich, was Sie für jeden gewonnenen Punkt verlieren. Entscheiden Sie selbst, wann Sie aus dem Duell oder den Rivalitätskämpfen aussteigen.

Siege sind nämlich kein Schutz gegen Niederlagen. Oder, wie Simone de Beauvoir einmal sagte: »Wenn man lange genug gelebt hat, sieht man, dass jeder Sieg sich eines Tages in eine Niederlage verkehrt.«[7] Siege, die daraus entstehen, dass wir andere überwältigen, fühlen sich an wie der verzweifelte Kampf um die eigene Lebendigkeit. Andere Menschen ständig zu verurteilen ist eine Reaktion auf einen tief empfundenen, drohenden Verlust – meist den des Selbst. Es ist ein freudvolles Gefühl, wenn wir uns sicher fühlen. Wir müssen uns nicht beweisen oder vergleichen. Aber es ist auch eine Freude, wenn wir uns sicher genug fühlen, um Eifersucht und Neid einzugestehen, um zu erkennen, dass wir uns bedroht fühlen, und zuzugeben, wie verzweifelt wir heimlich doch gewinnen wollen. Klarheit und Ehrlichkeit im Hinblick auf diese unangenehmen Gefühle lassen uns selbstbestimmter werden.

Wenn wir uns unserer Rivalitäten aber nicht bewusst sind, fühlen wir uns häufig nicht gesehen und nicht geschätzt. Klientinnen und Klienten einer Therapie sprechen häufig davon, dass sie nicht genug gelobt werden. Warum hat der Bruder, die Schwester, der Freund, die Kollegin, dieser oder jener Elternteil nie gesagt, wie stolz er auf sie war, wie glücklich über ihre Leistung, über ihre Fähigkeiten, über das, was aus ihnen geworden ist? Sich unbeeindruckt zu zeigen ist an sich schon eine kompetitive Taktik, ein passiv-aggressives Manöver, den Wert eines Gegners zu schmälern, indem man ihn explizit nicht bemerkt.

Die Mitfreude ist das wohlschmeckende Gegengift zur Schadenfreude. Freude am Erfolg eines anderen Menschen. Es ist ein seltener und schöner Geisteszustand, wenn wir uns mit jemandem an dessen Glück freuen können. Es ist auch großzügig, seine Freude zu zeigen, wenn man ein mit Bedacht ausgewähltes Geschenk erhält. Man teilt seine Freude und gibt dem anderen das Gefühl, wichtig zu sein. Aber um zur Mitfreude zu gelangen, müssen wir uns mitunter unserer eigenen Dunkelheit stellen.

Aber es gibt nicht nur äußere Rivalitäten. Wir treten auch in Wettstreit mit uns selbst – mit einer Version unser selbst, als wir uns besser fühlten, für ein begabteres, erfolgreicheres und wohlhabenderes Fantasiekonstrukt hielten. Manchmal brüsten wir uns mit Erfolgen und geben vor dem jüngeren Selbst an. Dieser Wettbewerb kann ebenso motivierend wie bedrohlich sein.

Sind wir zwanghaft wettbewerbsorientiert, dann schlagen wir eine Schlacht nach der anderen. Und wenn wir uns besonders bedroht oder benachteiligt fühlen, macht der Erfolg anderer Menschen uns schrecklich unzufrieden. Der Schriftsteller Gore Vidal, der für seine scharfzüngigen Einsichten bekannt ist, hat einer finsteren Wahrheit Ausdruck verliehen, als er sagte: »Wann immer ein Freund Erfolg hat, stirbt etwas in mir.«[8]

Aber es kann auch ein Durchbruch sein, die eigene Schadenfreude zu erkennen und unserem Gefühl der Bedrohung ehrlich Ausdruck zu verleihen. Das ist ein Charakterzug, den wir an uns gewöhnlich nicht mögen, aber wenn andere Leute Erfolg haben, kann das recht verwirrende Reaktionen auslösen. Ein uraltes Gefühl. Wir wollen gewinnen, und wenn dann ein anderer gewinnt, was heißt das dann für uns und unsere Aussichten, uns gut zu stellen und genug zu bekommen? Und wenn jemand anderer verliert, verhilft uns das zu Erfolg?

Viele Menschen sind diesbezüglich zwiegespalten. Einerseits suchen wir die Nähe zum Erfolg, denn der ist auf gute Weise ansteckend. Es ist ein Zeichen, dass es uns gut geht, wenn Freunde und Angehörige erfolgreich sind. Aktive, interessante Freunde zu haben wird von vielen Menschen geschätzt. Wir wünschen uns ehrlich, dass andere Erfolg haben. Schließlich wollen wir, dass unsere Freunde glücklich sind. Wir wollen, dass es unseren Geschwistern gut geht und dass sie ein erfüllendes Leben haben. Andererseits gibt es genauso gute Gründe dafür, dass es uns manchmal schwerfällt, zuzusehen, wie andere Erfolge erzielen.

Sich zu vergleichen schürt meist nur Verzweiflung. Irgendwie haben wir ja doch den Eindruck, dass eine andere Person, der es gut geht, uns etwas wegschnappt. Ein Kollege, der eine bedeutende Beförderung bekommt, nimmt nun vielleicht den Platz ein, den wir gerne gehabt hätten, auch wenn es keine eindeutige Rivalität gab. Und letztlich hängt das auch davon ab, wie viel Liebe wir in unserer frühen Kindheit erfahren haben. Diese Erinnerungen sind der Grund dafür, dass es – wenn auch heimlich – an uns nagt, wenn andere bekommen, was sie wollen, ob nun in der Schule, im Sozial- oder Familienleben.

Wenn wir uns ständig mögliche Katastrophen ausmalen (die aber meist gar nicht eintreffen), sind wir vielleicht an das angsterfüllte und ziellose Spiel des »Was wäre, wenn« gewöhnt und denken ständig darüber nach, was alles schiefgehen könnte. Oder wir spielen gedanklich das qualvolle »Wenn doch nur …« durch, überzeugt, dass wir an dem Punkt eingreifen können, von dem ab unserer Ansicht nach alles schiefging. Wir spielen immer wieder die Fantasie durch, dass wir eines Tages unsere Größe beweisen können – jemandem, der an uns gezweifelt hat, uns nicht zu schätzen wusste oder uns das Gefühl gab, klein und hilflos zu sein. Wir träumen davon, dass wir unsere früheren Verletzungen und Unzulänglichkeiten irgendwie ausgleichen können. Und so offenbaren viele Klientinnen und Klienten Fantasien, in denen sie gewinnen, um den Zweiflern zu zeigen, wie sehr sie sich geirrt haben.

Unsere verworrenen Rivalitätsgefühle drehen sich häufig darum, dass wir mit Egos nicht umzugehen wissen. Wir zucken zusammen, wenn ein Freund sich ganz offen über einen Erfolg freut. Wir sehen vom Seitenaus zu und denken uns zumindest, dass wir niemals so angeben würden. Was unser Recht auf ein Ego angeht, so werden die meisten Menschen mit zwiespältigen Botschaften konfrontiert. Wie unsere Erziehung und Bildung auch ausgesehen haben mögen, wir werden im Sog kultureller Strömungen hin- und hergerissen. Selbstbestimmung, Selbstsicherheit, Selbstachtung, Body Positivity, das sind lauter schöne und gute Dinge (obwohl sie häufig unseren innersten Überzeugungen widersprechen), aber »Ego« ist fast schon ein Schimpfwort geworden. Von »Narzissmus« mal ganz abgesehen … *Der hat ein zu dickes Ego* ist ein vernichtendes Urteil, das uns schnell beruhigt. Halten Sie sich fern vom Ego – diesem tödlichen Feind! Das Ego hat den Ruf, Ärger zu verursachen, Gefahr und Verwirrung auszulösen. Die *Gefahren des Ego* – davon haben wir alle schon gehört. Die meisten Kulturen senden doppelbödige Botschaften aus, was die Akzeptanz des Egos angeht. Wir werden darauf konditioniert, das Ego zu verstecken und zu verleugnen (vor anderen, aber auch vor unserem Bewusstsein). Doch das tabuisierte Ego kommt an anderer Stelle wieder zum Vorschein, durch andere Menschen, durch unser Bestehen darauf, kleinliche Siege einzufahren, durch Ärger, Frustration und abwertenden Neid. Ego heißt Selbst. Es ist der lateinische Begriff für das Ich. Daher heißt es auch Selbstachtung und Anerkennung. Es kann ein absoluter Durchbruch sein, wenn wir unsere falsche Bescheidenheit ablegen und im privaten Raum der Therapie genießen können, wer wir sind. Wenn nicht da, wann dann?

Ein Klient sagte kürzlich zu mir: »Ich bin total begeistert von mir selbst. Das habe ich gut gemacht. Gut gemacht, liebes Ich.« Ich war ebenso begeistert.

Überlegen Sie sich, was Gewinnen für Sie bedeutet. Die Definition fällt unterschiedlich aus, die Regeln ebenso. Es liegt an Ihnen, die Rollen, die Sie spielen, einer Prüfung zu unterziehen und sich nur auf jene Spiele einzulassen, die sich erfolgreich anfühlen. Was immer das für Sie auch heißt.

Kapitel 10

Beziehungen eingehen

Für uns Menschen ist das Bedürfnis nach Gemeinschaft ebenso zentral wie unser Bedürfnis nach Nahrung. Die interessierte, anteilnehmende Hinwendung zum anderen. Balsam für all die schalen Erfahrungen, die uns einander entfremden. Gehen beide Seiten offen und mit dem gleichen Engagement aufeinander zu, so können wir zeit unseres Lebens, in jedem Alter und in jeder Phase unseres Daseins, Beziehungen zu anderen Menschen eingehen oder sie wiederaufleben lassen. Wir knüpfen solche Bande mit Freunden, Kolleginnen, Fremden und in der Therapie. Stünden wir nicht in Beziehung zu anderen Menschen, wäre es schwer vorstellbar, wie wir uns von uns selbst ein Bild machen könnten. Es ist sogar fraglich, ob wir überhaupt einen Begriff davon haben könnten, wer »wir selbst« sind. Natürlich kommt es in all diesen Bereichen auch immer wieder dazu, dass bestehende Beziehungen zerbrechen.

Ich kann mich noch lebhaft daran erinnern, wie mein zweites Kind anfing, mit den Händen zu klatschen, als es so um die sieben Monate alt war. Fasziniert schaute er seine Händchen an, wie sie sich aufeinander zubewegten, und instinktiv ahmte er nach, wenn andere klatschten. Gemeinsam zu klatschen ließ ihn vor Freude jauchzen. Er versuchte, meinen Blick zu erhaschen, und wenn ich ihn dann ansah, strahlte er vor Wonne. Wir beide strahlten. Sein Gesicht leuchtete auf, wenn ich ihn bewundernd ansah, und er gab mir diesen Blick zurück. Die Beziehung, die wir zu anderen eingehen, ist sowohl äußerlich wie innerlich spürbar. Wir sehen uns um und schließen uns an. Das gemeinsame Klatschen ist eine ausgeprägt menschliche Geste, die Wertschätzung und Annäherung ausdrückt. Unser Bedürfnis nach Verbundenheit hat etwas mit dem Gegensatz von Einheit und Trennung zu tun.

Das Gefühl, beachtet zu werden und mit anderen verbunden zu sein, ist eng verknüpft mit dem Gefühl, gesehen und gehört zu werden. Wenn wir hingegen anfangen, herumzubrüllen, erregen wir vielleicht Aufmerksamkeit, schaffen aber keine Verbindung. Verbundenheit ist die natürliche Folge, wenn wir uns auf eine gemeinsame Erfahrung einlassen, ist eine Frage von wechselseitiger Teilhabe. Ich sehe und höre dich, und du siehst und hörst mich. Wenn wir hier rückhaltlos und authentisch sind, empfinden wir ein Gefühl der Zusammengehörigkeit, bei dem wir uns nicht nur in unserer Haut wohlfühlen. Es hilft uns auch, einander zu verstehen und im Leben einen Sinn zu finden. Verbundenheit herzustellen ist unsere Art, füreinander zu sorgen und unsere Erfahrungen zu verarbeiten.

Dieser »Urtanz« beginnt bei unserer Geburt, wenn wir als Neugeborene durch Berühren und Gestilltwerden eine Bindung herstellen. Sich mit anderen Menschen und Teilen unser selbst zu verbinden fügt isolierte Einzelerfahrungen zu einem schlüssigen, einheitlichen Narrativ zusammen. Wie wir uns entwickeln und auf die Welt beziehen, woran wir unsere Unterschiede und Ähnlichkeiten festmachen – auf diese Weise definieren wir uns selbst.

Doch in der Praxis kann es schwer sein, Verbundenheit herzustellen. Wir kochen vor Ungeduld, wenn wir einem geschätzten Freund eine komische Geschichte erzählen möchten. Aber wenn wir sie erzählen, werden wir unterbrochen, oder unser Freund findet sie nicht lustig. Wir schicken eine SMS und erhalten keine Antwort. Wir erwarten Bestätigung von unserem Gegenüber, und wenn diese ausbleibt, fühlen wir uns abgelehnt oder ignoriert. Fehlende Verbundenheit kann sein wie das Klatschen einer Hand. Wir erzählen den Menschen, die wir lieben, nicht von unserem tief sitzenden Schmerz, weil uns davor graut, es uns peinlich ist und uns Angst macht. Wir fühlen uns nicht beachtet. Unverstanden. Verstört wegen einer Begegnung, die peinlich war oder banal oder einfach nur nicht verlief, wie wir uns das vorgestellt hatten. Wir haben das Gefühl, dass kein Mensch sich um uns schert, keiner uns sieht, wie wir gesehen werden möchten. Wir werden geplagt von Erinnerungen, die plötzlich unerträglich scheinen.

In einer therapeutischen Beziehung ist ein starkes Gefühl der Verbundenheit ausgesprochen nützlich. Der therapeutische Raum ist ein emotionales Laboratorium, in dem wir problematische Themen verarbeiten können. Uns mit den Geschichten, die wir uns erzählen (und mit denen, die wir mit uns herumtragen, aber verschweigen), zu verbinden, sie aufzuspüren und umzuschreiben, macht den Löwenanteil dieser Arbeit aus. So können wir alte Erfahrungen besser verstehen, die Dinge in einem anderen Licht sehen, mit belastenden Erlebnissen ins Reine kommen, im Hier und Jetzt Erfahrungen machen, die uns verändern. Und hinter bestimmten inneren Kämpfen einen Sinn erkennen.

Astrid, die Frau, die mir die folgende Geschichte anvertraute, kam zu mir in Therapie, als sie in den Sechzigern war. Ich arbeite gerne mit Klientinnen und Klienten der unterschiedlichsten Altersgruppen, wenn auch die meisten jünger sind. Die Verbindung, die ich zu Astrid herstellte, fühlte sich anfangs eher oberflächlich an, stellte sich dann aber als ganz wesentlich heraus. Astrid wollte eine Therapie machen und hatte gleichzeitig Angst davor. Die Schriftstellerin Zora Neale Hurston schreibt: »Es gibt nichts Qualvolleres, als eine nicht erzählte Geschichte in sich herumzutragen.«[1] In Astrids Leben gab es eine Geschichte, von der niemand wusste, die sie zu verschweigen suchte und die doch herausmusste. Diese Geschichte zu erzählen hat sie verändert, und es hat mich verändert, ihr zuzuhören. In diesem Prozess hat Astrid bestimmt, was Verbundensein für sie bedeutet, und es schließlich neu definiert.

Astrids Geschenk

Wir alle gehen von Annahmen und Vermutungen aus, ich bin da keine Ausnahme. Ich versuche jedoch, mir immer einen unverstellten Blick zu bewahren und offen zu sein für »frische« Erfahrungen, für die Begegnung mit Menschen, für überraschende Entdeckungen. Ich versuche, keine Urteile zu fällen und Menschen nicht von vornherein in Schubladen zu stecken. In der Psychotherapie hat es eine gewisse Tradition, den Menschen Theorien überzustülpen. In meinen Augen ist es ein schwerwiegender Fehler, zu glauben, wir würden alles über einen Menschen wissen, besonders dann, wenn wir ihn gerade erst kennengelernt haben.

Therapeutinnen und Therapeuten widmen ersten Eindrücken gewöhnlich besondere Aufmerksamkeit, denn bei Erstsitzungen machen wir meist Notizen, die sich später – so unsere Hoffnung – als weitsichtig und voller ebenso kluger wie trefflicher Beobachtungen erweisen. Wir schätzen dabei auch Risiken und Nebenwirkungen ab sowie die Frage, ob wir die richtige Adresse für diesen Fall sind, um uns gegen alle Eventualitäten abzusichern und zu prüfen, ob wir die Person an jemanden anderen überweisen sollten oder ob zusätzliche Unterstützung nötig ist.

Einige dieser Notizen halten wir während oder auch nach der ersten Sitzung fest. Falls wir dann weitere Sitzungen mit der Klientin oder dem Klienten ins Auge fassen, machen wir diese Notizen zunächst nur für unsere Zwecke. Entscheiden wir uns hingegen für eine Überweisung an eine Kollegin oder einen Kollegen, geben wir Letzterer oder Letzterem vielleicht auch unsere Notizen mit. Unsere Fallschilderungen variieren, je nachdem wer der beabsichtigte Adressat ist. Wir konstruieren dabei immer Geschichten, setzen und montieren Details auf unsere – subjektive – Weise zusammen. Unsere Perspektive prägt, was wir sehen. Sosehr wir uns auch bemühen, den Menschen zu sehen, der uns gegenübersitzt, in gewissem Maße drängen wir uns diesem Menschen unvermeidlich auf. Die Dynamik in einem Raum wird erzeugt von den Personen, die sich darin aufhalten, und da gehört der Therapeut nun einmal dazu. Wir sind durch unsere Ausbildung darauf trainiert, unsere Projektionen zu entschärfen und die der Klienten zu erkennen. Doch unser gesamter Hintergrund – Kultur, Privatleben, Aussehen, Ausbildung, Stimmung, Veranlagung, Eigenarten –, all das beeinflusst, wie wir andere Menschen sehen und uns auf sie beziehen. Und es beeinflusst, wie sie die Therapie erleben. Das ist der Grund dafür, dass eine Therapie eine höchst persönliche und individuelle Angelegenheit ist.

Wir können keine Gedanken lesen. Wir beobachten, lassen uns ein und konstruieren. Und wir übersehen dabei auch Dinge. Ich tue mein Bestes, um Menschen dort abzuholen, wo sie stehen, die Dinge sich entwickeln zu lassen, statt irgendwelche Etiketten aufzupappen. Doch auch ich mache mir sehr schnell einen ersten Eindruck von den Betreffenden. Bei Astrid lag ich damit total daneben. Ich habe entschieden, dass ich mir meine spontanen, aber falschen Eindrücke von anderen Menschen verzeihe, zumal wir ja alle dazu neigen. Denn worauf es ankommt, ist die Bereitschaft, sie noch einmal unter die Lupe zu nehmen und zu korrigieren. Da es in einer Therapie hauptsächlich darum geht, Geschichten neu zu schreiben, müssen wir auch unsere Geschichten über unsere Klientinnen und Klienten überarbeiten. Und es wirkt befreiend und schafft Raum, wenn wir uns eingestehen, dass unsere erste Wahrnehmung nicht das ganze Bild ist. Mitunter nicht einmal ansatzweise.

Ich lag falsch und gleichzeitig richtig. Mein erster Eindruck von Astrid war: *»Eine echte Dame. Die Beherrschtheit in Person.«* Das stellte sich als ebenso wahr wie irreführend heraus. Ich nahm an, sie sei so selbstbeherrscht, wie sie auf mich wirkte, und dass sie keine ernsthaften Probleme haben könne.

Astrid erschien früh zu unserer ersten Sitzung. Die Sprechstundenhilfe gab mir Bescheid: »Da ist eine Dame, die Sie sprechen möchte.« Und flüsternd: »Sie ist total elegant!« Ich stellte mich Astrid vor, bot ihr ein Glas Wasser an, das sie freundlich ablehnte, und sagte, ich wäre gleich wieder zurück. Sogar in diesem kurzen Moment entging mir ihre kultivierte Erscheinung nicht. Sie war so ordentlich und proper mit dem kleinen Schal um den Hals und dem zweiten Tuch, das sie um den Henkel ihrer skulpturalen Handtasche geschlungen hatte. Als ich sie dann einige Minuten später im Behandlungsraum willkommen hieß, konnte ich die einzelnen Schichten ihrer damenhaften Erscheinung erkennen: der Regenmantel, den sie an den Kleiderständer hängte, der Regenschirm mit dem Blumenmuster, die mit einer Schleife verzierten Pumps sowie Ohrringe und Halskette, die perfekt zusammenpassten. (Diesen Schmuck, Erbstücke von ihrer Großmutter, wie ich erfuhr, trug sie meistens.) Ihr Stil hatte eine Eleganz, als verkörperte sie ein Mitglied des Königshauses. Sie hatte genau die richtige Menge Make-up aufgetragen, nicht zu viel und nicht zu wenig. »Sie ist so ungeheuer beherrscht«, dachte ich. Doch was man unter »beherrscht« versteht, ist für manche Menschen höchst kompliziert. Astrid jedenfalls legte großen Wert auf ein stimmiges äußeres Erscheinungsbild. Es überdeckte ihr inneres Chaos.

Astrid kam nun, mit Anfang sechzig, in Therapie, um, wie sie sagte, »Verbundenheit« herzustellen. Zur Erklärung meinte sie: »Ich bin in meiner Vergangenheit immer wieder auf Schufte hereingefallen. Bitte helfen Sie mir dabei, einen anständigen Mann zu finden. Ich wünsche mir einen Gefährten.« Ich wollte wissen, was Verbundenheit für sie bedeute. Woraufhin sie mir von ihrem Ex-Ehemann, dem Vater ihres Kindes, erzählte, und wie sie sich eigentlich nie wirklich nahe gewesen seien, trotz Jahren der Ehe und des Familienlebens. Er hatte sie betrogen, sie ließen sich scheiden. Er hatte vor zwölf Jahren wieder geheiratet, während sie in den Folgejahren nur ein paar kurze Beziehungen und eine Reihe gescheiterter Romanzen hatte. Wie sie von der Vergangenheit erzählte, hatte trotz aller Wehmut und Trauer etwas Gelassenes. Sie nahm die Dinge, wie sie waren. Ihr Englisch hatte die silbrige Gewandtheit, die so vielen Skandinaviern eigen ist. Manche Worte wie »Schurke« sprach sie mit einer Exyaktheit aus, dass es sich anhörte, als bisse sie in einen knackig grünen Apfel.

Wie es denn, abgesehen von Liebesbeziehungen, mit anderen Bezugspunkten aussehe, die ihr ein Gefühl der Verbundenheit geben könnten? Sie runzelte leicht die Stirn. »Wissen Sie, ich möchte einen netten Mann, um den ich mich kümmern kann und der sich um mich kümmert.« Ihre Mutter, »eine tugendhafte Kirchgängerin, die ihr Haar immer zu einem Dutt aufgesteckt hatte«, hatte Astrid, soweit sie zurückdenken konnte, immer dazu angehalten, sich einen Mann zu suchen, den sie lieben und für den sie sorgen konnte. »Meine Mutter hatte ein geheimes ›Laster‹. Sie liebte Musicals und ging für ihr Leben gern Ski fahren. Diese zwei Dinge machten ihr größten Spaß. Aber selbst dabei war das Wichtigste die Hingabe an einen Mann. *My Fair Lady* war eines ihrer Lieblingsmusicals, und die Botschaft, die sie mir und meinen Schwestern einbläute, war, für Henry Higgins die Pantoffeln zu holen. Das war die große Überschrift über unserem Leben und ist es noch.«

Bei diesen Worten spürte ich einen kurzen Schauer tiefster Zuneigung für Astrid. Ich stehe total auf *My Fair Lady,* und den erwähnten Satz kenne ich gut. Was für eine verquere Botschaft! Es ist mir immer sauer aufgestoßen, dass Henry Higgins für seine Weigerung, sich zu ändern, auch noch gefeiert wird, während Eliza Doolittle, ihrem Namen zum Trotz, die ganze Arbeit macht.

Astrid vermerkte freudig überrascht, dass ich wusste, was sie meinte. »Ihre Generation kennt gewöhnlich keine Musicals mehr. Aber vielleicht gibt es doch noch ein wenig Hoffnung.«

In der Therapie geht es nicht bloß darum, dass uns gefällt, was wir sehen. Vielleicht können wir bestimmte Seiten an uns nicht leiden, oder wir können uns gegenseitig nicht riechen. Wir müssen uns die Ruß- und Kohletöne genauso ansehen wie die Pastellfarben. Aber dieser Moment war für mich pures Pastell. Sie mochte mich. Und ich mochte sie. Was für ein sonniger, freundlicher Moment.

Ich war wie gebannt von ihrer Anmut und neugierig, ihre Tiefe und das Feuer in ihr zu erkunden.

Als ich sie fragte, wie sie sich selbst sehen würde, schilderte sie mir ihre Lebensumstände, wie wir das alle tun. Sie hatte mehrere Jahrzehnte als Hebamme gearbeitet, war aber vor Kurzem in Rente gegangen. Sie war aufgewachsen in einem »heilen Kopenhagen«, wie sie es nannte, »ein bisschen wie in *The Sound of Music*« – nur ohne die wogenden Hügel und nicht ganz so betucht wie im Musical.

»Meine Schwestern und ich verbrachten den Sommer in Jütland, trugen schöne Kleider und machten Kunst. Wir waren sehr züchtig und brav, wenn ich jetzt so daran denke.« Sie war nach London gegangen, um ein Abenteuer zu wagen. Obwohl ihre finanziellen Möglichkeiten bescheiden waren, konnte sie sich leisten, eine kleine Wohnung zu mieten und Kurse für Gartengestaltung zu belegen. Sie fühlte sich nicht länger durch unzählige Verantwortlichkeiten belastet und empfand schließlich so etwas wie Freiheit. Nach London zu gehen war sozusagen ihr »großer dritter Akt«. Ihre Inspiration war Jane Fonda.

Sie tat sich schwer damit, dass unsere Gespräche sich nur um sie drehen sollten. Diese »Schieflage« in unserer Beziehung war ihr irgendwie unangenehm, was bei Klientinnen und Klienten oft der Fall sein kann. Sie verwendete viel Zeit darauf, ihre Umgebung zu registrieren und alles, was sie im Raum und an mir sah, aufmerksam zu betrachten. »Das ist ein schönes Bild da hinter Ihnen«, sagte sie. »Und diese Kissen gefallen mir sehr.«

Ich stellte ihr Fragen zu ihrem Innenleben, und sie antwortete mit Bemerkungen zu meiner Kleidung und meinen Accessoires: »Es gefällt mir, dass Sie immer Ohrringe tragen. Ich habe nur einmal eine Probestunde bei einer anderen Therapeutin gemacht, und diese Frau war eine sehr graue Maus.«

Wenn ich sie drängte, mir zu erzählen, was sie fühlte und dachte, wand sie sich jedes Mal wie ein Aal. Sie unterbrach sich und wollte wissen, ob ich denn auch bequem sitzen würde. Meine Sitzgelegenheit war nämlich nicht annähernd so luxuriös ausgepolstert wie der Sessel, auf dem sie saß.

»Irgendwie sieht er knöchern aus«, meinte sie. »Ich frage mich, ob es für Sie gesund ist, den ganzen Tag auf diesem Ding zu sitzen. Sie sollten eine bessere Sitzgelegenheit verlangen, oder wenigsten eine, die so bequem ist wie meine.«

Damit hatte Astrid nicht unrecht. Ich verbrachte meine Tage als Therapeutin sitzend auf einem hölzernen Stuhl, der früher einmal in der Abstellkammer des Büros gestanden war. Eine wirklich sehr unbequeme Sitzgelegenheit.

Bei diesem Thema ließ sie nicht locker. »Charlotte, Sie sind sehr schlank und haben deswegen kein Sitzfleisch. Wenn Sie dauernd auf diesem Ding sitzen, bekommen Sie irgendwann Rückenprobleme. Ich mache mir Sorgen, wenn ich Sie so sehe. Glauben Sie mir, ich kenne mich mit so was von Berufs wegen aus!«

Dass sie so um mein Wohlergehen besorgt war, machte mich verlegen, und so lenkte ich den Fokus so weit als möglich zurück auf sie. Mit dem, was sie da über meinen Körper gesagt hatte, kam ich mir vor wie ein kleines Mädchen, und das nicht nur körperlich. Sie brachte mir zu Bewusstsein, wie unreif ich mich Autoritäten gegenüber verhielt.

Ihre Sorge um mich, der Hinweis auf ihr medizinisches Fachwissen, ihr ausgeprägter Schönheitssinn – all das trug zu meinem Bild ihres Charakters, ihrer Wertvorstellungen, ihrer Interessen bei. Und natürlich auch ihre Ablenkungsmanöver, die Art und Weise, wie sie das Gespräch von sich auf mich und mein Sprechzimmer lenkte. Das war sehr aufschlussreich, denn es zeigte mir, wie sie in der Welt und in ihren Beziehungen unterwegs war.

Ich erinnerte sie immer wieder an ihr Therapieziel: Verbundenheit zu schaffen. Das hieß, dass sie zuerst einmal eine Beziehung zu sich selbst herstellen musste. Sie drückte zwar aus, wer sie war, wenn auch eher indirekt: Ein Teil von Astrid registrierte wachen Sinnes ihre äußere Umgebung – andere Menschen oder die Oberflächen der sie umgebenden Dinge. Sie war sich des inneren Erlebens anderer bewusst, aber nicht ihres eigenen. Sie konnte sich vorstellen, wie unbequem es für mich war, auf diesem Stuhl zu sitzen, tat sich aber schwer damit, ihre innere Welt in Worte zu fassen. Astrid konzentrierte sich gewohnheitsmäßig auf andere Menschen, sorgte dafür, dass sie sich wohlfühlten, und fühlte sich zutiefst unbehaglich, wenn ich versuchte, ihre eigene Aufmerksamkeit auf sich selbst zu lenken. Sie war der lebende Beweis für das Klischee, dass Ärzte und Krankenschwestern schwierige Patienten sind.

Ich fühlte mich geehrt, dass sie bei mir Hilfe suchte. Ich wollte, dass sie mich mochte und beeindruckend fand. Wir fanden schnell einen Draht zueinander, was mir Freude machte und ihr, wie ich denke, ebenso. In unserer Arbeit sprühten sozusagen die Funken. Sie erzählte mir, dass sie sich immer gefragt habe, wie es wohl wäre, eine Tochter zu haben. Ihre Schwiegertochter verhielt sich ihr gegenüber immer recht unterkühlt. Ich fühlte mich ihr gegenüber ebenso in der Tochter- wie in der Mutterposition. Auf diese merkwürdige Art und Weise, wie das manchmal bei einer **Übertragung** vorkommt, wenn reales und emotionales Alter zusammenkommen und ineinander verschwimmen. Unsere Gespräche gaben mir das wohlige Gefühl, eine kultivierte und selbstbestimmte Person zu sein. Abgesehen davon, dass sie mein masochistisches Stuhlproblem entdeckt hatte. Ich harmonierte perfekt mit ihrer Beherrschtheit. Wir tanzten ganz wunderbar zusammen. Es ist mir peinlich, all das zuzugeben, und ich habe Jahre gebraucht, um die Schattenseiten meines Egos in meiner eigenen Therapie mit meinem Supervisor zu besprechen beziehungsweise sie mir selbst einzugestehen. Doch wenn ich diese Dinge nicht eingestehe, gehe ich wichtigen Problemfeldern aus dem Weg, die die therapeutische Beziehung beeinflussen.

Astrid und ich hatten mehrere Sitzungen lang eine wunderbare Zeit. Es waren schlicht keine Probleme da. Sie machte einen Tanz um mich, ich machte einen Tanz um sie, aber die meiste Zeit plauderten wir einfach über ihr Leben, ohne wirklich darauf einzugehen. Bis schließlich nicht nur ich es war, die auf diesem Stuhl eine schmerzhafte Stunde verbrachte. Irgendwann ließ Astrid ihren Schmerz zu, und die wahre Geschichte kam ans Licht.

Als Astrid zu unserer nächsten Sitzung erscheint, lässt sie ihre gewohnte Contenance vermissen und scheint nervös zu sein. Sie trägt ein samtenes Haarband und überkreuzt zierlich die Knöchel wie eine Debütantin. Sie schlägt ihr Notizbuch auf und legt es in ihren Schoß.

»Ich möchte den Faden nicht verlieren, oder meine Fassung, darum habe ich mir einige Stichpunkte aufgeschrieben, um sicher zu sein, dass ich Ihnen alles erzähle«, erklärt sie mir. Ihr Stimme klingt brüchig, und ich kann sehen, dass ihre Hand zittert. Ich möchte sie beruhigen.

»Das hier ist Ihr Raum«, sage ich zu ihr. »Seien Sie einfach hier und sagen Sie alles, was Sie möchten.«

»Das klingt gut. Ja, ja, das klingt gut. Wie geht es Ihnen heute, Charlotte?«

»Es geht mir gut. Aber bitte, Astrid, erzählen Sie mir, wie es Ihnen geht.«

»Gut. Der Grund, warum ich in Wirklichkeit hierher zu Ihnen kam. Das war, wie ich Ihnen erzählt habe, dass ich einen netten Mann kennenlernen möchte, und das möchte ich immer noch … Das hier ist mir alles sehr peinlich. Ich habe Ihnen ja schon erzählt, dass ich immer wieder üble Typen gedatet habe. Und da gab es einen besonders schlimmen. Ich kann einfach nicht glauben, dass ich es so weit kommen ließ, Charlotte, aber ich weiß nicht, wie ich diese Geschichte erzählen soll. Es fällt mir schwer, die richtigen Worte zu finden.« Sie spricht abgehackt.

»Ich verstehe«, erwidere ich. »Geben Sie sich Raum und lassen Sie die Worte einfach kommen. Wir fügen dann schon alles zusammen.« Ich sehe, dass sie etwas quält, dass sie verunsichert ist, dass sie bereits in diesem Moment eine schmerzhafte, unverarbeitete Erfahrung wieder durchlebt, einfach nur, weil sie andeutet, dass ihr etwas Schlimmes passiert ist.

»Gut, ich erzähle Ihnen einfach nur einige Einzelheiten, und Sie können mir dann dabei helfen, sie zusammenzusetzen, bitte«, sagt sie, und ihre Stimme klingt wieder kräftiger.

»Selbstverständlich.«

»Angefangen hat alles vor ein paar Monaten bei einer Dinnerparty, einem Treffen mit ein paar der Hebammen, mit denen zusammen ich meine Ausbildung gemacht habe. Es waren auch einige Kollegen da und ein charmanter, distinguierter australischer Chirurg, der neben mir saß. Er meinte, er hätte Krankenschwestern immer lieber gemocht als seine Arztkollegen. Es war ein netter Abend, und bevor ich ging, tauschten wir noch unsere Kontaktdaten aus. Ich war mir nicht sicher, ob ich überhaupt je wieder von ihm hören würde, aber noch an diesem Abend schrieb er mir eine E-Mail. Ich antwortete, er antwortete mir tags darauf wieder, und im Laufe der folgenden Woche machte es mehr und mehr den Eindruck, als würde sich so etwas wie eine Beziehung zwischen uns entwickeln. Er war ein gut aussehender Mann, ein paar Jahre älter als ich, sehr selbstsicher, sehr bewandert. Belesen, vor langer Zeit geschieden, ein Sohn, der in den Staaten lebt. Er flirtete lebhaft mit mir, wurde aber nie vulgär oder so etwas. Er erzählte mir, dass er ein begeisterter Skifahrer sei und gerne in Kunstausstellungen gehe. Das tue ich auch. Wir hatten eine Menge gemeinsam. Also verabredeten wir uns zum Abendessen. Wir hatten einen wunderbaren Abend, und dann schlug er vor, am Wochenende darauf wieder etwas gemeinsam zu unternehmen. Ich war furchtbar nervös, sagte aber bereitwillig zu, und außerdem mochte ich ihn wirklich sehr. Also fuhren wir zu diesem entzückenden Landschlosshotel im Lake District. Ausgesucht hatte es er. Es sah aus wie aus dem Bilderbuch. Kennen Sie den Lake District?«

Ich nicke, sage aber nichts in der Hoffnung, dass sie nicht von der schwierigen Geschichte abschweift, die sie mir gerade zu erzählen versucht.

»Nun, ich kann Ihnen dieses Hotel nur empfehlen, wenn Sie jemals nach einer Möglichkeit für einen kurzen Wochenendausflug suchen, auch wenn ich selbst nie wieder dort hinfahren werde. Aber Ihnen könnte es gefallen. Fahren Sie denn am Wochenende hin und wieder weg?«

»Astrid, Sie wissen, dass ich mit dem Thema Auskünfte zu meiner Person ziemlich entspannt umgehe. Aber lassen Sie uns jetzt bitte bei Ihrer Geschichte bleiben.«

»Gut, gut. James. Das ist der Name dieses Mannes. Uff. Wenn ich nur seinen Namen sage, überläuft es mich schon kalt.« Sie schnappt einmal laut und kurz nach Luft. »Aber jetzt im Augenblick möchte ich noch gar nichts fühlen. Ich möchte zuerst einmal nur die Geschichte in allen Einzelheiten durchgehen. Er machte einen so netten und aufmerksamen Eindruck. Ich hatte das Gefühl, dass uns vieles verband. Ich war nervös, aber auch ausgelassen, weil wir nun ein romantisches Wochenende hatten. Wir aßen zu Abend. Ich trank ein oder zwei Glas Rotwein, allerhöchstens zwei – ich ließ ihn nicht mehr nachschenken. Wir aßen Chateaubriand-Steak, *medium rare*. Ich sagte, für mich keinen Wein mehr, weil ich mich schon reichlich beschwipst fühlte. Aber auf eine schöne, herzerwärmende Weise. Wir saßen in einer kleinen Ecke des Hotelrestaurants, durch das Fenster hatten wir eine herrliche Aussicht. Alles lief so gut. Ein romantischer Abend. Ich war glücklich.

Das ist es, was das alles für mich so verwirrend macht. Ich kriege das alles einfach nicht zusammen.« Astrids Verhalten bekommt in diesem Moment etwas Strenges, Kontrolliertes. Sie wirkt korrekt wie eine Oberstudiendirektorin.

»Ich erzähle das nicht gut«, meint sie und starrt dabei mit hartem Blick in die Ecke. Ihr kantiges Gesicht wirkt verletzt und verärgert, als hätte sie sich gerade an etwas Verachtenswertes erinnert. Bis zu diesem Augenblick bin ich nicht einmal ansatzweise in die Nähe ihres gewaltigen inneren Kosmos gekommen.

»Erzählen Sie es einfach so, wie Sie können, Astrid.«

»Ich möchte alles genau so erzählen, wie es abgelaufen ist. Jetzt, wo ich hier bin und alles ausgrabe, muss ich es einfach loswerden. Aber ich weiß nicht, wie die einzelnen Teile zusammenpassen. Es ergibt einfach keinen Sinn.«

»Machen Sie sich darüber jetzt keine Gedanken, über das Zusammenpassen. Erzählen Sie einfach weiter«, fordere ich sie auf. Menschen, die traumatische Erfahrungen gemacht haben, empfinden manchmal einen starken inneren Druck, die Ereignisse genauso wiederzugeben, wie sie sich abgespielt haben. Als wäre die exakte Beschreibung das, worauf es ankommt. Das ist zu einem großen Teil auf das Entsetzen über das zurückzuführen, was ihnen widerfahren ist, auf die ungläubige Fassungslosigkeit, dass diese Dinge wirklich passiert sind. Auf den Schock, der sie in Sprachlosigkeit erstarren lässt, und auf die Angst, dass man ihnen nicht glauben oder ihnen die Schuld geben wird. Dabei haben sie die meiste Zeit nicht fassen können, was geschehen ist, und sich bereits selbst die Schuld dafür gegeben. Von einem traumatischen Erlebnis zu erzählen, das man noch niemandem erzählt hat, kann mit starken Ängsten einhergehen, selbst wenn es in einem therapeutischen Umfeld geschieht.

»Wir gingen also auf unser Zimmer. Alles so entzückend, einfach charmant. Die Leute, die das Hotel führen, sind ausgesprochen nett, eine Familie. Alles um uns herum war wie aus dem Bilderbuch, so wie in meinen Träumen als Kind, als ich noch in Dänemark lebte und mir vorstellte, in England müsse auf dem Land alles so aussehen wie in den

Beatrix-Potter-Büchern, die ich gelesen hatte, wie in den vielen Filmen, die ich angeschaut hatte. Ein himmlischer Ort. Aber gut, ich wiederhole mich, ich komme zum Punkt. Der Gedanke, dass wir nach dem Essen wieder auf unser Zimmer gehen würden, machte mich nervös, aber ich sagte mir, schauen wir einfach, was passiert. Ich dachte, meine Nervosität würde damit zusammenhängen, dass ich schon so lange keinen Sex mehr gehabt hatte.« Ihre Stimme wird leiser, als sie »Sex« sagt. »Und wenn man sich zu einem Date trifft, nun, da ist eben alles so intensiv und ungewiss, wenn man sich zum ersten Mal begegnet. Und dann kommt man sich eben näher, und danach geht das Ganze eben auf die nächste Ebene über. Ich bin einfach aus der Übung.«

»Ich verstehe«, sage ich. Ich warte. Ich will sie nicht fragen, ob dies schon die ganze Geschichte war, aber ich bin mir nicht sicher. Die Situation erinnert mich daran, wie es war, wenn ich Geschenke auspackte und nicht wusste, ob da vielleicht noch mehr im Karton war. Ich wollte nicht gierig oder gar unzufrieden erscheinen, indem ich ostentativ das Seidenpapier durchwühlte, um zu kontrollieren, ob sich am Boden vielleicht noch was versteckte.

»Nun, das ist alles«, sagt sie. Sie senkt den Blick und verstummt. Die einzelnen Zonen ihres nachdenklichen Gesichts zeichnen sich in diesem Augenblick markant ab. »Das ist das Letzte, woran ich mich erinnere. Bis zu dem Moment, als ich auf dem kalten Fliesenboden der Dusche aufwachte, und überall war Blut. Und mein Kopf … dieser pochende Schmerz. Ich spürte am ganzen Leib Schmerzen. Überall Blutergüsse. Ich war benommen, aber alles tat weh.«

»Mein Gott, Astrid!« rufe ich aus, von einer plötzlichen Woge der Bestürzung überflutet. Ich wusste zwar, dass ihr etwas Schlimmes widerfahren sein musste, aber damit hatte ich nicht gerechnet. Und sie wohl ebenso wenig.

»Ich wusste, dass ich Ihnen das alles erzählen muss«, sagt sie. »Ich wollte es Ihnen unbedingt erzählen.« Sie holt ein sauberes quadratisches Taschentüchlein aus einem hübschen, geblümten Taschentuchetui und entfaltet es mit ganz exakten Bewegungen, ehe sie sich sorgsam die Augen trocken tupft. Ich wünschte, sie würde einfach in die

Packung Papiertaschentücher greifen, die vor ihr steht, doch sie ist so wohlpräpariert für alle Eventualitäten mit ihrem Taschenkalender, den Taschentüchern, ihrer Kleidung, den Schals und all ihren sonstigen persönlichen Dingen. Sie sorgt für sich in jeder Hinsicht.

»Ich bin sehr froh, dass Sie mir das alles anvertrauen«, sage ich. »Das ist eine schreckliche Geschichte, geradezu traumatisch.«

»Ja, das war es, und ich habe keiner Seele je davon erzählt. Ich habe mich einfach … so sehr geniert … dazu komme ich später noch. Ich möchte Ihnen das Ganze so vollständig erzählen, wie ich kann. Wie auch immer, als ich mich endlich vom Boden hochgekämpft hatte, wollte ich zuerst Hilfe holen, tat es dann aber nicht. Das ist der Teil … das ist der Teil, den ich absolut nicht begreife … das ist der Teil, der mich innerlich auffrisst.«

Ihre Stimme beginnt zu stocken, und sie hat Mühe, unter Tränen zu sprechen.

»Das ist so furchtbar, das alles«, sage ich. »Es tut mir so schrecklich leid für Sie. Ich bin ganz für Sie da.«

»Oh, Charlotte. Das sind die Worte, die ich brauchte. Dass Sie bei mir sind. Ich begreife es einfach nicht. James lag auf dem Bett. Er hatte einen Frotteebademantel an und las eine Zeitschrift. Ein Reisemagazin. Er lag einfach da und las etwas über einen Luxusferienort. Ich kroch zum Bett, mit zerschlagenem Kopf, voller Schmerzen, überall Blut. Ich zog mich aufs Bett und legte mich neben ihn. Und er sagte kein Wort. Auch ich sagte nichts. Ich denke, ich war wie betäubt. Ich rief nicht um Hilfe. Ich holte nicht die Polizei. Ich verstehe das nicht. Ich verstehe das einfach nicht. Ich muss Ihnen aber noch den Rest erzählen.«

»Bitte tun Sie das.«

»Ich sah ihn an und fragte, was denn passiert sei. ›Du hast dich betrunken, du schlimmes Mädchen.‹ Das hat er gesagt. Aber das habe ich nicht! Ich weiß, dass ich mich nicht betrunken habe, aber ich versuchte, mich dieser Erklärung irgendwie anzuschließen. Und ich schlief neben ihm in dieser Nacht in diesem Bett. Ich kann nicht glauben, dass ich neben ihn ins Bett gekrochen bin, aber ich bin es. Und am nächsten

Morgen bin ich aufgewacht, mein Kopf tat fürchterlich weh. Ich weiß nicht, wie ich überhaupt schlafen konnte. Und dann zogen wir uns an und gingen hinunter in den wunderschönen Frühstücksraum des Hotels. Wir tranken eine Kanne Kaffee, aßen dazu Gebäck, und dann brachte man uns ein komplettes englisches Frühstück, und das alles war wie aus einem Zeitschriftenartikel über ein reizendes Schlosshotel im Lake District. Anschließend machten wir einen Spaziergang in einem nahe gelegenen Waldstück. Und wir schossen Fotos von Blumen. Er kannte sich gut aus mit Blumen, nannte mir ständig ihre Namen. O mein Gott. Ich habe all das getan. Ich habe all das mitgemacht. Wir haben sogar Fotos von uns gemacht auf diesem Spaziergang. Schauen Sie, schauen Sie sich diese Fotos an.«

Sie streckt mir mit zitternder Hand ihr Handy entgegen, damit ich mir die Fotos anschaue. Da ist sie, mit einem breiten, maskenhaften Grinsen in einem leeren Gesicht. Das Haar klebt ihr an der Wange, am Stirnrand eine deutliche Schnittwunde und eine leichte Prellung. Der Mann im Gutsherrenzwirn schaut auf diesen Fotos, ganz zufrieden mit sich selbst, in die Kamera. Er hat den Arm um sie geschlungen. Ich spüre, wie in mir der Zorn gegen ihn aufbrodelt, der Zorn, den Astrid sich damals nicht zu spüren erlaubte.

»Astrid, es tut mir so leid. Es tut mir so leid für Sie, und ich bin so froh, dass Sie jetzt darüber reden.«

»Ich kann einfach nicht glauben, dass ich keine Hilfe geholt oder ihn nicht angezeigt habe oder überhaupt etwas zu ihm gesagt habe. Wie konnte das passieren. Es geht nicht bloß darum, was er mit mir gemacht hat. Ich weiß, dass er mir K.-o.-Tropfen gegeben hat. Ich weiß, dass er mit mir Sex hatte, als ich bewusstlos war.«

»Woran haben Sie das gemerkt?« Ich formuliere diese Frage so vorsichtig wie möglich. Meine große Angst ist, dass sie in ihren Ohren so klingt, als hätte ich Zweifel oder glaubte ihr nicht.

»Nun, da tropfte Sperma aus mir heraus und lief vermischt mit Blut mein Bein hinunter. Das machte Flecken auf meiner Seite des Betts, und das war mir so furchtbar peinlich. Ich fühlte mich machtlos. Und ich war völlig bewusstlos, ohne Vorwarnung k. o.«

»Oh, Astrid!«

»Ich kann mir das nicht erklären. Ich hätte mit ihm geschlafen. Bei vollem Bewusstsein. Er hätte mir keine K.-o.-Tropfen geben müssen. Warum hat er das getan? Das Schlimmste dabei ist für mich … dass ich so getan habe, als wäre alles in Ordnung. Alles bestens. Wir hatten ein wunderbares Wochenende auswärts. Ich habe sogar Ihnen etwas vorgemacht, einfach dadurch, dass ich Ihnen nichts erzählt habe. Selbst jetzt möchte ich das Ganze herunterspielen und machen, dass es weggeht.«

»Das ist kein Sex. Das ist eine Vergewaltigung. Das ist schonungslose Gewalt«, sage ich.

»Ja, stimmt. Sie haben absolut recht. Und als Krankenschwester weiß ich das alles auch. Und doch … und doch … Ich kann einfach nicht glauben, dass das wirklich passiert ist. Ich redete mir ein, alles sei normal, spielte es herunter, tat so, als sei alles gar nicht so schlimm gewesen. All das habe ich wirklich getan. Ich bin über mich genauso entsetzt wie über diesen Mann. Es ist nicht in Ordnung, was er getan hat. Absolut nicht in Ordnung. Ich bin so schockiert.«

»Was er getan hat, ist wirklich nicht in Ordnung. Absolut nicht in Ordnung.« Ich bin ebenso schockiert wie Astrid. Diese Geschichte erschüttert mich zutiefst. Bei meiner Arbeit höre ich immer wieder von Vergewaltigung und Missbrauch und traumatischen Erfahrungen. Und obwohl ich mittlerweile daran gewöhnt bin und nicht die Fassung verliere, bin ich doch jedes Mal wieder schockiert. Ich glaube, dass wahr ist, was man mir erzählt. Und ich weiß, dass es dauernd passiert, aber es schockiert mich immer noch, und ich denke, ich will das auch so. Diese Erfahrungen sind so schockierend, weil sie absolut inakzeptabel sind. Es regt mich zutiefst auf, dass solche Dinge passieren. Und sie passieren dauernd. Öfter, als uns bewusst ist. Öfter, als wir davon lesen. Öfter, als je berichtet oder erzählt wird. Öfter, als wir Therapeutinnen und Therapeuten überhaupt herausfinden.

Astrid und ich sehen uns an, was sie davon abhielt, Hilfe zu rufen, die Polizei zu holen oder diesen Mann anzuzeigen. »Ich weiß noch, dass mir das unglaublich peinlich war. Es war so ein ruhiges Hotel. Hätte ich um Hilfe gerufen, jemandem erzählt, was passiert war, oder die Polizei geholt, stellen Sie sich mal vor, was das für eine Störung für alle gewesen wäre. Die Hotelbetreiber waren so nette Leute. Ich wollte keine Szene machen.« Keine Szene machen wollen – wie oft hält uns das davon ab, für uns einzutreten? Das ist vermutlich die Schattenseite dessen, was die Gesellschaft uns gelehrt hat, den Frauen über gute Manieren beigebracht hat. »Ich wurde erzogen in dem Glauben, dass es sich für eine Dame nicht schickt, zu schreien. Und dass gute, altmodische Manieren zu haben, ›damenhaft‹ zu sein, das Allerwichtigste ist. Das ist das ultimative Kompliment.«

Ich frage sie, was denn zu dieser Damenhaftigkeit noch so alles dazugehört.

»Da fällt mir meine Mutter ein, die meinen Schwestern und mir einschärfte, am Sonntag in der Kirche kerzengerade zu sitzen, und da saßen wir, das Haar zu Zöpfen geflochten, und sangen. Rede nicht dazwischen. Widersprich nicht. Sie wissen schon, mach keinen Ärger. Sei still, außer man fragt dich etwas. All diese Dinge, die unsere Mutter zu uns sagte, und ein paar davon hat vielleicht schon ihre Mutter zu ihr gesagt – und die Oma vermutlich auch uns gesagt hat, als wir noch kleine Mädchen waren.«

»Mein Gott, da muss ich wieder daran denken, wie Sie mir in unserer ersten Sitzung erzählt haben, dass Ihre Mutter immer sagte, Eliza Doolittle müsse Henry Higgins die Pantoffeln holen. Mit diesem Detail haben Sie mir sehr viel Information gegeben, auch wenn uns das damals noch nicht so klar war.«

»Ach du meine Güte, ich hatte ganz vergessen, dass ich Ihnen das erzählt habe. Was, glauben Sie, bedeutet das in diesem Zusammenhang?«, fragt sie mich.

»Sagen Sie's mir …«

»Es heißt: Mach alles, was nötig ist, um einen Mann zufriedenzustellen. Sei liebenswürdig und aufmerksam. Mache artig Konversation. Lächle.« Astrids Blick wandert in eine Ecke, als würde sie gerade einen ganzen Katalog von Einsichten ordnen.

»Und was ist mit den weniger erfreulichen Themen, wenn die Dinge schieflaufen, was dann?«

»Immer schön ordentlich bleiben – das wurde großgeschrieben in unserer Familie. Proper sein. Ein sauberes, schönes Heim steht für einen sauberen, schönen Geist. Nur nicht wütend werden. Oder gar aggressiv. O Charlotte, ich kann nicht glauben, dass ich das erst jetzt alles erkenne. Ich habe das Gefühl, als würden mir plötzlich die Augen geöffnet für bestimmte Dinge«, erwidert Astrid.

»Die Erfahrung, die Sie gemacht haben, ist zutiefst schockierend. Und es ist doch erst einige Monate her, nicht wahr? Sie können immer noch im Schockzustand sein. Ich jedenfalls fühle mich geschockt. Es ist schrecklich, was da passiert ist. Wir sollten zulassen, dass es einige Zeit braucht, sich an so ein Erlebnis zu gewöhnen, die Geschichte sich setzen zu lassen, einen Zusammenhang herzustellen.«

»Ich sehe hier nur Bruchstücke«, sagt Astrid. »Die ich verdrängt habe, die aber trotzdem weiterglühen. Das ist das Gefühl, das ich habe – flammend heiße Bruchstücke, die auf mich zufliegen. Wenn ich im Garten bin, wenn ich mich in einem Geschäft mit jemandem unterhalte, egal was ich tue – die kleinste Kleinigkeit ruft plötzlich alles wieder auf, und die Flammen kommen angeflogen. Was geschieht da nur mit mir?«

»Das hört sich an, als hätten Sie Flashbacks. Sie haben Ihre traumatische Erinnerung glasklar und sinnlich abgespeichert. Und dieses Gefühl der Bedrohung versetzt Sie in höchste Alarmbereitschaft.«

»Meine Erinnerungen, an manches erinnere ich mich sehr gut, an anderes gar nicht.«

»Das ist bei Traumata häufig der Fall«, erkläre ich. »Wir haben das Gefühl, dass wir zu wenig erinnern oder zu viel. Sie werden Stück für Stück alles zusammensetzen. Sie machen das jetzt ja schon, und so kommen Sie hinter die Geschichte. Machen Sie sich bewusst, dass Sie immer noch im Traumazustand sind. Drängen Sie sich nicht. Machen Sie sich keinen Druck. Die Heilung erfolgt nicht sofort, aber sie kommt mit der Zeit. Seien Sie bitte ganz liebevoll und geduldig mit sich selbst.«

»Das hört sich gut an. Ja, das kann ich machen. Danke. Es kommt mit der Zeit. Okay, okay. Sie wissen, ich bin nicht so gut darin, herauszufinden, wenn für mich etwas nicht so gut läuft. Bei anderen schon. Da fällt mir vieles auf.«

»Ich weiß. Sie sehen Ihre Umgebung und andere Menschen sehr scharf. Auch hier mit mir. Sie haben absolut recht, was diesen unbequemen Stuhl angeht! Ich bin hier, um Ihnen zu helfen. Und es fällt Ihnen immer noch schwer, für sich zu sprechen.«

Wir reden über das Gefühl, dass sie sich im Umgang mit ihrem Sohn, seiner Frau und seinem Kind total unecht vorkommt. Aber sie will ihnen nicht erzählen, was passiert ist. Jedenfalls noch nicht jetzt, solange sie sich selbst noch keinen Reim auf die Geschichte machen kann. Und die Geschichte ist ja noch nicht vorbei. Astrid zeigt mir die Kommunikation mit James, die nachher stattfand. Die beiden haben E-Mails und Fotos ausgetauscht.

»Und dann ist da noch etwas«, sagt sie schaudernd. »Das ist wirklich schlimm. Ich hatte Sex mit ihm, in beiderseitigem Einverständnis, nachdem all das passiert ist. Wir hatten ein Date! Warum habe ich das getan? Warum nur?« Ihr Gesicht ist geweitet und wie elektrisiert.

Das kann der Wunsch gewesen sein, das Trauma ungeschehen zu machen. Dafür zu sorgen, dass es wieder okay ist, es zu normalisieren, die Situation zu verbessern, etwas daraus zu machen, was keine Schauergeschichte ergibt. Sie dachte immer noch, dass sie das irgendwie in Ordnung bringen könnte. »Ich wollte es wiedergutmachen«, sagt sie immer wieder. Während sie die Geschichte erzählt, fängt sie an, einige ihrer Fragen selbst zu beantworten. Sie gewinnt dabei Stärke und Einsicht, auch wenn sie immer noch fassungslos und zornig ist.

»Ich bin zu alt, um so angegriffen zu werden. Wer vergewaltigt eine Frau über sechzig? Es ist mir peinlich. Als würden die Leute denken: Was bildet die sich ein, dass sie mit ihren sechzig noch ein Vergewaltigungsopfer sein könnte? Ich glaube, ich wollte ihn noch einmal sehen, um das Ganze zu verstehen. Ich hoffte, er würde die Sache irgendwie in Ordnung bringen. Was habe ich mir dabei nur gedacht?«

Ihr zerbrochenes Selbstwertgefühl macht mich traurig. Ich kann sehen, wie sie zu ihm zurückging, um etwas zu verstehen, was letztlich unbegreiflich ist. Häufig ist es ja der verzweifelte Wunsch, die Menschen zu begreifen, die uns Schmerz verursacht haben, der uns zu ihnen zurücktreibt. Als wären es die Täter, die Weisheit und Heilung schenken können. Wir glauben, die Menschen, die uns verletzen, können das auch wieder ausbügeln. Manchmal glauben wir sogar, dass sie die einzigen sind, die das können.

»Ich glaube, ich habe mich damals wieder mit ihm getroffen, weil ich dachte, die Dinge würden sich lösen, wenn ich aus dem schlechten Kerl einen guten machen könnte. Dann wäre auch das Schlimme, was mir passiert ist, nicht mehr so schlimm. Hört sich das sinnvoll an?«, will Astrid wissen.

»Ja, tatsächlich. Aber was Ihnen da an Schlimmem widerfahren ist, bleibt nun einmal schlecht. Und nichts kann das ungeschehen machen.«

»Es ist immer noch schlimm.« Astrid schüttelt den Kopf und spürt dem nach. »Und wenn ich darüber nachdenke, wie es war, mit ihm einvernehmlichen Sex zu haben, muss ich sagen: Ich war da gar nicht dabei. Als hätte ich einfach nur so getan, als ob. Ich glaube nicht, dass ich etwas gespürt habe. Aber ich habe auch nicht darüber nachgedacht, was ich empfunden habe. Ich war so beschäftigt damit, die Situation in Ordnung zu bringen. Und es ging einfach nicht. Es wäre nie in Ordnung gekommen.«

»Es wäre nie in Ordnung gekommen. Sie haben etwas absolut Schreckliches überlebt.«

»Ja, das habe ich. Es ist passiert. Diese Sache ist geschehen.«

Wenn Menschen ein Trauma überleben, folgt darauf oft eine Phase, in der sie realisieren, dass diese schlimme Erfahrung wirklich passiert ist. Es ist ebenso einfach wie schwierig, diese grundlegende Tatsache zu akzeptieren.

»Ich möchte diesen fürchterlichen Mann anzeigen«, sagt Astrid in der Woche darauf.

Wir überlegen, was es für sie heißen würde, wenn sie die Vergewaltigung anzeigt. Als sie sich vergegenwärtigt, was es bedeutet, der Polizei das Geschehen in allen Einzelheiten zu beschreiben, wird Astrid klar, dass sie das nicht möchte. Die Fotos, die die beiden am nächsten Tag gemacht haben, die netten E-Mails, die sie austauschten, der einvernehmliche Sex zehn Tage nach der Vergewaltigung – es wäre nahezu unmöglich, diese zu beweisen. Sie weiß das, und ich weiß es, weil ich andere Opfer schon durch diesen ausgesprochen mängelbehafteten juristischen Prozess begleitet habe. In diesem Moment fällt mir ein Akronym ein, das mir einmal begegnet ist. Es steht für einen Prozess, der Menschen mit einem sexuellen Trauma helfen kann. LIFE: **L**istening (Zuhören), **I**nforming (Informieren), **F**acilitating (Möglichkeiten aufzeigen) und **E**ducating (Aufklären). Ich bin wütend, dass ich nicht mehr für Astrid tun kann. Ich kann ihr den nötigen Raum bieten, in dem sie mit ihrer Erfahrung umgehen lernt, aber das System bestraft Frauen wie sie.

»Ich weiß, dass eine Anzeige das Trauma häufig wieder aktiviert und nicht immer zu einem Sieg führt. Aber es ist auch erschütternd, wenn man juristisch nichts unternimmt. Ein Gefühl tiefster Ungerechtigkeit«, sagt sie.

Ich stimme ihr zu. Es kann brutal sein, unglaublich hart, zu entscheiden, was in so einem Fall zu tun ist.

Astrid beschließt, keinen Kampf zu führen, den sie vermutlich verlieren würde. Sie merkt, dass sie das noch mehr belasten würde.

»Ich will nicht noch mehr Schmerz erfahren. Ich kann hier mit dem Schmerz umgehen, aber ich will den Schmerz, den uns das System zufügt, nicht erleiden müssen. Ist es absurd, dass ich gerne hierherkomme, so schlimm die einzelnen Sitzungen für mich auch sind?«

»Ich finde das nicht absurd. Vielleicht ist das ja eine Erleichterung, dass Sie zumindest hier so weit gegangen sind.«

»Ja. Ich bin sogar ein bisschen stolz. Ich genieße unsere Sitzungen«, sagt sie. »Manchmal ziehe ich dazu meine besten Sonntagssachen an. Auch wenn ich Sie gar nicht am Sonntag treffe. Sie wissen schon, was ich meine. Es ist so schön, einen Anlass zu haben, um ein hübsches Kleid zu tragen. Ich mag auch diesen Raum. Hier fühle ich mich sicher. Die Ruhe. Und es ist schön hier. Auch ganz professionell, wo Sie jetzt einen neuen Sessel haben.«

»Sie hatten recht mit dem alten Stuhl. Ich bin so froh über die neue Sitzgelegenheit.«

»Aber es gibt da noch etwas, das mich beschäftigt. Darf ich es ansprechen?«

»Aber ja doch.«

»Ich liebe die Blumen. Sie haben jede Woche einen frischen Blumenstrauß in der kleinen Vase auf dem Tisch. Aber alles, was ich über die Therapie gelernt habe, ist, dass es dabei um Wirklichkeit, Zerbrechlichkeit und ein neues Leben geht. Blumen sind in jedem Alter wunderschön, bis sie tot sind. Daher liebe ich sie so sehr.«

»Astrid! Blumen sind in jedem Alter wunderschön, bis sie tot sind. Das wäre ein toller Titel für Memoiren.«

»Ja!«

Wir reden über das Leben als solches, darüber, wer wir hinter den verschiedenen Systemen und Strategien sind. Wir sagen unsere ehrliche Meinung. Und in gewisser Weise geraten wir dadurch immer mehr vom Weg ab. Wir lachen viel. Und mir wird klar, dass unsere scheinbar oberflächlichen Gespräche sozusagen der Panoramaweg zu den Orten sind, an die wir gelangen müssen.

Neben all den möglichen Blickwinkeln sind es letztlich einfach nur wir beide in diesem Raum. Und es liegt an uns, der Situation einen Sinn zu verleihen.

In der Woche darauf kommt Astrid mit einem Rosenstrauch auf dem Arm. »Die ist für Sie, Charlotte. Eigentlich ist sie für uns beide gedacht. Ich würde sie gerne ganz offiziell dem Raum schenken. Darf ich?«

»Ja, Sie dürfen.«

Ich hoffe, dass ich, indem ich diese eingetopfte Rose entgegennehme, Astrid meine Wertschätzung ausdrücke dafür, dass sie ihr Trauma überlebt hat – und für all die anderen Menschen, die in diesem Raum ihre Geschichte erzählen.

»Ich mag die Vorstellung, dass trotz aller Sorgen immer auch Raum für die Schönheit ist«, sagt Astrid.

»Ja, die Schönheit ist immer da. In diesem Raum geht es um echtes

Wachstum. Und auch bei unserer Unterhaltung über Blumen. Aber Sie haben auch die Dunkelheit hereingelassen. Sie haben nicht alles nur hübsch und ordentlich belassen.«

»Aus diesem Grund liebe ich das Gärtnern. Das Erdreich ist einfach so ehrlich, der Kies, die Erde. Wir gehen auf die Knie, um diese schönen Dinge an die Oberfläche zu bringen. Genau das haben wir hier auch gemacht. Es ist hart. Was ich wirklich möchte, Charlotte, ist echte Verbundenheit mit einem netten Mann. Ich habe ja sogar versucht, mir einzureden, dass das mit einem Typen möglich ist, der mich unter Drogen gesetzt und mich, während ich bewusstlos war, vergewaltigt hat. Ich habe mir so sehr gewünscht, dass es eine andere Geschichte sein soll als die, die wirklich passiert ist. Ich versuchte, meine Erfahrung zu etwas zu verbiegen, was in Ordnung ist. Obwohl es nicht in Ordnung war.«

»Was passiert ist, war alles andere als in Ordnung. Es war keine echte Verbundenheit da, ja nicht einmal etwas, woraus man eine solche hätte machen können. Aber sich Verbundenheit zu wünschen ist schön und absolut der Mühe wert. Und auch möglich«, sage ich. Ich weiß, dass es möglich ist, weil Astrid sich ja hier mit mir auch auf echte Verbundenheit eingelassen hat.

Wir haben Erfahrungen miteinander geteilt, gemeinsam einen Sinn erarbeitet, und Astrid hat mir Einblick in die unterschiedlichen Schichten ihrer Persönlichkeit erlaubt. Wir haben Bruchstücke verbunden und einen roten Faden entdeckt, der zeigt, was es heißt, Astrid zu sein.

»Ich dachte irgendwie, wenn ich kooperiere und diesem Mann gefalle und keine Szene mache und alles tue, was man von mir erwartet, dann würde ich bekommen, was ich mir wünschte.«

»Möchten Sie immer noch, was Sie damals zu wollen glaubten?«

»Gute Frage. Ich habe immer noch die Stimme meiner Mutter im Kopf, die mir sagt, der einzige Weg zu einem sinnvollen Leben führe über einen Mann. Aber das stimmt natürlich nicht. Und ich bin froh, dass Sie mir dabei geholfen haben, zu verstehen, wie schrecklich das Verhalten dieses Mannes war. Ich habe es vielleicht nicht klar erkannt, als es passierte, aber jetzt kann ich das sehen. Mein erster Eindruck von ihm war nicht das Gesamtbild. Erste Eindrücke, die können ganz schön täuschen.«

»Ja, das stimmt«, stimme ich zu.

»Soll ich Ihnen mal sagen, was mein erster Eindruck von Ihnen war?«

»Natürlich.« Ich bin gespannt.

»Ich dachte nicht, dass Sie so klug sind, wie sich dann herausstellte. Sie haben viel zu schick ausgesehen, um intelligent zu sein. Ist es nicht schrecklich, dass ich so etwas sage? Und das ist auch nicht die ganze Geschichte, denn ich mochte Ihr Erscheinungsbild. Und habe es trotzdem gegen Sie verwendet. Ich habe Sie in eine Schublade gesteckt.«

Das tun wir letztlich alle. Wir alle treffen Annahmen. Ich hatte meine Annahmen über Astrid. Sie hatte die ihren über James und über mich. Manchmal ist unser erster Eindruck zutreffend, aber häufig müssen wir ihn korrigieren.

Bei Astrid sind viele Ebenen wichtig, und die äußere Erscheinung ist eine davon. »Ich komme mir oberflächlich vor, aber mit Tiefe«, sagt sie. »Vielleicht ist es tiefgehend, vielleicht auch nicht. Ich habe mich mein Leben lang hinter meiner Erscheinung versteckt. Immer so beherrscht. Ich dachte, das würde mir helfen, und in gewisser Weise hat es das auch. Aber es hat mich auch davon abgehalten, für mich einzutreten oder einfach mal eine totale Katastrophe zu sein. Mit Mutter oder Vater, ja nicht einmal mit meinen Schwestern, konnte ich eine Katastrophe sein. Und auch mit anderen Menschen aus meiner Vergangenheit nicht. Nicht einmal mit meinem Sohn. Und mit Männern schon gar nicht. Ich war so lange Zeit so einsam.«

Astrid geht neue Beziehungen ein, aber sie nimmt auch Kontakt zu Menschen aus ihrer Vergangenheit auf. Sich selbst gegenüber kommt sie sich nicht mehr so fremd vor. Und sie erzählt ihren Schwestern und am Ende auch ihrem Sohn und ihrer Schwiegertochter von ihrer traumatischen Erfahrung. Die meisten meiner Klientinnen und Klienten sind im Alter ihres Sohnes und ihrer Schwiegertochter. Ich überlege mir, wie es wohl ist, diese Geschichte aus ihrer Perspektive zu sehen.

Mit all den Gesprächen und kulturellen Veränderungen im Hinblick auf Geschlecht und Einvernehmlichkeit hat Astrid mir gezeigt, welche schwierigen Kämpfe ihre Generation zu bestehen hatte und wie ihre tiefsten Überzeugungen aussahen.

Wir schlossen unsere Arbeit ab, kurz nachdem sie sich in einen Mann namens Axel verliebt hatte. Die beiden lernten sich online kennen, und Astrid zog am Ende nach Stockholm, wo Axel lebte. Sie freute sich so sehr auf den Umzug und auf ihr neues Leben. Dass unsere Therapie ein sauberes und hübsches Ende nahm, passte zu der Dynamik zwischen uns. Unsere Arbeit musste eine zusammenhängende Geschichte sein, mit einem Anfang, einer Mitte und einem Schluss. Und sie war am Ende doch eine unheilbare Romantikerin. Dieses Problem musste ich nicht für sie lösen, obwohl ich diesbezüglich ein wenig Vorsicht für angebracht hielt.

Sie erzählte mir von den Plänen mit Axel. Sie würden in seinem Haus in Stockholm leben, aber an den Wochenenden auf eine Hütte in den Bergen fahren. Sie beschrieb mir das Grasdach der Hütte und wie sie miteinander Schlitten fahren, Moltebeeren und Rentierfleisch essen würden. Axel engagierte sich freiwillig als Bergführer für behinderte Kinder. Die beiden wollten sich selbst etwas Gutes tun, aber auch der Welt etwas zurückgeben. Das war nun Astrids überarbeiteter dritter Akt.

Am Ende unserer gemeinsamen Arbeit dankte sie mir und sagte mir, ohne mich hätte sie nie die Liebe gefunden. Ich weiß, dass das nicht ganz der Wahrheit entspricht. Dahinter steht eine Fantasie, eine Projektion, eine Idealisierung und der Mechanismus der Übertragung. Aber ich konnte sie davon nicht abbringen. Sie wollte an dieser Geschichte unbedingt festhalten. »Sie haben mir geholfen, mich mir selbst zu stellen. Angesichts meiner Herkunft ist das eine Riesensache. Ich war vorher nie ganz ich selbst«, sagte sie. »Und Sie haben mir das Gefühl gegeben, liebenswert zu sein. Das haben Sie so nie gesagt, aber ich habe gemerkt, dass Sie mich als einen Menschen wahrgenommen haben, der geliebt werden und lieben kann.«

»Das ist wahr«, antworte ich.

»Das Merkwürdige für mich ist der Teil der Liebe, den ich nicht vorhergesehen habe. Ich musste hassen lernen, wirklich hassen, um dann die Liebe zulassen zu können. Ich hasse dieses Ungeheuer von einem Mann, der mich vergewaltigt hat. Anfangs habe ich mich selbst dafür gehasst. Alle Klischees trafen ja zu. Ich habe mir selbst Vorwürfe gemacht, mich abstoßend gefühlt. Aber als ich Ihnen davon erzählt hatte, veränderte sich alles, und ich merkte, was mir passiert war. Ich habe in all den Jahren die Macht des Leugnens nie verstanden. Jetzt tue ich das. Es hat eine Weile gebraucht, bis ich merkte, dass ich kein abstoßender Mensch bin und dass er mir etwas Schlimmes angetan hatte.«

»Ja, alles, was Sie sagen, stimmt. Sie sind nicht abstoßend. Es macht mich traurig, dass Sie sich so gefühlt haben. Und ich bin froh, dass das vorbei ist. Und er hat Ihnen etwas extrem Schlimmes angetan.«

»Ich bin immer noch zornig, wenn ich an ihn denke, und ich hasse ihn. Ich hasse ihn! Vielleicht wird sich das eines Tages ändern. Die Zeit wird es zeigen. Aber ihn zu hassen hat mir wirklich geholfen. Es hat mir den Raum verschafft, in dem ich lieben kann. Das miese Gefühl, das ich in Bezug auf mich hatte, hat vorher den ganzen Raum in mir eingenommen. Ich habe es immer weggedrückt und unter den Teppich gekehrt, und zwar nicht nur das, was mir dabei passiert ist, sondern auch Dinge von früher. Viel früher. Vielleicht benutze ich die Vergewaltigung dafür, um alles zu erklären. Um für alle Schwierigkeiten in meinem Leben diesen Mann verantwortlich zu machen. Ist das unfair von mir?«

»Unfair für wen?«, hake ich nach.

»Gute Frage.«

»Was Ihnen passiert ist, ist schrecklich. Und wenn Sie aus diesen Zitronen Limonade machen können, dann sollten Sie tun, was Sie gerne möchten«, erkläre ich.

»Ja, ich tue, was ich will. Wirklich. Ich bin zu Ihnen gekommen, weil ich mir Verbundenheit wünschte. Und wie Sie sagen: Ich hatte mich von mir selbst total abgenabelt. Dass ich hier Verbundenheit fand und die Dinge in einem neuen Licht sah, hat mir den Raum verschafft, um die Beziehung zu Axel zu knüpfen, auf eine Weise, wie ich mir das nie hätte vorstellen können. Es ist verrückt, dass ich erst hassen lernen musste, um lieben zu können. Aber ich hatte ja nie die Erlaubnis, irgendjemanden außer mir selbst zu hassen, mein ganzes Leben lang. Nicht meinen Ex-Mann, sicher nicht meine Eltern, nicht meine Patienten, meine Kinder, niemanden. Und dann konnte ich endlich jemanden hassen. Und Sie haben ihn auch gehasst. Das hat mir die Freiheit für die Liebe geschenkt. Danke, dass Sie so empört darüber waren, was mir widerfahren ist.«

»Passen Sie einfach auf sich auf. Sie schenken anderen so viel Aufmerksamkeit, denken immer darüber nach, wie Sie es ihnen schön machen können. Bitte, richten Sie gelegentlich den Blick nach innen und fragen Sie sich, ob Ihnen etwas wehtut oder ob es sich sicher anfühlt oder ob es überhaupt das ist, was Sie wollen. Stellen Sie sich diese Fragen immer wieder. Ihre Meinung zählt. Denken Sie an Ihre eigenen Pantoffeln.«

»Ach, die Pantoffeln! Ich verstehe, was Sie meinen. Ich verspreche es.«

Zwei Jahre nach Abschluss der Therapie erhielt ich eines Tages ein Paar Pantoffeln aus Schafsleder von Astrid. Und eine übermütige Karte mit einem Foto von ihr und Axel, wie sie vor der Hütte mit dem Grasdach stehen. Beide sehen gesund und glücklich aus.

Diese Geschichte hat ein optimistisches, fröhliches Ende. Zu gut, um wahr zu sein? So ganz überzeugt war ich nun nicht von dem perfekten Foto von Astrid und Axel. Aber warum nicht? Astrids dritter Akt war schmerzhaft und hat sie verwandelt. Am Ende führte er zu der Beziehung, die sie sich schon so lange wünschte. Ich merkte, dass ich mir zwar geschworen hatte, dass mein Beruf nie meine Begeisterungsfähigkeit beeinträchtigen sollte, aber dass ich doch misstrauisch war, wenn es um das reine Glück ging. **Cherophobie** ist dafür der Fachbegriff. Ich sah das Foto an, las die Karte nochmals und entschied, dass ich Astrids begeisterten Bericht ebenso glaubte wie die Geschichten über Kummer und Leid. Astrid hatte, was sie wollte, und sie genoss ihr Leben.

Nur Verbundenheit?

Verbundenheit ist ein tief verwurzelter sozialer Drang. Unser Leben lang streben wir nach Begegnungen mit anderen Menschen, sehen uns nach Verbindendem um und gehen Beziehungen ein. Dabei erleben wir manchmal kurze Augenblicke der Verbundenheit mit Menschen, die wir kaum kennen. Wir verbinden uns mit Fremden oder verborgenen Anteilen unser selbst. Manchmal ist Verbundenheit ein tief empfundenes Gefühl, das jenseits aller Worte liegt.

Ständige Verbundenheit ist das neue emotionale Superfood, aber wir fühlen uns nun einmal nicht wohl, wenn der Verbindungsabbruch droht. Wir tun so, als gäbe es das nicht, und gehen ihm aus dem Weg. Oder wir verfallen in tiefe Verzweiflung. Dabei sollten wir auch das Gefühl fehlender Verbundenheit als normal begreifen. So menschlich es ist, aufeinander zuzugehen, es ist ebenso menschlich, sich gelegentlich voneinander abzuwenden. So wie wir uns von Teilen unser selbst abkoppeln, wenn sich etwas unerträglich anfühlt. Astrid hatte Probleme, über ihre Geschichte auch nur zu sprechen. Ihre traumatische Erfahrung hatte sie ihr selbst entfremdet. Das kann schmerzhaft, einsam und schlimm sein – aber es kommt nun einmal vor. Wenn wir uns auf die Erfahrung der Nicht-Verbundenheit einstellen, können wir lernen, mit mehr Leichtigkeit auf die Heilung zuzugehen. Zu erkennen, dass der Versuch der Verbundenheit gescheitert ist, kann eine Erleichterung sein. Denn das passiert recht häufig – am Arbeitsplatz, mit Freunden, mit Verwandten und Therapeuten. Über fehlende Verbundenheit hinwegzukommen heißt nicht, dass wir uns isoliert fühlen müssen und den Anschluss verloren haben. Es bedeutet vielmehr, dass wir einsehen müssen, wie begrenzt und unvollkommen Beziehungen nun einmal sind. Und wir werden neue Bande knüpfen und neue Verbundenheit herstellen.

Diese kommt im Übrigen aus den verschiedensten Quellen. Niemand kann all seine Bedürfnisse mit nur einer Person decken, nicht mit sich selbst und nicht mit einem anderen menschlichen Wesen. Wenn wir unseren Blick auf das Leben weit werden lassen, dann sind wir auch bereit für eine größere Bandbreite von Beziehungen.

Öffnen Sie sich für unterschiedliche Quellen. Und machen Sie Unterschiede. Versuchen Sie nicht, sich mit jedem Menschen zu verbinden, den Sie kennenlernen. Denn auch zu viele Beziehungen können einen auslaugen, weil man sozusagen emotional promiskuitiv wird. Eine Bindung erzwingen zu wollen fühlt sich falsch an und führt letztlich nur zu einem schweren Katergefühl aus Verletztheit. Erwarten Sie nicht, dass jeder Mensch, der Ihnen am Herzen liegt, jederzeit eine tiefe Verbundenheit mit Ihnen zeigt.

Haben Sie mit Traumata, Scham oder Schmerz zu kämpfen, erfordert es Mut, sich wieder für neue Bindungen zu öffnen. Fühlen Sie sich hingegen sicher und gut, dann hilft Ihnen die Offenlegung Ihres Erlebens dazu, es zu akzeptieren. Erzählen Sie Ihre traumatische Erfahrung einem Menschen, mit dem Sie noch keine Verbundenheit hergestellt haben, auch wenn Sie sich das erhofften, dann seien Sie sich bewusst, dass Sie sich damit später vielleicht unwohl fühlen werden. Das passiert, und manchmal wissen Sie nicht, ob Sie mit diesem Menschen überhaupt eine gewisse Verbundenheit haben können, bevor Sie die Geschichte nicht angesprochen haben. Wir stellen Verbundenheit her, indem wir unsere Verwundbarkeit zeigen und uns öffnen. Wir können also nicht vorhersehen, ob ein Gespräch sich verbunden anfühlt oder nicht.

Wenn Sie sich aber Ihrer Therapeutin oder Ihrem Therapeuten nicht verbunden fühlen, suchen Sie sich jemand anderen. Geht das Gefühl der Verbundenheit immer wieder verloren, dann sprechen Sie das an, um an dem Thema zu arbeiten. Ein Bruch, der behoben wurde, bringt die Menschen einander näher. Denn Verbundenheit ist keine lineare Erfahrung. Die Verbundenheit mit Astrid verlief jedenfalls in ungewohnten Bahnen. Wir haben die Ungewissheit zugelassen. »Die Linie ist ein Punkt, der spazieren geht.« (Das sagte Paul Klee, der große Bauhaus-Künstler.)[2] Sie teilt und verbindet Menschen, wenn sie auf Entdeckungsreise geht.

Kapitel 11

Was wir nicht wollen sollten (und was doch)

Ich hatte mal einen Skilehrer, der mir erklärte, er nähme seinen Ehering immer ab, bevor er manche Klientinnen unterrichte, damit sie weiter zu ihm kommen. »Sie wären noch schärfer auf mich, wenn sie wüssten, dass ich nicht zu haben bin.« Was dies über die Gesetze der Anziehungskraft aussagt, ist erschütternd, von den persönlichen Ansichten dieses Mannes einmal ganz abgesehen. Er und seine Frau trennten sich irgendwann. Ich bin mir nicht sicher, wie sie seine Strategie im Umgang mit weiblicher Kundschaft gefunden hatte. Aber das ist ein klassisches Beispiel dafür, dass wir Dinge wollen, die wir nicht wollen sollten.

Ein Nein ist ein zutiefst faszinierendes, aber auch kompliziertes Konzept. Hinter einem Nein kann sich Scham verstecken, Stolz, Erregung oder Angst. Wann haben Sie zum letzten Mal Nein zu jemandem gesagt oder Ihrerseits ein Nein zu hören bekommen? Wie war das für Sie? Wir sind darauf konditioniert, Nein zu Dingen zu sagen, die wir uns heimlich wünschen, und Ja zu solchen, die wir eigentlich nicht wollen. Wir verinnerlichen in Verbindung mit Ja und Nein widersprüchliche Botschaften, und wir müssen uns mit widerstreitenden Wünschen auseinandersetzen. Ständig zeigen wir bestimmte Bereiche unseres Selbst, während wir andere verbergen. So handeln wir die Regeln des Begehrens aus. Und das viele Sollen im Leben macht uns Druck: Wir fühlen uns von den vielen Erwartungen und Verantwortlichkeiten eingeschränkt und belastet. Da bleibt stets die Versuchung, die Regeln zu brechen, denn so ein Regelbruch erscheint uns aufregend.

Nein kann ein schwieriges Spiel sein, das wir spielen, ohne es richtig zu verstehen. Tatsächlich kann es einen anmachen, nicht unbedingt den Neinsager, aber den, der die Abfuhr kassiert. Manchmal ist das Nein hoch erotisiert, weil es nicht immer ganz ehrlich gemeint ist oder nicht geglaubt wird. Diese Zweideutigkeit kann aufregend und gefährlich sein.

Es ist schwierig, zu erkennen, wie ein Ja oder ein Nein tatsächlich gemeint sind, auch ohne Geschlechterdynamik. Allerdings spielt das Geschlecht in dieser Frage doch eine wichtige Rolle. In den Worten der Journalistin Leslie Bennetts: »Obwohl der Begriff ›Slut-Shaming‹ eine moderne Erfindung ist, wurden Frauen traditionell dazu erzogen, ihre Lüste als beschämend und unweiblich zu betrachten. Erst in jüngerer Zeit haben Feministinnen Frauen ermutigt, diese Stigmata abzuschütteln und die Freiheit in Anspruch zu nehmen, ihre eigene Sexualität zu erforschen. Doch auch dieser Prozess bleibt für viele Menschen schwierig und schmerzhaft.«[1]

Wir brechen die Regeln von Ja und Nein in unseren aggressiven oder sexuellen Fantasien und Träumen. Irgendwann haben wir alle sexuelle Fantasien, die im Widerspruch zu unseren Werten, Entscheidungen und unserem Lebensstil stehen. Träume unterliegen keiner Zensur. Wir können davon träumen, Sex mit allen möglichen inadäquaten Personen zu haben. Dann wachen wir auf und sind entsetzt über unser schmutziges Innenleben und höchst erstaunt, dass sich ein Teil unser selbst etwas so Wildes oder gar Abstoßendes zu wünschen scheint.

Meistens aber leben wir unsere verbotenen und tabuisierten Fantasien nicht aus. Und meistens wollen wir gar nicht wirklich, wozu unsere Fantasie uns zu verlocken scheint. Ein klassisches Beispiel dafür sind Vergewaltigungsfantasien. Ich hatte ein Gespräch mit der forensischen Psychotherapeutin und Schriftstellerin Anna Motz[2] über unsere inneren Überzeugungen rund um die sexuelle Lust. Wenn eine Frau die Fantasie hat, vergewaltigt zu werden, ist sie das Objekt eines irrationalen, verschlingenden Begehrens. Sie hat dann keine Wahl, sie muss Sex haben. Sie kann sexuelle Lust empfinden, ohne ihre Sehnsüchte auch nur zu enthüllen. Und natürlich hat die Fantasie nichts mit der Wirklichkeit zu tun. Sie will nicht, dass dies wirklich geschieht.

Vergewaltigungsfantasien zu haben heißt nicht, dass Sie tatsächlich vergewaltigt werden wollen.

Manche Fantasien wird man schwerer los als andere. Wenn die Person, die Sie begehren, nicht verfügbar ist, begehren Sie sie vielleicht noch mehr. Sie wissen, dass Sie nicht ständig zwanghaft an Ihren Ex denken sollten oder an einen Verstorbenen oder jemanden, der Sie zurückgewiesen, verletzt hat. Aber gerade wenn diese Person tabu ist oder von Ihnen nichts wissen will, sind Sie umso stärker auf sie fixiert.

Wir begehren Menschen, die unerreichbar sind, weil wir nicht glauben, dass wir eine gegenseitige Liebe tatsächlich verdienen. Vielleicht aber haben wir auch übersteigerte Ideale, Visionen von dem, was uns zusteht, und fühlen uns gleichzeitig unzulänglich. Der Wunsch nach etwas, was für uns unerreichbar ist, spiegelt unser gespaltenes Selbstverständnis wider. Fantasien und Möglichkeiten lassen sich endlos auf andere projizieren. Wir können eine Beziehung idealisieren, was sich sicherer und freundlicher anfühlt als die Enttäuschung und Verwundbarkeit im realen Leben. Solche Ideale können Sie bewahren, ja unsterblich machen, wenn Sie hübsch auf Distanz bleiben, unberührt von echter Nähe. Manchmal wollen wir etwas, was wir nicht wollen sollten, weil wir das, was wir real haben könnten, weniger aufregend finden oder ihm weniger vertrauen. Wir fühlen uns manchmal innerlich und äußerlich angezogen von Gefahr, Zerstörung, von Menschen oder Situationen, die für uns nicht gut, nicht gesund sind. Wir finden faszinierend, was tabu ist, unerreichbar, was einer Grenzüberschreitung gleichkäme. Wir haben es satt, immer brav zu sein. Wir sehnen uns nach Rebellion.

Auch Ja ist ein kompliziertes Wort. Mit Ihrem Jawort gehen Sie vielleicht auf ein Jobangebot ein, auf eine Ehe, auf eine Schwangerschaft, einfach weil Sie das Gefühl haben, Sie sollten das machen. Andererseits wollen Sie es vielleicht gar nicht. Zu schnell Ja zu sagen törnt manchmal ab. Also zögern wir mit unserem Ja, auch wenn wir es eigentlich geben wollen. Oder wir trauen uns einfach nicht, Nein zu sagen, weil wir Schuldgefühle haben, weil wir selbst nicht genau wissen, was wir wollen, oder unter Druck stehen. Wir wissen, dass wir es zum Abendessen mit einer Freundin nicht schaffen, sagen aber nicht ab, weil wir hoffen, es schon irgendwie hinzubekommen. Also sagen wir Ja, wenn wir eigentlich Nein sagen sollten.

Katherine Angels erklärt in ihrem Buch *Morgen wird Sex wieder gut*[3] die Grundlagen dieser Konsenskultur: Wir sollen sagen, was wir wollen, unsere Wünsche erkennen und dazu Ja oder Nein sagen, als vollständiger Satz verstanden. Sag, was funktioniert und was nicht. Tu dies, tu jenes nicht. Aber sehen wir uns doch mal an, was uns davon abhält, Nein zu sagen. Wir wollen es allen recht machen. Vor allem wenn es zwischen uns und unserem Gegenüber ein klares Machtgefälle gibt, fällt uns das Neinsagen schwer. Sie verbiegen sich in der Arbeit oder in einer Freundschaft, sagen Ja, wenn man von Ihnen das Unmögliche verlangt, stehen zu den unchristlichsten Zeiten zur Verfügung und überfordern sich damit total. Sie reißen sich fast ein Bein aus, wie anstrengend und stressig das auch sein mag. Sie haben Schwierigkeiten, zu Ihrem Chef Nein zu sagen, wollen das auch gar nicht. Sie freuen sich ja, wenn man Sie um einen Gefallen bittet, auch wenn Sie sich hinterher beschweren, dass das Ganze ausufert.

Der Mensch hat zur Selbstzerstörung ebenso einen Hang wie zur Selbsterhaltung. Viele Menschen spüren diesen Sog des Destruktiven – ob nun im Verhalten anderen oder sich selbst gegenüber. In unterschiedlichen Lebensphasen fahren wir gefährlich, behandeln andere Menschen schlecht, stehlen, betrügen, trinken zu viel, ernähren uns ungesund, rauchen oder lehnen Dinge ab, die gut für uns sind. Wir nehmen Drogen, schlafen mit den falschen Leuten, geben unser Geld unklug aus, fühlen uns von rücksichtslosen, gefährlichen Menschen angezogen, suchen am falschen Ort Nähe oder behandeln uns selbst so schlecht, dass es unserer Gesundheit und unserer inneren Stabilität schadet. Wir wollen, was gut für uns ist, und gleichzeitig wollen wir, was uns schadet. Lust und Schmerz, Leben und Tod, das Gute und das Böse, alles vermengt zu einer Reihe von Widersprüchen, die uns ins Mark treffen.

Wir suchen Geborgenheit und Sicherheit. Nach außen hin treffen wir lauter gesunde Entscheidungen, während wir uns innerlich nach etwas anderem sehnen, mitunter nach dem genauen Gegenteil. Wir liegen in puncto Gefahr beziehungsweise Selbstgefährdung im Widerstreit mit uns selbst. Wir wissen nicht, was wir wirklich schätzen und wollen. Und das macht sich bemerkbar, sobald wir in einer Sackgasse stecken, irgendwie blockiert sind oder es mit einer tief sitzenden, ungelösten Obsession zu tun bekommen.

Die Lust an der Gefahr hat normalerweise mit Wirkmächtigkeit, Fantasie und Entfaltung zu tun. Wir spüren unsere Lebenskraft aufwallen, wenn wir Grenzen überschreiten, Regeln brechen, jede Vorsicht in den Wind schlagen und trotzdem überleben. Wir fühlen uns als etwas Besonderes, wenn wir gegen den Strom schwimmen und Regeln und Tabus brechen. Zu wissen, dass wir die Fähigkeit haben, uns danebenzubenehmen, ja unser Leben aufs Spiel zu setzen, ist aufregend und erschreckend zugleich.

»Reife« bedeutet für die meisten Menschen, Schäden nach Möglichkeit zu vermeiden, einen Hausstand zu gründen, erwachsen zu werden und verantwortungsvolle Entscheidungen zu treffen statt unüberlegter. Wir engagieren uns für feste Beziehungen, Wohneigentum, unseren Beruf, ja sogar für uns selbst. Wir praktizieren Selbstfürsorge, machen Yoga und tun lohnende Dinge. Möglicherweise schlagen wir hin und wieder ein wenig über die Stränge und ergötzen uns aus sicherer Entfernung an diesem oder jenem Skandal – an saftigem Klatsch zum Beispiel oder an Büchern und Fernsehfilmen mit gepfefferten Geschichten. Unglücksfälle und Katastrophen in den Nachrichten faszinieren uns. Der Kontrast macht uns deutlich, wie sicher wir sind. Das ist wie das heimelige Gefühl, bei einem Sturm in der warmen Stube im Trockenen zu sitzen. Aber da ist doch immer noch dieses Wispern in uns, das uns hinaus in Zerstörung und Gefahr locken will.

Es ist schon verblüffend, dass wir uns von den Dingen, die uns zuverlässig Leid verursachen, manchmal geradezu magisch angezogen fühlen. Wir wollen doch, dass es uns gut geht, warum also steuern wir immer geradewegs auf leidvolle Erfahrungen zu? Natürlich gibt es da das altvertraute Märchen, dass man für die Liebe leiden muss, unser Schmerz ein Quell der Weisheit sein kann, uns den verzweifelt gesuchten Sinn des Lebens offenbart. Aus diesem Grund halten wir manchmal an alten Traumata fest.

Ein Trauma verändert, wer wir sind. Wir wissen nicht, wer wir ohne dieses Erlebnis wären. Aber die Bedeutung, die wir dieser Erfahrung geben, kann sich ändern. Manchmal fühlen wir uns als wehrloses Opfer, dann wieder halten wir uns selbst für verantwortlich – all das zusammen. Wir müssen uns nicht von unseren Traumata definieren lassen, selbst wenn sie ein Teil von uns sind. Ein Trauma verschließt uns manchmal ganz, dann wieder öffnet es uns. Wir können glauben, dass wir darüber hinweg sind, und dann schlägt es doch wieder durch. Oder wir empfinden Scham und merken, dass wir immer noch nicht in Ordnung sind. Dann wieder geht es uns ganz einfach gut. Wir fühlen uns wirklich geheilt, stark, gesund, bis wir zurückkatapultiert werden, wann und unter welchen Umständen das auch immer geschehen sein mag. Der Philosoph Francesco Dimitri[4] konstatiert, dass Traumata immer gestern passiert sind. Mitunter vermissen wir sie sogar.

Alice' geheime Seiten

Alice und ich arbeiten – mit Unterbrechungen – seit zwölf Jahren zusammen. (Das ist bislang meine längste therapeutische Beziehung.) Die Therapie hielt über zwei Mutterschaftsurlaube meinerseits und über ihren ersten. Alice ist neununddreißig Jahre alt und führt ein recht gesetztes Leben mit einem ordentlichen Ehemann und einer wunderhübschen einjährigen Tochter. Sie sieht ausgesprochen gut aus. Ihre Schönheit hatte immer etwas Frappierendes – so als wären ihre Züge nur rein zufällig so anmutig, und dass ihr Aussehen so unerwartet überraschend wirkt, unterstreicht ihre Ausstrahlung noch. Heute sieht sie erschöpft aus, aber trotzdem gesund. Erschöpft, weil sie die ganze Nacht wach bei ihrem Baby saß und trotzdem tagsüber ein großes Arbeitspensum erledigt hat. Nicht erschöpft von einem zweitägigen Drogenexzess.

Ich lernte Alice kennen, als sie tief in einer gefährlichen Dunkelheit versunken war und heimlich eine traumatische und stürmische Affäre mit einem verheirateten französischen Filmemacher namens Raffa hatte, der in Paris lebte. Damals nahm sie häufig Drogen, und es kam sogar zu sexueller Gewalt. Als Alice mit der Therapie anfing, hatte ich Angst um sie. Sie war vollkommen isoliert. Ich war manchmal ihre einzige Unterstützung, obwohl wir daran arbeiteten, für sie ein Sicherheitsnetz zu knüpfen. Was schwierig war. Alice löste sich von Raffa, und wir haben lange Zeit gebraucht, um das Geschehen zu verarbeiten. Die Nachwehen dieser bewegten, traumatischen Affäre, die sie geheim gehalten hatte. Und die sie ebenso prägte wie vernarbte. Gemeinsam schafften wir es, dass sie den Horror erkannte, die Verletzungen, die Scham, den Stolz und die Angst vor Raffas gewaltsamer Seite. Mittlerweile hat sie gelernt, die Schönheit gesunder Beziehungen zu schätzen, die Chance auf eine echte, dauerhafte Liebe. Gemeinsam haben wir ihr zur Heilung verholfen.

Dass sie Raffa verlassen hat, war nur ein Schritt von vielen hin zu Wachstum und Entwicklung, die Alice im Laufe unserer gemeinsamen Arbeit unternahm. Als sie in die Therapie kam, arbeitete sie für einen Brillendesigner und verbrachte die Hälfte der Arbeitswoche in London, die andere in Paris. Sie beschrieb immer wieder, wie ihre Chefin sich als Diva gerierte. Aber tatsächlich litt Alice unter einer Art Stockholm-Syndrom sowohl im Beruf als auch in Beziehungen. Von Raffa und ihrer Chefin herabgesetzt zu werden befriedigte ihr Gefühl der Wertlosigkeit und des Abscheus vor sich selbst. (Tatsächlich verwendete sie den Begriff »Abscheu« immer wieder, wenn sie von sich sprach.) Beides verstärkte ihr zwanghaftes Bedürfnis, gemocht zu werden. Sie kündigte ihre Stelle, kurz nachdem sie Raffa verlassen hatte, und sagte Paris, dem ganzen Leben, das sie geführt hatte, Adieu. Alice gründete ein Unternehmen für biologische Seifen, und dieses läuft immer noch gut. Und sie lernte Simon kennen. Einige Jahre lang kämpfte sie gegen seinen Alkoholkonsum an, seine mangelnde Bereitschaft, sich auf eine feste Beziehung einzulassen, sein Bedürfnis, ständig auf Festivals zu gehen wie ein Student, obwohl er schon weit über dreißig war. »Simon muss erst noch erwachsen werden«, sagte sie immer. Sie hatte Angst, dass er das nicht schaffen würde. Aber am Ende hat er es wohl hinbekommen, denn die beiden sind heute verheiratet und haben ein Kind. Und Simon verhält sich verantwortungsvoll.

Wir haben einen Großteil von Alice' Vergangenheit aufgearbeitet – die Gewalt, die sie als Kind von ihrem Vater erlebte, die Mutter, die sie nie beschützte. Alice nimmt heute keine Drogen mehr, nicht weil sie diese pauschal ablehnt, sondern weil sie immer noch in der heiklen Phase nach der Geburt ist und das Gefühl hat, angesichts dieser Verantwortung keinen Platz mehr für Drogen zu haben. Sie hat sich mit schwierigen Freundschaften auseinandergesetzt und mit ihren Problemen mit der Selbstachtung. Sie versucht, sich zu schützen und neue, gesündere Entscheidungen zu treffen.

»Aber ich muss ehrlich zu Ihnen sein«, fährt sie fort. »Zum Teufel mit der Therapie und all der Gesundheit, die sie fördert. So geht es mir im Moment. Ich vermisse die Dunkelheit.«

»Gut. Ich bin froh, dass Sie ehrlich sein können. Erzählen Sie mir mehr darüber.«

Dies sind die Augenblicke in der Therapie, die ich wirklich grandios finde: die ungeschminkte Ehrlichkeit eines intimen Austauschs im sicheren Raum der therapeutischen Beziehung. Wir können mutig sein, realistisch und absolut bizarr. Alice und ich haben die Plattitüden und das höfliche Geplauder weit hinter uns gelassen. Anders als bei allen anderen sozialen Gelegenheiten steht in diesem Raum nicht die Forderung, die eigenen Äußerungen so zurechtzustutzen, dass sie der Konvention entsprechen. Wir müssen auch nicht zahm sein. Wir sind hier, um über Probleme zu reden. Ich spüre, dass sie mir vertraut, denn sie lässt mich an sich heran. Sie zeigt mir, was wirklich in ihr vorgeht, und sie ist dabei ungewöhnlich offen. Gleichzeitig will sie stur ihre eigenen Entscheidungen treffen und hat etwas dagegen, wenn ihr jemand sagt, was sie tun soll.

»Ich bin ein **Askhole**«, sagt sie. »Ich frage Sie um Rat, und dann befolge ich ihn nicht.«

»Ich finde das gut. Haben Sie den Begriff selbst erfunden?«

»Nein, ich habe ihn irgendwo aufgeschnappt. Aber er ist doch gut, oder? Sie dürfen ihn gerne weiterverwenden. Also, ich werde jetzt mal ein ›Askhole‹ sein und Ihnen von meinem Problem erzählen …«

Manche ihrer Entscheidungen sind dringend und betreffen die aktuelle Situation, andere wiederum sind eher langfristig wichtig. Alice ist ständig hin- und hergerissen zwischen den Dingen, wobei sie immer mit den Händen eine Geste macht, als würde sie tatsächlich etwas abwiegen. Manchmal geht es dabei um ein Entweder-oder-Problem. Sie deutet auch gerne mit den Fingern Anführungszeichen an, wenn sie Geschichten über sich selbst erzählt. Und das häufig in ernsthaften, aufrichtigen Augenblicken. Als müsse sie das Ganze auflockern und wäre peinlich berührt, wenn sie sich zu ernst nähme.

»Ich möchte wieder mit Raffa zusammen sein. Soll ich Simon verlassen und zu ihm zurückgehen? Antworten Sie nicht!«, sagt sie.

»Werde ich nicht.«

»Ich drehe mich im Kreis … Meine Ehrlichkeit und mein Selbstvertrauen sind auch trügerisch. Ich weiß nicht, warum sich das so falsch anhört. Hört es sich für Sie trügerisch an?«

»**Offenheit kann eine Maske sein.** Wie auch immer Ihre Offenheit aussieht, sie ist nicht definitiv. Sie haben nun mal unterschiedliche Seiten.«

»Ja, das ist es. Und natürlich ist es nicht definitiv. Ich erzeuge einen falschen Eindruck, nämlich den, dass Sie bei mir bekommen, was Sie sehen.«

Ich frage sie, wie das für sie ist.

»Ich fühle mich dadurch noch einsamer. Niemand kennt mich vollkommen. Ich suche immer sehr bewusst aus, was ich jemandem zeige, aber mit dem Ganzen bin ich dann doch allein.«

Ich kenne sie dann auch wieder nicht so genau. Ich habe mich all die Jahre mit ihr sehr verbunden gefühlt, und in gewisser Weise habe ich natürlich einen besonderen Zugang zu Alice. Aber auch mein Blickwinkel umfasst nur einen Teilbereich ihrer selbst. Und manchmal frage ich mich, ob sie mich belügt. Ihre Geschichten hören sich immer gut an – auch wenn sie fordernd auftritt –, wie kleine Therapie-Valentinsgaben. Wir haben eine gemeinsame, nur uns eigene Sprache entwickelt, die voller Ausdruckskraft, Koseworte und Assoziationen ist.

»Ich bin verwirrt und verblüfft und nicht so klar, wie ich mir das dachte. Im Moment bin ich mir meiner selbst nicht sicher, und das in wichtigen Fragen. Ich bin gerade schräg drauf.«

»Wie schräg?«

»Es ist einfach nur Raffa. Er geht mir nicht mehr aus dem Kopf. Ich denke ständig an ihn, morgens, mittags und abends. Obwohl unsere Beziehung eine einzige Katastrophe war. Im Augenblick vermisse ich ihn.« Sie gähnt elegant und fährt dann fort. »Er war schrecklich, so grausam und destruktiv.«

»Ja, das war er.«

»Eher wie ein Minotaurus. Mehr Stier als Mensch. Das macht doch keinen Sinn. Es ist Jahre her, seit wir zusammen waren, seit ich ihn zum letzten Mal gesprochen und gesehen habe. Und das Ganze war sowieso grotesk. So monströs falsch auf so vielen Ebenen. Wir haben das ja aufgearbeitet. Ich bin geheilt. Ich weiß es besser. Trotzdem …«

»Trotzdem?«

»Trotzdem … habe ich das Gefühl – vielleicht seit Simon und ich beschlossen haben, zusammenzubleiben, keine Drogen mehr zu nehmen und ein Kind zu haben –, dass er mittlerweile gelernt hat, netter zu mir zu sein, einfühlsamer, verlässlicher, weniger herabwürdigend. Wir beide haben so viel gearbeitet und all diese frühen Wunden heilen lassen. Wir wissen das. Wir wissen, dass es gesund und gut ist. Und Simon ist so ein liebevoller Vater. Ich bin so dankbar. Ich bin es wirklich.«

»Sie können dankbar sein, aber auch andere Gefühle haben.«

»Ich habe alles richtig gemacht … aber ich denke immer wieder an die erste Nacht zurück, als Raffa und ich zusammenkamen. Ich war damals siebenundzwanzig und lebte in einem echten Loch mitten in Paris. Ich war nur noch aus. Ich wusste, dass er verheiratet war, und ich konnte nicht fassen, dass er mich verführen wollte. Ich blicke zurück und sehe, wie ich auf diesen absoluten Holzweg geriet. Es war ein winziger Schritt, und kaum hatte ich diesen Schritt getan, zuckte ich auch schon zurück. Ich war genauso fasziniert wie entsetzt. Ich hatte Menschen mit Affären immer verurteilt. Und Raffa war so eindeutig narzisstisch, und noch dazu ein Drogentyp. Total unpassend. Ich hatte so etwas noch nie gemacht. Aber ich kannte auch sonst niemanden, der es mit ihm hätte aufnehmen können. Und er war mit solcher Entschlossenheit hinter mir her. Das fand ich einerseits unangenehm, andererseits klasse – er war so hin und weg von mir. Und so abartig und unmöglich unsere Beziehung war, ich glaube, mir fehlt dieses Gefühl der Lebendigkeit. Vernarrtheit. Ich sollte es wirklich besser wissen. Was stimmt bloß nicht mit mir?«

»Was Sie mit Raffa erlebt haben, war durch und durch traumatisch. Er war ein komplexer, gefährlicher und aufregender Charakter. Aber es kam eben auch zu körperlicher und seelischer Gewaltanwendung. Seien Sie nett zu sich selbst. Ihre Sprache ist so hart – Katastrophe, grotesk. Vielleicht versuchen Sie ja, Ihre Gefühle wegzureden, was nicht funktionieren wird. Andererseits ist es verständlich, dass Sie in manchen Momenten das vermissen, was Sie ja schließlich hatten«, sage ich. »Und er war gewalttätig und gefährlich.«

In diesem Augenblick bin ich nervös, weil ich sie auf den Missbrauch hinweisen muss. Ich will ihn nicht verherrlichen oder ihre erinnerte Vernarrtheit verstärken. Ich möchte das nicht verstärken, indem ich zu verständnisvoll bin. Aber ich will das, was Alice im Moment erlebt, eben auch nicht im Keim ersticken.

»Aber warum sollte ich ihn vermissen? Tue ich das überhaupt? Ich bin nicht einmal sicher, dass ich ihn vermisse. Es ist mehr, dass ich wieder an ihn und meine Zeit mit ihm denke.«

»Mich würde interessieren, wo Sie jetzt stehen. Sie haben sich gerade erinnert, dass er Sie leidenschaftlich begehrte. Auch die Gefahr, das fühlt sich alles sehr lebendig an. Und jetzt haben Sie ein kleines Kind und einen Mann. Ihr Leben in Paris war einfach so anders. Das heißt aber nicht, dass Sie jetzt etwas unternehmen oder mit ihm zusammen sein müssten. Trotzdem können Sie sich die Sehnsucht danach eingestehen. Was glauben Sie denn, wodurch diese Gedanken ausgelöst wurden?«

»Keine Ahnung. Ich dachte, ich wäre geheilt und hätte mich weiterentwickelt. Ich mag mein Leben. Ich begreife das einfach nicht.« Ihre Stimme wird weicher. »Ich habe mein Bestes getan, um zu bekommen, was ich mir wünschte – ein Baby, einen Ehemann, eine erfüllende Arbeit, ein gesundes, glückliches Leben. Und jetzt habe ich all das. Ich habe es tatsächlich! Sie haben mir geholfen, zu bekommen, was ich wollte, und mein Leben vom Kopf auf die Füße zu stellen. Und ich bin ja auch froh darüber, aber da ist etwas in mir, das nicht genießen kann, was ich habe.«

»Natürlich«, sage ich. »Das passiert nun mal. Wir suchen, wir wünschen, wir wollen so viel, und dann, wenn wir haben, was wir angeblich haben wollten – nun, dann sind die Freude und Zufriedenheit fort.«

»Sie sagen ›wir‹ – heißt das, dass Sie mich verstehen?«, fragt Alice nach. »Bitte sagen Sie mir, dass auch Sie manchmal die Dunkelheit vermissen? Haben Sie das auch kennengelernt?«

O ja, ich kenne die Dunkelheit aus eigener Erfahrung. Alice ist hyperwachsam, wie so viele Menschen, die Trauma und Missbrauch überlebt haben. Sie bemerkt alles, auch wenn es verborgen ist. Sie ist unerschrocken klug. Ein Mensch, der die meiste Zeit seines Lebens Geheimnisse wahren musste. Es ist fast unmöglich, ein Geheimnis vor ihr zu verbergen.

»Natürlich verstehe ich, was Sie gerade durchmachen«, antworte ich. »Auch ich kenne die Dunkelheit. Nicht gerade die Ihre, aber ja, trotzdem Dunkelheit. Ich denke manchmal, Sie stigmatisieren sich selbst und glauben, Sie sind mit Ihren Kämpfen ganz allein. Aber das sind Sie nicht. Natürlich sind Sie einzigartig, aber allein sind Sie deshalb nicht.«

»Ich fühle mich allein. Ich kenne sonst niemanden, der in so einer Scheißbeziehung feststeckt wie der, die ich mit Raffa hatte. Ich fühle mich einzigartig, aber nicht auf positive Weise.«

»Sie sind einzigartig«, sage ich. »Aber nicht deshalb. Es tut mir leid, wenn Sie sich einsam fühlen.«

Sie wirkt eingeschnappt nach meiner Bemerkung. Ich frage mich, ob ihr Anhaften an dem Trauma damit zu tun hat, dass sie sich damit interessant fühlt. Das Ganze ist eng verknüpft mit Selbstachtungsproblemen, wenn Sie glauben, dass Ihre Missbrauchserfahrung Sie zu etwas Besonderem macht. Ich halte solche Bemerkungen aber zurück, um zu sehen, worauf Alice eigentlich hinauswill.

»Biologische Seifen, das ist fast schon ein Sinnbild dafür, was aus mir geworden ist«, sagt sie. »Ich glaube, ich denke deswegen so oft an Raffa, weil ich mich nach ein bisschen Dreck sehne. Ich komme aus dem Dreck. Ich bin Dreck. Ich weiß nicht, ob es mein irres Ego ist, das Raffa vermisst, oder meine geringe Selbstachtung …«

»Vielleicht ja beides … Sehen wir uns doch die verschiedenen Seiten mal an.« Ich kann mit ihr sehr direkt sein, weil wir uns schon so lange kennen.

»Vielleicht. Meine **Leidenswertigkeit** ist stark. Ich kann mich einfach nicht entscheiden, ob ich besser bin als alle anderen oder einfach total unzulänglich. Und ich bin verletzt. Oder ich will, dass ich verletzt bin. Etwas Besonderes eben. Ich traue der Sauberkeit meines Lebens nicht. Der biologischen Seife, den Babystramplern, dem pummeligen, nüchternen, sauberen Ich. Ist es das?«

»Sie haben wirklich Probleme, das Saubere und Gesunde anzuerkennen. Vielleicht hat Ihre traumatische Vergangenheit, Ihr Schmerz Ihnen in gewisser Weise das Gefühl gegeben, außergewöhnlich zu sein, so kompliziert das auch sein mag. Wie fühlt sich denn Dreck für Sie an?«

»Besser als Sauberkeit. Nicht nur, weil er aufregender ist. Irgendwie empfinde ich ihn auch als ehrlicher. Vertrauter. Und richtiger. Aber ich komme mir wie ein Freak vor, wenn ich das zugebe. Ich habe mir Sicherheit gewünscht, und jetzt habe ich damit Probleme.«

»Hören Sie doch mal kurz auf, sich zu tadeln, damit wir das Ganze besser verstehen. Was Sie sagen, hat durchaus seinen Sinn. Sie sind kein Freak. Der Dreck fühlt sich vertraut an. Es gibt da diesen französischen Begriff – ***nostalgie de la boue*** – ›den Dreck vermissen‹. Und damit ist auch ein Lasterleben gemeint.«

»Das hätte ich mir denken können, dass die Franzosen das verstehen. Finde ich toll. Das Laster – das ist es. Ich habe nicht gemerkt, dass daran etwas sein könnte, was man vermissen kann, als ich es hinter mir ließ. Sie haben mir ja geholfen, mich von Raffa zu lösen, aber davor haben Sie mich nicht gewarnt.«

»Wovor?«

»Wir haben ja über Missbrauch gesprochen und über gesunde Entscheidungen. Und dass ich meiner Verletzlichkeit und meinen Wunden mit Mitgefühl begegnen sollte. Ich dachte, ich wäre stolz, dass ich ihn verlassen habe. Sie haben mich nicht vorgewarnt … Sie haben nur meinen gesunden und mutigen Entscheidungen Beifall gezollt und mich dabei unterstützt. Aber Sie haben mir nie gesagt, dass ich je um die schrecklichen Zeiten trauern würde. Sie haben mir nicht gesagt, dass ich mich so fühlen würde, so viele Jahre danach.«

Hätte Alice weniger gelitten, wenn ich sie gewarnt hätte?

Bevor sie schwanger wurde, war Alice rank und schlank, hatte einen guten Körpertonus und war auf eine unkonventionelle Weise stylish. Sie trug lange, fließende Kleider ohne BH darunter. Sie war provokant, aber auch auf natürliche Weise heißblütig. Sie erinnert sich noch, dass sie als Teenager und junge Frau frühreif und hypersexuell war. Wie so viele junge Frauen hielt sie ihre Sexyness für ihr größtes Kapital. Nun ist sie schwerer und weicher als vorher. Ihre volleren Züge strahlen etwas Gesundes aus.

Mir ist klar, dass wir beide in unserer langen Zusammenarbeit verschiedene Entwicklungsschritte durchgemacht haben. Alice ist ein bisschen älter als ich, aber es fühlt sich eher so an, als wären wir gleichaltrig. Wir waren beide in den Zwanzigern und unverheiratet, als die Therapie begann. Wir haben uns fast zur selben Zeit fest gebunden, haben geheiratet und Kinder bekommen. Wir setzten die Therapie manchmal aus, haben aber die gemeinsame Arbeit immer wieder aufgenommen. Im Laufe der Zeit haben wir beide uns entwickelt und sind gewachsen.

Wir waren lange Zeit im schnellen Vorlauf unterwegs. Unsere therapeutische Allianz fühlt sich beständig und sicher an. Nun aber bin ich mit einem Mal verblüfft darüber, was sich doch alles verändert hat. Wenn ich heute Alice' Gesicht im Licht betrachte, entdecke ich eine Weichheit und feine Linien, die mir vorher nicht aufgefallen sind. Ich sehe, dass ihr Haar beinahe drahtig wirkt, und frage mich, ob sie grau wird. Und mir wird erschreckend klar: *Wir sind beide so viel älter geworden.*

»Simon fühlt sich so sicher an«, sagt sie und öffnet die Augen.

»Wie ist das für Sie?«

Sie zerrt ungeduldig am Ärmel ihres Pullovers. »Kommen Sie schon. Das Leben, das ich jetzt habe, ist in gewisser Weise alles, was ich mir je gewünscht habe. Ich sage das immer wieder, aber es ist wirklich wahr. Vermutlich. Angesichts all dessen, was ich durchgemacht habe, zuerst in der Kindheit, die ständige Unsicherheit, dann der Zirkus mit Raffa und das Drama mit Simon, der sich nicht entscheiden konnte. Wie er dann mit den Drogen aufgehört hat und ich ihn angebettelt habe, mit mir zusammenzuziehen, damit er endlich erwachsen wird. Und jetzt ist er gut zu mir. Er kümmert sich um uns. Wir haben ein schönes Heim. Er liebt mich so, wie ich bin. Und er ist ein guter Vater. Er macht sogar den Abwasch! Wir haben einiges getan, um an diesen Punkt zu kommen. Da wären wir also.«

Da wären wir. Nach all den Jahren der Therapie. Alice hat erlebt, was man in der Psychotherapie eine »Flucht in die Gesundheit« nennt. Sie hat sich auf magische Weise als gesund erlebt. Vielleicht macht sie jetzt ja die Erfahrung einer »Flucht in die Erkrankung«. Plötzlich erleidet sie einen symptomatischen Rückfall in etwas, was sie überwunden glaubte. Das Auf und Ab des Loslassens und Festklammerns, des Sich-Veränderns und Gleichbleibens. Ich bitte Alice, sich auf dieses Gefühl weiter einzulassen, um ihre Erfahrungen einer Neubewertung zu unterziehen. Damit sie sich nicht an eine feste Ansicht gebunden fühlt.

»Ich muss mutiger zu mir selbst stehen und zugeben, dass ich bestimmte Dinge, die ich liebe, eben auch hasse. Dass Simon plötzlich so häuslich ist. Ich liebe das, aber es törnt mich ab. Ich sage ihm ja, dass er sich mir gegenüber ruhig offen und verwundbar zeigen kann, aber manchmal finde ich es einfach nur schwach und langweilig, wenn er so emotional wird. Diese ganze Sache mit dem modernen Mann, das ist irgendwie so unsexy für mich.«

»Das ist jetzt sehr ehrlich.«

»Und das Muttersein ist auch kein Kinderspiel, auch wenn ich Sophie vergöttere«, meint Alice. Eine vernünftige Einschätzung. »Meine Rolle im Leben macht vielleicht einfach nicht mehr so viel Spaß. Sie ist zwar erfüllend und geerdet, aber einfach so angefüllt mit Pflichten und Verantwortung. Mit Simon fühlt Sex sich an wie eine Pflichtveranstaltung. Seit Sophies Geburt hatten wir nur zwei Mal Sex. Ist das normal?«

»Das kann schon sein. Letztlich hängt es davon ab, wie sie beide das einschätzen. Manchmal braucht es einfach seine Zeit. Hätten Sie denn gerne mehr Sex mit ihm?«

»Ich fühle mich von ihm nicht mehr angezogen. Und selbst empfinde ich mich auch nicht als attraktiv. Ich glaube nicht, dass er noch auf mich abfährt, so wie ich im Moment aussehe. Außerdem stille ich ja noch. Du liebe Zeit, wir haben uns vielleicht verändert. Früher gingen wir auf Festivals und machten tagelang durch. Wir haben uns gestritten, weil er unbedingt versauten Sex wollte und sich ständig Magic Mushrooms reinzog. Es hat mich genervt, dass er als Mann so unreif war. Jetzt nimmt er nichts mehr und verhält sich wie ein Erwachsener. Er ist so unglaublich rücksichtsvoll! Ich hätte gern wieder das Gefühl, ihn zähmen zu müssen.«

»Das ist verständlich« sage ich. »Mal abgesehen davon, dass Sie vermutlich ziemlich frustriert wären, wenn er sich jetzt unvernünftig verhielte oder sich weigerte, wie ein verantwortungsvoller Erwachsener zu handeln.«

»Wie wahr. Aber ich glaube, ich habe mich in mir selbst getäuscht, als ich dachte, ich wünschte mir nur noch ein gesundes, stabiles Leben. Dabei will ich das ja auch … Ich war ja schließlich eine einzige Katastrophe, als ich zu Ihnen kam. Als ich die Affäre mit Raffa hatte und er mich schlug, weil es ihn anmachte, wenn er jemandem Schmerz zufügen konnte. Erinnern Sie sich noch?«

»Selbstverständlich erinnere ich mich.« Ich klinge defensiv – und bin es auch. Ich habe ein gutes Gedächtnis für Details und würde so etwas nie vergessen. Ich merke, dass sie sich unbedingt erinnern, an der Vergangenheit in ihren Einzelheiten festhalten möchte. Mein gutes Gedächtnis ist der Speicher für ihr früheres Selbst.

»Ich habe so geschuftet, um diese Themen aufzuarbeiten. Warum kehre ich jetzt fast zwanghaft zu ihnen zurück?«

»Erstens waren Sie wirklich sehr damit beschäftigt, die einzelnen Meilensteine zu erreichen. Sie hatten so viel zu tun, so viel ist passiert. Vielleicht haben Sie einfach die Gedanken an Raffa weggeschoben, solange Sie ständig am Machen waren. Und jetzt sind Sie in Ihrem neuen Leben angekommen und haben zum ersten Mal ein winziges bisschen Zeit. Seit ich Sie kenne, leben Sie im Krisenmodus und müssen Hindernisse beiseiteräumen, die Ihnen den Weg zu ebenjenen Meilensteinen verstellt haben, die Sie ja erreichen wollten. Jetzt passt vieles, und jetzt können Sie auch wieder an Raffa denken – ein interessantes Timing.«

»Irgendetwas in mir möchte sich damit noch einmal auseinandersetzen, da ich so etwas ja nie wieder erleben werde, nehme ich an. Vermutlich gibt es da noch etwas aufzuarbeiten. Wo ich jetzt den Raum habe, um es atmen zu lassen … ***la douleur exquise*** … Ist das erlaubt? Ich habe das Gefühl, ich sollte darüber hinweg sein. Es liegt ja auch schon recht lange zurück. Ich sollte nicht einmal mehr über ihn reden wollen.«

»Ah, Madame **›widerspenstige Widersprecherin‹** ist wieder da. Und heute nörgelt sie ganz besonders laut.«

»Oh, mein Gott, tatsächlich. **›Die widerspenstige Widersprecherin‹** ist wieder da. Steht auf der Matte und ist die schlimmste von allen inneren Gästen. Bringt nichts und verurteilt mich für alles. Sie heftet sich an meine Fersen und droht dabei mit dem Finger.« Alice lacht laut auf.

»Die widerspenstige Widersprecherin« ist eine innere Stimme, die Alice und ich vor einigen Jahren so getauft haben. Sie speist sich aus unterschiedlichen Quellen und Erfahrungen in Alice' Vergangenheit.

»Machen wir doch schön winke, winke, damit sie sich verzieht und uns für heute in Frieden lässt. ›Die widerspenstige Widersprecherin‹ hat Ihnen ja keinen guten Rat zu bieten. Sie sagt Ihnen nur, was Sie falsch machen.« Alice glaubt dieser inneren Stimme und lässt sich von ihr herumkommandieren. Mir dagegen macht es Spaß, ihr Paroli zu bieten. Ihre Einflüsterungen stoßen bei mir auf taube Ohren, sodass ich Alice einen anderen Blickwinkel aufzeigen kann.

Alice macht winke, winke. Ich mit.

»Ah, das fühlt sich gut an«, sagt sie. »Welch eine Erleichterung … okay … es gibt also keinen Druck, dass ich über alles hinweg sein muss.«

»Keinerlei Druck. Sie können machen, was Sie wollen.«

Die restliche Sitzung bringt Alice damit zu, sich die frühere Zeit in ihrem Leben ins Gedächtnis zu rufen, bestimmte Erinnerungen an diese dunkle, aber eben auch aufregende Beziehung. Sie beschreibt den fesselnden Sex, die Angst, die Erregung, die Einsamkeit.

»Diese Pandemie ist echt das Letzte. Glauben Sie, dass ich deshalb so zwanghaft bin?«

»Die ganzen Regeln, der Verlust von Freiheit und Abenteuer, von Aufregung und Spaß. Für Sie kommt da einiges zusammen. Mir fällt dazu der lateinisch-griechische Begriff der *acedia* ein, der Trägheit und Langeweile bedeutet. Das passt ganz gut auf diese Zeit. Es geht ja nicht nur um die Pandemie. Sie vermissen vermutlich auch das Potenzial Ihres jugendlichen Ichs, weil Sie ja jetzt Mutter sind. Und zu diesen persönlichen Faktoren kommt dann noch die Pandemie.«

»Okay, verstanden«, sagt Alice. »Sie sagen mir, dass ich einzigartig bin, aber eben auch normal. Wobei ich nicht weiß, was das eigentlich heißt.«

»Vielleicht möchte ich Sie ja daran erinnern, dass Sie wirklich einzigartig sind, aber eben auch menschlich.«

»Einzigartig … was für eine Vorstellung! Mit Raffa war ich immer unsicher, ob ich einzigartig oder wertlos bin. Und schon bin ich zurück in der **Leidenswertigkeit**.«

»Das Hin und Her – das ›Bin ich nun dies oder jenes?‹ – war es doch auch, was Sie bei der Stange gehalten hat.«

»Ja. Und irgendwie hänge ich immer noch daran fest und frage mich, wer ich in alldem bin. Aber wenigstens kann ich mit Ihnen in diese Zeit zurückgehen. Im Rest meines Lebens muss ich in der Gegenwart bleiben und mich auf die Zukunft konzentrieren. Hier kann ich die Reise zurück antreten, ohne verurteilt zu werden. Es tut mir leid, dass ich über die Therapie gemeckert habe. Sie wissen ja, wie wichtig mir dieser Raum ist, und Sie.«

»Sie können die Therapie schätzen und sie trotzdem hart finden. Schaffen Sie Raum für diese unterschiedlichen Gefühle. Es ist nicht so, dass Sie Dinge nur auf eine einzige Weise empfinden dürften.«

Als Alice geht, überlege ich, in welche Welt sie jetzt zurückkehrt. In einen schönen, aber viel zu engen Raum, zu einem auf Zuwendung angewiesenen einjährigen Mädchen, das sie ebenso vergöttert wie ablehnt, zu einem Mann, von dem sie zurückschreckt und trotzdem abhängig ist. Ich stelle mir vor, was mit ihrem Selbst geschieht, wenn sie durch diese Tür geht, wohin sie geht, wer sie wird, woran sie festhält und was sie verliert.

In der folgenden Woche macht Alice einen in jeder Hinsicht kecken Eindruck, als strahle sie ein Licht aus.

»Ich habe mit dem Stillen aufgehört«, sagt sie fast prahlerisch. »Und jetzt raten Sie mal!«

»Was ist los?«

»Ich habe zum ersten Mal seit wie vielen Jahren einen Joint geraucht?«, erzählt sie mit einem schelmischen Aufblitzen in den Augen.

»Und wie lief es? Haben Sie abrupt abgestillt oder allmählich?«

»Abrupt«, sagt sie. »Ich habe ja mehrmals am Tag gestillt, und jetzt gar nicht mehr. Vorbei.«

»Das kann natürlich Ihre Hormone beeinflussen. Es ist ein ziemlich großer Schritt.«

»Mir geht es gut. Ich fühle mich ein bisschen wie ein Schulmädchen, wenn ich Ihnen das so erzähle. Aber den Joint zu rauchen war … es hat so viel Spaß gemacht. Aber es war auch … anstrengend. Ich war ja so raus aus allem. Ich musste einen neuen Dealer finden, was nicht leicht war, aber ein Freund hat mir den Kontakt vermittelt. Das Ganze war also geplant. Ich habe Simon gesagt, er müsse mir diesen Joint gönnen, ohne mich zu verurteilen. Also bin ich raus in den Garten, um zu rauchen, und Simon und Sophie blieben drin und sahen sich *Peppa Wutz* an. Ich konnte sie von meinem Platz aus sehen, wie sie sich aneinanderkuschelten. Während ich rauchte, verfiel ich in eine Art Tagtraum … alles war so lebendig und interessant und … in gewisser Weise erreichbar. Es war ein wunderbares Gefühl, als würde die Jugend zu mir zurückkehren, als würde ich mit Raffa zusammen Lou Reed hören und auf meinem Balkon in Paris jeden Abend *stoned* sein. Meine Beobachtungen waren plötzlich wieder wichtig, so wie hier mit Ihnen. Aber das ist nirgendwo sonst der Fall. Wie auch immer, ich saß da, total in mich versunken [sie lacht über sich selbst] … Ich legte die Fingerspitzen aneinander und betrachtete durch sie hindurch meine wunderschöne, kleine Familie. Meinen geliebten Mittelpunkt mit diesem süßen Mädchen. Da waren sie, ein winziger Fleck auf dem Sofa. Fast als wären sie nicht real. Und dann schrumpfte der Punkt immer weiter zusammen, ich legte die Finger aneinander, bis ich sie nicht mehr sah. Ich stellte mir vor, dass sie verschwunden sind. Puff! Weg! Aufgelöst! Keine Verantwortung. Keine Rechenschaftspflicht. Kein Erwachsenenleben. Alles fort. Ich fühlte mich so … befreit. Und wieder jung. Als kehrte mein ganzes Potenzial zu mir zurück. Nuttige Kleider, High Heels, Cocktails und Zigaretten und Lipgloss. Es fühlte sich toll an. Aber da war ein Haken. Es fehlte mir kein bisschen, dass ich nun gute Entscheidungen für mich treffen konnte. Mir fehlten die schlechten. Die Gefahr. Ich wollte meinen Mann und mein Kind loswerden und irgendwie zurück sein in der Beziehung mit Raffa, obwohl er mich zum Ding machte, mir ständig an den Arsch fasste, mich so hart schlug, dass es wehtat, mich eine Schlampe nannte. Es fehlt mir, Scheiße zu bauen. Und scheiße behandelt zu werden. Das Gute fehlte mir kein bisschen. Ich hatte Heimweh nach dem Verdorbenen. Also, was unser Gespräch letzte Woche angeht, ich will immer noch die Dunkelheit.«

»Dann überlegen wir uns das doch mal gemeinsam – diese Sehnsucht nach der Dunkelheit und der Erniedrigung. Es scheint Sie ja wirklich zu kitzeln, Sie auch lebendiger zu machen, auch nur daran zu denken. Nun, Alice, es geht dabei nur um Sie.«

»Was soll das heißen?«

»Vielleicht vermissen Sie ja, dass es nur um Sie geht. Die Zeit mit Raffa war, wie Sie selbst sagten, ebenso erschreckend wie aufregend. Sie haben gefährliche Entscheidungen getroffen, aber die Folgen mussten ja nur Sie allein tragen. Sie haben mir erzählt, dass Raffas Frau Ihnen egal war. Sie haben über sie gar nicht nachgedacht. Sie waren die Hauptfigur in Ihrer Lebensgeschichte. Und trotz aller Abenteuer und Fehlschläge war es eben Ihre Geschichte. Vielleicht liegt es daran, an der Tatsache, dass Sie darin die Hauptrolle spielten, dass Sie sich jetzt danach zurücksehnen.«

»Nun, es stimmt sicher, dass ich nicht mehr länger die Hauptfigur in meinem Leben bin. Als Mutter muss ich mich selbst aufopfern. Ich muss für andere da sein. So viele Pflichten, so viel Arbeit. Andere Menschen und ihre Bedürfnisse. Und trotz allem, was ich tue, fühle ich mich einfach so unsichtbar. Was ich tagsüber oder auch nachts mache, wird kaum einmal bemerkt. Und ja, ich vermisse den Freiraum der Selbstzerstörung, wo ich in meinem Leiden absolut selbstsüchtig sein konnte und mir den Schmerz auch nur selbst zufügte. Wissen Sie, was passieren würde, wenn ich jetzt einen Zusammenbruch hätte?«

»Was würde denn geschehen?«

»Vielleicht gar nichts. Denn erstens, wer würde es überhaupt bemerken? Wenn ich mit dem Kopf gegen die Wand schlüge, würde Simon mir nur sagen, ich solle nicht so viel Lärm machen. Ich habe zu viel zu verlieren. Ich kann mir die Freiheit nicht nehmen, einfach so zusammenzubrechen. Ich vermisse meine Verletzlichkeit. Die Zeit, als der Schmerz wichtiger war als die Tatsache, dass es dem Baby gut geht. Ich weiß nicht, ob ich Raffa vermisse. Oder Simon, als wir noch jung und unbeschwert waren.« Unten rast ein Auto mit Sirene vorbei, wir verstummen kurz.

»Sehen wir uns doch mal an, was Sie gerade sagten. Dass Sie Ihre Verletzlichkeit vermissen und das Gefühl, dass Ihr Schmerz wichtiger war als die Sicherheit eines Babys. Das ist eine starke Aussage. Ich frage mich, ob Sie nicht in erster Linie sich selbst vermissen.«

»Ich weiß nicht. Darüber müsste ich nachdenken. Warum sagen Sie das?«

»Nun, Sie denken wehmütig daran zurück, wie Sie mal waren. Vielleicht protestieren Sie gegen den Wandel, den Sie an sich selbst feststellen, in Ihrem Körper, in Ihrer neuen Rolle als Mutter, indem Sie sich an den vergangenen Schmerz klammern. Weil Sie an den Fäden Ihres früheren Selbst festhalten möchten.«

»Das spricht in mir etwas an. Ich vermisse sie wirklich, die junge Alice. Ich vermisse mich.« Sie hält inne und richtet den Blick auf ihre Füße. »Wo ist sie denn hin? Wirklich, das macht mich traurig. Bin ich jetzt einfach offiziell alt und damit Ende?«

»Sie werden älter wie alle Menschen, aber Sie sind nicht alt. Fühlen Sie sich denn alt?«

»Ich fühle mich schrecklich alt. Und so fern von meiner geliebten Jugend. Da fällt mir ein Bild ein. Mein jugendliches Ich steht auf der anderen Seite des Flusses und winkt mir zu. Gleichzeitig verblasst es. Wie ein Immigrant, der abgeschoben wird. Als hätte es den Punkt ohne Wiederkehr überschritten. Ich werde sie nie wieder sehen oder erfahren.«

Sie verstummt.

»Oh, mein Gott, Charlotte. Jetzt bin ich echt traurig.«

Ich empfinde dieses Bild auch als traurig. »Das ist ja eine herzzerreißende Szene. Ich kann mir vorstellen, wie schmerzhaft es ist, wenn das Leben so läuft. Aber es muss ja nicht so sein. Sie können einige Aspekte Ihrer Jugend loslassen und an anderen festhalten.«

Ein wenig habe ich das Gefühl, dass ich mich auch selbst überzeugen möchte. Ich versuche ein bisschen zu bemüht, sie aufzuheitern.

»Hören Sie auf, mich da rausholen zu wollen. Sie sind es doch, die mir gesagt hat, ich solle die Zeit mit Raffa noch mal erzählen. Er war fest entschlossen, sich nicht zu entwickeln und nicht erwachsen zu werden. Ich war darüber wütend und habe es auch verurteilt, aber ich habe das auch bewundert. Ich glaube, er ist mein heiliges Ungeheuer.«

»Ihr heiliges Ungeheuer … Wow!«

»Kann ich noch mal über das Trauma reden, das wir aufgearbeitet haben, über die schreckliche Affäre, auch wenn Sie das alles schon mal gehört haben?«

»Natürlich.«

Sie erinnert sich an Zeiten der Erniedrigung und Verdinglichung, mit einer Mischung aus Schrecken und Ehrfurcht. »Ich bin wild entschlossen, die ganze Geschichte zu erzählen. Sie endlich zu verstehen und auch aufzulösen, damit ich wirklich abschließen und mir alles erklären kann. Ich habe die Nacht, in der wir zusammenkamen, im Kopf Millionen Mal durchgespielt. Ich versuche immer, hinter das Geheimnis zu kommen, hinter das kleine Mysterium, das alles erklären kann, was in meinem Leben danach geschah. Ich suche nach dem Sinn, als gäbe es einen solchen. Und ich hoffe, herauszufinden, warum alles so gekommen ist, wie es kam. Auch wenn es dafür nie eine passende Erklärung geben wird. All die Augenblicke, die danach kamen, waren voller Mist und voller Kostbarkeiten zugleich, untrennbar miteinander vermengt.«

»Sie erzählen die Geschichte mit Ihrer Stimme. Sie finden Ihren Weg selbst. Sie müssen nichts überdecken oder erklären. Sie finden heraus, was Sie brauchen.«

»Ich taste mich so vorwärts … Vielleicht reizt es mich ja wirklich, zu diesem jüngeren Ich zurückzukehren … Ich war so unglaublich frühreif. Wo führt das hin? Vielleicht muss ich irgendwo auch mal unreif sein, weil ich in meiner Jugend zu reif war. Ich wiederhole mich ständig, so wie Raffa es tat. In seinen Gewohnheiten, seinen Filmen, seinem ganzen Leben. Er hat manchmal den gleichen Song immer und immer wieder gespielt, bis man fast wahnsinnig wurde. Und immer dieselben Geschichten erzählt. Die Wiederholung – das ist es, was mich stört, aber irgendwie hält sie mich auch fest. Ich dachte, ich wäre über all das hinweg. Ich weiß nicht, warum ich mich so unfertig fühle. Ich habe das Gefühl, dass ich selbst jetzt, wo ich darüber rede, in ein anderes Alter eintauche. Als wäre ich, jetzt in diesem Augenblick, zurück in einem total unreifen Bereich meines Selbst.«

»Und wieder frage ich mich, ob sich nicht ein Teil von Ihnen genau danach sehnt – weniger reif zu sein, einfach jünger. Sie haben ja gerade erwähnt, wie schrecklich alt Sie sich fühlen. Wie fühlen Sie sich, wenn Sie an die Alice zurückdenken, die mit Raffa zusammen war?«

»Jung und wunderschön. Und jetzt das: Meine tropfenden Brüste, mein Körper, das ist eine ganz andere Geschichte. Ich erkenne mich nicht mehr wieder. Wann ist das passiert? Die Zeit mit Raffa – diese Zeit meines Lebens, sie hat mir viel gegeben.«

»Was zum Beispiel?«

»Ich fühlte mich allmächtig, auch wenn ich es nicht war. Da war einfach dieses grenzenlose Potenzial. Ich war voller Versprechungen an das Leben, auch wenn die Dinge sich nicht gut anfühlten. Ich hatte überall Möglichkeiten und konnte eine Entscheidung nach der anderen treffen, auch wenn ich meist eher schlechte getroffen habe. Zumindest konnte ich mich dafür entscheiden.«

»Und jetzt? Haben Sie nicht mehr das Gefühl, dass Sie die Wahl haben?«

»Nicht so wie damals. Ich habe so viele wichtige Entscheidungen getroffen, gute Entscheidungen. Aber heute kann ich nur noch bestimmen, welche Art von Joghurt ich im Biomarkt einkaufe. Das bin ich heute – so altbacken, pflichtbewusst und langweilig. In den Zwanzigern hatte ich Macht, auch wenn es nur ein vergänglicher Sex-Appeal war. Ich war ziemlich hilflos, aber es beeindruckt mich immer noch, wie es damals gewesen sein muss, ich zu sein. Oder mit mir zusammen zu sein. Ich stelle mir meinen Körper und mein Gesicht vor. Mein Gott, habe ich überhaupt gemerkt, wie schön ich war?«

»Ich weiß nicht. Haben Sie? Sagen Sie's mir.«

»Ich wusste, dass ich manchmal echt attraktiv war. Ich hatte das Gefühl, die Welt hält den Atem an, wenn ich einen Raum betrat. Ich spürte meine Wirkung auf einige Männer. Aber ich hatte auch Schwierigkeiten, anzuerkennen, wie wunderbar ich war. Ich war hübsch, intelligent und witzig, aber ich könnte nicht behaupten, dass mir das bewusst war, vor allem nicht alles zusammen. Ich weiß noch, dass ich manchmal so tat, als sei ich selbstkritischer und zweifelte mehr an mir, als ich es in Wirklichkeit tat. Dann fiel es den Leuten leichter, mir zu sagen, wie liebenswert und schön ich war, wenn sie erfahren hatten, wie verletzt ich war und wie sehr ich misshandelt worden war – also die Leute, denen ich von meinem Vater oder von Raffa erzählt hatte. Dann waren die Leute sehr nett zu mir. Freilich tut es jedem leid, wenn eine misshandelte Frau sich selbst verachtet. In diesen Momenten will man ihr sagen, dass sie schön ist. Und wichtig. Wenn sie drauf und dran ist, Selbstmord zu begehen. Aber wenn sich eine junge Frau einfach schön fühlt, weil sie hübsch ist und das toll findet, halten die Leute sie eher für unausstehlich. Es ist eben einfacher, sich auf die Seite der Opfer zu stellen als auf die einer Frau, die es genießt, sie selbst zu sein. Wir fühlen uns alle immer so schnell bedroht.«

»Sie haben so eine interessante Art zu denken«, sage ich. »Das macht deutlich, wie Sie so viel Ärger und Leid erfahren konnten. Und warum Sie nicht sicher sind, ob es Ihnen erlaubt ist, sich selbst zu mögen.«

»Ja, Ärger und Leid fühlten sich besser an, als mich einfach nur zufrieden und normal zu fühlen. Mein Leben war chaotisch, aber wenn ich mich heute zurückerinnere, scheint es mir reizvoll – ich habe Raffa mal zum Abendessen in meiner Absteige eingeladen, und wir mussten Klopapier als Servietten benutzen. Es stank dort ständig nach toter Maus. Heute klingt das alles total romantisch. Wie Sie sagen: Ich war die Hauptdarstellerin in meiner Lebensgeschichte. Wie mies oder tragisch oder wunderbar sie auch gewesen sein mochte: Ich war der Star.«

»Und jetzt?«

»Ich bin nicht mehr länger die Protagonistin. Ich bin ständig am Bedienen. Und ich habe kein bisschen Raum für mich selbst. Wenn ich mir meinen Rasierer schnappe, um meine Beine zu rasieren, finde ich Simons Bartstoppeln darin. Wenn ich meine Zahnbürste nehme, merke ich, dass sie nass ist, dass jemand anderer sie benutzt hat. Wenn ich eine halb volle Flasche Wasser leere, schmeckt das Wasser nach Sophie. Das Gefühl für Freiraum, für Intimsphäre, für meine Möglichkeiten wurde immer kleiner und kleiner. Es ist einfach kein Platz mehr für eine Schublade oder ein Regalbrett nur für mich. Ich habe keinen

Raum mehr für Geheimnisse. Was ich vermisse, ist, etwas zu haben, was nur mir gehört, und sei es mein Trauma.«

Zwischen unseren Sitzungen überlege ich einen Moment, ob ich eine viel befahrene Straße überqueren soll oder warten, bis die Ampel umschaltet. Ich gehe ein Paar Schritte auf die Straße. Stopp, gehen, stopp. Ich werde beinahe überfahren. Wäre ich schnell über die Straße gelaufen oder hätte an der Ampel gewartet, wäre jede der beiden Entscheidungen in Ordnung gewesen. Das Zögern, die Unentschlossenheit ist es, die das Leben unsicher machen. Diese Versuche, eine Vorhersage zu treffen, erscheinen uns als kluge Vorsichtsmaßnahme. Wir lassen und weder auf ein Ja noch auf ein Nein ein. Und das kann uns, selbst in so alltäglichen Dingen, in Gefahr bringen.

In der Folgewoche gesteht Alice mir, dass sie immer noch fast zwanghaft an Raffa denkt. Mir fällt dabei ein Satz ein, den ich schon lange schätze: dass es das Ziel der Therapie ist, »Geister zu Ahnen werden zu lassen«. Ich frage mich, ob wir das schaffen werden – ob Alice irgendwann ihre Zeit mit Raffa als Teil ihrer Geschichte betrachten kann, ohne sich davon verfolgt und heimgesucht zu fühlen, wie sie selbst sagt.

»Ich kann mich immer noch nicht von dem Gedanken lösen, wie lebendig ich in der Fantasievorstellung von meinem früheren Selbst war. Ich wache um 3 Uhr morgens auf und habe Herzrasen, während ich mich gleichzeitig glasklar an diese Zeit erinnere. Wie Raffa mich angepinkelt hat. Er hat das wirklich gemacht. Er machte es gern. Ich weiß nicht, ob ich jetzt davon träume oder mich daran nur erinnere oder beides.«

»Wie sehen Sie sich denn in diesen Momenten?«, frage ich.

»Ich bin selbstbestimmt und unglaublich anziehend. Ich werde sexuell verschlungen, wie verrückt begehrt. Und ich verschlinge ihn ebenfalls. Das Leben ist voller Lust und Triebkraft und einer besessenen Bezauberung. Warum spiele ich diese Szenen immer wieder im Kopf durch, so viele Jahre später, Woche um Woche? Es ist verrückt. Das Ganze liegt zwölf Jahre zurück, aber es fühlt sich so präsent an.

Ich spüre, wie Raffas warmer Urin über mich rinnt, über meinen Bauch, meinen ganzen Körper. Total irre und so erniedrigend.«

»Vielleicht wünscht sich ja ein Teil Ihrer selbst, dass diese Erinnerungen nicht zwölf Jahre zurücklägen«, sage ich.

»Ich vermisse Raffa.«

»Vielleicht vermissen Sie auch einen Teil Ihrer selbst. Trauern über sich selbst – das Bild, dass Sie Ihrem jugendlichen Selbst zum Abschied zuwinken. Sie versuchen, es mithilfe dieser Erinnerungen wiederzufinden. Also graben und graben Sie und verschanzen sich so in der Vergangenheit.«

»Ja. Ich laufe herum und habe das Gefühl, dass mir all das jetzt passiert. Ich führe imaginäre Gespräche mit Raffa, und ich kann mir den Alltag von damals so gut vorstellen. Das Brot, das er von der kleinen Bäckerei an der Ecke mitbrachte. Der Geruch seiner Jacke, die Zimmerecke, wo ich entdeckte, dass er mit einer Prostituierten geschlafen hatte. All das macht mich wehmütig. Unerträglich, schmerzhaft wehmütig, trotz der ganzen Heftigkeit und Brutalität. Im Augenblick schlafwandle ich durch mein Leben und finde es im Grunde langweilig. An diesem Punkt stehe ich jetzt. Ich möchte mehr fühlen.«

Das ist immerhin schon mal ein Hinweis – ein roter Faden, dem wir bis in ihr aktuelles Leben folgen können. Alice möchte mehr fühlen.

Wir gehen zurück zu den Gewalterfahrungen mit ihrem Vater. Wir überlegen, dass sie die Gewalt vonseiten Raffas vielleicht für eine Möglichkeit hielt, ihre früheren Erfahrungen aufzuknoten, umzuschreiben und zu besiegen. Wie sie wild entschlossen war, mit Raffa zu reparieren, was zerbrochen war, um endlich ein besseres Leben zu haben.

Einen großen Teil unserer Arbeit haben wir darauf verwendet, über Alice' sexuelle Abenteuer und Missgeschicke zu sprechen, über ihre Beziehung zu Schmerz und Leid. Ihr Wunsch, im Bett verletzt und erniedrigt zu werden, ist ihr Versuch, das Trauma des Kindes in den Triumph der Erwachsenen zu verwandeln. Statt das machtlose, verwundbare Kind zu sein, das in der Vergangenheit immer wieder geschlagen wurde, wollte sie die selbstbestimmte Erwachsene sein, die ihr Leben im Griff hatte und sich bewusst für Schmerz und Demütigung entschied. Sie glaubte, in den Fantasien und im Rollenspiel mit Raffa das Sagen zu haben, auch wenn sie verdinglicht und beherrscht wurde. Ihre mit der Zeit gewonnene Erkenntnis ließ ihre Lust auf Erniedrigung schwächer werden. An einem bestimmten Punkt versuchte Alice, Simon dazu zu bewegen, ihre sexuellen Gewaltfantasien mit ihr auszuleben. Aber Simon wollte das nicht, er wollte sie nicht dominieren, und so ließ auch diese Lust nach. Jetzt aber ist sie wieder da.

Ich bin immer noch beeindruckt, was sie alles von sich zeigt und mit welchem Engagement sie sich mit ihrem Innenleben auseinandersetzt. Das sage ich Alice auch.

»Ich bin immer noch wütend auf die Therapie«, erzählt sie. »Und auf die ganze Sicherheit, die ich mit Ihrer Hilfe aufgebaut habe. Mir fehlt das Kranke. Ich bin nicht mehr so pervertiert und selbstzerstörerisch. Aber es macht mir einfach nicht mehr so viel Spaß, gesund zu leben. Vielleicht hat mir die Therapie ja auch die Freude an der Selbstzerstörung verdorben, weil ich mir jetzt zu vieler Dinge bewusst bin, um das noch auszuleben. Ich kann darüber reden, aber heute weiß ich es besser. Ich kann mein Leben gar nicht mehr kaputt machen.«

Ich verstehe. Wer hat nicht gelegentlich Lust auf etwas Finsteres, Aufregendes und möglicherweise Gefährliches, obwohl wir es besser wissen?

»Es fehlt mir, einfach objektifiziert zu werden. So falsch es ist und sosehr ich wirkliche weibliche Macht schätze, es fehlt mir einfach, dieses Gefühl, nur wegen meines Körpers begehrt zu werden. Wegen meiner Schönheit. Mittlerweile werde ich um meiner selbst willen geliebt. Zum Teufel damit!«

»Es fehlt Ihnen, um Ihres Körper willen begehrt zu werden. Und kürzlich haben Sie erzählt, wie wenig Sie aktuell Ihren Körper mögen. Ich habe den Eindruck, da gibt es eine Verbindung.«

»Ja, vermutlich schon. Ich bin so wenig verführerisch für mich selbst.«

»Das ist es. Genau hier: wenig verführerisch für Sie selbst. Es geht hier um Sie, nicht um Raffa.«

»Es fehlt mir, einen Körper zu haben, der die Verdinglichung wert war. Ich bin wütend und völlig hingerissen, weil Raffa so verrückt nach mir war. Er hat meinen Körper verehrt. Alles an ihm und unserer Beziehung war falsch. Unglaublich und katastrophal falsch. Ich weiß das. Ich verstehe auch, inwiefern es schlimm und traumatisch war. Und jetzt bin ich erwachsen. Ich habe ein Baby und einen Mann, der mich liebt. Zum millionsten Mal: Ich sollte es besser wissen. Aber es fehlt mir, zum Lustobjekt gemacht zu werden, von einem bösen Mann begehrt und gejagt und verschlungen zu werden.«

Wonach Alice sich am meisten sehnt, ist diese »ungezügelte Triebhaftigkeit«, wie sie es nennt.

»Die Tatsache, dass Raffa gar nichts dagegen machen konnte – ich fand das toll. Dabei war alles so falsch.«

»Woran denken Sie, wenn Sie ›falsch‹ sagen?«

»Ganz ehrlich? Es macht mich geil. Ich fand es umwerfend, dass er mir einfach nicht widerstehen konnte. Mit Raffa wurden alle Grenzen überschritten. Das ist heiß, auch wenn es zutiefst falsch war.«

Wir reden darüber, dass ihre sexuellen Fantasien im Widerspruch zu ihren anderen Lebensbereichen stehen – und wir normalisieren das politisch Inkorrekte ihrer sexuellen Gelüste. Sie kann sich durchaus die Erlaubnis geben, bestimmte Dinge im Leben zu wollen, aber trotzdem widersprüchliche sexuelle Triebe haben.

»Ich glaube, ich habe nur so getan, als wünschte ich mir keinen harten Sex mehr. Ich habe immer noch Fantasien, dass mich jemand im Bett ohrfeigt. Natürlich will ich auch Gleichberechtigung, und Gewalt an sich finde ich schrecklich. Ich würde mir nicht wünschen, dass meiner Tochter so etwas passiert.«

»Das verstehe ich.«

Ich sage das häufig. Zu häufig, glaube ich, vor allem bei Alice. Manchmal ist es einfach das, was ich ihr bieten kann – ein tiefgehendes, grundlegendes Verständnis. Dass da jemand ist, der die vielfältigen und komplexen Schattierungen von Grau akzeptiert.

In den Folgewochen beschäftigen wir uns auch mit anderen Themen. Vor allem mit Alice' Erkenntnis, dass sie nun, da sie ihre Jugend hinter sich lässt, glorifiziert, was sie einst hatte. Dabei kann sie auch akzeptieren, dass Glück und Elend nicht dauerhaft sind und dass es ihr immer schon schwerfiel, zufrieden zu sein mit dem, was sie hatte.

An einem Nachmittag im Winter bringt sie das Gespräch wieder auf Raffa. »Ich habe ihm meine wahren Gefühle nie offenbart. Nicht ganz jedenfalls. Ich habe meine Gefühle ja auch gar nicht verstanden, eben weil sie so widersprüchlich waren. Ich hätte sie gar nicht erklären können. Ich war nur verwirrt. Das ist mir heute klar. Also habe ich ihm einen Brief geschrieben. Könnten Sie ihn bitte lesen, bevor ich ihn abschicke?«

»Natürlich, Alice, sehr gerne. Sind Sie sicher, dass Sie ihm den Brief wirklich schicken wollen? Dass Sie wieder Kontakt mit ihm aufnehmen möchten, bereitet mir ein wenig Sorge.«

»Ich möchte das tun. Ich habe mich auch gar nicht gefragt, ob ich ihn schicken sollte oder nicht. Ich werde ihn abschicken. Ich muss ihm sagen, was er mir bedeutet hat. Lesen Sie ihn bitte.«

»Okay.«

Lieber Raffa,
ich habe dich so lange geliebt und gehasst. Ich werde vermutlich nie ganz über dich hinwegkommen, obwohl ich das Gefühl hatte, mich weiterentwickelt zu haben. Obwohl ich dich verlassen habe. Außer dass mir schlecht wurde, als eine gemeinsame Freundin mir kürzlich erzählte, sie hätte dich getroffen, weiß ich im Moment gar nichts von dir. Ich stelle mir vor, dass du der Gleiche geblieben bist, nur eben älter. Ich frage mich manchmal, ob du immer noch Erektionen bekommst. Oder Drogen nimmst. Und wie viele Affären du hattest. Ob du immer noch mit deiner armen Frau zusammen bist. Manchmal wünsche ich dir das Schlimmste, in großzügigen Augenblicken auch viel Glück. Du hast mich echt kaputt gemacht, aber ich kann einfach nicht bedauern, was wir miteinander hatten. Danke dafür, dass du das Leben besser und schlechter gemacht hast.

Du hast mich einmal mit in den Louvre genommen, um Die Einschiffung nach Kythera *anzusehen. Ich weiß nicht, ob du dich daran erinnerst ... Vielleicht hast du das ja mit all deinen Freundinnen gemacht ... Vielleicht bist du ja jetzt schon senil von den vielen Drogen oder psychotisch ... so gut kann dein Gedächtnis ja nicht mehr sein ... Wie auch immer, wir haben das Bild angeschaut, und du hast gemeint, man könne absolut nicht sagen, ob die Paare von der Insel der Liebe kommen oder sich dorthin aufmachen. Wir wissen nicht einmal, ob es Morgen ist oder Abend, welche Jahreszeit es ist, und Watteau hat all diese Fragen nie beantwortet. Die* ***hypnotische Ambiguität*** *ist stark. Ich habe akzeptieren gelernt, dass ich – was dich betrifft – immer widerstreitende Gefühle haben werde. Du bist zugleich schrecklich und wunderbar. Du bist mein heiliges Ungeheuer. Klarer kann ich nicht sein. Bitte antworte mir nicht. Ich möchte, dass unsere Geschichte hiermit endet.*
Voller Liebe und Hass
Alice

Als ich den Brief zu Ende gelesen habe, habe ich Herzklopfen. Mein Vater hat mich häufig mitgenommen, um dieses Bild zu sehen, schon als ich als Jugendliche in Paris wohnte. Dieses Bild faszinierte mich endlos. Und ich fand es toll, dass mein Vater mir die vielen Interpretationsmöglichkeiten darin aufzeigte. »Akzeptiere einfach, dass du es nicht weißt«, sagte er.

Mein Vater hat nie Gewalt angewandt, und er ist ein sehr hingebungsvoller und liebevoller Vater gewesen. Das muss ich mir ins Gedächtnis rufen, als ich erfahre, dass Alice' heiliges Ungeheuer sie mitnahm, um dieses Bild anzusehen und ihr etwas ganz Ähnliches sagte. Diese zärtliche und großzügige Seite an Raffa überrascht mich. Ungeheuer können also doch liebenswert sein.

An diesem Punkt muss ich mich anstrengen, um meine intensiven persönlichen Erfahrungen mit diesem Kunstwerk von Alice' Lebensgeschichte zu trennen. Therapeuten leisten häufig bessere Arbeit, wenn sie es mit Dingen zu tun haben, von denen sie nichts wissen.

Erfahre ich Dinge, die ich nicht kenne, höre ich einfach zu, bin neugierig und tue mein Bestes, um zu lernen. Ich weiß, was ich nicht weiß. Bei Alice bin ich ein wenig zu vertraut mit dem, was sie erzählt. Nicht nur, was dieses Bild betrifft, sondern auch andere Details ihrer Lebensgeschichte.

Daher halte ich mir die Unterschiede ausdrücklich vor Augen – vor allem in Bezug auf ihre Kindheit und ihre Eltern, denn da war mein Leben ganz anders als ihres. Das mit dem heiligen Ungeheuer verstehe ich. Manche ihrer Kämpfe sind mir gut bekannt, daher muss ich mich in Acht nehmen. So gut meine Absichten auch sein mögen, durch zu große Vertraulichkeit meinerseits entwerte ich ihre Geschichte, dränge mich ihr auf und stelle mich nicht ausreichend auf sie ein. Was nur unproduktiv ist. Wenn wir zu wissen meinen, was jemand anderer erlebt und wie er es erlebt, schalten wir unseren Lern- und Entdeckermodus ab. Das passiert häufig in Freundschaften, Familien und manchmal auch in der Therapie. Wir glauben, schon zu wissen, worum es geht, und versäumen, die Dinge in einem neuen Licht zu sehen.

Dass sowohl ich als auch Alice schon vor diesem speziellen Bild gestanden sind, schreckt mich aus der Über-Identifikation auf. Es erinnert mich, dass dies ihre Geschichte ist, nicht die meine. Ich kann mir nicht einbilden, zu wissen, was am besten für sie ist. Sie will Raffa konfrontieren. Sie braucht das. Und es ist ihr Leben.

»Alice, das ist ein toller Brief«, sage ich. »Ich bin zutiefst bewegt von dem, was Sie da geschrieben haben. Sie haben Ihren Standpunkt sehr gut zum Ausdruck gebracht.«

»Ich habe beschlossen, den Brief zu schreiben und ihn Raffa zu schicken. Ich finde ihn auch toll. Danke. Ich habe das Gefühl, jetzt wirklich etwas aufgearbeitet zu haben. Vielleicht ist es ein bisschen riskant, ihm diesen Brief zu schicken. Aber dieses Risiko möchte ich eingehen.«

Und dann sagt Alice etwas Bemerkenswertes: »Veränderung ist hart. Wachstumsschmerzen tragen ihren Namen ja nicht umsonst. Es tut weh, zu wachsen. Wie also sollen wir wachsen, wenn der Schmerz aufhört?«

In gewisser Weise leben wir alle inmitten von Widersprüchen. Diese gemischten Gefühle und paradoxen Einstellungen zu erkennen kann uns helfen, zu verstehen, wie wir zu uns und anderen Menschen in Beziehung treten. Mit einer Prise Humor können wir uns leichter eingestehen, dass wir in mancher Weise Heuchler sind. Es ist eine unglaubliche Erleichterung, sich nicht dauernd vor sich selbst und den Menschen, die uns gut kennen, verstecken zu müssen und unsere geheimen Seiten einmal unzensiert zu präsentieren.

Manchmal stellen sich solche emotionalen Gemengelagen ein, wenn wir erfolgreich sind: Wir wünschen uns zwar Erfolg, doch wenn wir ihn greifen können, haben wir damit doch Probleme. Diese Ambivalenz zeigt sich in der Therapie häufig. Abraham Maslow nannte dies den Jonas-Komplex: »Wir haben Angst vor unseren besten Möglichkeiten«, schrieb er in *The Farther Reaches of Human Nature*. Es liege ein gewisser Nervenkitzel »in den gottgleichen Möglichkeiten, die wir während eines Gipfelerlebnisses in uns selbst wahrnehmen. Und doch schrecken wir zugleich aus Schwäche, Ehrfurcht und Angst vor ebendiesen Möglichkeiten zurück. Daher laufen wir häufig davon, wenn uns Verantwortung übertragen wird oder uns die Natur, das Schicksal oder selbst der Zufall in eine verantwortliche Position stellen. So wie Jonas, der vergeblich versuchte, vor seinem Schicksal zu fliehen.«

Was folgt, ist besonders ermutigend: »Bewusstes Gewahrsein, Einsicht und ›Aufarbeiten‹ sind darauf die richtige Antwort. Das ist der beste Weg, den ich kenne, um auch unsere höchsten Fähigkeiten zu akzeptieren, das, was wir an Größe oder Güte oder Weisheit oder Talent in uns tragen oder vermeiden.«[5]

Vielleicht spielen wir selbstquälerische Spiele, bei denen wir auf die Verwirklichung unserer Wünsche hinarbeiten, uns aber gleichzeitig selbst sabotieren. Viele Menschen tun dies an dem ein oder anderen Punkt, ob nun im Liebes- oder im Berufsleben. Wir streben etwas an, was uns wichtig ist, und stellen uns zugleich selbst ein Bein. In der Therapie nenne ich das häufig: Fahren mit angezogener Handbremse.

Die ambivalente Haltung zum Erfolg ist hierfür ein gutes Beispiel, da sie zutiefst mit Fragen der Selbstachtung und des Selbstwertgefühls zu tun hat. Ohnehin geht es vielen von uns so, dass wir uns mit den wohlbekannten Geschichten von Kampf und Scheitern wohler fühlen als mit dem Vertrauen auf unseren Erfolg. Wir sollten uns damit beschäftigen, was für unseren Erfolg nötig ist, und dabei auch Raum lassen für das Scheitern und die Trauer, die sich damit verbindet.

So werden Geister zu Ahnen. Geister können Sie von der Straße des Erfolgs ablenken. Rufen Sie sich einen Moment ins Gedächtnis, da Sie eine Entscheidung getroffen haben, die von außen betrachtet absolut rational und gesund wirkte, innerlich aber etwas mitschleppten, was Psychologen eine Traumabindung nennen: Damit ist der starke Drang gemeint, zur Quelle Ihres Leids zurückzukehren, zu der Beziehung, die Sie behindert, zu dem toxischen Chef, der Sie traumatisiert. Der verwundete Teil in Ihnen drängt Sie einerseits vorwärts, während er gleichzeitig sehnsüchtig und voll zwiespältiger Gefühle zurückschaut zu dem Menschen, der Sie verletzt hat. Wie in der Geschichte von Alice. Es kann hilfreich sein, diese dunklen Wünsche und Überzeugungen auszusprechen und sich zu überlegen, was Sie dem Geist am liebsten sagen würden.

Aber lassen Sie aus einem Stolpern keinen Sturz werden. Die Dynamik beim Jonas-Komplex ist meist die folgende: Wir haben das Gefühl, die Richtung verloren zu haben, und schmeißen sogleich die Flinte ins Korn. Doch es gehört nun mal zum viel gehypten Konzept der Resilienz, dass wir an unserem Bild von Erfolg festhalten, auch wenn die Dinge gerade nicht so laufen, wie wir uns das gedacht haben.

Die Geschichte von Jonas nimmt ein gutes Ende. Er verbringt einige Zeit im Bauch des Walfisches, bis dieser ihn ausspuckt. Dann findet er einen besseren Weg für sich.

Kapitel 12

Kontrolle

Wir alle haben Probleme mit der Kontrolle, unser ganzes Leben lang, ob es nun um Ernährung, Drogen, Geld, unseren Körper, Regeln, andere Menschen und deren Ansichten über uns oder unsere Beziehung zur Zeit geht – es gibt immer Bereiche, von denen wir uns wünschen, sie ganz oder zumindest besser kontrollieren zu können. Babys bilden Bindungen zu den merkwürdigsten Dingen aus. In der oralen Phase erfahren sie die Welt, indem sie Dinge in sich aufnehmen, und zwar ganz wörtlich: Sie stecken buchstäblich alles in den Mund, wie absurd, gefährlich oder unlogisch uns das auch scheinen mag. Und wenn wir dann zwischen das Baby und seinen neuen Liebling kommen und die beiden trennen, wird es wütend. Verlust und Kontrolle sind eng miteinander verknüpft, und zwar das ganze Leben lang. Kleinkinder, Kinder, Jugendliche und Erwachsene wollen auf ihre spezifische Art Kontrolle ausüben. Doch selbst wenn wir uns hin und wieder kindisch verhalten, regredieren, so wollen wir auf keinen Fall so hilflos sein wie ein Baby.

Wenn ein Kind die Zeit entdeckt, schließt es Bekanntschaft mit der Tatsache, dass alles zu Ende geht. Jeder Tag geht zur Neige, ein Geburtstag kommt und geht, das Schuljahr ist vorbei, die Party vorüber, es ist Zeit, schlafen zu gehen. Wir fiebern einem schnellen Ende entgegen oder wünschen uns Verlängerung. »Wie lange dauert es noch? Sind wir noch nicht da?«, will das zappelige Kind wissen. Dann wieder bettelt es: »Darf ich noch ein bisschen aufbleiben?« Außerdem ist da immer der Wunsch nach mehr, die Sehnsucht, das Unvermeidliche ein wenig hinauszuschieben: »Nur noch einmal! Nur noch eine Geschichte!« Gleichzeitig lernen Kinder, sich auf das nächste Abenteuer zu freuen, einen Ausflug, ein Ferienlager, einen Plan, der bald Wirklichkeit wird. Geduldig zu warten lernen ist Teil des Belohnungsaufschubs. Aber der fällt uns Menschen in jeder Lebensphase schwer.

Hinter dem Wunsch nach Kontrolle stehen das Bedürfnis nach Sicherheit und das Gefühl, etwas bewirken zu können. Wir mögen den selbstgewissen Eindruck, dass wir überblicken können, was da auf uns zukommt. Und wir wünschen uns die Sicherheit der Gewissheit. Fühlen wir uns hilflos oder kontrolliert, reagieren wir darauf meist heftig. »Ich gehe auf mein Zimmer, weil ich will. Nicht weil du es gesagt hast«, schreit herausfordernd das Kind, das sich der Strafe zwar beugt, aber so tut, als wäre das sein Entschluss. »Ihr müsst mich immer kontrollieren!«, brüllt der wütende Jugendliche, wenn er früh zu Hause sein muss. Der Mikromanager, der sich in sämtliche Arbeitsabläufe einmischt, kann den Berufsalltag schnell zur Hölle machen. Mit einem kontrollierenden Partner verkommt jede Begegnung zu einem alles erstickenden Schachern. In bestimmten Lebensbereichen wiederum geben wir die Kontrolle auch gerne ab, vor allem an Vertrauenspersonen oder den Lebenspartner. Was für eine Erleichterung, wenn wir loslassen können und sagen: »Mach ganz, wie du willst.« Doch wann und wie wir die Kontrolle aufgeben, das wollen wir schon selbst entscheiden.

Was unseren Umgang mit Zeit angeht, so haben wir damit fast alle so unsere Schwierigkeiten. Manche planen ihr ganzes Leben akribisch durch, für andere wäre das ein Unding. Ob es nun um eine Verabredung mit der Freundin zum Mittagessen geht oder den Plan, gemeinsam alt zu werden. Einen Plan zu haben vermittelt uns das Empfinden, zu wissen, was uns als Nächstes erwartet. Wir haben das Gefühl, dass wir auf unsere Umwelt einwirken, etwas bewirken können. Manche Pläne erfüllen uns mit Vorfreude, andere eher mit Widerstreben. Zu wissen, was kommt, kann aufregend sein oder uns recht dröge vorkommen. Das Thema Kontrolle ist durch und durch bestimmt von der Spannung zwischen unserem Sicherheitsbedürfnis und unserem Hunger nach Nervenkitzel. Bleiben wir bei unserem Brotberuf und seiner finanziellen Sicherheit, oder gehen wir ein Risiko ein und machen uns selbstständig? Kommen wir mit der leidenschaftlichen Beziehung zurecht, die uns zwar sexuelle Erfüllung schenkt, uns aber emotional nicht befriedigt?

Wir empfinden ein gewisses Maß an Kontrollgewalt, wenn wir unsere Zeit frei einteilen, Pläne machen und alle Einzelheiten selbst bestimmen können. Manchmal bilden wir uns sogar ein, zeitlos und unsterblich zu sein. Aber die Grenzen des Zeitmanagements torpedieren diese Illusion auf vielfältige Weise. Wir können ja nicht an zwei Orten zugleich sein. Wir können nicht alles machen.

Vielleicht machen wir ja auch lieber keine Pläne, um die Freiheit zu haben, spontan auf sich bietende Gelegenheiten zu reagieren. Wenn wir feststecken, uns hin- und hergerissen fühlen, Angst haben, auch vor sozialen Begegnungen, dann fällt es uns schwer, Pläne zu machen. Denn Pläne können sowohl als Erleichterung wie als Einschränkung empfunden werden. Wenn unsere Gebete scheinbar erhört werden und wir jeden Schritt auf unserem Pfad kennen, entdecken wir meist, dass zu viel Kontrolle und Vorhersehbarkeit auch eine Einschränkung sein können. Es gibt da dieses Sprichwort: Wir machen Pläne, und Gott lacht dazu. Unerwartete Ereignisse werfen unsere Pläne über den Haufen. Und zum Leben gehört nun mal ein gerüttelt Maß an Ungewissheit.

Wir kämpfen gegen das Alter an und gegen die verrinnende Zeit, nicht nur in eigener Sache, sondern für alles und jeden in unserer Umgebung. Ganz egal wie viel Kontrolle wir in unseren Augen zu haben scheinen, wir stehen ständig dem drohenden Verlust gegenüber. Wir verlieren geliebte Menschen und unsere Jugend, wir verlieren Sachen, und wir verlieren Zeit. Wir müssen immer wieder loslassen, und das kann unerträglich sein. Oder in den Worten der Psychoanalytikerin Marie Bonaparte: »In allen Menschenherzen wohnt das Entsetzen vor der Zeit.«[1] Wir wissen, dass wir sterblich sind, aber dies zu akzeptieren ist eine ganz andere Sache. Und die Zeit erinnert uns daran. Wir empfinden die Vergänglichkeit des Lebens als bedrohlichen Kontrollverlust. Es ist ein sinnvoller Schritt, die Herausforderung anzunehmen und Wege zu finden, wie wir mit diesem Gefühl leben können. Denn am Ende holt die Zeit doch jeden ein.

Wir können beschließen, eine Pause einzulegen. Aber in der Realität lässt sich das meist nicht so gut verwirklichen. Wir wissen, dass wir ausgebrannt, verunsichert, schlaflos sind. Dabei rät uns jeder überschwänglich, wir sollten den Augenblick genießen, ruhig und achtsam sein. Doch wir leben nun mal in einer hektischen Welt, die voller Geplapper und Ablenkungen ist. Wir stieren dauernd auf irgendwelche Bildschirme und vergessen ganz, präsent zu sein.

Die Therapie kann der Raum sein, in dem wir suchen und manchmal auch finden, was der Dichter T.S. Eliot den »stillen Mittelpunkt der bewegten Welt«[2] nannte. Wir halten inne und überlegen, wo wir stehen, wie wir hierhergekommen sind und wo wir hinwollen. Die Vergangenheit aufzuarbeiten kann uns helfen, unser Dasein in aller Fülle zu leben. In einer Sitzung ist es absolut normal und hilfreich, wenn wir Augenblicke aus der Vergangenheit vollkommen klar und mit starken Gefühlen besetzt neu erleben. Wir kehren ja häufig in frühere Zeiten zurück und sehen Dinge auf neue Weise. Diese Erinnerungen werden zu wichtigen Quellen für Entdeckungen und Sinngebung in der Gegenwart.

Freud meint, das Verstreichen der Zeit mache das Leben überhaupt erst erfüllend. »Die Beschränkung in der Möglichkeit des Genusses erhöht dessen Kostbarkeit«,[3] schreibt er. Denken Sie nur an Urlaub, Partys, Beluga-Kaviar, kurze Romanzen, besondere Gelegenheiten und an alles, was es nur in begrenzter Auflage gibt. Oder an französische Handtaschen, auf die Sie manchmal Jahre warten müssen. Wir schätzen das Seltene und Rare, doch zu viel und zu oft genossen, verliert es in unseren Augen an Glanz und Geschmack. Doch die Endlichkeit der Dinge macht es vielen fast unmöglich, sich daran zu erfreuen.

Mir wurde das besonders klar in der Arbeit mit George, einem jungen Mann, der in einem panischen, gequälten Zustand zu mir kam. Penelope, seine geliebte Frau, starb fünfunddreißigjährig an einer seltenen Herzkrankheit. Obwohl sie jung war, bewegte sich ihr Leben schon auf das Ende zu. Und damit verlor George auch seine geplante Zukunft. Davor fürchtete er sich, versuchte aber gleichzeitig, sich auf den schrecklichen Verlust vorzubereiten. Psychotherapeuten bezeichnen dies als **vorweggenommene Trauer.** George lief die Zeit davon. Die Zeit beraubte ihn. Der Zeit war nicht zu entfliehen.

In unserer therapeutischen Beziehung fingen wir an, gegen das Ticken der Uhr zu kämpfen, aber das verstärkte nur seine Angst, weil es letztlich unmöglich war. Die Zeit nimmt uns Dinge auf besonders grausame Weise weg. Selbst wenn dies ein völlig unpersönliches Geschehen ist, fühlt es sich doch so an, als würde sie uns verfolgen. Wir haben auch versucht, die Zeit zu leugnen. Aber auch das hat nicht funktioniert. Als wir die Begrenzungen der Zeit gemeinsam verstanden und akzeptiert hatten, konnte George einige seiner Illusionen loslassen und entdeckte einen kreativen Reichtum, der ihm half, mit seinem Schmerz umzugehen. Er fand Vertrauen und Leichtigkeit in sich selbst. Erst da fing er an, den absolut inakzeptablen Verlust anzunehmen.

George und die Zeit

Wir haben einen dieser dunkelgrauen Wintermorgen in London, da sich der Himmel, nicht geneigt, zu verzeihen, allen Blicken verschließt. Auf meinem Weg in die Praxis fühle ich mich von der Kälte und der dicken Luft bedroht, als hätten sie es auf mich abgesehen. Ich habe schlecht geschlafen und bin dementsprechend schlecht gelaunt. Mein Baby hat mich die ganze Nacht wach gehalten, aber ich hätte sowieso nicht schlafen können. Meine immer länger werdende To-do-Liste bringt mich um die Nachtruhe. In meiner Praxis aber sitze ich George gegenüber, und zwischen uns herrscht Licht und Leben. Wir haben unsere dritte Sitzung, und George war mir vom ersten Augenblick unseres Kennenlernens an wunderbar vertraut.

»Es ist entsetzlich, Charlotte«, sagt er. Ich nehme George immer ernst, ob er über ein Sandwich spricht oder ein philosophisches Konzept. Er hat einen ganz leichten griechischen Akzent, lebt aber in Großbritannien, seit er ein Teenager war. Sein Englisch ist geschliffener als das so manches Briten. Er ist groß und schlank, mit einem markanten, lebendigen Gesicht. Wie aus einem Porträt von El Greco.

Ich sehe ihn an und lege den Kopf schräg. Ich merke, dass ich das mache, weil er es tut. Ich halte seinen Blick fest. Ich muss ihn nicht fragen, was entsetzlich ist. Ich weiß, dass er es mir gleich sagen wird. Er spielt geschickt mit Worten, aber wir kommunizieren ebenso auf der nonverbalen Ebene. George ist Pianist. Seine Musikalität zeigt sich auch in seinen Gesten – wie er seine Hände faltet, mit den Fingern trommelt, die Handflächen nach außen dreht oder mit den Händen große Kreise zieht. Im Moment krallen sich seine Finger ein, die Fingernägel klicken aufeinander.

»Die Ärzte haben angefangen, für Penelopes Behandlung den Begriff ›palliativ‹ zu gebrauchen.«

O Gott. Diesen Augenblick hat George vorausgeahnt und gefürchtet. Wir befassen uns damit, wie sich das für ihn anhört. Er bemüht die Etymologie: Der Begriff kommt vom lateinischen Wort für »Mantel«. Das Wort »palliativ« ist interessant. Wie geht es ihm damit?

»Ich muss einfach das Beste aus jedem Augenblick machen, der mir mit Penelope noch bleibt«, meint George. »Ich habe so viel Zeit verschwendet. Als wir noch zwanzig waren, sind wir sehr lange miteinander gegangen. Ich habe mir Zeit gelassen mit dem Heiratsantrag. Ich wollte mich nicht fest binden. Das mit den Kindern haben wir jahrelang aufgeschoben. ›Wozu die Eile?‹, habe ich immer gesagt. Sie war lange vor mir bereit dafür. Und jetzt das. O mein Gott. Wie konnte uns das passieren?« Er atmet tief durch. »Es fiel mir schwer, heute herzukommen, mir die Zeit zu nehmen.«

Aktuell ist in Georges Leben ziemlich viel los, die Therapie eingeschlossen. Er hat Probleme, hierherzukommen, aber auch Probleme, wieder zu gehen.

»Ich freue mich, dass Sie sich diesen Raum geben.«

»Ich kann nur hier ich selbst sein. Sie haben mir das ja erlaubt. Außerhalb dieser Wände werde ich in alle möglichen Richtungen gezerrt. Ich bin voller Gefühle, die ich nicht zeigen kann.«

In meinen Augen ist es ein Privileg, dass er mir den Blick in seine Innenwelt erlaubt. Ich hake nach, was seine Zurückhaltung andernorts angeht.

»Ich möchte Penelope nicht mit meiner Trauer belasten. Es wäre einfach nicht fair ihr gegenüber«, antwortet er. Aber das hat natürlich seinen Preis. Dass er seine Gefühle verbirgt, entfernt ihn von ihr. Und diese Distanz wächst mit jedem Tag. »In gewisser Weise ziehe ich mich zurück, aber ich greife auch nach ihr und habe das Gefühl, sie nicht festhalten zu können.«

Er atmet flach, wie gehetzt. Dann beschreibt er sein Dilemma: »Ich sehe sie an und weiß, dass sie bald fort sein wird. Ich kann das nicht ertragen, will aber auch nicht, dass sie meine Verzweiflung zu sehen bekommt. Ich versuche, einfach nur das aufzunehmen, was ich verarbeiten kann.«

Die Therapie stützt ihn. »Glücklicherweise kann ich das immer haben.« In unserer ersten Sitzung haben wir vereinbart, dass die gemeinsame Arbeit ein offenes Ende haben soll. Habe ich so versucht, ihm etwas Zeitloses zu geben? Ohnehin ist unsere gemeinsame Arbeit schon eine Ausnahme. Eigentlich hatte ich keine neuen Klientinnen und Klienten annehmen wollen. George und ich hatten geplant, dass ich nur die Anamnese mache und ihn dann einem Kollegen empfehle. Es schien mir irgendwie wichtig, mit ihm zu arbeiten. Nicht mit ihm zu arbeiten wäre nicht nur klinisch vertretbar gewesen, es war auch klinisch angemessen. Doch am Ende entschied ich mich dagegen, vermutlich weil die Zusammenarbeit mit George so gut klappte. In anderen Bereichen meines Lebens schätze ich es keineswegs, wenn mein Terminkalender zu voll wird. Aber was George angeht, spüre ich, dass ich für ihn da sein möchte.

»Ich verstecke ständig meine Gefühle, nicht nur vor Penelope, sondern auch überall sonst. Ich verschweige meine innere Misere vor den Mädchen. Unsere Verwandten sind auch zu schwach für so etwas. Und in der Arbeit muss ich mich zusammenreißen. Penelopes Ärzte sollen ja für sie da sein, nicht für mich. Manche Freunde fragen zwar, wie es mir geht, aber damit fange ich gar nicht erst an. Ich sage immer nur: ›Nun, wir versuchen, das Beste aus der verbleibenden Zeit zu machen.‹ Ich kann mich ihnen nicht öffnen.«

»Was, glauben Sie, würde dann passieren?«

»Die Sintflut. Das würde passieren. Wenn ich anfange, das herauszulassen, würde ich zusammenbrechen – nein, ich würde in meinen Tränen *ertrinken*. Aber ich muss mich über Wasser halten.«

»Was für ein starkes Bild.« Obwohl er sagt, er sei mir gegenüber offen, nehme ich seine Flutwarnung ernst.

»Meine Freunde fragen auch immer im falschen Augenblick, wenn es rundum hoch hergeht und viele Menschen in der Nähe sind. Das ist zu hektisch. Sie wissen ja, wie das ist mit kleinen Kindern, diese abgebrochenen Gespräche. Es ist einfach nie genug Zeit. Für nichts. Ich bin auch in der Arbeit nicht mehr so gut. Und wir haben so viele unbezahlte Rechnungen. Außerdem ist es schwierig, die Mädchen zu ihren verschiedenen Spielgruppen oder in den Kindergarten zu bringen. Ich schaffe das alles einfach nicht.« Die Zeit läuft immer schneller. Ich bemerke den Schweiß auf Georges Stirn.

»Sie schleppen da ganz schön etwas mit sich herum, George. Allein der Druck. Gönnen Sie sich doch mal eine Pause. Zumindest wenn Sie hier sind.« Auf diese Weise möchte ich ihn dazu bringen, dass er einen Gang herunterschaltet, ohne es in dieser Form auszusprechen.

»Eine Pause. Hm, das fällt mir schwer.«

»Verständlich«, sage ich. Mir geht es ebenso. »Aber in der Musik sind die Pausen doch auch wichtig, oder wie sehen Sie das?«

»In der Musik. Ja, das ist interessant. In der Musik helfen mir die Pausen, zu hören, was ich spiele. Die Stille ist voller Bedeutung. Die Menschen horchen auf, wenn Sie pausieren. Ich bin ganz gut darin, diese Momente der Stille einzuflechten. Aber in meiner jetzigen Lage kann ich das nicht. Ich habe auf dem Weg hierher den Himmel betrachtet, und die Wolken sahen übermütig aus. Ich konnte nicht ertragen, dass Penelope und ich bald den Himmel nicht mehr betrachten können. Fast wäre ich umgekehrt, um ihr zu sagen, sie solle sich die Wolken ansehen.«

»Und?«

»Ich habe sie angerufen. Dabei war ich schon auf dem Weg zu ihr. Aber sie war sowieso im Halbschlaf. Ich glaube, der Anruf hat sie gestört, weil ich ihr sagte, sie solle aufstehen und sich die Wolken ansehen. Sie meinte, sie sähe nur den grauen Himmel. Ich mache so viel falsch. Vielleicht hätte ich sie nicht verlassen sollen, um hierherzukommen. Wir haben ohnehin nicht mehr viel Zeit, und ich sollte dauernd bei ihr sein, solange sie noch lebt.«

Der Himmel, den ich als bedrückend erlebt hatte, war in Georges Augen übermütig. Es ist eben alles Ansichtssache! Ich war bei meinem Blick in den Himmel mürrisch und undankbar. Sein Hochgefühl klingt gezwungen und traurig, und er steckt voller Schuldgefühle.

»Ich bin total aus dem Takt. Ich bin überall und nirgends. Ich habe völlig die Kontrolle verloren«, sagt George. »Und ich kann einfach nicht loslassen.« Er sieht mich verzweifelt an. »Wie überstehe ich das nur? Und was, wenn ich es nicht schaffe? Ich habe keine Wahl. Die Mädchen brauchen mich. Aber was, wenn ich das nicht überlebe?«

»Wie Sie zu Beginn der Sitzung sagten: Es ist entsetzlich. Natürlich stellt sich da das Gefühl ein, dass Sie es vielleicht nicht schaffen. Ihre Situation ist unglaublich schwierig. Aber Sie überleben sie ja jetzt schon, auch wenn es sich unerträglich anfühlt. Gut gemacht.«

Das sage ich im sanftesten Tonfall, der mir möglich ist, als unsere Zeit zu Ende geht.

»Was? Schon? Nein.« Er kann es nicht glauben.

»Ich sehe Sie nächste Woche, um die gleiche Zeit.«

»Können Sie mir noch mal schnell sagen, was Sie über meine Ängste gesagt haben, und mir erklären, wie ich mit dieser Situation fertigwerden soll?«

Doch ich kann diese Fragen nicht »schnell« beantworten. Wir müssen aufhören! Das ist mehr als die sogenannten Türgriff-Augenblicke, wenn ein Klient in der letzten Sekunde noch eine Bombe hochgehen lässt. Er fleht mich einfach um mehr an. Ich will ihn auch nicht abweisen oder das sinnvolle Gespräch, das wir hatten, mit einer hastigen Wiederholung oder ein paar hingeschluderten Tipps zum Mitnehmen entwerten. Er bringt mich in Verlegenheit, indem er das Ganze hinauszögert und versucht, mich über die Linie zu ziehen. Was soll ich tun? Ich kann nicht weitermachen. Ich werde weitermachen.

»Darüber reden wir nächste Woche. Ich möchte Ihnen keinen Bärendienst erweisen, indem ich Ihnen ein paar eilige Worte hinwerfe, nachdem wir unsere Zeit bereits überschritten haben.«

»Nur noch eine Minute?«

»Es tut mir leid, George. Ich weiß, dass Sie ganz schön was zu verarbeiten haben, aber wir müssen jetzt wirklich aufhören.«

Gleich nach George kommt ein anderer Klient, der immer pünktlich ist. Ich habe schrecklichen Durst, und mein Wasserglas ist leer.

»Okay. Aber bitte, Charlotte, könnten Sie mir eine E-Mail schicken und mir sagen, was ich zwischen unseren Sitzungen machen kann? Es tut mir leid. Ich weiß, dass wir über der Zeit sind. Es tut mir leid. Vielen, vielen Dank.«

An diesem Punkt scheuche ich ihn fast aus dem Zimmer. Ich habe vielleicht gar nicht mehr die Zeit, in die Küche zu gehen und mein Wasserglas zu füllen. »Ich schicke Ihnen eine E-Mail«, sage ich eilig, während ich ihn zur Tür begleite. Er holt sein Handy heraus, um zu sehen, wann unser nächster Termin sein wird, den wir ohnehin schon vereinbart haben. Er stellt noch eine Frage. Angespannt sage ich: »Ja, ja, ja, gut.« Noch mehr Minuten vergehen, bevor er wirklich draußen ist. Mein nächster Klient kommt. Ich bleibe weitere fünfzig Minuten durstig.

An jenem Abend verbringe ich sehr viel Zeit damit, George eine fürsorgliche E-Mail zu schicken mit Ideen, wie er zwischen den Sitzungen für sich selbst sorgen kann. Er bedankt sich überschwänglich. Ich denke weiter an ihn. Vielleicht ist sein Betteln um Bonusminuten und Hilfe seine Art, an mir festzuhalten. Ich gebe ihm alles, was ich geben kann, aber das ist nicht genug.

Sein Charisma und seine Eigenheiten zeigen, dass er Stil hat, aber sie bereiten mir auch Sorge. Ich denke daran, wie er mir Penelope vor ihrer Erkrankung beschrieben hat: Die Cellistin war feurig, umwerfend und mutig, insgeheim aber schüchtern. Und die zwei Mädchen mit drei und fünf Jahren. Wird sich die Dreijährige überhaupt an ihre Mutter erinnern können? Und was glaubt die Fünfjährige, was im Augenblick geschieht? An Penelope zu denken schmerzt mich. Ihre Krankheit zeigt, wie absurd zerbrechlich das Leben ist. Es ist Wahnsinn, dass die Medizin sie nicht retten kann. Diese qualvolle Situation hat keinerlei erkennbaren Grund, und ich verstehe Georges Leiden. Es ist trübselig, unannehmbar, zutiefst unfair, und doch sprüht er nur so vor Leben. Warum nur kann die Erinnerung an den Tod so lebendig machen?

Unsere therapeutische Beziehung entwickelt sich sehr schnell zu etwas Lebendigem, Dynamischem, voller Sinn. In nur einer Handvoll Sitzungen gehen wir weiter und tiefer als viele andere Klienten in Jahren.

Ich frage mich, ob George immer schon so gewesen ist oder ob die Vitalität, die ich bei ihm spüre, seine Reaktion auf den bevorstehenden Verlust ist – diese überschäumende Lebenskraft. Seine Trauer ist überschwänglich, und die tiefe Liebe, die er für Penelope empfindet, macht ihre Krankheit noch unbegreiflicher. Ich spüre, dass George seine Frau würdigen möchte. Das ist Teil unserer gemeinsamen Arbeit. Er erzählt mir von ihrem undamenhaften Lachen, ihren drolligen Geschichten, ihrer Vorliebe für Loup de Mer, ihre eigenartige Begeisterung für den Soulsänger Marvin Gaye. Er drängt mich, die Schönheit und das Leid des Daseins zu sehen, kleine Details zu bemerken, die ich häufig übersehe. Wenn die Anforderungen der Mutterschaft und der Ehe mich zu nerven beginnen, denke ich an George und höre auf, die Dinge für selbstverständlich zu nehmen und mich wie ein verzogenes Balg zu gerieren, zumindest innerlich. Meine Arbeit mit ihm lehrt mich zu schätzen, was ich habe. Und ich kann die ganz gewöhnlichen Augenblicke des Alltags mehr genießen.

Mit all den Ungewissheiten seines Lebens möchte ich, dass die Therapie jener verlässliche, sichere Ort ist, auf den er sich Woche für Woche verlassen kann, wo er sich selbst begegnen kann. Indem ich ihm eine sichere, liebevolle Beziehung biete, in der er sich frei ausdrücken darf, ermutige ich George, Bereiche seiner selbst zu erkunden, denen er andernorts aus dem Weg geht oder die er gar leugnet. George fängt allmählich an, seine Überzeugungen zu prüfen. Er hat das Gefühl, dass die Zeit verfliegt und seine Freiheit, seine Selbstbestimmung immer mehr verblassen. Wehmütig sehnt er sich nach seinem früheren Selbst zurück und nach dem Leben, das er sich für Penelope und sich vorgestellt hat. George trauert um den Verlust der gesunden Frau, in die er sich verliebt hat. Und er trauert auch um sein früheres Selbst – denn Penelope sah ihn als ihren starken, maskulinen Beschützer, und auch dieses Gefühl verschwindet mit dem Fortschreiten ihrer Krankheit.

Seine Lebensumstände zerren allenthalben an ihm. Seine Familie braucht ihn. Er steht finanziell unter Druck. Er muss alles zusammenhalten, und innerlich zerbricht sein Selbst in lauter kleine Splitter. Aber da George auch Perfektionist ist, erwartet er von sich, dass er das alles hinbekommt.

Bei mir verleiht er Gefühlen Ausdruck, die er überall sonst versteckt. Ich gebe ihm den Raum, in dem er entdecken kann, was es heißt, er selbst zu sein. Und herausfinden kann, welche schwierigen Teile seiner Persönlichkeit er abgespalten hat. Er hatte das Gefühl, Penelope gerettet zu haben, als die beiden sich verliebten. Er rettete sie aus ihrer dysfunktionalen Familie, und er rettete das Selbstverständnis, das er dabei entwickelte. Daher denkt er immer noch, dass er sie beschützen kann. Er glaubt, dass er sie retten kann. Er weiß nicht, wie, aber er kann sich von seiner Entschlossenheit auch nicht lösen. Wir gehen den Ursprüngen seiner Identität als starker Mann nach, der Fantasie, dass er seine Familie versorgen, schützen und retten kann. Sein Vater war Akademiker. Er hielt George stets dazu an, fleißig zu lernen und beruflich alles zu geben. Seine Mutter starb, als George acht Jahre alt war. Von da an stürzte der Vater sich so tief in die Arbeit, dass er als Junge nicht mehr viel von ihm zu sehen bekam. George war wütend auf den Vater, weil er sich nicht um sein Kind kümmerte. Und er gab sich die Schuld am Tod der Mutter, eine emotionale Verletzung, die ihn tief traf. Penelopes Erkrankung reißt diese Wunde wieder auf.

Wenn Erwachsene trauern, greifen sie gewöhnlich frühe Verlusterfahrungen auf. Also gehen wir Georges Trauer um seine Mutter nach. Schon als Vierjähriger war klar, dass George ein begabter Pianist sein würde. Seine Mutter organisierte die Klavierstunden, und im Wohnzimmer stand ein riesiger Flügel, an dem er täglich übte. »Ich war als Kind der absolute King«, erinnert er sich. »Ihr einziger Sohn. Und sie liebte klassische Musik, ging regelmäßig zu Konzerten. Ich weiß noch, wie schick sie sich dabei machte, tollen Schmuck trug und nach

Parfum und Pelz roch. Wenn ich für sie Klavier spielte, gab sie mir das Gefühl, ich könnte alles schaffen.« Wenige Jahre später wurde sie krank. George aber glaubte, er könne sie am Leben halten, wenn er für sie Klavier spielte.

Er ging weiter zu seinen Klavierstunden und übte wie besessen, aber seine Mutter wurde immer kränker. Er verhandelte, er versuchte, immer besser zu spielen und noch mehr zu lernen. Er übte die *Träumerei* von Schumann ein, ein Stück für Soloklavier. Als er es endlich konnte, spielte er es für sie, aber sie schien von seiner Leistung kein bisschen berührt. Und dann starb sie.

George erinnert sich noch, dass er damals dachte, er hätte sie halten können, wäre sein Spiel ausdrucksstärker gewesen. Er war mechanisch in seinem Spiel, konnte es nicht modulieren. Selbst jetzt, wo er mir diese Geschichte erzählt, scheint er zu glauben, eine bessere Darbietung hätte das Leben seiner Mutter verlängert. Er erschaudert immer noch, wenn er die *Träumerei* hört.

»Rückblickend habe ich mich erst wieder ganz leistungsfähig gefühlt, als ich Penelope kennenlernte«, sagt er. »Endlich war ich der Mann, der ich immer hatte sein wollen – stark, mächtig, hochherzig, kompetent. Sie mochte einfach alles an mir. Sogar den Geruch meiner Achselhöhlen nach dem Sex. Und meine Hände. Sie verliebte sich in mein Klavierspiel. **Sehnsucht,** romantische klassische Musik, das waren ihre Lieblingsstücke. Ihr gefiel auch, was ich komponierte. Sie legte den Kopf in den Nacken und schloss die Augen, damit sie es voll in sich aufnehmen konnte. Sie waren so gut wie Sex, diese Momente.«

Auch das vermisst George. »Wir waren so unglaublich sexuell, so körperlich. Gierig nach unseren Küssen, und so bereit, zu geben. Sie wollte mich immer. Ich fühlte mich einfach groß, fast riesig. Das ist das Gefühl, das ich hatte – ich war riesig. Und erst recht, als ich sah, wie sie Mutter wurde und unsere Kinder erzog. Ich liebte sie umso mehr, je dicker sie wurde. Ich fand sie nicht sexy, als sie schwanger war, aber ich hatte so eine tiefe Ehrfurcht vor ihr.« George staunt immer noch darüber, dass sie erst vor Kurzem noch Leben schenken konnte, wo doch das ihre nun zu Ende geht.

»Vielleicht haben wir nie wieder Sex«, meint er.

Sie ist bereits sehr schwach, und keiner der beiden möchte das jetzt noch. Die Dynamik ihrer Beziehung gleicht jetzt eher der zwischen Eltern und Kind, was die Sache natürlich noch mehr entsexualisiert hat.

»Ich sehne mich nach der Zeit, in der wir nur für uns waren und irre verliebt, bevor die Kinder kamen. Ich vermisse es, wie sie mich sah und wie ich sie sah. Wie wir uns selbst fühlten und gegenseitig entdeckten. Jetzt ist sie abhängig von mir, aber gleichzeitig so fern. Und obwohl ich versuche, alles für sie zu tun, lasse ich sie auch im Stich«, meint George.

Ich frage ihn, ob er sich auch von ihr im Stich gelassen fühlt. Schwierig einzugestehen, wenn man vor einem Verlust steht. Er ist sichtbar erleichtert, dass er auch über dieses Gefühl sprechen darf. »Sie verlässt mich. Sie lässt mich allein, und ich muss die Mädchen erziehen. Allein. Und ich bin auch allein mit meiner Trauer um sie. Ich frage mich, ob ich das alleine überhaupt schaffe, dass wir wieder auf die Beine kommen. Kann ich das Gute bewahren, oder wird es mit ihr sterben, mit ihrem Tod?«

Wir überlegen, welches emotionale Erbe Penelope hinterlässt, und er erschrickt bei diesem Gedanken. »Sie ist ja noch hier! Wie kann ich sie dergestalt abhaken? Aber ich kann mich eben auch nicht mehr auf sie stützen. Ich weiß nicht, wo ich im Moment stehe.«

George fängt an zu weinen. Er wischt die Tränen mit seinem Ärmel fort. »Ich weiß einfach nicht, wie ich über Penelope nachdenken kann. Ist sie hier, oder ist sie schon fort? Ich kann sie nicht retten. Alles, was ich tun kann, ist, sie zu würdigen«, sagt er immer wieder.

In diesem Augenblick wird mir klar, dass George wild entschlossen ist, nicht so zu reagieren wie sein unsentimentaler, distanzierter Vater. Er ist nicht sein Vater. Aber es ist ihm auch unmöglich, diese Situation in den Griff zu bekommen. Ich sage ihm das. Er kann sie nicht kontrollieren.

Sein Leben ist voller Schmerz, und es erwartet ihn ein noch größerer Schmerz. Er lässt sich tief auf die Arbeit mit mir ein – was ein klein wenig meinen Verdacht erregt. Viele Psychotherapeuten tappen in die Falle des »perfekten Klienten«. George bringt in unsere Arbeit eine gewisse Musikalität ein. Ich spüre das im Nacken, wo sich immer wieder ein leichtes Kitzeln einstellt. Ich kann mich in diesen Rhythmen verlieren. Er ist klug, begabt und bereit, alles, was er sagt, einer Prüfung zu unterziehen und nach verborgenen Untertönen zu suchen. Er kann seine Gefühle gut ausdrücken, beschreibt seinen Kummer, aber er kann auch lachen, und zwar nicht entschuldigend, sondern lebensbejahend – ein Gegengewicht zu seiner Verbitterung und Verzweiflung. Georges Humor schlägt immer wieder in seinen Äußerungen durch und gibt ihnen etwas Großherziges.

Ihn nur zu beobachten, ihm zuzuhören fühlt sich an, als leisteten wir hier großartige Arbeit. Als brächte ich mit ihm etwas Lebensveränderndes zustande. Wir idealisieren uns ganz klar gegenseitig. Er sagt mir, er fühle sich von meinen Worten »umarmt«. Die Nähe zwischen uns hat etwas Aufgeregtes, Nervöses. Diese Nervosität hat mit Mangel zu tun – ich spiegle seine Angst. In der gemeinsamen Arbeit in unseren Therapiesitzungen gebe ich ihm etwas Wichtiges, ganz klar, aber das reicht nicht einmal annähernd.

Diese meine Faszination muss ich regelmäßig durchbrechen, wenn ich die Sitzung beende. »Hier müssen wir innehalten«, höre ich mich sagen, jede Woche, und immer nachdem wir schon einige Minuten überzogen haben.

»Nein!« Er buht mich aus und schlägt theatralisch mit den Fäusten in die Luft. »Wie kann es sein, dass wir schon am Ende sind?« Es fühlt sich an, als hätte er Himmel und Hölle in Bewegung gesetzt, um hierherzukommen, und ich würde ihn schon wieder vor die Tür setzen, kaum hat er die ersten Worte gesagt. Dass ich ihn jedes Mal wegschicke, ist eine Mini-Zurückweisung meinerseits. Es fällt ihm schwer, sich jede Woche Zeit für sich selbst zu nehmen, aber unsere fünfzig Minuten fühlen sich ungenügend an. Der Mikrokosmos des schrecklichen Verlusts an Echtzeit mit Penelope.

Mein Supervisor hilft mir zu verstehen, dass unsere Beziehung von Georges Nervosität geprägt ist, dass George die Sitzungen kontrollieren muss, um Fortschritte zu machen. Seine charismatischen Manierismen, seine verführerische Verwendung von Sprache, sein Bedürfnis, überragend zu sein, deuten auf eine verborgene Angst hin, dass ich für ihn nicht mehr verfügbar sein könnte, wenn er nicht alles gibt. Und auch ich bemühe mich in der Arbeit mit ihm, mein Bestes zu geben. In dieser Beziehung, die in einem Gefühl der Größe wurzelt und der Angst vor Unzulänglichkeit, sind wir beide Perfektionisten. George lebt hier ein vertrautes Muster aus. Er wendet das Arbeitsethos an, das ihm sein Vater vermittelt hat: Gib alles, damit du etwas bekommst. Sein Eifer konnte seine Mutter nicht retten und wird Penelope nicht retten, aber er lebt immer noch gemäß dieser Überzeugung. In gewisser Weise ist er der kleine Junge, der für seine Mutter Schumann spielt. Und ich bin in meiner Reaktion auf ihn ein bisschen zu fasziniert. Ich wünsche mir so sehr, ihn unterstützen zu können. Ich möchte dem Eindruck entgegensteuern, dass seine Mutter von seinem Spiel nicht berührt war. Ich jedenfalls bin es zutiefst!

Wir haben beide Angst davor, unsere Zeit zu verschwenden. Diese Dringlichkeit trägt unsere Arbeit monatelang. Es ist da immer dieses Gefühl, dass die Zeit zu schnell verfliegt, dass keine Zeit mehr bleibt. Die Vergänglichkeit des Lebens vermittelt mir den drängenden, ja fast panischen Wunsch, mich an jeden Augenblick mit George zu erinnern.

Die Notizen, die ich mir über unsere Sitzungen mache, haben eine hyperkinetische Intensität. Ich schreibe auf, wie er Penelope schildert, die gegrillte Calamari isst, wie die beiden Mädchen geboren wurden, zu welchen Liedern die beiden tanzten und dass sie zu allen Meeresfrüchten gerne Zitronensaft nehmen. Ich will seine Geschichte von Penelope bewahren und würdigen, und unsere gemeinsame Zeit, unsere Arbeit, fühlt sich wichtig an, ja monumental, auf eine völlig ungewohnte Weise. Meine Notizen sind voller fein abgestimmter Einzelheiten, als wäre all das von entscheidender Bedeutung. Der Gedanke, dass all diese Augenblicke unglaublich wichtig sind und ich sie daher sorgsam dokumentieren muss, hat etwas Tragisch-Heroisches.

George erzählt mir, er erkenne das Geräusch meiner Schuhe, wenn er im Wartezimmer sitzt. »Ich höre Sie den Flur herunterkommen.

Tick, tock, tick, tock.« Ich frage mich, ob er den Klang meiner Schritte assoziiert mit der vergehenden Zeit – hat er das Gefühl, dass die Zeit mit jedem Schritt vergeht? Hat er das Gefühl, dass die Schritte zum Therapieraum Zeit verschlingen, die eigentlich zur Sitzung gehört? Und dann sind da die vielen, manchmal lächerlichen Momente, in denen die Zeit sich in unsere Arbeit drängt – wenn er sich zum Beispiel über eine laut tickende Uhr aufregt, gegen die ich die Digitaluhr ersetzt hatte, die er nicht ausstehen konnte.

»Ich habe nichts gegen ein Metronom, wenn ich komponiere oder Musikunterricht gebe«, sagt er, »aber diese Uhr, dieses Tick-tack, kommt mir vor wie ein Soldat, der mich anbrüllt: Weitergehen! Weitergehen! Weitergehen!«

Er fragt, ob wir das Ticken nicht abstellen können, und ich sage Ja. Das Ganze hat etwas Dramatisches, wie ich da mitten in der Sitzung die Batterien aus der Uhr nehme! Das ist wenigstens kurzfristig eine Erleichterung. Aber auch ohne das Geräusch der vergehenden Zeit ist die unsere begrenzt. Und es ist meine Aufgabe, mich als verantwortungsbewusste Erwachsene zu verhalten und auf die Zeit zu achten. Ich gucke auf meine Armbanduhr und verspüre ein sachte zwickendes Schuldgefühl, als er mich dabei ertappt. Warum fühlt es sich unhöflich an, auf die Zeit zu achten, als würde ich jemandem ins Gesicht gähnen? Dabei ist es doch Teil meiner Rolle, meine Art, die Autorität über den therapeutischen Raum zu bewahren.

»Es tut mir leid, aber wir müssen aufhören«, sage ich zu George. Ich habe das Gefühl, dass ich immer stoppe und beende. Und mich für das Vergehen der Zeit entschuldige.

Als in der Folgewoche wieder die Digitaluhr im Praxisraum steht, sagt George, es sei eine Erleichterung für ihn, dass das Ticken fort ist. Ich frage ihn, ob ich die Uhr so hinstellen soll, dass wir beide die Zeit prüfen können. »Lieber Gott, nein«, meint er. »Ich will sie einfach nur vergessen. Eines der schönen Dinge hier ist, dass ich das Kind sein darf und nicht auf die Zeit achten muss.«

In gewisser Weise hat er damit recht. Ihn zu fragen, ob ich die Uhr so hinstellen soll, dass er sie sehen kann, ist der Versuch, die Last, mit unserer Zeit hauszuhalten, auf unser beider Schultern zu verteilen. Und diese Verantwortung will er verständlicherweise nicht haben. Während unseres weiteren Gesprächs sagt George dann, dass er nicht wüsste, ob er möchte, dass die Zeit vergeht oder nicht. Ein klares Zeichen seiner **Chronophobie.** Es gibt nach wie vor keine Hoffnung, dass Penelope von ihrer Krankheit genesen könnte, und er drückt immer wieder auf schnellen Vorlauf, um ihren Tod und die Zeit danach vorwegzunehmen. Und natürlich fühlt er sich dann mies, weil er möchte, dass alles vorbei ist. Andererseits hat er auch Schuldgefühle, wenn er flüchtige Momente nicht zu schätzen weiß. Er ist in einer Art liminalem Raum, irgendwo im Raum zwischen den Welten gefangen – einer Art Wartezimmer. Dabei bringt er ohnehin schon viel Zeit in Wartezimmern zu, sowohl ganz real als auch seelisch, irgendwo zwischen Leben und Tod.

Die Zeit läuft ab, und er muss trotzdem warten. Er wartet auf Penelopes Befunde, auf die Ergebnisse der verschiedenen bildgebenden Verfahren, auf Behandlungserfolge, Telefonanrufe, Dokumente, Dateien, und doch ist die Zeit mit seiner Frau viel zu kurz, weil sie auf unbarmherzige Weise durch die Krankheit verkürzt wird. Es ist grausam, darauf warten zu müssen, dass ein geliebter Mensch stirbt. Wenn keine Hoffnung auf Genesung besteht, ist es natürlich, dass man auf den Tod wartet und ihn gleichzeitig fürchtet.

George fühlt sich isoliert, vielleicht auch, weil Penelope immer noch keine Anzeichen von Verzweiflung erkennen lässt und er das Gefühl hat, er dürfe das auch nicht. »Vielleicht leugnet sie ja das Ganze«, sagt er. »Aber sie scheint optimistisch, dass sie noch eine ganze Weile leben wird. Ich glaube nicht, dass sie die Hoffnung schon aufgegeben hat. Und ich habe das Gefühl, ihr nicht zeigen zu können, dass ich das längst schon getan habe. Also muss ich ihr Hoffnung vorspielen.«

»Gibt es denn gar keine Hoffnung, dass sie geheilt werden könnte oder noch länger lebt?«, frage ich.

»Nein, und das liegt nicht daran, dass ich alles zu schwarz sehe. Es gibt keine Heilung, und sie wird ständig kränker. Das ist die Realität. Aber ich fühle mich mies, weil ich das weiß, weil ich nicht an eine

Wunderheilung glaube, weil ich darauf warte, dass sie stirbt. Vor allem wenn ich dann ungeduldig werde und mir denke: ›Jetzt beeil dich mal.‹ Ich will ja nicht, dass sie stirbt, aber manchmal wünsche ich mir das trotzdem. Nicht weil ich möchte, dass sie tot ist, sondern weil ich weiß, dass es ohnehin so kommen wird. Ich warte also nur auf das Ende. Ist das nicht schrecklich? Ich kann einfach nicht glauben, dass ich das sage und empfinde.«

Seine Ambivalenz in puncto Warten auf den Tod ist absolut verständlich, und das sage ich ihm auch. Er fühlt sich verantwortlich, aber es ist vermutlich **magisches Denken,** zu glauben, dass seine Einstellung bestimmt, ob die Zeit davoneilt, stillsteht oder gar rückwärtsläuft.

Wir reden über das magische Denken, das ihn glauben ließ, sein Klavierspiel würde das Schicksal seiner Mutter entscheiden. »Ganz egal wie gut Sie gespielt hätten, Ihre Mutter wäre auf jeden Fall gestorben. Und außerdem haben Sie die *Träumerei* vielleicht wirklich brillant gespielt«, sage ich. »Aber dass Sie um Ihrer Mutter willen Schumann spielen lernten, ist ausgesprochen rührend.«

Ich frage George nach seinem Perfektionismus und seinem Gefühl, dass seine Mutter auf sein Spiel reagierte. »Haben Sie je überlegt, dass Ihre Mutter vielleicht schon zu krank war, um die Musik aufnehmen zu können? Dass es ihr zu viel war? Oder dass sie tief erschüttert war, weil sie Sie verlieren würde, gerade als Sie Schumann für sie spielten. Schumanns Stücke für Soloklavier rufen ja die ganze Gewalt der Emotionen wach. Es ist dies eine zutiefst wehmütige Szene. Als sie ihr Kind diese Musik spielen hörte und wusste, dass sie sterben würde, vielleicht konnte sie Ihnen einfach nicht sagen, wie das für sie war. Sie haben immer angenommen, ihre Reaktion hätte etwas damit zu tun gehabt, wie gut Sie spielten. Dabei könnte da so viel mehr dahinterstecken.«

Ich kannte mal einen Musiker, der meinte, Schumann zu hören sei eine Freude, ihn zu spielen ein Elend. Dabei wird mir auch bewusst, was George als Junge auf sich nahm, um dieses fordernde Stück für seine Mutter zu spielen, als er gerade mal acht Jahre alt war. Und nun steht er wieder immens unter Druck und muss wieder eine unmögliche Situation meistern.

George hat nur begrenzte Erinnerungen an seine Mutter, aber seine letzte ist der Besuch im Krankenhaus. Er wusste nicht, dass er sie nie wiedersehen würde. »Nimm jeden Augenblick ganz in dich auf«, sagte sie zu ihm. Er erinnert sich noch gut an die Kraft ihrer Worte. Und er hatte das Gefühl, sie verlassen zu müssen, als er noch nicht bereit dafür war. Eine Verwandte sagte ihm, es sei nun Zeit fürs Mittagessen und sie müssten gehen.

»Ich kann diese Tante heute noch nicht leiden«, erzählt er. »Sie hat mich von ihr fortgeholt. Ich musste zum Mittagessen gehen, statt mehr Zeit mit meiner Mutter zu verbringen.«

»Ach, George. Es tut mir so leid, dass die Frau Sie in diesem Moment weggeholt hat. Ich wünschte, Sie hätten länger bleiben können. Aber die Zeit wäre trotzdem zu kurz gewesen, die Zeit mit Ihrer Mutter. Es würde immer zu kurz sein, nicht weil Sie damals gingen, sondern weil sie so jung starb.«

»Das ist richtig. Sie starb so jung, und ich war auch noch so klein. Und jetzt passiert das Ganze wieder, eine Variation über ein Thema.« Er seufzt aufgewühlt, hat sich aber gleich wieder im Griff. »Nimm jeden Augenblick ganz in dich auf. Was für eine Botschaft.«

»Und? Wie geht es Ihnen heute damit?«, frage ich.

»Wie meinen Sie das? Ich finde diese Worte genial. Sie hatte so recht. Genieße das Leben. Sie hat mir so sehr geholfen.«

Ich habe das Gefühl, dass ich hier auf dünnem Eis unterwegs bin. Botschaften vom Sterbebett können schwierig sein. Sie können Druck erzeugen, wenn wir sie als Anweisung dafür nehmen, wie wir unser Leben zu leben haben. Wir achten mit ganzem Herzen auf die Worte Sterbender, weil wir das Gefühl haben, dass sie uns eine tiefe Weisheit schenken. Und dann glauben wir, wir müssten uns diese zu Herzen nehmen und danach leben.

Natürlich können Sterbende mitunter unglaubliche, glasklare Einsichten formulieren. Aber was auch immer die dahinterstehende Absicht gewesen sein mag (und das wissen wir nie mit letzter Gewissheit, denn ein Sterbender kann sich auch elend, zornig, ängstlich, untröstlich, verzweifelt fühlen, von den Medikamenten benommen, ja delirant sein), Botschaften vom Sterbebett können uns ganz schön durcheinanderbringen. Gerade wenn wir etwas zum Abschluss bringen möchten, dann glorifizieren wir diese letzten Momente mitunter. Wir wollen, dass der letzte Akt Schönheit und ewigen Sinn vermittelt. Aber wir brauchen ein wenig Distanz, um uns damit auseinanderzusetzen, was diese letzten Worte für uns bedeuten.

»Nimm jeden Augenblick ganz in dich auf« – das ist eine wunderbare Idee. Aber wörtlich genommen ist diese Maxime nicht praktikabel. Manche Augenblicke sind wichtiger als andere. Wir können wählen und Prioritäten setzen, aber wir können keineswegs alles festhalten.

Ich bringe den Gedanken ins Spiel, dass Georges Verwandte ihn mit ihrem Schweigen über den Tod seiner Mutter damals wie heute mit seinen wenigen Erinnerungen allein gelassen haben. Er musste diesen letzten Satz seiner Mutter allein verarbeiten. Ja, antwortet mir George. Er habe sich tatsächlich ganz allein gefühlt, bevor er Penelope kennenlernte. Und nun fühlt er sich wieder allein, außer mit mir.

Er überlegt, ob er ihr sagen solle, dass es ihm leidtäte, als Zwanzigjähriger so viel Zeit vergeudet zu haben, und dass er deshalb Schuldgefühle hätte. Schuldgefühle, weil er die kranke Penelope überleben würde. Und Schuldgefühle, weil er die Mahnung seiner Mutter nicht befolgt hatte, jeden Augenblick in sich aufzunehmen.

»Ich habe so viel Zeit vertrödelt. Ich habe so viel falsch gemacht. Ich habe meine Mutter im Stich gelassen. Und Penelope ebenfalls. Ich möchte das wiedergutmachen. Ich möchte ja jeden Augenblick in mich aufnehmen. Ich kann nicht schlafen. Ich starre immer nur Penelope an und versuche, mir ihr Gesicht genauestens einzuprägen. Was, wenn ich ihre Augen vergesse, ihre Nase, wie sich ihre Haut anfühlt, wie sie riecht? Werde ich mich an den Klang ihrer Stimme erinnern? Ich habe jetzt schon so viel verpasst. Ich habe so viele Jahre herumgeplempert, habe mich auch mal betrunken, habe sie als selbstverständlich betrachtet und vergessen, dass das Leben vergänglich ist. Es wird mir ewig leidtun, dass ich nicht jeden ihrer Augenblicke ganz in mich aufgenommen habe. Ich weiß, ich werde zurückblicken und mich darüber ärgern, dass ich das nicht getan habe.«

George konzentriert sich wie besessen darauf, vergangene Augenblicke, jeden einzelnen Moment zu erinnern. Es ist, als würden Penelopes Geschichte und sein Selbstverständnis auseinanderfallen ohne den verbindenden roten Faden lebendiger Erinnerung. Er beschreibt mir den Duft von gekämmtem Kaschmir, Äpfeln, Feuerholz und trockener Herbstluft. Von allen Sinnen ist es der Geruchssinn, der Erinnerungen am lebhaftesten zurückbringt. Ein Duft, mit dem wir etwas verbinden, macht uns zu Zeitreisenden. Ich finde es schön, diesen Geschichten zuzuhören, und habe wie er Freude an den geschilderten Einzelheiten. Trotzdem habe ich das Gefühl, dass wir uns mit der Zwanghaftigkeit seines Erinnerns und seinen Schuldgefühlen auseinandersetzen müssen.

»Ihre Bemühungen sind so unglaublich romantisch. In gewisser Weise ist das schön und kommt von Herzen, aber Sie machen sich einfach zu viel Druck. Sie sind fest entschlossen, alles, was Sie haben, wertzuschätzen, aber wie sehr Sie sich auch bemühen mögen, Sie können nicht die Empfindungen jedes einzelnen Augenblicks abspeichern. Und dass Sie sich in Ihren Zwanzigern noch ein wenig Zeit gelassen haben, ist völlig normal. Es gab ja keinen Druck, schnell zu heiraten und Kinder zu bekommen. Sie wussten schließlich nicht, was auf Sie zukommen würde. Aber Sie können die verlorene Zeit nicht aufholen, indem Sie versuchen, die Gegenwart unter Kontrolle zu bekommen.«

Mir fällt auf, dass ich an seiner Fantasie, er könne jeden Moment ganz in sich aufnehmen, Anteil habe, an der Vorstellung, wir könnten alle Einzelheiten unserem Gedächtnis genauestens einprägen. Er glaubt, dass er den Lauf der Zeit aufhalten kann, wenn er diese Erinnerungen lebendig hält. Aber niemand kann jeden Augenblick seines Lebens zur Gänze auskosten. Wir erinnern uns nie genau genug, um die Zeit anzuhalten. Wie kostbar unsere Erfahrungen auch sein mögen, wir vergessen unweigerlich das ein oder andere. Oder wir nehmen es erst gar nicht wahr. Wir lassen uns ablenken. Oder wir nehmen es wahr, vergessen es aber trotzdem. Dass George die Anwesenheit seiner Frau früher für selbstverständlich hielt, ist nicht der Grund dafür, dass sie jetzt stirbt. In seinem Zustand vorweggenommener Trauer ist der Druck, alles wertzuschätzen, so extrem, dass er Probleme hat, die Vergangenheit zu akzeptieren. Er tadelt sich, weil er versucht, sich sein künftiges Leben vorzustellen. Und er hat Schwierigkeiten, darauf zu vertrauen, dass er auch einfach ganz normale Erfahrungen machen kann.

Die Details, die George mir mitbringt, schätze ich und versuche, sie automatisch abzuspeichern. Als wäre ich die Hüterin, die Archivarin, die Chronistin seines Lebens. Und ich bin nicht sehr anspruchsvoll. Oder wie Charles Rycroft, ein britischer Psychoanalytiker und Essayist, es sagt: Die Psychotherapie diene als »autobiografische Gehilfin«.[4] Aber diese Autobiografie ist nie vollständig.

Ich finde die Erinnerungen, die George mit mir teilt, wunderschön und werde sie vielleicht immer im Gedächtnis behalten – seine Zeit mit Penelope auf einem bescheidenen Boot in Griechenland, der Duft von sonnenverbrannter Haut, Sonnencreme und Salz, der Geruch des Holzes, aus dem das Boot gebaut war. Aber auch ich muss einige der Momente aus Georges Leben loslassen und mir erlauben, die entscheidenden Details herauszufiltern, statt alles einfach einzufangen und aufzubewahren.

»Das Horten von Erinnerungen wird den Tod Penelopes nicht verhindern können. Sie können den Verlust nicht umgehen.« Es fühlt sich unsensibel an, wenn ich das sage, als würde ich ihm Eiswasser über den Kopf schütten.

Er stützt den Kopf in die Hände. »Ich verliere sie. Auch wenn ich nicht loslassen kann, wird sie fortgehen. Ich muss das akzeptieren.« Er kann das Geschehen nicht unter seine Kontrolle bekommen, indem er die Zeit einfriert. Er kann die Vergangenheit nicht ändern, indem er vergeudete Momente wiederkäut. Allmählich ist er bereit, sich seinen Kampf gegen die Uhr anzusehen. Er gibt sich Schritt für Schritt die Erlaubnis, den Schrecken dieses Entgleitens zu akzeptieren.

»In der Musik gibt es etwas, das man ***tempo rubato*** nennt. Sie können schneller oder langsamer spielen – darin liegt eine enorme Freiheit des Ausdrucks. Ich liebe das. In der Musik ist das Timing alles. Sie kontrollieren die Zeit, aber Sie können ihr auch gehorchen. Kunst in Bewegung.« Georges Miene hellt sich auf, wenn er über Musik, über sein Lebenswerk spricht. »Wahrscheinlich klingt das jetzt paradox, aber diese Lektion habe ich irgendwie nie gelernt. Ich habe immer über Zeitreisen fantasiert. Ach, könnte ich doch … Ich würde zurückkehren zu der Euphorie von damals, als ich mich in Penelope verliebte. Als wir gesund und jung waren und uns körperlich so intensiv liebten. Vielleicht würde ich sogar noch weiter zurückgehen, in meine Kindheit, als ich endlos Mutterliebe erfuhr und von der Zeit keine Ahnung hatte. Bevor meine Mutter krank wurde, bevor ich anfing, Schumann zu spielen.«

Die Liebe sorgt für Verwerfungen im Zeitgefühl. Marie Bonaparte schreibt dazu: »Jeder Liebende, wie schlimm seine Lebensbedingungen ansonsten sein mögen, hat das Gefühl, im Märchenland zu sein.« Und weiter: »Daher schwört jeder Liebende ewige Liebe.«[5]

George vergaß die Zeit, als er und Penelope sich verliebten. Das ist Teil der Euphorie einer Jugendliebe. Er hat ihre Zwanzigerjahre nicht verschwendet. Er liebte sie, und sie liebte ihn. Er verschob es, sich auf die Veränderung einzustellen, bis er sie verkraften konnte. Absolut menschlich.

* * *

Zwischendrin gibt es auch Sitzungen, in denen George nicht über die Krankheit seiner Frau spricht, sondern über andere Zeiten. Was immer ihm gerade einfällt. Er erinnert sich an seine Zeit an der Hochschule, an die Sommer seiner Kindheit, immer auf der Suche danach, was es heißt, er selbst zu sein. Vielleicht denkt er zurück an seine Identität in anderen Phasen seines Lebens und sucht nach einem roten Faden in seinem Selbstverständnis. In der Erinnerung an die Vergangenheit ist es, als würde die Zeit uns in Frieden lassen, zumindest für einen kurzen Moment. Ich stelle mich ganz auf ihn ein, und wir eröffnen quasi spielerisch diesen Raum. Die Chronologie liegt in unserer Hand, und wir können uns gemeinsam überall hinbegeben, wo immer wir wollen. Zurück in der Zeit, in die Kindheit, in die Jugend, in jede Lebensphase, für die wir uns entscheiden.

Ich bin so sehr damit beschäftigt, mich auf George einzulassen. Unsere Beziehung führt uns weg von der Zeit, weg von dem, was in seinem Leben geschieht. Vielleicht meint er ja, dass wir so seine Kindheitserfahrungen runderneuern können oder seinen Schmerz auslöschen. Manche Sitzungen fühlen sich an wie eine symbiotische Mutter-Sohn-Beziehung.

»Sie begreifen mich einfach«, sagt er. »Sie verstehen mich besser als jeder sonst. Ich fühle mich im besten Sinne wie ein Kind. Aaah!« Er stößt einen langen Seufzer der Erleichterung aus, der Zufriedenheit. Sein Gesicht wirkt fröhlich.

Unsere faszinierende Dynamik führt uns in frühere Momente seines Lebens. Wir beschäftigen uns mit vergangenen emotionalen Erfahrungen. Aber wir müssen uns ja auch um die Gegenwart kümmern, um das, was die Krankheit seiner Frau für George bedeutet. Wir sprechen über seine Sehnsucht, Kind zu sein – darüber, dass ich mich um ihn kümmere und die Uhr im Blick behalte –, und über seinen Wunsch, der Verantwortung des Erwachsenen zu entgehen. Daraus entsteht eine Quelle kreativen Reichtums.

»Es ist da immer eine gewisse Distanz, wenn jemand stirbt. Ich habe das mit meiner Mutter nie so empfunden«, erzählt er. »Sie war für mich die ultimative Autorität. Und langsam wird mir klar, dass sie sich immer weiter zurückzog. Die Krankheit nahm sie mir weg, so wie sie mir jetzt Penelope nimmt. Ich versuche, sie noch zu erreichen, aber ich kann es nicht. Ich kann einfach nicht.«

Dies ist ein entscheidender Augenblick. »Je mehr ich versuche, die Zeit zu kontrollieren, desto mehr habe ich das Gefühl, die Kontrolle zu verlieren. Ich bin nicht verantwortlich für den Tod. Oder für das Verrinnen der Zeit. Wissen Sie, in der griechischen Mythologie verschlingt Chronos, der Gott der Zeit, in einer Version der Geschichte seine Kinder.«

»Das ist ja interessant«, sage ich. »Aber auch wenn Chronos seine

Kinder verschlingt, so ist er gleichzeitig der Grund für ihre Geburt. Die Zeit verschlingt und ist auch schöpferisch. Das Timing hat Sie und Penelope zusammengebracht. Sie haben mir ja erzählt, wie Sie sich kennengelernt haben und dass dies für Sie beide ein guter Moment war. Dass Sie sich beide von Ihrer Beziehung gerettet fühlten. Die Zeit macht so vieles möglich, auch wenn sie uns manchmal auffrisst.«

»Ja! Die Zeit ist schöpferisch, auch wenn sie uns zerstört. Sie hat uns zusammengebracht und unsere Töchter zu dem gemacht, was sie sind. Und jetzt stirbt Penelope, und ich kann sie nicht schützen oder retten. Aber in gewisser Weise kann ich sie bewahren – unsere Töchter werden ihr Erbe weitertragen. Und auch meine Erinnerungen. Ich trage sie innerlich mit mir. Aber ich kann nicht alles festhalten. Sie entgleitet mir. Und das ist die Wirklichkeit.«

Wieder muss ich daran denken, wie kleine Kinder sich aufregen können, wenn man ihnen etwas wegnimmt, woran sie hängen. Sie weinen und betteln. Es dauert eine Zeit, bis sie gelernt haben, dass geliebte Menschen zurückkehren, dass Trennung nicht den dauerhaften Verlust bedeutet, dass Beziehungen bestehen bleiben, auch wenn es Rückschläge und Trennungen gibt. Manchmal aber ist der Verlust Tatsache. Das vermisste Stofftier ist unersetzlich. Man kann ein neues haben, aber das ist nicht dasselbe. Eine Trennung kann dauerhaft sein, ohne Wiedersehen. Der Verlust ist ein schmerzlicher und unleugbarer Teil der Liebe und des Lebens.

»Ich bin ein Absurdist«, sagt George. »Ich mag das Chaos nicht, aber ich glaube auch nicht, dass es im Leben eine Ordnung, einen Sinn gibt. Ich glaube, den Sinn schaffen wir uns selbst. Es ist wie beim Erlernen eines Instruments oder beim Komponieren. Es gibt nicht nur einen Song, den wir finden – zu jeder Melodie gibt es endlose Variationen. So wie es unzählige Rhythmen und Melodien gibt. Es gibt auch ungehörte Melodien, was noch schöner sein kann. Ich glaube nicht, dass die Krankheit Penelopes einen Grund hatte. Aber es ist nun mal passiert, und ich denke, dass wir unbedingt einen Sinn in den Dingen sehen wollen. Und der Sinn, den ich dazu gefunden habe, den ich selbst schaffe, ist, dass es unglaublich schön ist, wahrgenommen und gehört zu werden. Die Therapie ist ein Ort für Erinnerungen und gemischte Töne. Danke, dass Sie mir zuhören. Wirklich zuhören. Und dafür, dass Sie mir helfen, diese Melodien zu finden. Ich horche hier auf mich selbst. Und es gibt so viele Noten, nicht nur traurige, sondern auch überschäumende. Ich kann Ihnen davon erzählen, wie ich mit meinen Töchtern tanze, wie sich gute Zeiten mit Kummer vermengen. Wissen Sie, ich habe mir immer Gedanken gemacht, wie andere Leute mich wohl sehen. Wenn ich glücklich bin: Was stimmt nicht mit mir? Sollte ich nicht ständig am Boden zerstört sein? ›Wie kann George glücklich sein, bei allem, was gerade geschieht? Liebt er denn seine Frau nicht?‹ Aber ich hatte auch Bedenken, dass die Leute von meiner Geschichte erfahren und mich für ein trauriges Lied halten. ›Der arme Mann, der seine Frau verliert, und das mit zwei kleinen Töchtern.‹« Er hält in seinem Monolog inne und überlegt einen Augenblick.

»Seit ich hierherkomme, mache ich mir keine Sorgen mehr, wie andere Leute meine Situation finden mögen. Ich weiß, was ich selbst darüber denke. Ich will kein Mitleid, und mein Leben ist keine Melodie auf nur eine Note. Ich kann ohnehin nicht kontrollieren, wie andere mich sehen, wenn sie mich nicht wirklich kennen. Ich weiß, dass Sie meinetwegen oft traurig waren. Aber Sie halten mich nicht für einen tragischen Fall, auch wenn diese Geschichte tragische Elemente hat. Sie lauschen der ganzen Bandbreite. Ich kann meinen Töchtern den Schmerz nicht ersparen, dass sie ihre Mutter verlieren. Das finde ich schrecklich. Aber ich fühle mich getröstet durch die Vielfalt der Erfahrungen. Ich habe manche Momente verschwendet, andere geschätzt. Das kann ich mir hier ansehen. Ich kann hinhorchen, wie alles zueinanderpasst, und Sie hören mir zu. Das gibt mir Kraft. Ich weiß, dass Sie weder meine Mutter noch meine Frau sind oder ein sonstiges Surrogat. Aber hier fühle ich mich momentan am lebendigsten.«

Ohne George großartig zu interpretieren oder herauszufordern, habe ich ihm geholfen, einfach indem ich ihm zuhörte, ihn regelmäßig sah und ihn dabei unterstützte, sich selbst zuzuhören und zu sehen. Manchmal ist meine Rolle recht einfach. Unsere therapeutische Beziehung kann seinen Verlust nicht kompensieren. Das Zeitlimit unserer Sitzungen ist das reale Symbol unserer Grenzen: der Unterschied zur Mutter, die auch nachts für ihr Kind da ist, und einer verabredeten Sitzung, die es nur zur vereinbarten Zeit gibt. Ich möchte, dass er sein Leben voll lebt, nicht dass er sich ganz auf die Therapie einlässt, aber sein Leben nur nebenher führt. Für den Augenblick aber erinnert die Therapie George daran, dass er lebendig ist und vielschichtig.

Am Ende kann ich George nicht vor dem Verlust schützen. Penelope stirbt vor ihrem sechsunddreißigsten Geburtstag. Georges geschliffener Geist ist stark. Er vermisst sie zutiefst und auf immer neue Weise, aber ich kann ihm helfen, sich in diesem Kampf weniger allein zu fühlen. Genauer gesagt erlaubt die therapeutische Beziehung mir, mich ihm in seiner Erfahrung des Alleinseins anzuschließen. Irgendwie überlebt er. Er schafft es auf die andere Seite dieser tragischen und zutiefst schmerzhaften Erfahrung, und er gesteht sich zu, für das Leben offen zu bleiben. Er lässt die Zeit vergehen und sich von ihr mittragen.

Die Kontrolle und Sie

Ein Freund von mir erzählte auf der Geburtstagsparty seiner Frau folgenden Witz: »Bei Psychotherapeuten gilt: Kommen Sie zu spät, sind Sie feindselig. Kommen Sie zu früh, sind Sie ängstlich. Kommen Sie pünktlich, sind Sie zwanghaft.« Bei seiner Frau handelt es sich um Laura Sandelson, eine Kollegin und liebe Freundin, die unglaublich pünktlich ist. Dieser Umstand machte den Witz erst so komisch, denn Lauras Zeitmanagement ist unfassbar besonnen, bewusst und gesund. Sie ist zuverlässig, registriert dabei aber immer, wie und womit sie ihre Tage und Jahre verbringt. Im Kleinen wie im Großen hat sie ein gutes Verhältnis zur Zeit. Eine gesunde Beziehung zur Zeit vermittelt uns das Gefühl, alles im Griff zu haben. Laura nimmt Rücksicht auf andere, und ihre Zuverlässigkeit ist ein schöner Zug, aber sie kann auch Prioritäten setzen. Sie verschenkt ihre Zeit nicht, um anderen zu

Gefallen zu sein, wenn dies ihr selbst schaden würde. Zeit ist für alle Sterblichen eine Grenzlinie. Wenn wir lernen, im Rahmen des Möglichen belastbare Entscheidungen zu treffen, hilft uns das, jenes Leben zu führen, das wir uns wünschen. Das erfordert eine ständige Kalibrierung, ein permanentes Feintuning.

Kein Mensch ist gefeit gegen die Vergänglichkeit oder gegen Verluste.[6] Auch wenn wir innehalten, um an den Rosen zu schnuppern, nichts hat auf ewig Bestand. Und damit hadern wir am Ende alle. Zwischen Kontrolle und dem Verstreichen der Zeit besteht also ein klarer Zusammenhang. Der zeigt sich auf die unterschiedlichste Weise, zum Beispiel wenn wir einen Verlust erleiden, ob das nun ein lieber Mensch ist, ein Foto oder unser Arbeitsplatz und mit ihm unsere Selbstachtung. Wir haben ständig mit Verlusten zu kämpfen und mit Kontrollproblemen. Vielleicht versuchen wir ja zwanghaft, Spitzenleistungen zu erbringen, um so das Verstreichen der Zeit aufzuhalten. Wir planen ebenso ängstlich wie ehrgeizig. Wir vermeiden bestimmte Dinge und schieben sie auf. Wir haben Probleme, loszulassen. Im Kleinen wird unsere Frustrationstoleranz im Alltag ständig auf die Probe gestellt, wenn wir in der Schlange stehen, in der Warteschleife hängen, den Kundendienst anrufen oder jemandem sagen, er solle sich beeilen. Selbst wenn wir nur einen gemeinsamen Spaziergang machen, geht es dabei auch ums Timing. Es ist eine Herausforderung, sich der Geschwindigkeit anderer anzupassen, mit einem flotten Geher mitzuhalten oder langsam zu machen, weil die Begleiterin High Heels trägt. Oder sich auf das neugierige Herumschweifen eines Kindes einzustellen beziehungsweise auf einen langsamer gehenden Verwandten.

Probleme mit dem Zeitmanagement spielen häufig auch bei Beziehungsstreitigkeiten eine Rolle. Einer läuft immer voraus, der andere trödelt hinterher. Einer kommt immer zu spät, der andere ist stets überpünktlich. Einer sitzt zu viel vor dem Fernseher, der andere legt kaum einmal seine Arbeit beiseite. Paare und Freunde streiten häufig darüber, wessen Zeit wertvoller ist. Das ist ein wunder Punkt in jeder Debatte über die Aufteilung der Hausarbeit. Die Spannung zwischen Zeit und Kontrolle entlädt sich, wenn wir wütend auf unseren Partner sind und ihm vorrechnen, wie viel Zeit wir in die Beziehung investiert haben. »Er hat mir Jahre meines Lebens gestohlen! Ich habe ihm versprochen, in all den kommenden Jahren für ihn da zu sein!« Außerdem prägt es unsere Beziehung auch, wie wir emotional mit unserer Zeit umgehen.

In den Augenblicken ganz alltäglicher Verzweiflung ist das Gefühl, die Kontrolle über die Zeit verloren zu haben, manchmal erdrückend. Wenn wir einen Termin haben und unsere Kinder nach uns rufen, weil sie uns brauchen, wenn der Haushalt ein einziges Chaos ist und wir hetzen müssen, um das Abendessen auf den Tisch zu bekommen, fühlen wir uns von der Zeit überrollt. Wir wollen einem Freund oder einer Freundin helfen, stehen aber im Job unter Druck und haben keine Zeit, und so fühlen wir uns wie in einer Gefängniszelle. Wir wollen die Zeit mit Dingen verbringen, die wir gerne tun, aber wir haben endlos Papierkram zu erledigen und fühlen uns hilflos. Kein Ziel, wie groß oder klein auch immer, fühlt sich je so an, als könnten Sie es in diesen Augenblicken erreichen. Bei anderen Menschen ist der Brotberuf derart anstrengend und stressig, dass ihr Kopf gar nicht frei genug ist, um über ihre Träume und Wünsche nachzudenken. Und für die meisten Menschen bleibt der heimliche Wunsch, sich beispielsweise mehr aufs Malen zu konzentrieren oder sich ehrenamtlich zu engagieren, ein nicht zu realisierender Wunschtraum, einfach weil »keine Zeit« ist.

Die Zeit bestiehlt uns hinten und vorne. Wir merken das, wenn wir in den Spiegel gucken und ein Gesicht entdecken, das nicht unserem inneren Bild davon entspricht. Die tickende Uhr bestiehlt auch junge Menschen, die die Illusion der Unbesiegbarkeit in sich tragen und glauben, sie hätten schier endlos Zeit. Die biologische Uhr setzt Paare unter Druck, ihren Nachwuchs eher früher als später zu haben. Obwohl Männer fürs Vaterwerden ja mehr Zeit haben, kann das Gefühl, es habe damit keine Eile, höchst trügerisch sein. Die Einbildung, ewig Zeit zu haben, hält Menschen manchmal davon ab, sich fest zu binden, sich für etwas zu entscheiden, ihr Leben voll zu leben und das Leben dann zu schätzen, wenn es passiert. Nur weil sie denken, die Zukunft könnte noch Besseres für sie bereithalten. Aber das Leben passiert jetzt. Und es wird enden.

Natürlich kann Zeit auch Wunden heilen. Sie kann Freund ebenso sein wie Feind. Sie kann schrecklichen Fehden die Spitze nehmen. Sie schenkt uns Weisheit, Durchblick, Vergebung, Verständnis. In der Medizin spielt Zeit auch eine wichtige Rolle beim Ein- oder Ausschleichen einer Dosierung, wenn Medikamente »mit der Zeit« angepasst werden.

Weisheit kommt auch mit der Lebenserfahrung. Einer der Gründe, warum ich Psychotherapeutin werden wollte, war, dass ich einen Beruf wollte, den ich ein Leben lang ausüben kann. Ich hatte die Ehre, viele psychotherapeutische Legenden kennenzulernen, als diese schon achtzig oder gar neunzig Jahre alt waren: Otto Kernberg, Albert Ellis, Jerome Bruner und Irvin Yalom. Einmal hielt ich Betty Joseph die Tür auf, als sie am Institute of Psychoanalysis einen Vortrag hielt. Sie war damals über achtzig und trug trotzdem High Heels. Sie ging langsam, strahlte jedoch Elan und Spannkraft aus. »Ich bekomme die Tür schon noch selbst auf, wissen Sie, aber trotzdem vielen Dank«, sagte sie damals zu mir. Mir war ihre Bemerkung peinlich, heute aber freue ich mich darüber. Sie war mutig und entschlossen. Sie trug die ganze Weisheit ihres Lebens mit sich und bewahrte sich doch einen offenen Geist. Sie sprach damals über Bulimie und die sozialen Medien. So möchte ich alt werden, wenn mir das Glück vergönnt ist, es bis dahin zu schaffen. In der Psychotherapie wird das Alter respektiert. Ich weiß noch, dass ich mich wegen meiner Jugend unwohl fühlte, als ich mit der Ausbildung begann. Jung zu sein galt nicht als Vorteil. Manchmal hat das Vergehen der Zeit auch seine Vorzüge. Die totale Kontrolle ist ohnehin unmöglich, aber wie viel Zeit wir auch haben mögen: Wir haben unsere Wahlmöglichkeiten.

Nachwort

Zu verstehen, was wir wollen und was nicht, lässt uns unsere Möglichkeiten mit größerer Klarheit sehen. Wir können unsere Wahl zwischen einer ganzen Reihe von Wünschen treffen. Und wir können unser Leben mit mehr Leichtigkeit und Freude führen.

Es ist schwierig und doch grundlegend, sich zu fragen, was wir wollen, und niemals aufzuhören, sich diese Frage zu stellen. Füllen Sie sie mit Leben.

Unser Innenleben versetzt uns manchmal in Angst. Wir fürchten, dass wir in den Tiefen unserer Emotionen ertrinken. Unsere widersprüchlichen Sehnsüchte und der Druck, der daraus entsteht, erschrecken uns. Wir schämen uns für unsere Geheimnisse, und wir sind stolz auf die Fantasieversion, die wir von unserem Leben und von uns selbst geschaffen haben. Wenn uns die Leidenswertigkeit im Griff hat, vermeiden wir häufig, uns dem zuzuwenden, was für uns am wichtigsten ist. Wir sind vielleicht ganz unglaubliche Menschen, und das Leben läuft einfach. Oder wir sind katastrophal und hoffnungslos. Wenn wir in die Zone der Leidenswertigkeit geraten, bleiben wir manchmal an unser ungelebtes Leben gefesselt …

Unsere geheimen Wünsche sind dabei weniger gefährlich als die Tatsache, dass wir sie nicht zulassen. Richten wir aber den Blick auf uns und sind ehrlich und sehr persönlich aufmerksam, dann werden wir lebendig. Wir treffen unsere eigenen Entscheidungen. Wir trennen uns von muffigem Groll und schaffen Platz für frische Erfahrungen und Entdeckungen. Die Welt ist voller Geben und Nehmen und Verwüstungen. Wenn wir von unserer Innenwelt getrennt sind, bewegen wir uns wie Schlafwandler durch die Welt. Erlauben Sie sich, ganz in Ihrem Leben präsent zu sein. Sehen Sie sich das Leben an, das Sie im Augenblick führen. Warten Sie nicht darauf, dass Ihre Fantasievorstellungen vom ungelebten Leben wahr werden. Bestehen Sie darauf, dass Sie dieses Leben, wo immer möglich, in vollen Zügen leben können.

Ohne angemessenen Grund haben wir stets Angst vor der Verantwortung für unser Leben, dabei eröffnen sich gerade da Möglichkeiten für Wirkmächtigkeit, Einfluss und Selbstbestimmung. Genau da liegt unsere Freiheit, auch wenn sie sich zunächst nur anfühlt wie Druck. Wir sind es, die unser Leben leben müssen. Dieses erstaunliche, kostbare Leben. Wenn wir ständig nur die Hindernisse hervorkehren oder auf andere tadelnd mit dem Finger zeigen, dann halten wir am Ende nur Asche in den Händen. Möglicherweise ist dieses Leben nicht das, was wir uns vorgestellt hatten, aber irgendetwas lässt sich immer tun, das ganz uns selbst gehört, und sei es nur, dass wir den Himmel betrachten, irgendeine Kleinigkeit registrieren oder anderen unsere Liebe zeigen.

Stolz und Scham sind die störrischen Zwillinge, die wir nie ganz loswerden. Aber wir können ein waches Auge auf sie haben, wie und womit sie uns entmutigen wollen. Überlegen Sie nur, wie wir alle unsere Wünsche verbergen oder ausleben. Wir haben unendliche Tiefen, wie weit unser Blick auch immer reicht. Ob andere Menschen ihr Innenleben verstehen wollen oder nicht, Sie können sich mit den Wechselfällen des menschlichen Daseins auseinandersetzen. Vertrauen Sie Ihrer Autorität in Bezug auf Ihre persönlichen Erfahrungen. Seien Sie neugierig. Wenn Sie schwierige Gefühle zulassen können, werden Sie sie auch überleben. Achten Sie darauf, was es heißt, Sie selbst zu sein. Aber richten Sie den Blick ruhig auch nach außen. Wenn Sie merken, dass Ihnen Dinge, die Sie gerne hätten, nicht mehr aus dem Kopf gehen, treten Sie einen Schritt zurück und destillieren Sie Ihre eigentlichen Wünsche heraus. Was nicht heißt, dass Sie keine materiellen Wünsche mehr haben sollten. Aber überlegen Sie, was Sie wirklich gerne hätten, wenn Sie sich nach etwas innigst sehnen. Schauen Sie, was sich unter Ihrer Sehnsucht verbirgt.

Es gibt so vieles, was nicht in unserer Macht steht oder so läuft, wie wir das gerne hätten. Es wird Ihnen wie Schuppen von den Augen fallen, wenn Sie merken, dass Sie Ihre eigenen Entscheidungen treffen können, wenn Sie Ihre Herangehensweise und Ihren Fokus verändern. Verfolgen wir unsere Herzenswünsche ernsthaft, dann ist dies gewöhnlich eine echte Herausforderung und bringt allerhand Überraschungen mit sich. Doch es erfordert auch Beharrlichkeit. Was wir uns zutiefst wünschen, ist oft aufregend und erschreckend zugleich. Und meist ist es damit noch nicht getan. Es gibt immer noch mehr zu verstehen, zu lernen und zu ersehnen. Die Sitzung endet, dieses Buch endet, und es ist der Mühe wert, zurückzuschauen auf all das, was wir besitzen, was wir durchgemacht und erfahren haben. Oft vergehen Jahre, bis wir uns eine in der Therapie gemachte Erfahrung plötzlich erklären können, weil wir einen neuen Blick auf sie entwickelt haben. Das Beste, was eine Therapie Ihnen bieten kann, ist Ermutigung. Bleiben Sie neugierig auf Ihre Erfahrung als Mensch.

Der Künstler Georges Rouault schrieb einmal: »Ein Künstler ist wie ein Galeerensklave. Er rudert auf einen fernen Strand zu, den er niemals erreichen wird.«[1] Wir alle besitzen diesen fernen Strand, den wir nie erreichen. Aber wenn wir akzeptieren, dass wir immer rudern werden, schenkt uns das Leben einen enormen Reichtum. Machen Sie sich die Mühe, die Geschichten Ihrer Wünsche zu erkunden. Das Lernen hört niemals auf, und die Eigenheiten jedes Lebens sind absolut bemerkenswert. Fragen Sie sich, was Sie wollen. Und während Sie den Blick auf den fernen Strand richten, achten Sie darauf, wo Sie jetzt sind, woher Sie gekommen sind und was es heißt, Sie zu sein.

Dank

So viele Menschen haben meine Arbeit an diesem Buch mit ihrer Unterstützung und Ermutigung begleitet. Adam Gauntlett: Du bist großartig und hast mein Leben verändert. Ella Gordon, Alex Clarke, Trish Todd: Ihr seid fantastische Lektoren und wunderbare Menschen. Danke an Serena Arthur, Elise Jackson, Jessica Farrugia, und überhaupt gilt mein Dank allen Leuten bei Wildfire und Atria. Ihr habt dieses Projekt auf magische Weise Wirklichkeit werden lassen.

Robbie Smith, mein wundervoller Ehemann: Mit deiner unendlichen Geduld und Unterstützung hast du mir den Raum gegeben, um dieses Buch zu schreiben, auszuflippen und voller Euphorie abzuheben. Danke, dass du unseren Kindern in den Phasen meiner Abwesenheit ein so toller Vater warst. Ohne dich hätte ich nicht Mutter sein und dieses Buch schreiben können. Du stärkst mir immer den Rücken und akzeptierst alle Seiten an mir. Wilder: Du bist feinfühlig, und deine Einsichten sind von einem umwerfenden Scharfsinn. Beau: Du bist warmherzig, mutig und unglaublich witzig. Ich liebe euch unermesslich. Ihr habt akzeptiert, dass ich in dieser Zeit nicht immer voll und ganz für euch da sein konnte.

Meine Eltern haben mich die Liebe zu den Worten und den Menschen gelehrt. Ein dickes Dankeschön für meine außergewöhnliche Mutter Katherine Weber: Deine Frische und Aufgewecktheit sind wirklich erstaunlich. Nicholas Fox Weber, mein geliebter Vater: Ich schätze unsere tiefe Verbundenheit über alles, dein Enthusiasmus und deine Lebenslust sind mir eine Inspiration. Ihr beide erlaubt mir auch heute noch, hin und wieder einfach Kind zu sein, was ein solcher Luxus ist. Und ihr habt mir dabei geholfen, ich selbst und erwachsen zu werden (ein Prozess, der immer noch nicht abgeschlossen ist). Danke für eure Ermutigung auf diesem Weg. Und ein herzliches Dankeschön auch an Lucy Swift Weber und ihren Partner Charles Lemonides, an Nancy Weber, Daphne Astor, Ann Smith, Dave Smith, Beth-Ann Smith und den Rest der Verwandtschaft.

Leslie Bennetts, meine feenhafte Patin: Du hast mir bei zahllosen Gelegenheiten deine Unterstützung geschenkt, mir Raum gegeben und das Gefühl einer tiefen Verbundenheit voller Mitgefühl, Humor und Weisheit. Du hast mir geholfen, zu wachsen. Die Welt braucht Frauen wie dich. Du willst, dass Frauen es zu etwas bringen. JP Flintoff: Meinen tiefsten Dank, dass du mir geholfen hast, unzählige Probleme zu durchdenken; und für deine konsequente Ermutigung. Philip Wood: Dein Verstand, deine Güte und Wachheit gehen so tief. Danke für deine professionelle Beratung und deine immense Überlegtheit. Laura Sandelson: Du bist der Prototyp einer wahren Freundin in vielerlei Hinsicht. Du schenkst Einsichten, Spaß, Seelennahrung sowie größte Loyalität und Zuneigung. Daniel Sandelson: Du hast mir durch kritische Momente geholfen; du bist überlegt, brillant und durch und durch verständnisvoll. Meine teuren Freunde, ihr macht mein Leben so viel besser.

Emmett de Monterey: Mit dir werden Quartalsgeburtstage und Dienstage zum Jubelfest. Ein dickes Dankeschön auch an euch, Violetta und Kostas, Emma und Paul Irwin, Joanna Green, Jack Guinness, Lauren Evans, Arielle Tchiprout, Natasha Lunn, Cate Sevilla, Charlotte Sinclair, Anna Motz, Paola Filotico, Francesco Dimitri, Morgwn Rimmel, Caleb Crain, Frank Tallis, Nick Pollitt, Vicki Uwannah, Kate Dryburgh, Anil Kosar, Carly Moosah, Katie Brock, Flora King, Mathilde Langseth Hughes, Deja Lewis Chamberlain, George Gibson, Heather Thornton, Kristina McLean, Tonya Meli, John Macdonald, Jemima Murray, Lizzie Dolin und Katherine Angel.

Kelly Hearn, Mitbegründerin von Examined Life und meine Freundin: Du bist eine Frau, die begeistert und Kraft gibt. Danke auch an alle bei The School of Life und an Alain de Botton sowie an meine wundervollen Lehrerinnen Maria Luca, Desa Markovic und Karen Rowe: Ihr habt mich nachhaltig geprägt.

Ein Dankeschön an alle bei der Josef and Anni Albers Foundation und bei Le Korsa: Die Verbindung zu euch bedeutet mir viel. Danke an Maya Jacobs, Kristine, alle Mütter und Freunde, die mir mit Hilfe und Unterstützung beigestanden haben. Mein Dank geht auch an all die Menschen, die ich auf meinem Weg kennengelernt und von denen ich gelernt habe. Nicht zuletzt möchte ich auch all den Personen danken, die zu mir in Therapie kamen und kommen. Ich empfinde es als Privileg, diese Arbeit machen zu können.

Glossar

Dieses Glossar versammelt Begriffe und Definitionen, die in diesem Buch verwendet werden, und diskutiert Konzepte und Formulierungen. Ich habe begriffliche Anleihen bei Kunst, Philosophie und Literatur genommen, manche Begriffe sind von mir geprägte Wortneuschöpfungen. Die Sprache und die Bilder, die sich in therapeutischen Beziehungen entwickeln, können tief sein, witzig und manchmal fröhlich. Zuzeiten kann sich das therapeutische Vokabular als recht nützlich erweisen, und zwar dann, wenn unsere Alltagssprache zu kurz greift und vertraute und bekannte Worte einfach nicht ausreichen, um unsere tiefsten Gefühle und Erfahrungen zu vermitteln. Gleichzeitig entwickelt sich aber im Verlauf der Arbeit mit einem Patienten auch eine private Sprache, ein Dialekt aus verschlüsselten Bedeutungen, der das therapeutische Zusammenspiel unermesslich bereichert.

Aphanisis: Verschwinden oder Ausbleiben des sexuellen Verlangens. Der Begriff bezeichnet in der Astronomie das Verblassen eines Sternes. Für das Gegenüber, die Partnerin oder den Partner, fühlt sich das meist an wie eine Bestrafung und eine Zurückweisung. Dabei geschieht es aus den unterschiedlichsten Gründen. Der Verlust jeglichen sexuellen Verlangens fühlt sich für den Betroffenen häufig wie ein Versagen an, eine Form des Sterbens. Aber man kann es selbstverständlich überleben.

Askhole: Jemand, der um Rat bittet, diesen dann aber ignoriert. Wir sind alle gelegentlich solche »Fraglöcher«, und es ist sinnvoll, das zu bemerken und damit umzugehen. Sie können beispielsweise sagen: »Ich bin jetzt mal ein ›Askhole‹ und erzähle Ihnen von meinem Problem, aber erwarten Sie nicht, dass ich dann auch tue, was Sie sagen.« Wer nicht auf so ein Verhalten vorbereitet ist, für den ist solch ein Gespräch meist wenig befriedigend. Es gibt auch die »Unaskedholes«, also die Nicht-gefragt-Löcher: Das sind Menschen, die einem Ratschläge erteilen, ohne dass wir sie darum gebeten hätten.

Für die Therapie sind dies wichtige Begriffe, denn sie versetzen die Klientinnen und Klienten in die Lage, mit dem Askhole-Charakter umzugehen, ob es nun um sie selbst geht oder um andere Menschen. So finden sie heraus, wann es sinnvoll ist, um Rat zu bitten, und wann man sich besser auf sich selbst verlässt. Die Therapie ist ein Prüflabor, in dem wir unsere Probleme bearbeiten und zu Einsichten gelangen. Aber sie ist kein Ratgeberdienst. Hinter dem Askhole-Konzept zeigt sich die Ambivalenz, mit der wir einesteils Hilfe wollen, andernteils der befragten Autorität nicht unbedingt vertrauen.

Bescheidenheitsprahlen: Dieser bekannte Begriff ist gerade aus psychologischer Sicht recht vielsagend, weil er zeigt, welche Schwierigkeiten wir mit unseren Ich-Themen haben. Einerseits wollen wir ja prahlen, aber das gestehen wir uns nicht gerne ein. Bescheidenheitsprahlen kommt meist als falsche Beschwerde daher, in die man eine Prahlerei einschmuggelt. Es ist schwierig, mit gutem Gewissen zu prahlen oder einzugestehen, was nicht für gut befunden wird. Bescheidenheitsprahlen ist eine klassische Reaktion auf doppelbödige Botschaften, die uns die Gesellschaft vermittelt. Die meisten Menschen sehnen sich nach Anerkennung oder Bestätigung, gleichzeitig aber haben wir das Gefühl, nur ja nicht angeben zu dürfen. Ja, wir dürfen noch nicht mal die Aufmerksamkeit auf etwas lenken, was wir anderen gerne zeigen würden. Statt also einfach damit zu prahlen, schmuggeln wir unser Eigenlob irgendwo hinein, wo wir hoffen, dass die Menschen insgeheim unsere wunderbaren Eigenschaften bemerken. So insgeheim ist das aber meist gar nicht, und gewöhnlich hat die falsche Bescheidenheit nicht den erwünschten Effekt. Im Grunde geht es dabei um eine schlecht ausgedrückte Unsicherheit.

Cherophobie: Eine Aversion gegen das Glück. Wir werden misstrauisch, wenn wir irgendwo auf pure Lebensfreude stoßen. Es kann eine Herausforderung sein, darauf zu vertrauen, dass die Dinge schön sind und gut laufen. Manchmal haben wir auch Schuldgefühle, wenn wir uns freuen. Ein Zweifel befällt uns, als ob danach unweigerlich Leid folgen müsste oder als ob die leidhafte Erfahrung der Wahrheit näherkäme. Eine Klientin, der ich von dem Begriff erzählte, meinte, sie sähe darin Cherubim-Engelchen, die ihre Pfeile auf alles richteten, was positiv wirkt.

Chronophobie: Die Angst vor der Zeit. Manche Menschen möchten, dass die Zeit schneller oder langsamer vergeht. Oder wir verweilen bei unserem ungelebten Leben, bei einem entscheidenden Augenblick, von dem wir uns nicht erholt haben, oder einer imaginären Situation, von der wir hoffen, dass sie sich eines Tages einstellt. Die Therapie hilft uns, uns mit unseren Gedanken über Alter und Identität auseinanderzusetzen. Wir gehen durch, wie wir unsere Tage zubringen, damit wir den Dingen mehr Bedeutung zumessen können, die uns wichtig sind.

»Die widerspenstige Widersprecherin«: Eine meiner Klientinnen hat einer ihrer inneren Stimmen diesen Namen gegeben, aber wir kennen sie vermutlich alle. Namen können uns helfen, mit den nervtötenden Stimmen zurechtzukommen, mit denen wir uns selbst häufig ansprechen. »Die widerspenstige Widersprecherin« kommt uneingeladen, verurteilt alles, hilft kein bisschen und nörgelt in einem fort. Die Gestalt ist ein echter Wermutstropfen. Sie ist ausgesprochen mürrisch, und jede Form von Begeisterung und Optimismus macht sie misstrauisch. Beim kleinsten bisschen Freude blickt sie entnervt gen Himmel. So als hätte sie das Bedürfnis, jedem Menschen den Wind aus den Segeln zu nehmen. Scheinbar tut sie das, damit wir uns keinen Ärger einhandeln, aber sie möchte auch nicht, dass wir uns zu viel einbilden. Diese Stimme hält Sie von bestimmten Fehltritten ab, aber sie verdirbt Ihnen auch die Freude daran, so zu sein, wie Sie sind. Nun denken Sie vermutlich, die Dame sei Ihr innerer Kritiker. Natürlich hat sie auch damit zu tun, aber das Hauptmerkmal von »Die widerspenstige Widersprecherin« ist, dass sie jede Freude ablehnt und Gedanken und

Gefühle gnadenlos zensiert. Diese Stimme hat keine Vorschläge auf Lager, was sich in einer bestimmten Situation machen ließe. Sie ermutigt einzig und allein Ihre lähmende Scham, die Sie zögern lässt, Sie selbst zu sein, sogar in Ihrem Innersten.

»Die widerspenstige Widersprecherin« ist eine Figur, die während einer meiner Sitzungen von Karen Horneys Begriff »Tyrannei des Sollens« inspiriert wurde, den Sie in den 1940er-Jahren geprägt hat. Die Verleugnung des Egos ist ein echtes Problem. Wir sollen perfekt und außergewöhnlich sein, andererseits dürfen wir auch nicht stolz darauf sein, was wir geschafft haben, oder überhaupt irgendwie so reagieren, dass unser Ego erkennbar wird. Ich glaube, ein gesundes Ego ist wichtig, damit wir verstehen und bekommen, was wir wollen. Es lohnt sich, seine Ich-Stärke zu kultivieren, denn das heißt, dass Sie Ihren Wert anerkennen, Ihre Stärken verstehen und sehen, wo noch Raum für Entwicklung ist. Und mit einem starken Ich können Sie für sich selbst eintreten.

Einsicht als Abwehr: Auf diesen Begriff bin ich gekommen, als ich endlich merkte, dass ich das selbst praktizierte. Manche Menschen schätzen es, Überlegungen anzustellen, Gefühlen nachzugehen, Verbindungen herzustellen – das kann eine tolle Rechtfertigung sein, um sein Verhalten nicht zu ändern. Wir sind offen für psychologische Erkenntnisse und Feedback und Interpretationen. Wir drücken das auch aus. Wir haben alle möglichen Erkenntnisse. Wir bemerken bestimmte Muster und Gewohnheiten und Probleme. Aber nichts bewegt sich. Das ist Einsicht als Abwehrmechanismus. Wir glauben, es reicht schon aus, wenn wir uns verstehen lernen. Aber manchmal müssen wir eben mehr tun als nur Verständnis zeigen, wenn wir weiterhin in die gleichen Fallen tappen.

In der Therapie sind Sie es, die oder der erzählt, was in Ihrem Leben geschieht. Ihr Therapeut sieht Sie zur Sitzung, aber Sie können von ihm nicht erwarten, dass er weiß, wie Sie sich hinter Ihren Einsichten verstecken, um sich nicht ändern zu müssen. Ein faszinierendes Thema zum Darüber-Nachdenken und Durcharbeiten.

Entscheidender Augenblick: Ein wunderbares Konzept des französischen Fotografen Henri Cartier-Bresson. In entscheidenden Augenblicken erreichen Autonomie und Autorität einen Höchststand. Diese Momente feiern unser Dasein und unsere unabhängige Selbstbestimmung. Sie sind das Gegengift gegen Stagnation und Lähmung.

Solche Augenblicke sind eine Gelegenheit zu einer bewussten, voll beabsichtigten Entscheidung. Dabei wird nichts wie auf magische Weise auf der Stelle besser. Diese Momente sind geprägt von unserer Entscheidung, für uns einzustehen. Sie prägen die Erzählstränge unserer Lebensgeschichte.

Wir können uns nicht jedes Detail merken. Uns entgeht so viel von dem, was wirklich vorgeht, aber letztlich zählt, wie wir auf das reagieren, was in unserem Leben passiert. Ein entscheidender Augenblick kann sich einstellen, wenn Sie beschließen, eine Therapie zu beginnen, mit dem Trinken aufzuhören oder eine andere lebensverändernde Entscheidung treffen. Er kann auch in einer wichtigen Erkenntnis im Hinblick auf Ihre Beziehung bestehen. Häufig kommt es zu solchen Erfahrungen, wenn Sie innehalten und zur Kenntnis nehmen, was sich abspielt: eine Leistung, ein Gefühl, ein Gedanke, eine Erkenntnis. Warum sind solche Momente so wichtig? Einfach weil wir sie für wichtig halten. Wenn wir für uns Entscheidungen treffen, selbst wenn sie nur unser Innen- oder Privatleben betreffen, kann sich ein geradezu ekstatisches Gefühl von Handlungsfähigkeit und Wirkmächtigkeit einstellen. Wie ein Foto, das eine besondere, flüchtige Perspektive, einen Hauch Leben einfängt, macht der entscheidende Augenblick etwas, was gewöhnlich und unbedeutend hätte sein können, zu etwas ganz Besonderem. Lebendig und konkret. Solche Augenblicke gießen Momente in Kristall, die ansonsten übersehen oder vergessen worden wären. Manchmal kommen sie einfach so in unser Leben, dann wieder suchen wir sie.

Femaskulieren: Die Entmachtung der Frau. Der englische Begriff – *femasculate* – ist angelehnt an das Verb *emasculate,* »entmannen«.

Genügen: Das subjektive Gefühl dafür, was gut genug ist, was angemessen und geeignet ist. Letztlich hat das mit unserem Selbstverständnis zu tun, mit unseren Erwartungen an andere, mit den Grenzen, die wir ziehen, mit dem, was wir geben und was wir annehmen. Menschen mit einer hohen Leidenswertigkeit trauen sich nicht zu, je zu genügen. Sie spielen die Rolle des coolen Detektivs und begeben sich auf eine anstrengende Suche, um ihr Genügen zu beweisen. Der coole Detektiv sucht nur leider immer an den falschen Orten und sammelt massenhaft unsinniges Material, das in seinen Augen aber alles beweist. Feedback und die aktuelle Konsumkultur mit den ständigen Bewertungen verstärken das Gefühl, dass da »noch mehr« sein muss. Wir stopfen uns ständig voll, haben aber trotzdem nie das Gefühl, dass es nun genug ist – seien es nun Daten oder Informationen, Nahrung und materielle Dinge, Kontakte in den sozialen Medien. Das ist eine Art zwanghafter Rückversicherung. Der coole Genug-Detektiv spürt jedem falschen Hinweis nach und verschwendet seine Zeit mit unzuverlässigen Zeugen. Der Fall wird nie gelöst, weil das psychische Gefühl des Genügens nicht auf diese Art codiert und gemessen werden kann. In gewisser Weise beeinflussen unsere Leistungen unser Gefühl dafür, wie gut wir alles machen. Doch wenn wir anderen dienen und gefallen wollen, um zu beweisen, dass wir genügen, dann finden wir uns schnell in emotionalem Treibsand wieder. Wir stellen uns selbst ein Bein, wenn wir versuchen, die Beweise für unser Genügen in der Meinung anderer zu finden. Dann wird der Hunger nach positiver Verstärkung unstillbar, und je mehr wir davon verzehren, desto weniger nährt es uns. Wir warten auf entsprechende Botschaften wie Drogensüchtige, und unsere Hochgefühle halten immer kürzer vor. Doch je weniger wir davon bekommen, desto mehr wollen wir uns beweisen. Wir werden so empfindlich für angebliche Zurückweisungen, dass wir in einem ständigen Zustand der Bedrohung und Unsicherheit leben, der erfüllt ist von den früheren Bildern des Genügens und unserer Haltung zu unseren Rollen und unserem Wert. Zufriedenheit und Freude an dem, was wir haben und wer wir sind, entstehen aus Selbstachtung, aus dem Vertrauen auf unsere Autorität und aus der Akzeptanz unserer Fehler und Mängel.

Gesprächsferien: Ein Begriff, der beschreibt, was passieren kann, wenn man mit anderen Menschen zusammen ist, aber der Geist plötzlich auf Wanderschaft geht. Man wirkt so, als wäre man da, in Wirklichkeit aber gibt man sich seinen Tagträumen hin oder denkt an etwas anderes. Und trotzdem nickt man zu dem, was gesagt wird. Wohin sind Sie unterwegs, wenn Sie eine dieser Minipausen einlegen? Ist Ihr Sich-Ausklinken eine Art Protest? Eine Rebellion? Gesprächsferien sind ein interessanter Abwehrmechanismus, der dazu beiträgt, Situationen erträglicher zu machen. Vielleicht geht es ja um einen Kompromiss im Konflikt zwischen Wollen und Sollen. Wenn Sie das Gefühl haben, Ihr Therapeut verabschiedet sich aus der Gesprächssituation, sprechen Sie das an. Ihr Therapeut mag leugnen, dass er Gesprächsferien einlegt, aber er wird sich in der Folge sicher stärker konzentrieren. Möglicherweise aber gesteht er auch ein, dass er abgeschweift ist. Das könnte ebenfalls interessante Aufschlüsse geben, denn es zeigt, was sich bei der Gegenübertragung des Therapeuten abspielt. Reden Sie darüber.

Haecceitas: Bedeutet »Diesheit«. Ich kann mich noch gut erinnern, als einer unserer Philosophiedozenten an der Universität es brillant erklärte: »Das ist die Essenz!«, rief er aus. »Das, was jeden von Ihnen zu dem Menschen macht, der er ist, und zu niemand anderem sonst. Vergessen Sie das nie. Bitte! Es ist schon außergewöhnlich, wie einzigartig wir alle sind. Ein großartiges Wort.« Seine Leidenschaft weckte jeden vor sich hin dösenden Studierenden auf. Das mittelalterliche philosophische Konzept leitet sich von Aristoteles' griechischer Bezeichnung ab: *to ti esti (τὸ τί ἐστι)* – »Das, was es ist«. Ich gebe hier nur die dahinterliegende Botschaft weiter: Jedes Leben ist einzigartig und unvergleichlich.

Hypnotische Ambiguität: Wir lieben und hassen jemanden, etwas, vielleicht auch uns selbst. Und das ist alles, woran wir denken können. Und wir lieben und hassen auch diese Fixierung. Unser Verstand versucht immer, unsere Erfahrungen zu kategorisieren. Wenn unsere widersprüchlichen Erfahrungen sich weigern, in einer Schublade zu bleiben, führt dies häufig zu Obsessionen. Diese Zwanghaftigkeit kann eine Verzögerungstaktik sein, aber auch ein Versuch, uns selbst zu bestrafen und die Teilhabe am wirklichen Leben zu vermeiden. Wenn wir mit diesen widerstreitenden Gefühlen klarkommen, dann empfinden wir meist Erleichterung und Erfüllung. Es gibt hier gewisse Überschneidungen mit der intermittierenden Verstärkung, aber die hypnotische Ambiguität ist eher ästhetisch als suchterzeugend.

Ich-Stärke: Ich verwende den von Sigmund Freud geborgten Begriff, um eine gut ausgebildete Resilienz zu bezeichnen, ein energiegeladenes Selbstverständnis. Die Ich-Stärke ist Teil unserer emotionalen Kompetenz und damit auch der Fähigkeit, zu wachsen und aus unseren Herausforderungen zu lernen. Unsere Ich-Stärke bereichert unser Leben mit Sinn und hilft uns, uns in kultureller, sozialer und emotionaler Hinsicht in unserem Selbstverständnis und in der Beziehung zu anderen zu entwickeln. Die Ich-Stärke ist eine Möglichkeit, wie wir der Leidenswertigkeit (siehe unten) begegnen können. Sie verhilft uns zur Entschlossenheit, indem sie die grandiosen Anteile mit unseren Fehlern und Beschränkungen zusammenbringt, sie integriert, anpasst und dadurch neue Grauwerte schafft. Ein starkes Ich wird mit widersprüchlichen Botschaften fertig, lernt aus Fehlern und kommuniziert klar.

Sich in Selbstachtung zu üben hilft uns, die Ich-Stärke auszubilden. Selbstwertgefühl ist mitunter mit Werturteilen verbunden, was es unzuverlässig macht. Die Selbstachtung aber entwickelt sich aus Prinzip. Sie beruht nicht auf der Anerkennung durch andere. Oder, wie Joan Didion sie beschreibt: »uns von den Erwartungen der anderen zu befreien, uns uns selbst zurückzugeben – darin besteht die einzigartige Kraft der Selbstachtung.«[1]

Wenn wir Selbstachtung und Ich-Stärke besitzen, können wir anderen etwas geben, aber eben nicht bis zur Selbstverleugnung. Ein gesundes Ich kommt voller Würde und Vernunft daher. Das hat nichts mit grandiosen, eingebildeten Überlegenheitsfantasien zu tun. Aber eben auch nichts mit Demut und Selbstverleugnung.

Die Existenz des Ich zu kritisieren (und es für alle möglichen Probleme auf der Welt verantwortlich zu machen: »ein zu dickes Ego« oder »das Ich ist schlecht«) funktioniert bei verwundbaren Menschen. Sie sind dann beschämt darüber, dass sie zu sehr an sich selbst gedacht haben, dass sie glaubten, sie seien wichtig. Der Druck, das eigene Ich zu verleugnen, geht in die falsche Richtung und fördert auf heimtückische Weise bestimmte Machtdynamiken. Wenn Sie je eine Philippika gegen ein starkes Ich hören (auch wenn das entsprechende Ego vielleicht gar nicht das Ihre ist, sondern ganz allgemein eine hochherzige Haltung propagiert wird), sollten Sie sich immer fragen, warum der Sprecher das so empfindet. Anders als das narzisstische und größenwahnsinnige Ich hat das normale Ich eine Aufgabe: Genauigkeit und Sicherheit. Es hat genug Selbstachtung, um den People Pleaser in Schach zu halten. »Schäfchen« geben eine Botschaft von oben weiter. Sie glauben vielleicht tatsächlich an die duftlosen Tugenden eines Lebens ohne Ich. Aber warum sollten Sie sich selbst verleugnen? ICH HEISST SCHLIESSLICH SELBST.

Identitätskrise vs. Identitäts-Stagnation: Erik Eriksons Konzept der menschlichen Entwicklung unterstreicht, dass Identitätskrisen, vor allem während des Heranwachsens, zu Wachstum führen können. Eine Identitätskrise ist häufig schmerzhaft und verstörend, aber sie sorgt für Veränderung und Wandel. Auch nach der Pubertät erleben wir noch Identitätskrisen, das kann bis ins hohe Alter hinein andauern. So unbequem Identitätskrisen sein mögen, sie führen gewöhnlich ein Leben lang zu Neuentdeckungen und verstärktem Lernen. Leben wir unbewusst wie Automaten, verfestigt sich unsere Identität. Wir gehen durch ein Wechselbad der Gefühle und spielen ständig eng begrenzte Rollen, an denen wir nicht einmal aktiven Anteil haben. Eine solche Identitäts-Stagnation mündet häufig in einem Leben stiller Verzweiflung. Wir sind getrennt von unserem inneren Selbst und sehen weg, damit wir einigermaßen weiterleben können. Eine Krise schickt uns dann erste Warnzeichen und zeigt uns unsere Bruchstellen auf. Wir können uns in unseren Identitätsgeschichten der Angst vor der Veränderung und Ungewissheit stellen, oder wir klammern uns am veralteten, statischen Drehbuch manisch fest. Erlauben Sie sich doch das Update!

Intermittierende Verstärkung: Dabei erfolgt die verstärkende Belohnung nur gelegentlich. Wir kämpfen mit Ungewissheit und Knappheit, aber wir sind auch süchtig danach, gegen die Bank zu spielen und hin und wieder einen kleinen Jackpot zu gewinnen. Solche »unterbrochenen Verstärkungsmuster« sind es auch, die uns in ungesunden Partnerbeziehungen festhalten. Unser Interesse an unzuverlässigen Menschen quält uns. Heiß und kalt, wir fühlen uns in einer solchen Beziehungsdynamik nie ganz sicher. Eine vertraute, aber schwierige Dynamik. Suchen Sie nach der Ausfahrt und lassen Sie sich helfen!

Komparanoia: Die Vergleichsparanoia geht auf eine total verschobene Perspektive zurück, die Kontraste in ein scharfes Licht rückt. Wenn Vergleiche uns quälen, neigen wir zu Über- und Untertreibungen gleichermaßen. Sind wir komparanoid, dann machen wir uns ängstlich Sorgen über das, was im Leben anderer Menschen vorzugehen scheint. Wir konstruieren Geschichten darüber, wie andere uns sehen oder was andere haben und wir nicht. Wir brauchen ständig neue Belege für unsere Stellung und unseren Status. Wir verlangen von anderen Menschen ständig Bestätigung dafür, dass wir genug sind. Der Treibsand der Werturteile ist höchst unzuverlässig und hält uns davon ab, uns klarzumachen, wie unsere Werte, unsere Absichten und Prioritäten aussehen. Ständige Vergleiche mit Menschen, die angeblich mehr haben, machen uns kaputt.

Kompleidigungen: Wir senden häufig zwiespältige Botschaften aus. Wir kommunizieren miteinander auf sonderbarste Weisen. Wir teilen Spitzen aus, während wir gleichzeitig freundlich erscheinen. Wir verpacken unsere Kritik in schmeichelhafte Bemerkungen. Kompleidigungen aber sollten wir auseinandernehmen, weil sie uns häufig ganz unerwartet treffen. Die Absichten des Kompleidigers können zwiespältig sein, häufig ist er sich ihrer affektiv gar nicht bewusst, während er sie ausspricht. Anders als zweischneidige Komplimente sind die Kompleidigungen meist eine Mischung aus ehrlich gemeintem Lob und Kritik. Es liegt an uns, was wir daraus machen.

Kongruenz: Die Übereinstimmung von Werten und Prioritäten. Nicht jeder Wunsch, den Sie haben, verträgt sich mit Ihren Werten. Und nicht jede Entscheidung, die Sie treffen, steht im Einklang mit Ihrem Kontext und Ihren Zielen. Die Übereinstimmung ist ein Zustand des Gleichgewichts und setzt ein ständiges Feintuning voraus, in dem Sie an verschiedenen Punkten Ihres Lebens überlegen, was Ihnen tatsächlich wichtig ist.

La douleur exquise: Der »exquisite Schmerz«. Manchmal finden wir Genuss am Leiden und Kämpfen, sowohl emotional als auch körperlich. Schmerz kann durchaus angenehm sein.

Leidenswertigkeit: Eine Mischung aus Überlegenheit und Minderwertigkeit. Der Begriff beschreibt ein Gefühl des Stolzes und des Auserwähltseins, das von Gefühlen von Scham und Minderwertigkeit durchsetzt ist. Er beruht auf unzähligen Fallbeispielen, die ich in meiner Arbeit und meinen persönlichen Erfahrungen erleben durfte. Und auf einer Diskussion mit der Journalistin Arielle Tchiprout. Wir waren uns von Herzen einig, dass es hilfreich wäre, einen Begriff für diesen Seelenzustand zu haben. Viele Menschen streben nach Ruhm und Ansehen und sind enorm frustriert, wenn das Leben ihnen das nicht bieten kann (oder wenn sie damit scheitern, was das Schlimmste überhaupt ist). Wir alle haben geheime Sehnsüchte und Fantasien, die sich um das Leben drehen, das wir uns wünschen. Die Leidenswertigkeit macht uns da gewöhnlich einen Strich durch die Rechnung. Meist fühlt sich das perspektivisch eher an wie ein »Entweder-oder« als wie ein »Sowohl-als-auch«. Entweder sind Sie besser als der Rest, oder Sie sind eine Pfeife. Es ist schwierig, sich einzugestehen, dass man gewisse Stärken besitzt, die einen auszeichnen, aber in anderen Dingen klare Mängel zeigt. Adlers Arbeiten zum Überlegenheits- und Minderwertigkeitskomplex bieten einen guten Rahmen, um über diese Dinge nachzudenken, aber mit einem entscheidenden Unterschied: Die Leidenswertigkeit ist meist unter der Oberfläche verborgen. Der Glaube an die eigene Grandiosität wird häufig verschoben oder der Pflicht zur Demut geopfert. Ein Teil des Konflikts liegt darin begründet, dass man sich das, was man wünscht und was möglich ist, einfach nicht eingesteht. Die Angst, überschätzt zu werden, ist häufig unbegründet. Neue Erfahrungen und reale Möglichkeiten sind ein Weg vorwärts. Und natürlich auch das Gefühl dafür, was es heißt, ganz man selbst zu sein und zu wissen, was man vom Leben will. Sie müssen sich nicht entscheiden, ob Sie unglaublich oder schrecklich sind. Sie sind vielleicht beides und vieles zwischendrin ebenfalls. Das gilt für uns alle. Was allerdings wirklich nötig ist: sich zu fragen, was Sie tatsächlich wollen.

Die Leidenswertigkeit geht häufig Hand in Hand mit der Prokrastination und mit der Scheu davor, Verantwortung für das zu übernehmen, was im Augenblick möglich ist. Sie können Ihre Ruhmfantasien und die Versprechungen des Lebens nicht loslassen, nutzen Sie aber auch nicht für sich. Sie schlagen sich herum mit Reue und Schuldzuweisungen, fixen Ideen und Zwanghaftigkeiten. Und natürlich suchen Sie in der Vergangenheit nach dem Grund dafür. Wenn nur dieser eine Moment anders gelaufen wäre, dann wäre heute alles anders. Möglicherweise haben wir auch das Gefühl, die Erwartungen anderer nicht erfüllt zu haben, vor allem die unserer Lieben, die uns mit ihren überlebensgroßen Träumen überfrachtet haben. Die negative Seite der Leidenswertigkeit verwickelt uns in ständige Überlegungen über uns selbst (ohne dass sich dabei ein Selbst-Gewahrsein einstellt): Sie fühlen sich wie ein Nichts, und doch können Sie an nichts anderes denken. Das versetzt unserem Ego einen brutalen Schlag, sodass es Geschichten über abschreckende Beispiele erfindet, die uns ruhig halten, ja einfrieren sollen. Vielleicht lästern Sie auch über andere Menschen, wenn Sie nicht gerade damit beschäftigt sind, Listen zu erstellen, wann und wo man Ihnen unrecht getan hat. Ein qualvoller Perfektionismus steht Ihnen im

Weg, sodass Sie nicht herausfinden können, wie Ihre eigenen Wünsche aussehen und was davon verwirklicht werden kann. Also sehen Sie zu, dass Sie Ihre Leidenswertigkeit zu fassen bekommen.

Limerenz: Ein obsessiver Zustand absoluter Vernarrtheit. Dieser Begriff wurde von der Psychologin Dorothy Tennov geprägt. Zu den Kennzeichen gehören Gedankenkarussells, Schwindelgefühle, Vertieftsein, Euphorie, Fantasien und ein heftiges Sich-angezogen-Fühlen von einem anderen Menschen. Meist stellt sich dieser Zustand in den ersten Tagen der Verliebtheit ein. »Die Luft schmeckt frisch, die Vögel zwitschern, und das Leben ist einfach wunderbar!« So fühlt es sich in der einen Minute an. Doch das Ganze hat immer auch ein Element der Unsicherheit und ist so berauschend, als würde man Crack rauchen – und genauso suchterregend. Jeder, der diese Limerenz erlebt, sollte ein Memo erhalten, auf dem steht: »Genieße es, aber Vorsicht! Triff keine lebensverändernden Entscheidungen, solange du in diesem Zustand bist.« So leid es mir tut, aber das dauert nicht ewig. Vielleicht protestieren Sie jetzt ja – viele Menschen tun das – und halten die Limerenz für einen Dauerzustand. Das ist sie nicht. Sie kann sich in Liebe verwandeln. Sie kann prickeln. Was auch immer passiert, die Limerenz ist entweder: a) unvollständig, b) vorübergehend oder c) beides. Die einzige Möglichkeit, wie Limerenz andauern kann: Sie bleibt überwiegend eine Fantasie, weil die Nähe zum wirklichen Leben gering ist oder nicht existent. Was heißt, dass diese Limerenz zu Gruppe a) gehört.

Magisches Denken: Zu glauben, dass die eigenen Gedanken und Gefühle äußere Ereignisse bestimmen. Kinder haben häufig das Gefühl, dass sie etwas geschehen haben lassen. Reste dieses abergläubischen Denkens machen sich mitunter auch bei Erwachsenen bemerkbar. Die radikale Akzeptanz unserer Lebensumstände hilft uns, mit allem fertigzuwerden, was auf uns zukommt. Wir erkennen, wofür wir tatsächlich verantwortlich sind und was wir nicht unter Kontrolle haben. Wenn wir als Erwachsene unser magisches Denken aufdecken, können wir unsere Erwartungen neu ausrichten. Wir gehen Situationen noch einmal durch, für welche wir uns verantwortlich gefühlt haben, und genießen es, diesen Ballast abzuwerfen. Was für eine Erleichterung, dass unser Innenleben nicht alle Entscheidungen trifft. Wenn wir solche Machtillusionen aufklären, kann uns das helfen, mit unseren innersten Gedanken besser zurechtzukommen.

Matreszenz: Damit bezeichnet man die Umstellung auf die Identität als Mutter, die mit Herausforderungen verbunden ist. Der Begriff wurde von Anthropologen geprägt. Nachgeburtliche Depressionen und Angststörungen sind Symptome für diesen Kampf, der sich beim Eintritt ins Mutterdasein einstellen kann.

Mutter zu werden kann heißen, dass man nicht nur ein Kind zur Welt bringt, sondern auch eine neue Identität gebiert. Ja, natürlich, aber ich möchte auch ein wenig von der Person behalten, die ich früher war, der abenteuerlustigen Frau, die viel Spaß hatte. Und natürlich auch von meinem beruflichen Ich, das ist mir auch wichtig und wird es wieder sein, also muss ich diesen Teil ebenfalls behalten. Oder vielleicht auch nicht: Ich möchte ganz Mutter sein, ohne Vorbehalte. Ach, und ich habe ganz vergessen, meinen Partner zu erwähnen! So viele Aspekte unseres Selbst und ein schreiendes Baby. Und so viele Aspekte auch vorhanden sein mögen, Sie haben vielleicht trotzdem das Gefühl, dass keiner so richtig passt. Während Sie all das durchleben, haben Sie möglicherweise das Gefühl, dass es Ihnen immer besser geht. Oder Sie fauchen vor Wut. Ob es nun eine gute Zeit ist, eine himmelschreiend schlechte oder beides oder keines von beiden – es ist eine Riesensache, eine Erfahrung, die an den Grundfesten rüttelt wie die Pubertät, vielleicht noch stärker. »Adoleszenz« – das ist ein Begriff, den jeder kennt und mit dem jeder etwas anfangen kann. Die Matreszenz ist das nicht. Warum?

Mitfreude: Das Gegenteil von Schadenfreude oder vielleicht sogar der sonnige Zwilling. Mitfreude ist eine überschäumende Freude über das, was andere haben, das Vergnügen, andere wachsen und gedeihen zu sehen. Ein rosiger Glanz, wenn wir es genießen, anderen beim Erfolg zuzusehen. Das beziehungstechnische Gegenstück zur Dankbarkeit. Mitfreude ist ein ermutigendes Gewahrsein, wie schön das Leben ist. Vor allem wenn wir es mit Menschen teilen, die uns am Herzen liegen.

Mussturbation: Der Begriff wurde von Albert Ellis geprägt. Wenn wir »mussturbieren«, verlangen wir, dass etwas auf eine ganz bestimmte Weise sein oder geschehen *muss*. Ich besuchte 2005 Ellis' Livevorträge in New York. Er war damals schon achtzig, und allein sein streitbarer Stil war beeindruckend. Tapfere Freiwillige begaben sich auf die Bühne, erzählten von ihren Problemen, und er intervenierte schreiend. Ich erinnere mich noch gut an eine junge Frau, die sehr verletzlich erschien. »Sie verdrängen einfach alles und mussturbieren völlig auf und über sich selbst«, brüllte er sie an. Bei anderer Gelegenheit sagte er: »Masturbation ist Prokrastination. Sie ficken sich doch nur selbst!« Und dann ließ er das ganze Publikum diese Sätze singen. Seiner Ansicht nach sorgte die Mussturbation wie die Masturbation dafür, dass die Menschen sich ganz in ihre Welt einschlossen, weit weg von jeder Erfahrung, Realität und Beziehung.

Nicht manifest: Hier geht es um die Macht und das Faszinosum des Möglichen. Die Kindheit ist eine Zeit, in der wir uns buchstäblich alles vorstellen können. Wenn wir aber eine Entscheidung treffen, geben wir damit grenzenlose Alternativen auf. Entscheiden wir uns aber nicht, dann verpassen wir das Mark des Lebens, weil wir ständig darauf warten, dass sich irgendwie ein Sinn einstellt.

Nostalgie de la boue: Der Wunsch nach Verdorbenheit und Verfall. Der französische Ausdruck heißt wörtlich »Sehnsucht nach Schmutz«. Geprägt hat ihn der Dichter Émile Augier. Eine Ente, die in einem See voller Schwäne landet, sehnt sich nach ihrem Teich zurück und wird sich auch dorthin aufmachen. Viele von uns vermissen in gewisser Weise den Dreck, ob es nun der Schmutz der Dunkelheit und des Schreckens ist oder der Dreck eines erdigeren und natürlicheren Daseins.

Objets trouvés: Auch diesen Begriff habe ich der Kunst entlehnt. *Objets trouvés* sind Dinge, die man normalerweise nicht als das gängige Material für Kunstgegenstände auffasst. In der therapeutischen Beziehung sammeln wir solche Objekte und bringen sie auf unerwartete Weise zusammen, was sehr kreativ und heilsam sein kann. Sie ermöglichen die Annahme bestimmter Sachverhalte und Erfahrungen, die man für Müll gehalten hat, die in Wirklichkeit aber Schätze sind. Zu diesem Prozess gehört eine Art narrativer Collage, in der Therapeut und Klient die Stücke gemeinsam zusammenfügen. Aber es geht auch um die Decollage und den Vorgang des »Decollagierens«, wenn man gemeinsam etwas ausmustert oder wegschneidet. Wir müssen nämlich nicht an jeder Kleinigkeit festhalten. Wir können auf nützliche Weise zerstören, aussortieren und klar Schiff machen. Das Decollagieren ist vor allem dort wichtig, wo wir Raum für ein Trauma brauchen. Es erlaubt uns, jene Details auszuwählen, die wir sehen wollen, damit wir nicht das Gefühl haben, wirklich jede Einzelheit ansehen zu müssen. Mit der Zeit stellen Therapeut und Klient gemeinsam Verbindungen zwischen den unterschiedlichsten Momenten her. Wir fügen die verschiedenen Stücke aneinander, verschieben sie und legen sie anderswo an. Manchmal sind diese *Objets trouvés* schmerzliche Erfahrungen, die im Laufe der Zeit eine witzige Bedeutung annehmen können. Möglicherweise spüren Sie eine Quelle des Schmerzes auf und entdecken dabei einen Menschen aus Ihrer Vergangenheit, der damals bedrohlich wirkte, heute aber nur banal ist. Dieser Mensch wird nun zu einem Teil der Geschichte dessen, was es bedeutet, Sie zu sein. Und zwar so, dass Sie die Autorität in der Hand haben, Details wie diesen eine neue Bedeutung zuzuweisen.

Offenheit als Maske: Ehrlichkeit ist toll, aber sie ist nun mal nicht immer die ganze Geschichte. Offenheit und Authentizität können in ihrer mutigen, ungeschminkten Art trügen. Als würde man sich vor aller Augen verstecken. Die Offenheit kann echt sein, aber sie trügt manchmal, was die verborgenen Kämpfe der betreffenden Person angeht.

Pyrrhussieg: Ein Pyrrhussieg ist einer, der zu viel gekostet hat. Man gewinnt die Schlacht, verliert aber den Krieg. Oder verliert die Schlacht und den Krieg. Sich auf bestimmte Kämpfe einzulassen schwächt alle Seiten. Diese Pyrrhussiege können zwanghaft negativ und ermüdend sein. Wir werden hineingezogen, ohne dass uns klar wäre, was wir wollen oder wie ein Fortschritt für uns aussehen könnte. Widerstreitende Sehnsüchte zu erkennen hilft, die Richtung zu klären, in die die Reise gehen soll.

Wenn Sie in ein solches Pyrrhus-Duell verstrickt sind, überlegen Sie sich, was es Sie kostet … dann legen Sie eine Kehrtwendung hin zu einem Pyrrhus-Duett, um einen gemeinsamen neuen Rhythmus zu finden.

Reaktanz: Sie beschreibt die Abneigung dagegen, dass man uns sagt, was wir tun sollen. Wenn wir uns zu einer Entscheidung gezwungen sehen, tun wir manchmal genau das Gegenteil, auch wenn uns das selbst schadet. Die Reaktanz spricht unsere rebellische Seite an, unseren Wunsch nach Freiheit. Fragen Sie sich, was Ihr Ich wirklich will, und überlegen Sie, was Ihnen helfen würde, sich mit diesem Teil Ihrer selbst auseinanderzusetzen.

Richtschnur aus Lesbos: Darüber schreibt Aristoteles in seiner *Nikomachischen Ethik*. Es geht um ein Maurermaß, wie es so nur auf Lesbos verwendet wurde. Es bestand aus biegsamem Blei und konnte Kurven vermessen. Aristoteles meint, wir könnten nicht einfach nur Regeln und Theorien anwenden, ohne auf die spezielle Situation einzugehen. Bei dieser Richtschnur geht es also um Flexibilität, die es ermöglicht, sich an die gegebenen Bedingungen anzupassen. Meiner Ansicht nach trifft dies auch auf die Therapie zu. Wir können nicht verlangen, dass es immer und überall nur Geraden gibt. Jede therapeutische Beziehung hat ihre Eigenheiten. Die Grenzen und der Rahmen lenken jeden einzelnen Prozess, doch ich versuche, jedem Menschen in offener Weise zu begegnen, ohne etwas vorauszusetzen. Ich lasse mich ein auf die Ungewissheiten des Gesprächs und schaffe Raum für

Entdeckung und neue Erfahrungen. Ich habe die Richtschnur aus Lesbos an der Universität kennengelernt, als ich Philosophie studierte. Es in meine therapeutische Arbeit einzubringen schien mir wesentlich, weil es die Bedeutung der Kreativität in meiner Begegnung mit Menschen veranschaulicht. Ich schätze Richtlinien und Prinzipien wie auch eine generelle Struktur. Aber die Therapie sollte ein Ort sein, an dem wir umherschweifen können, spielen und gemeinsam etwas Persönliches gestalten. Dafür gibt es kein Hand- oder Drehbuch. Der Prozess muss offen bleiben für überraschende Wendungen und Volten. Das gehört zur kreativen Kraft der Therapie.

Sich auf Kurven einzustellen ist ein schöner und praktischer Ansatz für das Leben. Die Richtschnur aus Lesbos ist auch ein guter Ratgeber, wenn es um den Umgang mit unseren Wünschen geht. Statt etwas absolut zu setzen, zeigt uns die Richtschnur aus Lesbos, wie wir uns anpassen, Kompromisse finden und flexibel denken können.

Rollendruck: Man wird innerhalb einer Gruppe in eine bestimmte Rolle gedrängt. Diese kann auf Bedürfnissen oder Fantasien beruhen. Manchmal wird diese Rolle von der Gruppe projiziert und vom Individuum angenommen. Um weiterhin mit jenem Selbst verbunden zu bleiben, das nicht von der Gruppe repräsentiert wird, ist eine gesunde Ich-Stärke nötig. Rollendruck wird ständig ausgeübt. Es ist sinnvoll, im Hinterkopf zu behalten, wie leicht wir in menschlichen Begegnungen verbogen und umgeprägt werden. Schreiben Sie sich Ihre eigene Rolle auf den Leib.

Rumpelstilzchen-Burn-out: Das Rumpelstilzchen wird grundlegend missverstanden. Es hat keine Grenzen und bleibt vage in dem, was es will. Das Rumpelstilzchen will es allen recht machen, ein People Pleaser. Es bietet der talentlosen Müllerstochter seine Dienste an und spinnt Stroh zu Gold. Aber seine unerfüllten Bedürfnisse frustrieren es. Eine tragische Geschichte über Burn-out am Arbeitsplatz und ungeklärte Programme. Das Rumpelstilzchen verhandelt erst, als es voller Groll ist. Nachdem es seine Dienste angeboten hat. Sein Temperament arbeitet gegen den Gnom. Er wird verunglimpft und erhält für seine harte Arbeit kein Lob. Als er endlich eingesteht, was er will, fällt er auseinander. Die Wünsche einzugestehen, die er verdrängt hat, macht ihn fertig. Er zerreißt sich vor Wut selbst.

»Rumpelstilzchen« ist eine Geschichte, die uns davor warnt, von anderen Menschen etwas zu erwarten, wenn man seine eigenen Wünsche nicht kennt. Wenn Sie Stroh zu Gold spinnen können, erwarten Sie nicht, dass die Menschen Ihnen dafür danken … Sie müssen schon für sich selbst eintreten.

Schadenfreude: Die Freude darüber, wenn es anderen Menschen schlecht ergeht. Wir alle erleben das gelegentlich, wenn wir von den Kämpfen oder dem Versagen unserer Mitmenschen erfahren, von ihren Sorgen. Ehrlichkeit ist hier eine gesunde Maßnahme.

Schäfchen: Schlafwandelnde Menschen, die sich jeder Gruppe anpassen, zu der sie sich gerade zählen, ohne darüber nachzudenken oder sich dessen auch nur bewusst zu sein.

Schein-Freundschaften: Diese ambivalenten Beziehungen, die man im Englischen so sprechend als *frenemyship* bezeichnet, sind im Grunde unter dem Mantel der Freundschaft verborgene Rivalitäten, die sich manchmal Bahn brechen. Natürlich können die *frenemies* sich auch tatsächlich Zuneigung entgegenbringen, aber häufig steht dahinter die Fantasie einer Glorifizierung, die voller Wenn und Aber steckt: *Wäre der andere nur* so oder so, dann … Oder: *Eines Tages* wird die Person bestimmte Dinge bemerken und zu schätzen wissen … Angebliche Rechtschaffenheit und eine wertende Haltung überwuchern manchmal jedes Einfühlungsvermögen.

Schleier der Ablehnung: Die Gefahr, auf Ablehnung zu stoßen, hält viele Menschen davon ab, das anzustreben, was sie sich vom Leben wünschen. Das Risiko, Fehler zu machen, sich zu blamieren oder abgelehnt zu werden, erscheint als zu schmerzhaft. Eine Therapie kann das nötige Experimentierfeld bieten, um hinter diesen Vorhang zu schauen und ihn von innen her zu verstehen.

Sehnsucht: Ein bekannter deutscher Begriff, der ein schmerzliches Verlangen bezeichnet. Sehnsucht ist heftig, leidenschaftlich, wehmütig, und man empfindet sie meist dann, wenn man etwas nicht haben kann. Sie bezeichnet auch einen bestimmten Stil klassischer Musik der Romantik. C. S. Lewis definierte sie als »untröstliches Verlangen«. In seiner Definition deutete er den Begriff des »wishful thinking« (Wunschdenken) um zum »thoughtful wishing« (bedachten Wünschen). Freud schrieb über die Sehnsucht: »Ich glaube, ich habe mich stets nach den schönen Wäldern bei unserem Haus gesehnt, in denen ich meinem Vater davonlief, beinahe bevor ich gehen konnte.« Mit sechsundsechzig Jahren meinte Freud, diese »merkwürdigen, geheimen Sehnsüchte« richteten sich möglicherweise auf ein Leben anderer Art.

Das Konzept »Sehnsucht« hilft uns, das brennende Verlangen zu verstehen, das manche Menschen in den verschiedensten Stadien ihres Lebens verspüren. Man schmachtet etwas an, das unerreichbar oder unnahbar ist. Und häufig richtet sich dieses Gefühl auf etwas, das wir in der Kindheit erlebt und dann romantisiert haben. Die Sehnsucht verweist uns auf ein ideales Leben, und viele Menschen haben diese Augenblicke, in denen sie erkennen, dass sie sich nach einem alternativen, utopischen Leben sehnen, auch wenn dieses nichts mit ihrer Kindheit zu tun hat.

tempo rubato: Wörtlich: »geraubte Zeit«. Der Begriff steht für die künstlerische Möglichkeit, in der Musik bestimmte Noten zeitlich flexibel zu spielen.

Traumabindung: Dieser Begriff beschreibt das Festhalten an zutiefst verletzenden Beziehungen. Unsere unerklärliche Loyalität zu den Ungeheuern, die unser Selbstverständnis zerstört haben. Selbst wenn wir auf einer Ebene wissen, dass wir in einer ungesunden Dynamik gefangen sind, können wir uns doch von dem angezogen fühlen, was nicht gut für uns ist. Wir halten daran fest, dass sich diese Beziehung irgendwann verändern wird, aber das ist reines Wunschdenken. Die Traumabindung sorgt dafür, dass wir unser Leben lang auf dieses Wunder warten. Wir können uns aus ihrer Umklammerung befreien, indem wir die Augen öffnen.

Übertragung: Die Gefühle, die wir in die Therapie einbringen.

Ungelebtes Leben: Da ist zum einen das Leben, das Sie konkret führen. Und dann gibt es da dieses ungelebte Leben, in dem Sie all Ihre Fantasien abspeichern, was Sie alles hätten werden können und vielleicht noch sein könnten. Es ist unmöglich, alle Möglichkeiten, die das Leben Ihnen eröffnet, tatsächlich auszuleben, doch im ungelebten Leben liegen haufenweise faszinierende Alternativen: verpasste Abzweigungen, vernachlässigte Talente, halb gare Abenteuer, Wege, die man beinahe eingeschlagen hätte. Vergangenheit und Zukunft nehmen es im ungelebten Leben mit dem ehernen Gang der Zeit nicht so genau. Fantasievoll und mit ausgeschmücktem Drehbuch entwickeln Sie ideale Szenarien, ohne diese je der Nagelprobe des realen Lebens unterziehen zu müssen. Adam Phillips bringt den Reiz des Ganzen auf den Punkt: »In unserem ungelebten Leben sind wir immer viel zufriedenere und weit weniger frustrierte Versionen von uns selbst.«[2] Doch zu glauben, dass unser ungelebtes Leben besser ist, lässt uns gegen das Leben, das wir führen, Widerstände aufbauen.

Fragen Sie sich doch einmal, welche Wünsche Sie ins ungelebte Leben verschoben haben, auf Kosten Ihrer Lebendigkeit.

Vaginismus: Dabei führt der Druck einer vaginalen Penetration dazu, dass der Körper sich massiv verspannt.

Emotional bedingter Vaginismus ist ein gutes Bild dafür, wie wir mitunter mit unserem innersten Selbst, aber auch mit anderen Menschen umgehen. Wir verschließen uns vollkommen. Dann wieder schließen wir nur andere aus. Sinnbildlich erleben wir alle gelegentlich emotionalen Vaginismus. Wir lassen andere nicht in unser Innenleben ein oder werden von anderen Menschen ausgeschlossen.

Verfremdung: Verfremdung verändert unsere Perspektive. Wenn wir uns festfahren, und das tun wir alle, dann hat sich oft unser Blickwinkel verengt. Und diese Enge der Wahrnehmung verhindert, dass wir sehen, was wir vor Augen haben. Sie lässt uns nicht mehr hinhören auf das, was wir hören. Eine Art Entfremdung, ein Fremdwerden dessen, was wir unzählige Male gesehen haben, ohne es wirklich anzusehen. Der Verfremdungseffekt ist ein stilistisches Mittel, das die Spannung eines Theaterstücks erhöhen soll. Uns kann er helfen, unser Staunen neu zu beleben. Als besonders nützlich erweist es sich, wenn wir in einer Beziehung emotional festgefahren sind, weil wir den anderen für allzu selbstverständlich nehmen, und wir unsere Perspektive korrigieren müssen. Wir meinen, jemanden gut zu kennen, und verstehen ihn doch nicht. Verfremdung bringt neuen Raum und Abstand in unsere Sichtweise und lädt uns ein, uns neu miteinander bekannt zu machen. Sie können das mit einer Freundin oder einem Partner üben oder auch mit Ihrem Spiegelbild. Nehmen Sie sich zehn Minuten Zeit, um bewusst präsent zu sein und unbekanntes Terrain zu erkunden. Sie werden auf Neues, Unverbrauchtes und höchst Erstaunliches stoßen. Konzentrieren Sie sich und finden Sie heraus, wohin Ihre Neugier Sie führt.

Verkappte Wünsche: Das, was Wünschen passiert, die wir verdrängen – die geheimen Sehnsüchte, die wir nicht im Blick haben, die aber nicht aus unserem Geist verschwinden. Verkappte Wünsche sind im Verborgenen aktiv. Wir haben sie in die Illegalität verbannt, weil sie nicht zu unseren Lebensentscheidungen passen. Einige dieser geächteten Sehnsüchte landeten auf diesem Index, weil wir zu jener Zeit andere Dinge vorhatten. Unsere alten Vorhaben neu zu entdecken, neue Erfahrungen zu machen, unsere Grenzen ein wenig hinauszuschieben, all diese Dinge sorgen dafür, dass wir den Irrungen und Wirrungen des Schicksals mit mehr Offenheit begegnen. Wahrzunehmen, was verfügbar ist und was nicht, die sozialen und kulturellen Botschaften über das Akzeptable und das Vogelfreie eingehend zu betrachten. Denn manche unserer geächteten Wünsche gehen in den Untergrund und bringen von dort aus unser Leben durcheinander.

Wir haben Schwierigkeiten, Wünsche auszudrücken, die tabuisiert sind. Auch das ist ein Grund, dass wir sie unter den Teppich kehren. Oder wir machen uns nicht klar, was wir eigentlich gerne hätten, weil wir nicht wissen wollen, dass es unerreichbar ist. Warum sollen wir uns eingestehen, eine bestimmte Freiheit haben zu wollen, wenn das sowieso unmöglich erscheint? Übrig bleibt eine gewisse Spannung, eine Unzufriedenheit, die sich letztlich irgendwo Bahn bricht.

Verlangen: Heißt, man wünscht oder will, dass etwas Bestimmtes geschieht. Im Englischen ähneln sich die Worte für Verlangen *(desire)* und Schicksal *(destiny)* frappant, etymologisch gesehen. Das liegt daran, dass *desire* vom lateinischen *desiderare* abstammt, das wiederum von *de sidere* kommt – »von den Sternen«. Wer sich etwas wünscht, erwartet dies von den Sternen, vom Glück. Künstlern, Philosophen und Dichtern ist die Macht des Verlangens oft lebhaft vertraut, und sie schildern es voller Leidenschaft und Feuer. Verlangen auf diese Weise zu betrachten ist eine ausgezeichnete Strategie, um über die Frage nachzusinnen, wie wir zu einem erfüllteren Leben finden. Die Dinge, die wir vom Leben am heftigsten verlangen, sind wie Sterne, nach denen wir greifen, die wir aber nie erlangen. Würden wir diese Dinge in Wirklichkeit überhaupt haben wollen? Manche Wunschvorstellungen bleiben besser Wunschvorstellungen, während wir dafür auf unserem Weg irdische Freuden, Befriedigung und Sinn finden.

Vorweggenommene Trauer: Wir betrauern etwas vor seinem Tod. In diesem Zustand versuchen wir ängstlich, uns auf den unvermeidlichen Verlust vorzubereiten, den wir kommen sehen. Der Geist versucht, der Trauer zuvorzukommen und das Unkontrollierbare unter Kontrolle zu bringen. Trotzdem sind wir vom Tod häufig geschockt und überrascht, wenn er dann eintritt. Die vorweggenommene Trauer richtet den Blick nach vorne, aber sie kann nicht wirklich vorwegnehmen, was eintritt.

Für manche Menschen ist dieser Geisteszustand Alltag – zum Beispiel, wenn sie das Ende des Wochenendes beklagen, obwohl noch gar nicht Sonntag ist. Sie bereiten sich ständig auf Trennung und Sehnsucht vor. Doch sich ständig auf die Unwägbarkeiten des Lebens vorzubereiten steht manchmal neuen, frischen Erfahrungen im Weg. Und wie wir bereits gesehen haben, können wir mit der geistigen Vorwegnahme den Ereignissen meist nicht wirklich zuvorkommen. Als provokantes Hilfsmittel aber kann die vorweggenommene Trauer uns an unsere Grenzen, an unsere Verluste und unser Bedauern erinnern. Das Gewahrsein der Sterblichkeit hilft uns zu leben. Verluste vorwegzunehmen kann uns daran erinnern, was wir im Hier und Jetzt haben.

»Wenn doch nur«- und »Eines Tages«-Fantasien: »Wenn doch nur«-Fantasien sind rückwärtsgewandt, eine Form der Sehnsucht nach anderen, imaginären Versionen Ihres Lebens. Solche Szenarien beziehen sich zwar auf die Vergangenheit, aber sie können unseren Umgang mit der Gegenwart und der Zukunft beeinträchtigen.

»Eines Tages«-Fantasien richten den Blick auf den sich vage abzeichnenden Horizont der Zukunft. In ihnen schlagen sich unsere Absichten nieder, manchmal drehen sie sich auch um wahre Wunder.

Letztlich aber geht es bei den »Wenn doch nur«- und »Eines Tages«-Fantasien darum, die Verantwortung vom gegenwärtigen Selbst abzuwälzen. Dabei ist es der Mühe wirklich wert, für Ihr aktuelles Leben Verantwortung zu übernehmen und zu überlegen, was für Sie möglich ist.

Anmerkungen

Einleitung

1 Der Einfachheit halber verwende ich die Begriffe »Verlangen«, »Wunsch«, »Begehren« und »Sehnsucht« synonym.
2 Burgis, Luke: *Wanting.* London: Swift Press 2021.

Kapitel 1: Lieben und geliebt werden

1 Shaw, George Bernard: *The Complete Prefaces.* Volume 2: 1914–1929. London: Allen Lane 1995.
2 Lunn, Natasha: *Gespräche über die Liebe.* Berlin: Ullstein 2021.
3 Yalom, Irvin: *In die Sonne schauen. Wie man die Angst vor dem Tod überwindet.* München: btb 2009.
4 Miller, Arthur: *The Ride Down Mt. Morgan.* London: Methuan Drama 1991.

Kapitel 2: Verlangen

1 Tolstoi, Lew: *Anna Karenina.* Berlin: Aufbau 2010.
2 Williams, Tennessee: *Spring Storm.* New York: New Directions Publishing Corporation 2000.
3 Lehmiller, Justin: »How We See Ourselves in Our Sexual Fantasies, and What It Means«, 17. Juli 2020, https://www.sexandpsychology.com/blog/2020/7/17/how-we-see-ourselves-in-our-sexual-fantasies-and-what-it-means/
4 Freud, Sigmund: »Über die allgemeinste Erniedrigung des Liebeslebens«, in: ders.: *Beiträge zur Psychologie des Liebeslebens.* Frankfurt a. M.: Fischer 1994, S. 107.
5 Twain, Mark: *The Complete Works of Mark Twain. All 13 Novels, Short Stories, Poetry and Essays.* New Delhi: General Press 2016.
6 Torres, C. M. W.: *Holding on to Broken Glass. Understanding and Surviving Pathological Alienation.* Frederick, Maryland: America Star Books 2016.
7 Wise, R. A./McDevitt, R. A.: »Drive and Reinforcement Circuitry in the Brain: Origins, Neurotransmitters, and Projection Fields«, in: *Neuropsychopharmacology* 43:4 (2018), S. 680–689.

Kapitel 3: Verstehen

1 Jung, Carl Gustav: *Ein moderner Mythus. Von Dingen, die am Himmel gesehen werden.* Zürich/Stuttgart: Rascher 1958, S. 39.
2 Miller, Alice: *Das Drama des begabten Kindes.* Berlin: Suhrkamp 2013, S. 126.
3 Williams, Tennessee: *Camino Real.* New York: New Directions 2010.

4 Frank Lloyd Wright Foundation: »Which Frank Lloyd Wright Buildings Bear These Red Squares?«, 17. November 2017, Wright, Frank Lloyd, https://franklloydwright.org/redsquare/
Wenn Sie mehr darüber wissen wollen, wie dieser berühmte Architekt Frauen ausbeutete: McCann, Hannah: »The Women in Frank Lloyd Wright's Studio«, in: *Architect Magazine,* 10. August 2009, https://www.architectmagazine.com/design/culture/the-women-in-frank-lloyd-wrights-studio

Kapitel 4: Macht

1 Rückert, Friedrich: *Makamen des Hariri,* zitiert nach: Freud, Sigmund: *Jenseits des Lustprinzips,* Abschnitt VII. Leipzig/Wien/Zürich: Internationaler Psychoanalytischer Verlag 1921, S. 54.
2 Wilde, Oscar: *Lady Windermeres Fächer.* Altenmünster: Jazzybee 2022, S. 61.
3 Russell, Bertrand: *Macht.* Zürich: Europa Verlag 1947, S. 4.
4 Keltner, Dacher: *Das Macht-Paradox. Wie wir Einfluss gewinnen – oder verlieren.* Frankfurt a. M.: Campus 2016.
5 Solnit, Rebecca: *Whose Story Is This?*. London: Granta Books 2019.

Kapitel 5: Aufmerksamkeit

1 Plath, James (Hrsg.): *Conversations with John Updike.* Jackson: University Press of Mississippi 1994.
2 Winnicott, Donald Wood: *Reifungsprozesse und fördernde Umwelt.* Gießen: Psychosozial-Verlag 2001.
3 Susan Sontags Rede vor dem Abschlussjahrgang im Vassar College von 2003.

Kapitel 6: Freiheit

1 Perel, Esther: »Letters from Esther #2 – Security and Freedom«, https://www.estherperel.com/blog/letters-from-esther-2-security-and-freedom
2 »Belonging and Reinvention, with Charlotte Fox Weber and Erwin James«, Next Visions Podcast, Staffel 2, Episode 1, 47:42, Oktober 2020, https://medium.com/next-level-german-engineering/next-visions-podcast-season-two-406043d6b36e
3 Sartre, Jean-Paul: »Ist der Existentialismus ein Humanismus?«, in: ders.: *Drei Essays*. Frankfurt a. M.: Ullstein 1989.
4 Fromm, Erich: *Die Furcht vor der Freiheit.* Stuttgart: DVA 1983, S. 14.
5 Koch, Christof: *Bewusstsein. Bekenntnisse eines Hirnforschers.* Berlin/Heidelberg: Springer 2013, S. 166.
6 Rich, Adrienne: *Arts of the Possible. Essays and Conversations.* New York: W. W. Norton & Company 2001.

Kapitel 7: Schöpferisch sein

1 *The Paris Review:* »Ezra Pound«, https://www.theparisreview.org/authors/3793/ezra-pound

2 Auden, W. H.: *Das Zeitalter der Angst.* München: Piper 1992, S. 183.
3 Roth, Philip: »A Conversation with Edna O'Brien: ›The Body Contains the Life Story‹«, in: *New York Times Book Review,* 18. November 1984, https://www.nytimes.com/1984/11/18/books/a-conversation-with-edna-obrien-the-body-contains-the-life-story.html
4 Richardson, John: *Picasso. Leben und Werk.* 4 Bände. München: Kindler 1991.
5 Horney, Karen: »Dedication«, in: *American Journal of Psychoanalysis* (1942), Bd. 35, S. 99–100.
6 Murdoch, Iris: *Existentialists and Mystics. Writings on Philosophy and Literature.* London: Penguin 1999.
7 Luca, Maria: *Integrative Theory and Practice in Psychological Therapies.* New York: Open University Press 2019.
8 Mead, Margaret: »Work, Leisure, and Creativity«, in: *Dædalus,* Winter 1960.

Kapitel 8: Dazugehören

1 Maslow, Abraham: »A Theory of Human Motivation«, in: *Psychological Review* 50 (1943), S. 370–396.
2 Markovic, Desa: »Psychosexual therapy in sexualised culture: a systemic perspective«, in: *Sexual and Relationship Therapy* 27:2 (2012), S. 103–109, https://www.academia.edu/16869802/Psychosexual_therapy_in_sexualised_culture_a_systemic_perspective
3 Uwannah, Victoria, https://examinedlife.co.uk/our_team/vicki-uwannah/
4 Mead, Margaret/Baldwin, James: *A Rap on Race.* London: Michael Joseph 1971.
5 Tallis, Frank: *The Act of Living.* New York: Basic Books 2020.

Kapitel 9: Gewinnen

1 Freud, Sigmund: *Zur Geschichte der psychoanalytischen Bewegung*, in: ders.: *Gesammelte Werke*. Band 10. Frankfurt: Fischer 1999, S. 94; Colby, Kenneth Mark: »On the Disagreement Between Freud and Adler«, in: American Imago, 8:3, (1951), S. 229-238.
2 Jones, Ernest: *Sigmund Freud. Leben und Werk.* Band 3. München: dtv 1984, S. 255.
3 Adler, Alfred: *Der Sinn des Lebens.* Frankfurt a. M. 1933.
4 Siehe dazu auch: Angel, Katherine: *Morgen wird Sex wieder gut.* München: Hanser 2022.
5 Rosenberg, Marshall: *Gewaltfreie Kommunikation. Eine Sprache des Lebens.* Paderborn: Junfermann 2016, S. 158.
6 Chaplin, Charlie, zitiert in einem Gespräch mit Drehbuchautor Walter Bernstein (New York, 2010).
7 Beauvoir, Simone de: *Alle Menschen sind sterblich.* Reinbek bei Hamburg: Rowohlt 2012, S. 456.

8 Mewshaw, Michael: *Sympathy for the Devil. Four Decades of Friendship with Gore Vidal.* New York: Farrar, Straus and Giroux 2015.

Kapitel 10: Beziehungen eingehen

1 Hurston, Zora Neale: *Ich mag mich, wenn ich lache.* Zürich: Ammann 2000, S. 212.
2 Fox Weber, Nicholas: *The Bauhaus Group. Six Masters of Modernism.* New Haven: Yale University Press 2011.

Kapitel 11: Was wir nicht wollen sollten (und was doch)

1 Bennetts, Leslie: *The Feminine Mistake. Are We Giving up Too Much?.* New York: Hachette Books 2008.
2 Motz, Anna: If Love Could Kill: The Myth and Truth of Female Violence, London: Weidenfeld & Nicolson 2023.
3 Angel, Katherine: *Morgen wird Sex wieder gut.* München: Hanser 2022.
4 Dimitri, Francesco: *Das Buch der verborgenen Dinge.* München: Heyne 2020.
5 Maslow, Abraham: *The Farther Reaches of Human Nature.* London: Penguin 1994.

Kapitel 12: Kontrolle

1 Bonaparte, Marie: »Time and the Unconscious«, in: *International Journal of Psychoanalysis* 21 (1940), S. 427–442.
Bertin, Celia: *Marie Bonaparte. A Life.* San Diego: Harcourt 1982.
2 Eliot, T. S.: »Burnt Norton«, in: ders.: *Vier Quartette.* Berlin: Suhrkamp 2015, S. 13.
3 Freud, Sigmund: »Vergänglichkeit«, in: *Studienausgabe, Bd. X: Bildende Kunst und Literatur.* Frankfurt a. M.: Fischer 1989, S. 223–227, hier: S. 225.
4 Rycroft, Charles: *A Critical Dictionary of Psychoanalysis.* Second Edition. London: Penguin 1995.
5 Bonaparte, Marie: »Time and the Unconscious«, in: *International Journal of Psychoanalysis* 21 (1940), S. 427–442.
6 Lowenthal, David: *The Past is a Foreign Country. Revisited.* Cambridge: Cambridge University Press 2015.

Nachwort

1 Fox Weber, Nicholas: *Leland Bell.* New York: Hudson Hills Press 1988.

Glossar

1 Didion, Joan: »Über Selbstachtung«, in: *Wir erzählen uns Geschichten, um zu leben.* Berlin: Ullstein 2021, S. 119.
2 Philips, Adam: *Missing Out. In Praise of the Unlived Life.* New York: Farrar, Straus and Giroux 2013.